Viktor Žmegač (Hrsg.)

Geschichte der deutschen Literatur vom 18. Jahrhundert bis zur Gegenwart

Band II/2

Beltz Athenäum
Studienbücher
Literaturwissenschaft

Viktor Žmegač (Hrsg.)

unter Mitwirkung von Uwe Baur, Dieter Borchmeyer
Dietmar Goltschnigg, Jan Knopf, Martin Rector, Kurt Sollmann,
Florian Vaßen

Geschichte der deutschen Literatur vom 18. Jahrhundert bis zur Gegenwart

Band II/2

4., unveränderte Auflage

BELTZ
Athenäum

4. Auflage 1995, Beltz Athenäum Verlag, Weinheim

Druck und Bindung: Druckhaus »Thomas Müntzer«, Bad Langensalza
Printed in Germany
ISBN 3-89547-082-1

Inhaltsverzeichnis

Vorwort VII

Vorindustrieller Realismus und Literatur der Gründerzeit
(Dietmar Goltschnigg) 1

Zeitgeschehen, Produktionsbedingungen, literarische Normen 1
Dramatik 26
Lyrik und Versepik 42
Erzählprosa 59

Sozialistische Literatur von 1849 bis 1890 (Florian Vaßen) 109

Zur Sozialgeschichte des Kaiserreichs: Ablösung der Gründerzeit durch die Wilhelminische Epoche (Kurt Sollmann) 140

Der Naturalismus und seine Ausläufer (Dieter Borchmeyer) 153

Voraussetzungen und Tendenzen 153
Poetische Praxis 178

Sozialdemokratische Literatur von 1890 bis 1918 (Martin Rector) . . . 234

Die Wiener Moderne (Viktor Žmegač) 256

Sozialgeschichtlicher Aufriß 256
Impressionistische Kultur 270
Autoren, Themen und Gattungen 274

Ästhetizistische Positionen: Zeitgenossen und Gegner des Naturalismus. Der Stilpluralismus der Jahrhundertwende (Viktor Žmegač) . . . 303

Poetik und Dichtung der Exklusivität 303
Lyrik und Versepik im Zeichen des Stilpluralismus 313
Gegennaturalistische Bestrebungen im Drama 337

Die Rolle des Romans (Dieter Borchmeyer und Viktor Žmegač) 342

Die Ideologie der Heimatkunst. Populäre Autoren in deren Umkreis (Uwe Baur) 397

Expressionismus als Dominante (Jan Knopf und Viktor Žmegač) 413

Widersprüche, Bedingungen, Selbstverständnis 413
Die Jahre vor dem Krieg: Großstadtpoesie. Anfänge des ‚ekstatischen' Dramas. Erzählprosa 431
Die Kriegszeit: Zeitgemäße Lyrik. Dada in Zürich. Abstraktion und Zeitgeschehen im Drama 475
Die Zeit der Revolution und Restauration. Dada in Berlin 494

Bibliographische Hinweise 501
Sachregister 515
Personenregister 521

Vorwort

Die in der methodologischen *Einleitung* zum ersten Band der vorliegenden Literaturgeschichte dargelegten Grundsätze gelten uneingeschränkt auch für die folgenden Kapitel. Um auch jenen Lesern, denen der erwähnte Text nicht gegenwärtig oder nicht bekannt ist, den Umgang mit diesem Band zu erleichtern, sei im folgenden eine Zusammenfassung der leitenden Darstellungsprinzipien geboten.

Oberster Grundsatz ist die Auffassung, die Aufgabe einer Literaturgeschichte bestehe vor allem darin, die Ursachen, Erscheinungsarten und besonderen Prozeduren des literarischen Wandels darzustellen. Geschichtsschreibung weist sich als eine spezifische, mit anderen Forschungsaufgaben verbundene, aber in der Hauptrichtung eigene Fragestellungen verfolgende Art literaturwissenschaftlicher Tätigkeit aus. Als notwendige Folgerung ergibt sich das Funktionalitätsprinzip: in den Vordergrund treten Erläuterungen, die geeignet sind, die Wechselwirkung aller am Leben (und Nachleben) der Literatur beteiligten Kräfte aufzuzeigen, nicht zuletzt Daten, die dazu beitragen, den zeitgeschichtlichen Horizont der jeweiligen Epoche zu verdeutlichen, d. h. daran zu erinnern, was für die Zeitgenossen als selbstverständlich galt und daher in literarischen Werken nicht selten stillschweigend vorausgesetzt wurde. Als sekundär oder gar eliminierbar werden Angaben angesehen, die nicht über den Einzelfall hinausweisen und im übrigen in Informationsquellen anderer Art zu finden sind. Es versteht sich, daß sich daher die Anwendung eines Schemas verbietet, das früher gar nicht so selten mit literaturgeschichtlicher Darstellung verwechselt wurde, nämlich die Aneinanderreihung von Einzelporträts nach der Formel ‚Leben und Schaffen'.

Es erscheint sinnwidrig, dem Grundsatz der Funktionalität widersprechend, eine Literaturgeschichte mit zahllosen Daten (namentlich aus dem biographischen Bereich) auszustatten, die nur in einem Nachschlagewerk ihren Zweck erfüllen. Historische Darstellungen erfüllen eben eine andere Aufgabe und sollten ihren Ehrgeiz keineswegs darin erblicken, mit einem literarischen Lexikon zu wetteifern. Sieht man in ihnen Nachschlagewerke, so fordert man zuviel, aber auch zuwenig. Angemessen ist jedenfalls eine so folgerichtig wie möglich durchgeführte Auslese des Tatsachenmaterials, der überlieferten Fakten – die ja erst durch Auswahl und Gliederung in einen sinnvollen Zusammenhang gebracht werden.

Die vorliegende Darstellung will dennoch alles andere sein als eine „Literaturgeschichte ohne Namen". Sie begreift freilich den Autor nicht isoliert, und erst recht nicht als einen Gegenstand psychologischer Überlegungen.

Sein Leben interessiert nur dann, wenn in der bürgerlichen Existenz kulturgeschichtliche Symptome erkennbar sind. Um so mehr interessiert die literarhistorische Realität, um derentwillen alles andere überhaupt erst Beachtung findet: der Text, der die Verbindung zwischen Autor und Leser herstellt und der zuweilen auch ohne den Namen des Verfassers weiterlebt – im literarischen Kommunikationssystem die einzige Instanz, auf die nicht verzichtet werden kann, d. h. die nicht ersetzbar ist. Der künstlerischen Potentialität und geschichtlichen Bedeutung gilt daher volle Aufmerksamkeit, selbstverständlich ebenfalls auf Grund notwendiger Auswahlprinzipien: eingehende Beachtung finden namentlich Werke, die durch die Vielfalt ihrer Rezeption in besonderem Maße zu historischen Fakten geworden sind. Die Beschränkung auf eine geringere Anzahl von Texten, auf paradigmatische Werke, befolgt das Selektionsprinzip auch im Textbereich und vermeidet, sieht man von einigen begründbaren Ausnahmen ab, die aufwendige Katalogisierung von Titeln, Lexikonarbeit also.

Im Umgang mit den Mitteln der ‚Interpretation' einzelner literarischer Hervorbringungen sieht sich der Historiker der schwierigsten Frage gegenüber. Es gilt zu zeigen, daß Kunstwerke die Fähigkeit haben, ihre eigene Geschichtlichkeit zu transzendieren, im doppelten Sinne ‚aufzuheben'. Voraussetzung dafür ist die Einsicht, die Peter Szondi in seinem Traktat *Über philologische Erkenntnis* formuliert hat und die besagt, es genüge nicht, das Kunstwerk in der Geschichte zu sehen, es komme vielmehr darauf an, die Geschichte im Kunstwerk zu erkennen. Dabei ist im geschichtlichen Prozeß zweierlei zu beachten: sowohl die besondere Beschaffenheit mancher Werke, kraft deren gerade diese Werke Aussicht haben, auch im Bewußtsein künftiger Leser eine Rolle zu spielen, als auch den Umstand, daß sich – anderseits – Geschichtlichkeit nicht nur in den sogenannten thematischen Kategorien offenbart, sondern auch in den eigentümlichen Gestaltqualitäten. Form *und* Inhalt sind gleicherweise, in einer spezifischen Dialektik, dazu angetan, Erscheinungsweisen der Zeitgebundenheit wie auch der Dauer vor Augen zu führen. Sollte es gelungen sein, auch formgeschichtliche Kategorien als sozialgeschichtliche auszuweisen und damit das Problem der Vermittlung anschaulich zu machen, dürfte zumindest in diesem Punkt der Anspruch der Konzeption als erfüllt gelten.

Eine weitere Aufgabe war darin zu sehen, Auskunft über die an der Verwirklichung literarischer Absichten beteiligten Medien und Rezipienten zu geben, also auch die Rolle der Verleger und des Publikums im literarhistorischen Zusammenhang zu markieren. Dabei ergab sich die Notwendigkeit, neben eine Literaturgeschichte des Überlieferten auch – wenigstens andeutungsweise – eine Literaturgeschichte des einst Gelesenen treten zu lassen. Die Berücksichtigung der Trivialliteratur entspricht dieser Forderung.

Im Hinblick auf Gliederung und terminologische Fragen ist auf folgende

Sätze der *Einleitung* hinzuweisen: Das im 19. Jahrhundert sich mehr und mehr ausprägende Nebeneinander verschiedener literarischer Programme oder auch verschiedener, klassenspezifischer Praktiken mit einem unterschiedlichen Grad von „Öffentlichkeit" ist ein besonderes Problem der Gliederung. Sichtbar zu machen ist das komplexe Ineinandergreifen poetologischer Traditionen (auf deren Namen, wie Romantik, Realismus usw. schon wegen der Signalfunktion im Bewußtsein der Leser nicht verzichtet werden kann) und außerliterarischer Wendepunkte in der Geschichte: neben horizontale, an der Chronologie ablesbare Markierungen müssen vertikale treten, wobei die letzteren die Vielfalt gegensätzlicher Konzepte innerhalb eines Zeitraums veranschaulichen. Die Tatsache, daß seit dem 19. Jahrhundert verschiedene Kunstauffassungen parallel auftreten oder einander sehr rasch ablösen, ohne daß im Gesamtgefüge der Gesellschaft die Weichen erwartungsgemäß gestellt erscheinen, hat manche Historiker in ihrer Überzeugung bestärkt, daß zumindest für die letzten beiden Jahrhunderte ausschließlich literarische Kriterien in der Gliederung des Stoffes zu befolgen seien. Dabei wird übersehen, daß auch die – scheinbar nur ästhetisch motivierte – Veränderung in der Literatur selbst schon ein sozialgeschichtliches Faktum ist: insofern, als in Pluralismus und raschem Stilwandel Bewegkräfte wie Originalitätspoetik bzw. gelegentlich auch unmittelbar materiell begründetes Konkurrenzdenken wirksam sind, Motive, die wiederum auf übergreifende Epochenzusammenhänge verweisen.

Im Versuch, den Stoff zu gliedern bzw. überschaubar zu machen, wurden ebenfalls Begriffe und Formulierungen gebraucht, die, wie zu hoffen ist, dazu geeignet sind, die relative Autonomie wie auch die gesellschaftliche Verankerung literarischer Prozesse zu suggerieren. Zu der Bezeichnung „Vorindustrieller Realismus" ist zu vermerken, daß sie freilich nicht unterstellt, der deutsche Realismus nach 1848 sei in einer vorindustriellen Welt entstanden; gemeint ist vielmehr der Umstand, daß zahlreiche paradigmatische Werke ein Gesellschaftsbild entwerfen, in dem vorindustrielle Produktionsformen vorherrschen.

Der seit dem ausgehenden 18. Jahrhundert – der Epoche des sich verfestigenden Autonomiedenkens wie auch der wachsenden Marktabhängigkeit im literarischen Leben – mehr und mehr zu einer Selbstverständlichkeit werdende Stilpluralismus erreicht in der Zeit um die Jahrhundertwende, zwischen Naturalismus und Expressionismus, einen einstweiligen Höhepunkt. Der mit der Epoche noch nicht vertraute Leser sei eigens darauf hingewiesen, daß das Nacheinander bei der Nennung literarischer Konzeptionen lediglich einer technischen Notwendigkeit entspricht; in Wirklichkeit handelt es sich bei Erscheinungen wie Naturalismus, Impressionismus, Symbolismus usw. um nahezu gleichzeitig auftretende Orientierungen. Zudem sind die Übergänge bei manchen Autoren oder Gruppierungen fließend: stilistische Kategorien überschneiden sich nicht selten, gewinnen aber im Rahmen der jeweiligen Konzeption unterschiedliche Bedeutung. Nicht wenige Autoren der Epoche wechseln innerhalb kurzer zeitlicher Abstände ihr ästhetisches Idiom, so etwa Gerhart Hauptmann und Arno Holz, die trotz ihrer naturalistischen Überzeugungen dem schwelgerischen Schönheitskult der Zeit keineswegs abgeneigt waren. Das Schaffen des jungen Rilke, bis zum *Stundenbuch* etwa, wäre ein weiteres einprägsames Beispiel für das Nebeneinander verschiedener Positionen bei ein und demselben Autor, für einen Stilpluralismus, der viel zu zeittypisch ist, als daß man ihn bloß als eklektizistisches Verhalten abtun könnte.

Zugleich ist jedoch erkennbar, daß sich im Stilpluralismus um 1900 zwei deutliche Schwerpunkte abzeichnen: eine kulturpragmatisch und sozialkritisch ausgerichtete Auffassung einerseits, eine ästhetizistische anderseits. Die erstgenannte Haltung prägt sich vor allem im Naturalismus aus, in dessen Überzeugung, mit wissenschaftlichem Blick, in Anlehnung an die Naturwissenschaft und die Soziologie, sei das ‚Ganze' des Daseins erfaßbar. Den Gegenpol bildet der namentlich im Umkreis symbolischer Kunsttheorie hervortretende Ästhetizismus, zu dessen geistiger Armatur Nietzsches Maxime gehört, das Leben sei nur als ästhetisches Phänomen gerechtfertigt. Diese beiden dominierenden Züge der Epoche sind auch durch die formelhafte Gegenüberstellung von „Naturwissenschaft" und „Artistik" benannt worden (vgl. Hans Schwerte: *Deutsche Literatur im Wilhelminischen Zeitalter*, „Wirkendes Wort", 4/1964). In diesem Zusammenhang ist zu berücksichtigen, daß das literarhistorische Bild des Zeitalters noch zusätzlich kompliziert wird durch Tendenzen, in denen auch Gegensätzliches ineinandergreift. Beispielsweise in der sogenannten Heimatkunst, die – wenn sie nicht ganz auf die trivialliterarische Ebene hinabsinkt – nicht selten naturalistische Verfahrensweisen mit konservativen, agrarideologischen Themen verbindet. Erst recht heterogen, ja widerspruchsvoll sind die unter der Bezeichnung ‚Expressionismus' zusammengefaßten Werkgruppen. Die Forderung, die Geschichte im Text nachzuweisen, verbot hier freilich vollends eine abstrakte Systematisierung des Stoffes.

Es bleibt zu hoffen, daß es wenigstens ansatzweise gelungen sei, die eigenartige Paradoxie der Literaturgeschichte erkennbar zu machen. Die Literatur ist durch ihre spezifischen, zum Teil in den Eigentümlichkeiten der Sprache begründeten Prozeduren eine Tätigkeitsform sui generis. Unter logischen Gesichtspunkten ist sie als solche definierbar. Und dennoch ist eine unabhängige, innere Geschichte der Literatur nicht vorstellbar. Die Anstöße zur Veränderung kommen stets von außen. Der ästhetische Rang literarischer Werke erfährt dadurch natürlich nicht die geringste Einbuße. Geschichtliche Betrachtung hat indes ihren eigenen Gegenstand, indem sie fragt, warum und unter welchen Bedingungen die mit stilistischen Kategorien (im weitesten Sinne) beschreibbare literarische Praxis sich mit der Zeit verändert. Versteht man die Formulierung cum grano salis, so hat die Literaturgeschichte – darin besteht die besagte Paradoxie – nachzuweisen, daß es eine Geschichte der Literatur nicht gibt.

Im Kapitel zum Roman der Jahrhundertwende verfaßte Dieter Borchmeyer die Abschnitte über die Brüder Mann und Robert Walser. An der Darstellung des Expressionismus ist der Herausgeber namentlich durch die Abschnitte über die Lyrik vor 1914 und die Erzählprosa (Döblin, Kafka u. a.) beteiligt. In den Ausführungen über den Züricher Dadaismus hat er den theoretischen Teil (S. 488ff.) verfaßt.

Zagreb, im Frühjahr 1980 V. Ž.

Die Wiener Moderne

Sozialgeschichtlicher Aufriß

Politische Tradition und Wirtschaftsstruktur

Um 1890, zu einem Zeitpunkt, der eine neue Entwicklung im literarischen Leben Österreichs markiert, setzte bereits die letzte Phase in der Geschichte der Donaumonarchie ein. Unter allen vergleichbaren europäischen Staaten gebührte dem Habsburgerreich sicherlich der Vorrang darin, das am meisten widerspruchsvolle politische Gebilde zu sein. Die im Rückblick vielfach idealisierte Epoche eines langen Friedens und „stabiler Verhältnisse" war zugleich eine Zeit wachsender innerer Spannungen und Krisen, deren Stetigkeit den paradoxen Eindruck hervorrief, die Kette wechselnder Provisorien sei als ein Dauerzustand anzusehen. Die in den Formen des politischen Lebens vorherrschenden Kompromisse und Notlösungen zeitigten einen Regierungsstil, der im Ausdruck „fortwursteln" seine klassische Prägung fand. Österreich-Ungarn, eine konstitutionelle Monarchie bzw. Doppelmonarchie aufgrund des Ausgleichs von 1867, war in seiner politischen und wirtschaftlichen Anlage gerade im Zeitalter nationalistischer Tendenzen ein höchst unzeitgemäßes Staatswesen. In der Grundstruktur blieb die Donaumonarchie bis zum Ende deutlich von ihrer feudalen Tradition bestimmt: weitgehend ein Agrarland, in dem adliger und kirchlicher Großgrundbesitz überwog.

Im Zeitraum von der Jahrhundertmitte bis zum Weltkrieg, in der Regierungszeit Franz Josephs I. also, verzeichnete die Monarchie, zu einem geringen Teil auch durch Annexion, einen sehr hohen Bevölkerungszuwachs. Von etwa 32 Millionen (um 1850) stieg die Zahl in den folgenden sechzig Jahren auf rund 52 Millionen an. Jedoch lebten sogar im letzten Jahrzehnt der Epoche trotz wachsender Industrialisierung nur 11,5 Millionen Einwohner in industrialisierten Gebieten. In den Landesteilen mit Agrarwirtschaft, vor allem im Osten, behaupteten sich auch nach der Bodenreform die Großgrundbesitzer, häufig auf Kosten der kleinen Wirtschaften. Im Konkurrenzkampf mit den Gutsherren blieben zumeist die Bauern auf der Strecke; viele wurden auf „kaltem Weg" enteignet. Eine Folge davon war die Auswanderung nach Übersee oder, in breiterem Ausmaß, die Landflucht. Die Umsiedlungen innerhalb Österreich-Ungarns brachten bald ein Anwachsen einiger Städte sowie die Bildung von dichter industrialisierten Zonen mit sich.

Die Entwicklung kapitalistischer technisierter Produktionsformen fällt – nach Ausbau des Verkehrswesens – in die sechziger und siebziger Jahre, die österreichische ‚Gründerzeit'. Der Industrialisierungsprozeß erfaßte zuerst die früher schon im Handel und Manufaktur führenden Städte und Gebiete, Wien, Linz, die Steiermark (mit reichen Bodenschätzen, die den Aufbau der Eisenindustrie ermöglichten), ferner Nordböhmen und Mähren. Um die Jahrhundertwende gewannen die Betriebe Nordböhmens eine führende Stellung in der Monarchie: vor Ausbruch des Krieges befanden sich dort 60 Prozent der Metall- und 75 Prozent der chemischen Industrie. Unter den größeren Städten lag Prag auch in der industriellen Produktion an der Spitze; in der Monarchie stand diese Stadt nach Wien an zweiter Stelle. Im allgemeinen machte jedoch die Industrialisierung in Österreich-Ungarn geringere Fortschritte als im Deutschen Reich, vor allem infolge des politischen Partikularismus und einer veralteten Steuerpolitik. Da unter diesen Bedingungen Investitionen wie auch Konzernbildungen nur beschränkt möglich waren, blieb vielfach der Kleinbetrieb die vorherrschende Form. In der Investitionspolitik war die Beteiligung reichsdeutschen Kapitals namentlich in den Gründerjahren von beträchtlicher Bedeutung. Einige wichtige Industriezweige, so etwa Betriebe der chemischen Industrie, arbeiteten vorwiegend mit deutschem Kapital oder waren z. T. in deutschem Besitz.

In politischer und kultureller Hinsicht wirkte sich namentlich der Umstand aus, daß die wirtschaftliche Expansion mancher Gebiete die Unterschiede und Spannungen zwischen den einzelnen Ländern oder Landstrichen nur noch vertiefte. Der Unterschied in der Wirtschafts- und Sozialstruktur der Wiener oder der Prager Region und beispielsweise der Alpenländer, für die altertümliche agrarische Verhältnisse charakteristisch blieben, erwies sich mehr und mehr als ein zivilisatorisch prägendes Moment; zumal die wachsenden Gegensätze nicht etwa ausgeglichen, sondern im politischen Leben eher noch ideologisch hervorgehoben wurden. Noch krasser traten die Unterschiede im Hinblick auf die Randgebiete der Monarchie zutage: Galizien, die Bukowina sowie das kroatische und das slowenische Küstenland blieben lange von der zeitgemäßen wirtschaftlichen Entwicklung ausgeschlossen. Eine Folge davon war die Benachteiligung vor allem der Lohnabhängigen. So verdiente z. B. ein Arbeiter der niedrigsten Lohnstufe in der Wiener Textilindustrie erheblich mehr als ein Facharbeiter in Galizien. „Die Spannung zwischen westeuropäischen bürgerlichen Lebensformen und der in den beiden Großstädten entstehenden industriellen Massengesellschaft einerseits und der östlichen, patriarchalisch geprägten, ständischen Agrargesellschaft andererseits war denkbar groß. Die Überlagerung beider gesellschaftlicher Typen führte zu eigentümlichen soziologischen Phänomenen, die sich etwa in der ungewöhnlich heterogenen Parteibildung zeigen, bei der neben demokratischen Massenparteien ständische Klubs stehen" (H. Mommsen, 21). Allerdings ist hinzuzufügen, daß nationale Diskriminierung kaum im Erfahrungsbereich des einzelnen Arbeiters geübt wurde. Wie die marxistisch orientierte österreichische Historikerin Eva Priester ausführt, verdiente ein Arbeiter in Polen oder Ungarn zwar weniger als ein Arbeiter in Wien oder Graz, doch fiel es keinem Arbeitgeber in Österreich ein, einen Arbeiter schlechter zu entlohnen, *weil* er Pole oder Slowake war.

In der Epoche fortschreitender Industrialisierung nahmen sowohl die Klassenantagonismen als auch die nationalen Spannungen neue Formen an. Das ungelöste und unter den gegebenen politischen Bedingungen auch unlösbare Nationalitätenproblem des Vielvölkerstaates spielte in Wirtschafts- und Verwaltungsfragen eine beträchtliche Rolle. Zeitweilig übeschatteten die nationalen Konflikte alle anderen politischen Probleme. In Zisleithanien standen die Emanzipationsbestrebungen des tschechischen Volkes im Vordergrund, Bestrebungen, die nicht ohne Erfolg blieben. Die politische Geschichte Prags zu Beginn des Jahrhunderts unterrichtet darüber.

Da sich infolge des wirtschaftlichen Aufstiegs nichtdeutscher bürgerlicher Schichten die politischen Verhältnisse hinsichtlich der Herrschaftsanteile wenn auch nicht grundlegend gewandelt, aber doch modifiziert hatten, setzte sich ein Teil des deutsch-österreichischen Bürgertums, dessen Vorrangstellung in der Beamtenschaft und damit im Staatsapparat früher unbestritten war, für ein politisches Programm ein, das sich vor allem der als bedrohend empfundenen „Überfremdung" entgegenstellte. Die Deutschnationalen, die eine der maßgeblichen Parteien bzw. Parteiengruppen darstellten, bezogen ihr Potential nicht zuletzt aus dieser Auffassung. Ein anderer Programmpunkt, die Idee eines rein deutschen Österreich, das allenfalls auch den Anschluß an das Deutsche Reich anzustreben hätte, wurde je nach der Lage mit verschieden starkem Nachdruck vertreten. In der nationalen Problematik, und freilich nicht nur in dieser, konnte die Sozialdemokratie als die eigentliche Gegenpartei gelten. Unter besonders schwierigen Bedingungen gegründet, war sie in der Donaumonarchie die einzige Partei, die in Theorie und Praxis übernational genannt werden konnte. Nach dem Parteitag von Hainfeld im Dezember 1888 ging die „Internationale sozialdemokratische Arbeiterpartei Österreichs" unter der Führung von Victor Adler (der auch das von 1889 erscheinende Parteiorgan „Arbeiter-Zeitung" geistig leitete) gestärkt aus der durch Verfolgungen und inneren Zwist bedingten Krise hervor. Zwanzig Jahre später, nach den ersten Wahlen, die aufgrund des neuen, allgemeinen Wahlrechts erfolgten, stellten die Sozialdemokraten, als eine der stärksten Parteien, 87 Abgeordnete – während die Christlichsozialen zusammen mit einer älteren konservativen Gruppe 96 Mandate gewannen. Die politische Wirksamkeit der Arbeiterpartei wurde indes ebenfalls durch nationale Spannungen beeinträchtigt. Aus taktischen Gründen mußte eine Aufgliederung in regionale Parteien nach dem Nationalitätsprinzip durchgeführt werden. Unter den kleinbürgerlichen Massenparteien dominierte nach 1890 die christlichsoziale, eine antiliberale Gründung des später auch als Wiener Bürgermeister amtierenden Karl Lueger. Diese Partei stützte sich vor allem auf die durch die wirtschaftliche Entwicklung in hohem Maße krisenanfälligen Schichten, d. h. das Kleingewerbe, den Kleinhandel und den bäuerlichen Mittelstand, eine Wählerschaft, die der antisemitischen Demagogie Gehör schenkte. Um die Jahrhundertwende wuchsen die innen- und außenpolitischen Spannungen, der Anschein allgemeiner Stabilität erwies sich zusehends als trügerisch. In den beiden letzten Jahrzehnten der Monarchie gab es nahezu jedes Jahr einen Regierungswechsel oder eine Kabinettsumbildung.

Trotz aller Veränderungen blieb jedoch die Verwurzelung der feudalen Traditionen gerade im Alltagsleben ungebrochen spürbar. Rückblickend schrieb Musil (im Aufsatz *Der Anschluß an Deutschland*, 1919), das alte Österreich sei auch im Zeitalter des Parlamentarismus ein Land mit feudalem Gepräge geblieben, beherrscht vom Einfluß des Adels und der „Nobel-Bourgeoisie". (Einzig die Armee war schon um 1900 auch in der Führung stark „verbürgerlicht". So waren schon um 1880 die Hälfte aller Generäle bürgerlicher Herkunft, und vor Beginn des Weltkrieges kamen nahezu 90 Prozent aller Generalstabsoffiziere aus dem Bürgertum. Diese Tatsache spielt z. B. bei Schnitzler eine nicht unbeträchtliche Rolle.) Musil diagnostiziert die Macht der Überlieferung an den konventionellen Alltagsgebärden: etwa an der Vorliebe für das Wort *nobel* oder an der Selbstverständlichkeit, mit der der Kutscher den Fahrgast mit „Euer Gnaden" anredete. Musils Beispiele lassen sich leicht vermehren: es genügt, einen Blick in alte Wiener Firmenverzeichnisse zu werfen, um zu erkennen, wie stolz Händler und Handwerker, vom Tapezierer bis zum Zuckerbäcker, offensichtlich darauf waren, sich „k. u. k. Hoflieferanten" nennen zu dürfen, auch noch in Zeiten, als es auf diese Funktion längst nicht mehr ankam. Dieses – mit britischen Traditionen vergleichbare – Festhalten an Formeln und Gebärden, an einer eingeschliffenen Überlieferung um ihrer selbst willen, wurde oft als ein Maskenspiel des Lebens oder ein bühnenhaftes Rollendasein empfunden und mit der Vorliebe der Wiener für das Theater in Verbindung gebracht. Das Theater „schien eine Verhaltensweise zu lehren, die es ermöglicht, in Rollen hineinzuschlüpfen, die nicht das eigene Ich aussprachen" (Diersch, 161). Entscheidend ist der Umstand gewesen, daß im Habsburgerreich, und vor allem in Wien, die Tradition höfischer Lebensformen und ständischen Denkens Jahrhunderte hindurch intakt blieb, in einer für europäische Verhältnisse sonst seltenen Kontinuität. Als die in der Hierarchie vorgeprägten ständischen „Rollen" sich mehr und mehr als leere

Hülsen erwiesen, traten die Widersprüche in der Scheinhaftigkeit um so deutlicher zutage. Das Motiv des gesellschaftlichen Spiels mit den jeweils zugeteilten Rollen, in satirischer oder auch metaphysischer Interpretation, ist jedenfalls bei manchen österreichischen Autoren von zentraler Bedeutung.

Für die Traditionen des literarischen Lebens blieb auch im späten 19. Jahrhundert der Umstand bestimmend, daß Österreich, wie auch die gesamte Monarchie, vergleichsweise städtearm war. Um 1900 gab es in Zisleithanien nur sechs Städte mit mehr als 100 000 Einwohnern, während Deutschland zum gleichen Zeitpunkt sechsunddreißig Städte dieser Größenordnung aufzuweisen hatte. Vorherrschend war in der Donaumonarchie der Typus der kleinen Land- und Beamtenstadt, die einen Stützpunkt für das in der Provinz ohnehin nur dünn geschichtete Bürgertum darstellte. Maßgeblich für die kulturelle Entfaltung blieben in Zisleithanien die beiden traditionsreichen Zentren Wien und Prag.

Daten zur Sozialgeschichte Wiens

Wien, der absolute Mittelpunkt der Monarchie, war im Hinblick auf seine Assimilationskraft und seine zeitweilig fast exklusive kulturelle Rolle eher mit Paris vergleichbar als mit Berlin. Zur modernen Großstadt wurde Wien in den Jahrzehnten nach 1848, als mit dem Bau der Ringstraße das Zentrum auch architektonisch ein anderes Aussehen bekam. Auch hier sind statistische Zahlen aufschlußreich. Die Stadt hatte zu Beginn der fünfziger Jahre rund 430 000 Einwohner, vierzig Jahre später fast das Doppelte. Nach der Eingemeindung der Vororte zählte Groß-Wien nach der Jahrhundertwende rund zwei Millionen Einwohner. Infolge der wirtschaftlichen Umwälzungen wuchs rasch der Zustrom von Arbeitssuchenden, namentlich aus den slawischen Ländern. Beträchtlich war vor allem der prozentuelle Anteil der Tschechen. Von eminenter kulturgeschichtlicher Bedeutung war der Anteil der jüdischen Bevölkerung Wiens am öffentlichen Leben. Während der Regierungszeit Franz Josephs nahm die Zahl jüdischer Bürger erheblich zu: sie betrug 1914 etwa 9 Prozent. Außer der Wirtschaft waren insbesondere Kulturinstitutionen eine ihrer Domänen. Ohne zahlreiche Gelehrte, Künstler, Schriftsteller und Journalisten jüdischer Herkunft ist das öffentliche Leben in der Monarchie um die Jahrhundertwende schwer vorstellbar. Um nur einige für die Literatur- und Musikgeschichte relevante Namen zu nennen: Karl Kraus, Arthur Schnitzler, Stefan Zweig, Peter Altenberg, Richard Beer-Hofmann, Alfred Polgar, Felix Salten, Egon Friedell, Sigmund Freud, Gustav Mahler, Arnold Schönberg. Da die – vorwiegend liberal gesinnten – Intellektuellen und Kaufleute weitgehend assimiliert waren oder zur Assimilierung neigten (und daher für die Pflege spezifischer Traditionen nur geringes Interesse bekundeten), wurde die Aufmerksamkeit der Öffentlichkeit auf „die Juden" vor allem durch antisemitische Propaganda gelenkt. Die sozialen und erst recht die ideologisch-rassischen Aspekte der „Judenfrage" entsprangen weitgehend dem Zerrbild, das als Hetzmittel regressiver Politik diente. Daß die Juden in der Wirtschaft als Sündenböcke des Kapitalismus hingestellt werden konnten, erwies sich als ein oft praktiziertes und nur selten in der ganzen Tragweite durchschautes Verschleierungsmanöver. Hermann Bahr, der in seiner frühen, liberal-kritischen Phase eine Umfrage über den Antisemitismus veröffentlichte (*Der Antisemitismus. Ein internationales Interview*, 1894) sieht diese Erscheinung sozialpsychologisch, erkennt jedoch nicht die entscheidenden Motive politischer Manipulation. „Die Reichen", schreibt Bahr, in der Formulierung offenbar auf Marx anspielend, „halten sich an Morphium und Haschisch. Wer sich das nicht leisten kann, wird Antisemit. Der Antisemitismus ist der Morphinismus der kleinen Leute." Auch das zionistische Programm Theodor Herzls, des ursprünglich deutschnational orientierten Feuilletonredakteurs der Wiener „Neuen Freien Presse", war eine Abwehrreaktion auf das zunehmend aggressive Verhalten konservativer Parteien und Vereinigungen. In dem fast völlig unpolitischen Alltag junger bürgerlicher Intellektueller um die Jahrhundertwende, stellten die antisemitischen Anpöbelungen zumeist die einzigen politischen Erlebnisse dar. Bei einigen der betroffenen Autoren erwiesen sich diese Erfahrungen als folgenreich für die literarische Thematik.

Im übrigen war ein unpolitisches Ästhetentum eine allgemein verbreitete Haltung unter angehenden Künstlern und Akademikern aus den Kreisen des wohlhabenden Bürgertums. Ein tiefer gehendes Verständnis der gesellschaftlichen Tendenzen der Zeit konnte im Hinblick auf Erziehung und Bildungsgang auch nicht vorausgesetzt werden. Ahnungslosigkeit oder Voreingenommenheit bestimmen die mehr oder minder flüchtigen Äußerungen über soziale Konflikte. Die so denkwürdige Arbeiterfeier zum 1. Mai 1890 glossierte der sechzehnjährige Hofmannsthal mit folgenden Versen: „Tobt der Pöbel in den Gassen, ei, mein Kind, so laß ihn schrei'n. / Denn sein Lieben und sein Hassen ist verächtlich und gemein! / Während sie uns Zeit noch lassen, wollen wir uns Schönerm weih'n." Man wäre bereit, törichte Urteile dieser Art einfach durch das unreife Alter zu entschuldigen, wenn nicht ähnliche Äußerungen mancher älterer Zeitgenossen zeigten, daß es sich um eine durchaus typische Einstellung handelte. Nicht weniger bezeichnend, doch ungleich gewichtiger ist eine bereits von ernstzunehmendem Zweifel erfüllte Briefstelle vom 18. Juni 1895 (in der Korrespondenz mit E. Karg von Bebenburg):

„Über diese Dinge, was man so gewöhnlich die sociale Frage nennt, hört man recht viel reden, oberflächliches Zeug, auch besseres, aber alles so entfernt und unlebendig, wie wenn man durch ein Fernrohr von ganz weit einer Gamsherde grasen zusieht; es kommt einem gar nicht wie wirklich vor. Was es ‚wirklich' ist, weiß wohl auch niemand, weder die drin stecken, noch gar die ‚oberen Schichten'. Das ‚Volk' kenne ich nicht. Es gibt, glaub ich, kein Volk, sondern, bei uns wenigstens, nur Leut, und zwar sehr verschiedene Leut, auch unter den Armen sehr verschiedene, mit ganz verschiedenen inneren Welten. Dann darfst Du bei uns die ungeheure Mannigfaltigkeit der Nationalitäten und damit der Entwicklungsgrade nicht vergessen. Ein bettelarmer jüdischer Student, ein verdorben-coquetter Wiener Strizzi, ein melancholischer böhmischer Dragoner, ein heruntergekommener deutschschmährischer Handwerker und . . . und . . . und . . . das wird dann zu fünfzigtausenden summiert und heißt ‚Proletarier'. Mit einzelnen kann ich was anfangen, einzelnen vielleicht helfen, einzelne begreifen, und ich glaub, auch nur darauf kommts an. Wenigstens bei uns, wie einmal dieses merkwürdige schwer zu verstehende Österreich ist."

In Schnitzlers Autobiographie (VI. Buch, 1886–1887) erscheinen die Dinge in verwandter Sicht, ein Zeichen, daß die angeführte Meinung keineswegs vereinzelt war. „. . . die Heimat war eben nur Tummelplatz und Kulisse des eigenen Schicksals; das Vaterland, ein Gebild des Zufalls, – eine völlig gleichgültige, administrative Angelegenheit, – und das Weben und Walten der Geschichte drang doch nur, wie es uns Gegenwärtigen meist passiert, in der mißtönigen Melodie der Politik ans Ohr, der man nur ungern lauschte, wenn man nicht gerade zu denjenigen gehörte, die beruflich oder geschäftlich an den politischen Ereignissen interessiert waren."

Das literarische Leben

Es wäre ein Irrtum, anzunehmen, diese Wiener Betrachtungen eines Unpolitischen seien der Ausdruck einer Kultur, in der die Interessen der dazu in Frage kommenden Schichten völlig von der Intensität des literarischen Lebens aufgesogen worden wäre. In Wirklichkeit hatte die Literatur in Österreich (und Wien, die Stadt musikalischer Kultur vor allem, war darin keine Ausnahme) einen vergleichsweise schweren Stand. Das gilt insbesondere für die äußeren Bedingungen der öffentlichen literarischen Produktion: die Tätigkeit der Verlage, das Zeitschriftenwesen, die Bedeutung der Literatur für das Publikum. Die Klage mancher Autoren, Österreich sei kein Boden für literarische Gründungen, erscheint im Hinblick auf die Jahrhundertwende als durchaus gerechtfertigt. In den ersten Jahrzehnten nach 1850 konnte die Lethargie im literarischen Bereich noch mit dem Mangel an jungen Talenten erktärt werden; in der Epoche der Wiener Moderne fällt dagegen die Unstimmigkeit zwischen dem künstlerischen Potential und den faktischen Bedingungen nur noch mehr ins Auge. Nachdem auch die wenigen Versuche in den siebziger und achtziger Jahren, durch Verlagsgründungen in Wien günstigere Voraussetzungen zu schaffen, gescheitert waren und auch künftig kaum Aussicht auf Erfolg hatten, waren die jungen österreichischen Autoren darauf angewiesen, im deutschsprachigen Ausland zu veröffentlichen. Als Vermittler trat mehrmals Hermann Bahr auf. Mit Ausnahme von Karl Kraus, der jedoch Verpflichtungen in Deutschland keineswegs vermied, publizierten alle Vertreter der Wiener Moderne – und auch viele spätere Autoren – in deutschen Verlagen: bei S. Fischer (Schnitzler, Hofmannsthal, Altenberg, Bahr, Beer-Hofmann), „Insel" (Stefan Zweig, Hofmannsthal, Bahr), Paul Cassirer, Staackmann, Rowohlt. Auch die Prager deutschsprachigen Autoren fanden ihre Verleger fast ausnahmslos in Berlin, Leipzig, München. Bezeichnend ist, daß eine vielbändige Österreich-Anthologie, Hofmannsthals „Österreichische Bibliothek", im Insel-Verlag erschien.

Die in Österreich gegründeten, meist kurzlebigen Zeitschriften boten den einheimischen Autoren nicht genügend Möglichkeiten. So gingen wichtige Erstveröffentlichungen, auch in Zeitungen – trotz des regen Feuilletons der „Neuen Freien Presse" –, an reichsdeutsche Periodika. Von den österreichischen bzw. Wiener Zeitschriften mit literarischen Beiträgen kann nur eine, die „Moderne Dichtung" (im 2. Jahrgang, 1891, „Moderne Rundschau") als literarische Revue im engeren Sinne bezeichnet werden. Sie hielt sich kaum zwei Jahre. Die übrigen Zeitschriften – sieht man von der exorbitanten „Fackel" ab – galten entweder der bildenden Kunst (wie das an den Berliner „Pan" erinnernde luxuriöse Organ der Wiener Sezession, „Ver Sacrum", 1898–1900) oder allgemein kulturellen und gesellschaftlichen Fragen („Wiener Rundschau", 1896–1901; „Neue Revue", 1893–1898; „Die Zeit", 1894–1904, später „Österreichische Rundschau", 1904–1924).

Von weit größerer Bedeutung für das literarische Schaffen waren die traditionsreichen Wiener Bühnen. Doch auch hier trugen vor allem die schauspielerischen Leistungen zum Ansehen der Theaterstadt bei, viel weniger der zeitgenössische Spielplan. Im Gegensatz zur Wiener Freien Volksbühne, einer namentlich von Mitgliedern der Sozialdemokratischen Partei unterstützten Institution, die sich für die Aufführung moderner, vorwiegend naturalistischer Dramen einsetzte, waren die älteren Bühnen, allen voran das Burgtheater, konservativ geleitet und auch verpflichtet, auf politische und gesellschaftliche Forderungen Rücksicht zu nehmen. Welcher Art die Eingriffe der Zensur waren, zeigt die Hauptmann-Rezeption in Wien: Von den Werken des in Österreich viel gespielten Dramatikers konnten *Die Weber* erst mit Verspätung und auch dann nur unter besonderen Bedingungen aufgeführt werden. Schnitzler, der Burgtheaterautor, kam, allerdings nicht nur in der Donaumonarchie, mehrmals mit der Zensur in Konflikt. *Professor Bernhardi* (1912) war in der Monarchie ausnahmslos verboten und durfte erst nach deren Zusammenbruch in Wien inszeniert werden. Daß jedoch nicht nur politische Erwägungen im Spiel waren, zeigt ein Blick auf die Aufführungsstatistiken bei Schnitzler und Hofmannsthal. Während Schnitzler in der Zeit bis 1914 mit mehr als 200 Aufführungen am Burgtheater der meistgespielte zeitgenössische Autor war, brachten es die Dramen des sozialkritisch eher unverfänglichen Hofmannsthal auf nur 32 Aufführungen. Die meisten Hofmannsthal-Premieren fanden in Berlin, München und Dresden statt.

Die nüchternen Daten über das literarische Leben, gewiß dazu angetan, einer schwärmerischen Idealisierung des Wiener Fin de siècle vorzubeugen, dürften indes keinen einseitigen Eindruck erwecken. Im Wien der Jahrhundertwende zeichneten sich, zunächst noch im Schatten der hochoffiziellen Kultur, künstlerische und wissenschaftliche Leistungen ab, über deren prägende Bedeutung für das neue Jahrhundert heute kein Zweifel mehr besteht. Damals begriffen sich die Träger dieser Bestrebungen vor allem als Verfechter der Opposition gegenüber sinnentleerten Traditionen und tabuhütenden Vorurteilen. Arnold Schönberg und seine Schüler Alban Berg und Anton von Webern trieben, an Brahms, Wagner und Mahler anknüpfend, in den ersten fünfzehn Jahren des Jahrhunderts die Emanzipation des musikalischen Materials von den funktionalen Harmonie- und Formschemata mit derartiger Radikalität voran, daß diese neue „Wiener Schule“ bald als Inbegriff künstlerischer Kompromißlosigkeit gelten konnte. Dem Kampf, den Schönberg gegen die bequeme Floskel, das musikalische Ornament führte, entsprach im Bereich der Architektur und Wohnkultur die von Adolf Loos inspirierte Auflehnung gegen die Herrschaft des kunsthandwerklichen Zierats. Den Elektizismus der älteren Generation nannte Loos (*Die Potemkinische Stadt*, „Ver Sacrum“, 1898) eine Form von Betrug: die falsche Renaissance der Mietskasernen drapiere die Armut; über der Architektur des Jahrhunderts schwebe der Geist Potemkins. Daß der Freund von Kraus und Schönberg auch dem Jugendstil den Kampf ansagte, beweist sein bekannter polemischer Essay *ornament und verbrechen* (1908), dessen Leitgedanke in folgender Formulierung erscheint: „Evolution der kultur ist gleichbedeutend mit dem entfernen des ornaments aus dem gebrauchsgegenstande.“ Die Auflehnung gegen das Ornament wurde zuweilen mit dem Versuch in Verbindung gebracht, die repressive Wirkung der konventionellen Moral aufzuzeigen. Daher auch der Vergleich zwischen Loos und Sigmund Freud, dessen psychoanalytische Methode zu den – auch für die Literatur – folgenreichsten Entdekkungen im Zeitalter der Wiener Moderne gehört. Mit dem Buch *Die Traumdeutung* (1900) erstmals eingehend dargelegt, von der Fachwelt lange angefeindet, übten die Forschungen des Wiener Psychiaters eine nachhaltige Wirkung auf die Literatur aus. Schnitzler, Bahr und Hofmannsthal fühlten sich wohl als erste von Freuds Lehre angezogen, kein Wunder, wenn man bedenkt, daß in einigen ihrer frühen Werke Erkenntnisse der Psychoanalyse bereits intuitiv vorweggenommen erscheinen.

Auch die literarische Moderne Wiens ist in den ersten Jahrzehnten, sieht man von Publikumserfolgen einiger Stücke Schnitzlers ab, eher eine Angelegenheit von Kennern, literarischen Eleven und bohemehaften Zirkeln; deren Wirken spielte sich jedenfalls in Kreisen ab, die man in der offiziellen gesellschaftlichen Hierarchie der Hauptstadt als „einflußlos" bezeichnete. Im Gegensatz zu den bildenden Künstlern, die eine Interessengemeinschaft und Gruppenbildung auf Grund ästhetischer Prinzipien anstrebten und 1897 als „Sezession" vor die Öffentlichkeit traten (Klimt, Moser, Olbrich, Roller u. a.), kam es im literarischen Leben zu keiner auch nur einigermaßen verbindlichen Gruppenbildung. Was als „Jung-Wien" die literarisch Interessierten beschäftigte, ging soziologisch gesehen nicht über Bindungen hinaus, die sich durch mehr oder minder verpflichtenden freundschaftlichen Verkehr ergaben. Gegenüber politischen Institutionen oder Repräsentanten des Staates war die Einstellung der Autoren keineswegs unkritisch; die vor 1914 entstandenen politischen Schriften Bahrs etwa bieten Beispiele für ein im einzelnen beachtenswertes politisches Bewußtsein (so z. B. der Essayband *Austriaca*, 1911, der einsichtsvolle Bemerkungen zum Nationalitätenproblem enthält). Gelegentliche Eingriffe der Staatsbürokratie sorgten dafür, daß die Gewißheit, in einem Obrigkeitsstaat zu leben, auch in Friedenszeiten nicht ganz schwand. Dazu sind die Praktiken der Theaterzensur zu zählen, aber auch so tragikomisch anmutende Maßnahmen wie der Erlaß des k. u. k. Landwehroberkomandos in Wien, mit dem Schnitzler 1901 nach Erscheinen der Erzählung *Leutnant Gustl* der Offiziersrang aberkannt wurde – wegen „Verletzung der Standesehre". Insgesamt jedoch waren in Wien, im Vergleich mit der Position moderner Literatur in Berlin oder München, die Reibungsflächen geringer, die Spannungen seltener. Staat, Gesellschaft und Politik spielen in der vorwiegend ästhetischen Kultur Wiens eine weniger ausgeprägte Rolle; ja manche Autoren und Werke erwecken den Eindruck, es sei ein Punkt vollständiger sozial-politischer Indifferenz vorstellbar.

Das Café als geistiges Zentrum

Das Milieu der Wiener Moderne war das Café. In einer Stadt, die den „literarischen Salon" kaum zu ihren Traditionen zählen konnte, gewann das Kaffeehaus – das seit dem Vormärz mehr und mehr zu einer lokal gefärbten inoffiziellen Institution bürgerlicher Öffentlichkeit geworden war – Bedeutung für das literarische und, noch allgemeiner, das künstlerische und intellektuelle Leben. Als eine Art atmosphärischer Enklave bot das Kaffeehaus (das sich als Gaststättentypus von Wien, Prag und Budapest aus über die ganze Donaumonarchie verbreitete und auch in kleineren Städten zeitweilig zum Sammelpunkt der künstlerischen und politischen Boheme wurde) besondere Bedingungen für intensiven, jedoch keinerlei Organisationszwang unterworfenen Verkehr zwischen Literaten bzw. Bohemiens aller Art. In Wien etablierte sich das literarische Café um die Jahrhundertwende als Umschlagplatz künstlerischer Ideen und zugleich als geschmackbildende Einrichtung, als Ort, der trotz seines gesellschaftlich kontingenten Charakters die Bildung relativ geschlossener Kreise unter den Habitués erlaubte, die Bildung ästhetischer Konventikel gleichsam. Bahr, Altenberg, indirekt auch Kraus, sind in diesem Zusammenhang zu nennen. (Schnitzler hat in seiner nachgelassenen Tragikomödie *Das Wort* einige einprägsame Züge im Verhalten dieser Kreise dramatisch verwertet.) Die Bindungen blieben indes locker genug: die Wiener Literaten strebten weder ein gemeinsames ästhetisches Programm (oder gar Manifest) an, noch eine zu Solidarität verpflichtende Gemeinschaft. Eine bindende Form in der Art des George-Kreises hätte in Wien nicht die geringste Aussicht gehabt. Über die geistige und soziale Verfassung der Figuren (der „Originale" und ihrer Bewunderer) im Wiener Café urteilt im entsprechenden Tonfall ein Kenner des Milieus, Alfred Polgar, in seinem Feuilleton *Theorie des ‚Café Central'*. „Es sind unklare Naturen, ziemlich verloren ohne die Sicherheiten, die das Gefühl gibt, Teilchen eines Ganzen (dessen Ton und Farbe sie mitbestimmen) zu sein. Der Centralist ist ein Mensch, dem Familie, Beruf, Partei solches Gefühl nicht geben: Hilfreich springt da das Caféhaus als Ersatztotalität ein, lädt zum Untertauchen und Zerfließen. [. . .] Das Café Central stellt also eine Art Organisation der Desorganisierten dar." Polgars Diagnose bezieht sich freilich nicht auf alle Autoren der Wiener Moderne. Neben ausgesprochenen Bohemiens und Kaffeehausliteraten (das Wort ohne Geringschätzung gebraucht) finden sich Autoren wie Hofmannsthal, dessen Interesse für die Sphäre des Cafés nur vorübergehend war.

Unter den Treffpunkten der neuen Wiener Literatur ist an erster Stelle das berühmte Café Griensteidl am Michaelerplatz zu nennen, eine Gründung aus der Vormärzepoche. In der fünfzigjährigen Geschichte des Lokals fanden an den Tischen der niedrigen, gewölbten Räume endlose Debatten über Politik, Theater und Literatur statt: Burgtheater-Schauspieler, Journalisten und Schriftsteller gehörten zu den Stammgästen, aber auch Politiker, so die Protagonisten in der Frühzeit der Arbeiterbewegung. Im letzten Jahrzehnt, bevor es 1897 einem Umbau zum Opfer fiel, erlebte das „Griensteidl" seine entscheidende literarische Phase. Hermann Bahr, 1891 nach

Wien zurückgekehrt, verkündete dort als „Organisator der Moderne" wortgewandt das Neueste vom Tage, der Gymnasiast Hofmannsthal, als Loris Melikow und Theophil Morren publizierend, stellte sich den staunenden Literaten vor. Auch Stefan George, der sich 1891 vorübergehend in Wien aufhielt und dort den Privatdruck seines zweiten Gedichtbandes mit der Widmung an Hofmannsthal versah, suchte im „Griensteidl" Anschluß an die Moderne. Doch nur Hofmannsthal und Andrian entsprachen offensichtlich den Erwartungen, die der Begründer der „Blätter für die Kunst" hegte. (Die Zeitschrift, nur für einen geschlossenen Leserkreis bestimmt, lag in Wien in der Weißschen Buchhandlung, Tuchlauben, zur Einsicht auf). Den satirischen Nekrolog zur Schließung des Cafés schrieb Karl Kraus (*Die demolirte Literatur*, 1897): „In Eile werden alle Literaturgeräthe zusammengerafft: Mangel an Talent, verfrühte Abgeklärtheit, Posen, Größenwahn, Vorstadtmädel, Cravatte, Manirirtheit, falsche Dative, Monocle und heimliche Nerven. [. . .] Wohin steuert nun unsere junge Literatur? Und welches ist ihr künftiges Griensteidl?" Die Wahl fiel, nicht ohne das Zutun Altenbergs, auf das Café Central in der benachbarten Herrengasse (das von Polgar glossierte Kaffeehaus), womit für weitere drei Jahrzehnte eine besondere Kommunikationsform in lokaler Tradition bewahrt blieb.

Polgars Aperçu, das Central sei eine Weltanschauung, die davon lebt, die Welt nicht anzuschauen, ist mehr als ein gefälliges Paradox. Der Autor der „Theorie" trifft damit einen entscheidenden (und wunden) Punkt der im Umkreis literarischer Cafés entstandenen Produktion. Ein Widerspruch des Wiener Impressionismus äußert sich darin, daß die Eindringlichkeit des sinnlichen Details, der Nuance, erkauft wird durch eine eigentümliche Reduktion der Erfahrung, einen Mangel an Welthaltigkeit und gegenständlicher Breite. Die Umgangsformen und institutionellen Merkmale des Cafés haben zweifellos eine nachhaltige Wirkung auf Geist und Technik der Wiener Literatur um 1900 ausgeübt. Der alltägliche Umgang unter Literaten fördert naturgemäß die Neigung, die Literatur gleichsam unter sich sein zu lassen. Die so oft schon anekdotisch geschilderten Kommunikationsformen des Cafés wie auch die – bei Gestalten der Boheme notorischen – Arbeitsbedingungen beim Schreiben wirkten sich vielfach auf die Technik und Formwahl aus, freilich ohne daß deswegen schon von einer ganz spezifischen Kaffeehausliteratur die Rede sein könnte. Es ist jedenfalls symptomatisch, daß namentlich in der Frühzeit des Jungen Wien bezeichnende literarische Kurzformen vorherrschen: der Einakter, die Novelle, die impressionistische Skizze, das Feuilleton, der Essay. Bestimmend ist dafür sicherlich der Umstand gewesen, daß gerade in Österreich jungen Autoren nur beschränkte Publikationsmöglichkeiten zur Verfügung standen. Die Produktion paßte sich den Erfordernissen der Zeitungen und Zeitschriften an. Thematik, Umfang, Abgabetermin konnten beim Treffen im Café abgesprochen werden. Entscheidend ist jedoch, daß das Ergebnis selbst nicht selten Züge aufweist, an denen die Entstehungsbedingungen abzulesen sind. Die Textgestalt wandelt in der Regel einige Grundformen ab: das Gespräch (im Sinne gepflegter „Konversation"), die intellektuell pointierte Mitteilung (von den Streckformen des Witzes und der Anekdote bis zum Essay), die Aufzeichnung, die emotive Reaktionen auf Wahrnehmungen erfaßt (vom konkreten Psychogramm bis zum verallgemeinernden Prosagedicht). Wo die Texte keinen Anspruch darauf erheben, auch konventionell als „Dichtung" zu gelten, geben sie oft bereitwillig ihren improvisatorischen Charakter zu erkennen, wie auch die Herkunft des spezifischen, lokal gefärbten Tonfalls aus der unverbindlichen, aber punktuell auf überlegte rhetorische Wirkung ausgerichteten Art des Kaffeehausgesprächs. Über die Bedeutung des Cafés als Stoffquelle findet sich ein bezeichnender Hinweis in Polgars früher Novelette *Hiob* (1912), die in einem russischen Milieu spielt. Der Erzähler erklärt, er habe den Vorwurf satt, daß alle seine Geschichten sich im Café Central ereigneten.

Die Kehrseite des Betriebs in den modernen platonischen Akademien, wie Bahr die Cafés nannte, beurteilten die Zeitgenossen durchaus illusionslos. Am heftigsten mahnte der Kritiker Edmund Wengraf, der in seinem Aufsatz *Kaffeehaus und Literatur* (Wiener Literatur-Zeitung, 15. Mai 1891) sich als Anwalt des Publikums versteht. Der Leser, ja die geistige Kultur überhaupt, sei bedroht von den Gewohnheiten, die das Kaffeehaus hervorbringe.

„Der Kaffeehausmensch liest nur mehr die Tagesblätter und allenfalls [. . .] auch illustrirte Zeitschriften. Aber auch diesen nicht allzu anstrengenden Lesestoff vermag er bald nicht mehr gründlich zu bewältigen. Ernst und Gründlichkeit gedeihen nicht in der Atmosphäre des Kaffeehauses. [. . .] Die Nerven werden überreizt, Gedächtniskraft, Aufmerksamkeit und Fassungsvermögen werden geschwächt. Der Kaffeehausleser gelangt dahin, jeden Artikel, jedes Feuilleton, Alles, was mehr als hundert Zeilen lang ist, ungenießbar zu finden. Er hört überhaupt auf zu lesen, er ‚blättert' nur mehr. Zerstreuten Blicks durchfliegt er die Zeitungen [. . .] und nur das Unterstrichene, das ‚Großgedruckte', nur gesperrte Lettern vermögen sein Auge noch ein Weilchen zu fesseln. Er wird unausstehlich blasirt [sic!]. Er braucht, um aus seiner öden Gedankenlosigkeit aufgerüttelt zu werden, etwas ‚Sensationelles', wie der verlebte Wüstling raffinirter Ausschweifungen bedarf, um noch eine Reizung zu empfinden."

Wengrafs Polemik zeigt, in welchem Zusammenhang die künstlerischen Tendenzen der Wiener Moderne zu sehen sind. Betrachtet man die Texte, so erkennt man, daß die literarische Produktion dem Alltag des Cafés in mancher Hinsicht konform war, daß sie aber zugleich entgegengesetzte, kompensierende Bestrebungen aufweist. Die Kürze und Pointiertheit entspricht sicherlich in gewissem Maße den beschriebenen Lesegewohnheiten der zeitgenössischen Rezipienten, den Anzeichen einer „nervösen" Zeit (Bahr); doch andererseits kann von einer grob vereinfachenden, auf Schlagzeilenstil ausgerichteten Schreibart nicht die Rede sein. Kennzeichnend für die impressionistische Faktur ist vielmehr die Verbindung von Flüchtigkeit und mimetischer Sorgfalt. Dabei fordert die Ausgestaltung des Details und der Nuance einen Leser, der gewillt ist, viel mehr zur Kenntnis zu nehmen als Schlagzeilen. Der den Werken der Moderne angemessene Leser steht der Dauerlektüre ebenso fern wie dem bloßen „Blättern"; zu seiner Sensibilität gehört die Bedingung, *Zeit* und Geduld zu haben, wenn es darauf ankommt.

Zeit hatten die meisten Autoren. Unter den Vertretern des Jungen Wien überwiegt der Rentnertypus, der verhältnismäßig wohlhabende oder jedenfalls ohne materielle Sorgen lebende ‚Dilettant' (im Wortsinn der Epoche), der nicht auf Broterwerb durch Literatur angewiesen ist. Die aus großbürgerlichen, im gesellschaftlichen Leben angesehenen Familien stammenden Schnitzler, Hofmannsthal, Andrian, Beer-Hofmann, Bahr, Stefan Zweig, akademisch gebildete Intellektuelle mit gesicherter Existenz, Literaten aus Neigung, sind auch klassensoziologisch repräsentativer als etwa der infolge seiner materiellen Notlage zur Journalistenlaufbahn gezwungene Berufsliterat Felix Salten. Auch Altenberg darf eher als Bohemien aus Neigung gelten, der auf gesicherte Verhältnisse verzichtete zugunsten einer anderen Lebensform. In der Einschätzung des beruflichen (kreativen) und privaten Alltags dieser Autoren muß man sich freilich vor Vereinfachungen hüten: der Entschluß Schnitzlers, Hofmannsthals und Bahrs, sich ganz der Literatur zu widmen, erfolgte nicht ohne ein gewisses Risiko, und noch aus späteren Jahren gibt es etwa Zeugnisse über Geldsorgen im Hause Hofmannsthal.

Dazu kommt, daß sich einige Autoren über den Warencharakter, den geistige Produkte annehmen können, durchaus im klaren waren; Bahrs Essayband *Inventur* von 1912 unterrichtet darüber im einleitenden Text auf sehr eindringliche Weise: „Das Kunstwerk muß auf den Markt, und um auf dem Markt erscheinen zu können, muß es die Form für den Markt annehmen, es muß Ware werden und steht als Ware nun unter dem Gesetz, das für Waren gilt." In der Moderne tritt der Warencharakter durch die Betonung des Anreizes in der äußeren Aufmachung unverhüllt zutage (in einem Bereich also, den Bahr in seiner Analyse ausdrücklich hervorhebt), wenn auch gleichsam wider Willen der Autoren, die versuchen, ihre Hervorbringungen gegen die Warenwelt abzuschirmen und in ihnen das Moment der persönlichen Bindung zu bewahren. Insgesamt herrscht die Auffassung vor, Kunst gedeihe letztlich nur dort, wo die Bedingungen gegeben sind, sublimierten *Luxus* zu pflegen. Die Gewißheit, materiellen und geistigen Luxus zu genießen, ohne die eigene künstlerische Tätigkeit anders als durch einen subjektiven Sinn ausweisen zu können, äußert sich, besonders beim jungen Hofmannsthal, als das schlechte Gewissen des Ästheten. In einem Brief Hofmannsthals an Beer-Hofmann (vom 10. Mai 1896) heißt es: „Das Leben, das wir in Wien führen, ist nicht gut. [. . .] Wir leben in geistiger Beziehung wie die Cocotten, die nur französischen Salat und Gefrorenes essen." Die Kritik am Ästhetizismus, die Hofmannsthals Werk in entscheidendem Maße geprägt hat, ist mit Erfahrungen dieser Art untrennbar verknüpft.

Impressionistische Kultur

Sieht man von der moralischen Beurteilung ab, so bleibt der Hinweis auf eine höchst verfeinerte Sensibilität, eine gesteigerte Wahrnehmungs- und Reizempfindlichkeit, die bei den meisten Autoren der Wiener Moderne als prägendes Merkmal objektiver Art, als Textqualität feststellbar ist. Die Bedingungen einer solchen Sinneskultur sind im sozialen Bereich zu suchen und können anhand biographischer Aufzeichnungen weitgehend rekonstruiert werden. Als elementare Voraussetzung darf die durch eine entsprechende Vermögenslage gegebene Sorglosigkeit und Unbefangenheit gelten, die erst die Möglichkeit schafft, ästhetische Reize als besondere, von der unmittelbaren Lebenspraxis losgelöste Werte zu erleben – als intime Stimmungswerte. Die gehegte ‚Innenwelt' des bürgerlichen Heimes stellte den Nährboden dar, auf dem sich autonome Sensibilität entfalten konnte, gestützt von Bildungserlebnissen, namentlich von ausgedehnter literarischer Lektüre. In der ästhetischen Kultuviertheit, in ‚Nervosität' und ‚Geschmack' war die Freizügigkeit großbürgerlicher Lebensformen enthalten. In seinem *Glückwunsch an Arthur Schnitzler* drückt Bahr diesen Gedanken aus, wenn er schreibt, die Zugehörigkeit zu einer „ökonomischen Klasse" bestimme letztlich den ganzen Menschen. „Durch unsere Geburt gehören wir ihr an, deshalb wird sie aus unserer Empfindung niemals auszutilgen sein [. . .]"

Zu den nur in vermittelter Form erkennbaren bedeutenden Leistungen des Bürgertums (einer „sinkenden" Klasse, wie Bahr bei dieser Gelegenheit nüchtern feststellt) gehört die Entwicklung einer subtilen Wahrnehmungskultur, die gleichsam Sinnlichkeitsluxus treibt und Wahrnehmung um der Wahrnehmung willen pflegt. Auf dieser Grundlage entfaltete sich jene künstlerische Praxis, für die bereits von den Zeitgenossen die Bezeichnung

Impressionismus geprägt wurde. Namentlich im Bereich der Malerei und der Literatur setzte sich deren Ästhetik bald in den meisten europäischen Ländern durch. In Österreich, wo die Moderne dem Naturalismus kein tieferes Interesse entgegengebracht hatte, gewann die literarische „Eindruckskunst" rasch an Boden, gemäß der gerade in österreichischer künstlerischer Tradition ausgeprägten Neigung zu unmittelbarer sinnlicher Wirkung, vor allem in Musik und Theater.

Für die Wiener Moderne wurde die Theorie des Impressionismus mit einiger Verspätung formuliert; sie wurde von Bahr gewissermaßen nachgeliefert, nachdem der Kritiker schon in seine frühe Schriften Beobachtungen zur Analyse dieser Stiltendenz eingestreut hatte. Den Anstoß gab die Lektüre einer Schrift des in Prag und später in Wien lehrenden Physikers und Erkenntnistheoretikers Ernst Mach (*Die Analyse der Empfindungen und das Verhältnis des Physischen zum Psychischen*, 1885), deren Breitenwirkung nach der zweiten Auflage im Jahre 1900 einsetzte. Im Essay *Das unrettbare Ich* (*Dialog vom Tragischen*, 1904) berichtet Bahr über seine späte Entdeckung Machs, die ihm die Erkenntnis brachte, es handle sich schlechthin um die „Philosophie des Impressionismus". Eine Bestätigung eigener Vermutungen fand er vor allem im einleitenden Kapitel von Machs Studie, in den „Antimetaphysischen Vorbemerkungen." Dort definiert Mach Körper (Gegenstände) als relativ beständige Komplexe von Farben, Tönen, Drücken usw., wobei dem Wort „relativ" entscheidende Bedeutung zukommt. „Mein Tisch ist bald heller, bald dunkler beleuchtet, kann wärmer und kälter sein . . . Mein Freund kann einen anderen Rock anziehen. Sein Gesicht kann ernst und heiter werden. Seine Gesichtsfarbe kann durch Beleuchtung oder Affecte sich ändern" (Mach, 2). Auch das menschliche „Ich" ist nach Mach ein Komplex, dem nur relative Beständigkeit zukommt, ein Komplex von Erinnerungen, Stimmungen, Gefühlen. Was man als Einheit der Persönlichkeit empfindet, ist nur eine scheinbare Einheit, eine durch Kontinuität der langsamen Änderung hervorgerufene Täuschung. Machs sensualistischer Positivismus gipfelt in der These, das Ding, der Körper, die Materie sei nichts als der Zusammenhang der Elemente, der Farben, Töne usw., nichts als eine wechselnde Verbindung von Merkmalen. Daher gilt auch das unveränderliche „Ich" lediglich als eine Konstruktion, der man nicht zuviel Bedeutung beimessen sollte. Entscheidend ist letztlich der Umstand, daß das Individuum Teil vieler (fremder) Bewußtseinsinhalte sein kann und auf diese Weise in verschiedenen Spiegelungen lebt und auch nach dem Tode weiterzuleben vermag. Demgegenüber ist der aprioristische Ich-Begriff unhaltbar. „Das Ich ist unrettbar", folgert Mach.

Der Philosoph wider Willen gab damit das Stichwort für die damals fällige Ästhetik moderner Kunst. In Bahrs Interpretation gewann Machs Lehre eine aktuelle kunsttheoretische Bedeutung, indem der Kritiker die dargelegten Thesen als einen zusätzlichen Beitrag zur „Überwindung des Naturalismus" betrachtete. War der Naturalismus noch mit dem Anspruch aufgetreten, die ursächlichen Zusammenhänge in Natur und Gesellschaft in den Griff zu bekommen und von daher die Literatur zu einem Forum der Öffentlichkeit umzuprägen, verzichtete die sich vom naturalistischen Programm distanzierende Moderne auf einen solchen Anspruch. Deren Standpunkt entspricht annähernd der Formel: Mimesis ohne Kausalität. Das beobachtende, empfindende, auf Reize reagierende Ich ist als Wahrnehmungsinstanz eines literarischen Textes (als Erzähler oder als eine die Perspektive bestimmende Gestalt) ein Sammelpunkt verschiedenster Eindrücke, ein mit individuellen Zügen versehener „Empfänger". Im Selbstverständnis mancher Impressionisten erscheint die Reizabhängigkeit und Unfestigkeit des Machschen Subjekts als eine potentielle Tugend, nämlich die Fähigkeit, sich selbst unaufhörlich zu erneuern, stets im Wandel begriffen zu sein. Das „Fertige", Geordnete, Rubrizierte war für Peter Altenberg ein Merkmal philisterhaften Daseins. Menschen sind nicht, sie werden, schrieb er; und in diesem Werden verändern sie sich auch schon, ohne jemals etwas Endgültiges zu sein. Wer diese Fähigkeit nicht besitzt, existiert eigentlich nicht: wer nicht wird, ist nicht.

Das punktuelle Daseinsgefühl entfaltet sich in Augenblicken besonderer sinnlicher Intensität, in denen der Mensch völlig in den Bann der flüchtigen Gleichzeitigkeit eines Bündels von Eindrücken gerät. Die damit angedeutete Erscheinung – die *Stimmung* – ist eine zentrale Kategorie impressionistischer Kunst. Aus der beherrschenden Rolle der Stimmung und des Atmosphärischen ergibt sich folgerichtig das Werkprinzip der Kürze. In Texten impressionistischer Art begegnet man nur selten breiter angelegten Formen: der Einakter, die Prosaskizze und das Gedicht sind die kennzeichnenden Typen, und auch dann, wenn Werke äußerlich als Großformen gelten, setzt sich in ihnen das Prinzip der Reihung von Stimmungsmomenten durch. Da in der Stimmung der Unterschied zwischen Innen und Außen schwindet, gelingt es der impressionistischen Prosa, mit sprachlichen Mitteln Zustände zu gestalten, die in die Randzonen des Bewußtseins führen und die zuvor kaum eine angemessene literarische Artikulation fanden. Der Innere Monolog ist das geläufigste Beispiel für die Errungenschaften impressionistischer Faktur in diesem Bereich.

Während bei einigen Autoren aus dem Kreis der Berliner Naturalisten die Stimmungskunst nicht selten in monistisches Pathos umschlug (wie etwa in Schlafs Prosadichtung *Frühling*, mit der charakteristischen Stelle: „Innen und außen: kaum sind sie zu scheiden. Ich bin die lichtgewölbte Weite da oben mit ihren zahllosen Welten. Ich bin das tiefe, süße Dämmern der Breiten, der Duft des Roggens und der tiefbraunen Erdschollen. Ich bin der Ruf der Rebhühner, leises Laubrascheln und hundert feine Geräusche;

ich bin das Gekläff des Hofhundes vom Gehöft drüben; bin der zarte Sternschimmer auf seiner Scheunenmauer; bin die tiefen, schwarzen Schatten“), bemühten sich die Jung-Wiener um eine Literatur, welche die Kunst der stimmungshaften sinnlichen Nuance von den Macharten konventioneller Rhetorik freihält, dagegen aber Möglichkeiten sucht, mit Andeutungen und Zwischentönen komplexe Empfindungen und Situationen auszudrükken. Der junge Bahr schrieb in einer kurzen Selbstdarstellung von 1894, er strebe die Kunst des Geringen an: „leise, kleine, kaum vernehmliche Gefühle, schwanke Stimmungen der Nerven, die entwischen, feine, flüchtige und rasche Noten, die verhuschen.“ Es ist daher richtig bemerkt worden, der literarische Impressionismus stimme mit dem malerischen auch darin überein, daß er besondere Wirkungen aus einer im Text selbst enthaltenen Aufforderung an den Rezipienten beziehe, dem Appell, die Andeutungen assoziativ zu ergänzen.

Die in impressionistischen Texten erkennbaren Tendenzen in der Auswahl und Typisierung sprachlicher Mittel werden von zwei scheinbar konträren Grundsätzen gelenkt. Mit den künstlerischen Maximen des Naturalismus deckt sich das Bestreben, die Sprache als ein Instrument mimetischer Genauigkeit zu behandeln und damit eine „Kunst des Treffens“ (L. Thon) zu begründen. Das Begriffliche und Generalisierende in der Sprache tritt zugunsten des Besonderen und Einmaligen zurück. In Frankreich formulierten die Brüder Goncourt einen impressionistischen Leitsatz mit der Behauptung, das individuell geprägte Eigenschaftswort (épithète rare) zeige erst, was ein Autor kann, vor allem, wenn es darauf ankommt, die „sensations rares“ wiederzugeben. Wie stark diese Tendenz von der Absicht bestimmt war, abstrakte und verdinglichende Begrifflichkeit durch unmittelbare sinnliche Suggestion zu ersetzen, veranschaulicht die Bemerkung von Arno Holz, in einem erzählenden Text sei der Satz „Der Vogel sitzt auf dem Baum“ schlechter als der Satz „Der Zeisig sitzt auf der Ulme“. Die im Impressionismus nur scheinbar gegenläufige Neigung zur „Verunklärung“ (L.Thon) kann durch einen Gedanken des gleichen Autors belegt werden. In seiner Schrift *Die Revolution der Lyrik* (1899) schreibt er, eine Kunst sei bereits denkbar, die nur noch aus Tönen und Lichtern allein bestehen könnte. Darin äußert sich die Dialektik des Impressionismus: Infolge des Verzichts auf logische Gliederung (die impressionistische Syntax ist parataktisch) und der Neigung, das Detail als Eigenwert zu behandeln, wirken radikale Texte dieser Art auf die Dauer ornamental und verspielt; die sprachliche Mimesis erscheint als Selbstzweck, gleichsam als ein abstrakt-dekoratives Sprachmuster. Ein entsprechender Vorgang läßt sich in der Malerei beobachten. Auch dort führte die Verselbständigung einzelner Elemente, namentlich der Farbwerte, zur Abstraktheit betont ornamentaler Formen. In der Wiener bildenden Kunst der Jahrhundertwende ist dieser Vorgang etwa bei Gustav Klimt deutlich erkennbar.

Impressionistische Züge gehören zu den einprägsamsten Merkmalen der Wiener Moderne. Als Ganzes geht deren literarische Produktion jedoch keineswegs im Begriff des Impressionismus auf – so weit man diesen auch faßt. Was programmatische Schlagwörter und Losungen betrifft, bestand, namentlich seit Bahrs Wirksamkeit in Wien, keine Verlegenheit. Symbolismus, Neuromantik, Nervenkunst, Décadence, das sind, neben der Bezeichnung Impressionismus, nur einige der geläufigsten Orientierungsmarken. Für die Zeitgenossen waren diese Benennungen entweder Neugier erweckende Reizwörter oder, aus der Sicht der Künstler, Zeichen für deren Ehrgeiz, am Wettlauf der Angebote an neuen ästhetischen Programmen teilzunehmen. An die Schlagwörter heftete sich das Prestige der Autoren, einen sichtbaren Beitrag zu der mehr und mehr auf Originalität und Innovation ausgerichteten Kunsttheorie zu liefern. Dieser – freilich nicht immer bewußt angestrebte – ästhetische Wettbewerb nahm in der zweiten Hälfte des Jahrhunderts zunehmend internationalen Charakter an. Es gab kaum ein Land in Europa, das um die Jahrhundertwende nicht auf diese oder jene Weise am Austausch der Ismen teilnahm. Auch für Österreich war der Anbruch der Moderne zugleich ein Wendepunkt. Während in der Zeit davor die Bereitschaft, neue ausländische Strömungen zu rezipieren, recht gering gewesen war, wurden nun in allen Bereichen des literarischen Lebens neue Namen und Ideen „entdeckt", aufgegriffen und diskutiert. Autoren wie Zola, Ibsen, Bourget, Barrès, Verlaine, Maeterlinck, Wilde veranschaulichen das Mosaikhafte der Moderne, das Nebeneinander verschiedener literarischer Konzeptionen im Bewußtsein der Zeitgenossen.

Autoren, Themen und Gattungen

Als Anreger und Vermittler im modernen Literaturbetrieb verstand sich, namentlich in seiner Frühzeit, *Hermann Bahr* (1863–1934). Sein Schaffen wird heute zumeist unter diesem Gesichtspunkt gesehen. Er selbst gefiel sich ja am besten in der Rolle des ästhetischen Wegbereiters, der die Mode verkündet, noch bevor sie zur Mode geworden ist. Als Redakteur, Verlagslektor, Theaterkritiker und Regisseur in Berlin und Wien hatte er Gelegenheit genug, sich mit den Schwankungen der europäischen Moderne zu identifizieren. Seine entscheidenden künstlerischen und kritischen Leistungen fallen in die beiden Jahrzehnte um 1900. Noch der alternde Bahr, der sich zum katholischen Konvertiten und Ideologen eines „ewigen österreichischen Barocks" entwickelt hatte, gab zu, daß seine Frühzeit, als er

Kant, Lassalle und Marx las, ihn am stärksten geprägt habe. In dem zumeist konservativ retuschierten Bahr-Bild der Nachwelt werden die militanten Züge des liberal-antiklerikalen Publizisten nur allzu gern verschwiegen, namentlich aber das allenthalben erkennbare marxistische Erkenntnispotential. Es ist in seinen volkswirtschaftlichen und sonstigen Schriften aus den achtziger Jahren, dem ersten Essayband, *Zur Kritik der Moderne* (1890), oder den Äußerungen über den Antisemitismus ebenso zu finden wie auch noch im kulturhistorisch höchst ergiebigen *Tagebuch* der Jahre 1905–1908 (1909) und in einzelnen Essays des Bandes *Inventur* (1912). Den meisten seiner Zeitgenossen, vor allem in Österreich, war er mit der Einsicht voraus, daß die Kunst im bürgerlichen Zeitalter nicht nur der Ware angeglichen wird, sondern auch von sich aus die Anpassung an die Ware vollzieht, indem sie die Innovation als Konkurrenzmittel gebraucht. Damit wird aber das „Innere" der Kunst in Technik und Stil zu einer gesellschaftlich-ökonomischen Kategorie unter neuen Bedingungen. „Vieles Technische", heißt es im erwähnten Tagebuch, „das man sonst gar nicht verstehen kann, wird dadurch erst klar. Jedes Bild ist heute erstens ein malerisches und zweitens ein händlerisches Problem. Es soll uns etwas so sehen lassen, wie der Maler es sieht. Dazu ist aber notwendig, daß wir es überhaupt ansehen; unter den vielen Tausenden gerade dieses eine Bild. [. . .] Es genügt nicht, daß es ein Bild ist, sondern das Bild muß auch noch sein eigenes Plakat sein." Der sogenannte anspruchsvolle Käufer heftet sein Prestige in der Warenwelt an das Neue und Originelle des Kunstobjekts. Es komme, betont Bahr, nicht so sehr „auf den Gebruachswert einer Ware als darauf an, daß sie sich rätselhaft neu [. . .] gebärde", als Luxusartikel für Auserlesene, die die Seltenheit und den Reiz des Besonderen goutieren. Folgerichtig erkennt Bahr, daß die den Gesetzen des Tausches entsprechenden Forderungen letztlich Motive der Entwicklung in allen Künsten geworden sind. Viele Künstler, die glauben, rechtschaffen um ihren Ausdruck bemüht zu sein, ahnen gar nicht, daß sie „längst mit Haut und Haaren unter das Marktgesetz des Luxushandels geraten sind" *(Inventur)*. Einen Teil der kritischen Schriften Bahrs gilt es aus neuer Sicht zu lesen. Einzelne Züge werden dabei vor allem die Kenner Benjamins und Adornos überraschen.

Bekannter sind Bahrs programmatische Aufsätze, mit denen er um *Die Überwindung des Naturalismus* (1891) warb und, in weiteren Bänden, das Angebot gegennaturalistischer Strömungen vervollständigte oder glossierte. Die Botschaft von der „Nervenkunst" einer neuen Romantik, den Errungenschaften symbolistischer Poesie und impressionistischer Malerei wurde von den jungen Künstlern in den Wiener Cafés begierig aufgenommen. Auf die Rezeption marxistischer Texte folgte als zweites nachhaltiges Erlebnis die Lektüre der Schriften Ernst Machs, in denen Bahr eine theoretische Bestätigung des Impressionismus erblickte. Anregungen konnten die

Zeitgenossen ferner in Bahrs Essay über *Die neue Psychologie* von 1890 finden: ein Plädoyer für das künstlerische Interesse, das dem Eindringen in psychische Vorgänge an der Schwelle des Bewußtseins gilt. Schnitzlers Novellen konnte man bald darauf als Exempla anführen. Noch weiter in die Zukunft wiesen Bahrs Ansichten über die Grundsätze einer amimetischen Kunst (im Aufsatz *Rote Bäume*, 1895). Die Expressionisten zogen aus den von ihm umrissenen Gedanken die Konsequenzen.

Von den zahlreichen Buchveröffentlichungen Bahrs – es sind mehr als hundert, davon viele bei S. Fischer – sind nahezu ein Drittel Theaterstücke. Die auch für die Wiener Moderne vielfach richtungsweisende einheimische Bühnentradition fand in Bahr einen eifrigen Nachfolger. Die Anfänge des Dramatikers stehen allerdings im Zeichen des Naturalismus: die Ibsen- und Strindberg-Rezeption wirkt sich im Typus des Thesenstücks und der psychopathologischen Studie aus. Bemerkenswert ist das zum Grotesken neigende Drama *Die Mutter* (1891), das an einem Fall pervertierter erotischer Beziehungen den Verfall der bürgerlichen Familie andeutet. Der Naturalismus blieb für Bahr jedoch eine an die Berliner Zeit gebundene Episode. Nach der Rückkehr nach Österreich zu Beginn der neunziger Jahre setzt eine neue Phase ein, Hand in Hand mit dem Wandel des deutsch-nationalen Anhängers Bismarckscher Politik zum Verfechter einer österreichischen Kulturautonomie. Beim Erscheinen des ersten Bandes der großangelegten *Deutsch-Österreichischen Literaturgeschichte* (1899) polemisierte Bahr gegen den Titel mit der Begründung, der Gebrauch der deutschen Sprache verpflichte einen Autor nicht dazu, sich als Deutscher zu fühlen; anzustreben sei vielmehr die Anerkennung einer dem Sinne und dem Geiste nach eigenständigen österreichischen Literatur. An die Wiener Komödientradition vor allem suchte Bahr Anschluß zu gewinnen. Mit viel handwerklichem Geschick mischte er in seinen – auf Publikumserwartungen sowie auf bestimmte Schauspieler zugeschnittenen – Stücken Lokalkolorit mit einem pointenreichen Konversationston etwa in der Art Oscar Wildes. Der Autor selbst legte den Vergleich mit Bauernfeld und Raimund nahe. Den Konfliktstoff der meisten Komödien bilden die nur zum Schein domestizierte Sexualität in der bürgerlichen Ehe oder auch die Versuche, den gesellschaftlichen Lügen dialektisch zu begegnen. Die meisten dieser Erfolge von einst sind heute vergessen, einige wenige zu Unrecht. Mehr als das vielgespielte *Konzert* (1909) verdient ein anderes Lustspiel Beachtung: *Der Unmensch* (1920), in dem der Künstler Bahr den konservativen Ideologen witzig widerlegt. Das Stück ist mit Hofmannsthals Stück *Der Schwierige* thematisch verwandt und stellt die österreichische Oberschicht in der Nachkriegszeit erstaunlich nüchtern dar.

Das Drama als Dominante

Im Bühnenschaffen der Wiener Moderne bildet Bahrs Produktion nur einen thematisch beschränkten Ausschnitt. Charakteristisch ist freilich die Bedeutung, die der Autor dem Drama und dem Theater beimaß. Unter generischen und medientechnischen Gesichtspunkten ist die Wiener Jahrhundertwende in der Literatur vor allem durch die Dominanz des Dramas in allen seinen Formen gekennzeichnet. Kaum ein Autor, der nicht versucht hätte, seine literarischen Intentionen einem der überlieferten Dramentypen anzupassen oder gar völlig in einer synthetischen Art von Bühnenkunst aufgehen zu lassen. Von den namhaften Schriftstellern der Epoche verzichtete nur Altenberg ganz auf die Wirkung durch das Drama. Hofmannsthal, Schnitzler, Bahr, Beer-Hofmann und Wildgans dürfen mit einem Großteil ihres Schaffens als Bühnenautoren gelten, Stefan Zweig, Polgar und Salten haben zumindest gelegentlich für das Theater geschrieben, und auch Karl Kraus – der sonst eher eine Sonderstellung einnimmt – ist in dieser Hinsicht ein typischer Wiener Autor: kein Repertoiredramatiker zwar, aber in vielem ein Fanatiker der dramatischen Darbietung.

Während das Kaffeehaus als literarischer Umschlagplatz nur wenig Tradition aufzuweisen hatte, war das Theaterleben in Wien eine tief verwurzelte Einrichtung. Bei einigem Talent und einiger Fertigkeit konnten Wiener Autoren mit Sicherheit damit rechnen, aufgeführt zu werden. Um die Jahrhundertwende besaß Wien zwar kein so breites und enthusiastisches Theaterpublikum mehr wie zu Raimunds und Nestroys Zeiten, doch die allgemeinen Voraussetzungen waren günstig genug: außer der staatlich subventionierten Hofbühne, dem Burgtheater (das, seit 1888 in seinem neuen Gebäude, um die Jahrhundertwende vor allem durch schauspielerische Leistungen wieder zu den führenden deutschsprachigen Bühnen gehörte) gab es im Bereich der Sprechbühnen eine Reihe privater oder durch Vereine gegründeter Theater, die in ihrem Repertoire eine Aufgabenteilung anstrebten. Zumeist verfuhr man nach den Sparten: modernes Problemdrama, Volksstück, Wiener Tradition, konfektionierte Unterhaltung, doch ließ sich eine strenge Trennung auf die Dauer nicht einhalten, da alle Bühnen, in gewissem Maße auch das Burgtheater, kommerzielle Erwägungen einplanen mußten. Verdienstvoll für die Durchsetzung des modernen Dramas, namentlich des naturalistischen, war vor allem das seit 1889 bestehende Deutsche Volkstheater. Neben dem Burgtheater brachte diese Bühne die meisten Wiener Schnitzler-Inszenierungen.

Schwierigkeiten gab es bei allen Bühnen mit kritischen Bestrebungen immer wieder infolge der in der Monarchie geltenden Zensurbestimmungen. Unmittelbare politische und kulturelle Bedeutung hatten Gründungen wie die Wiener Freie Volksbühne (von 1906 bis 1914): Die von der sozialdemokratischen Arbeiterschaft gestützte Institution, der die Berliner Freie Volksbühne als Vorbild diente, konnte sich zwar nicht ganz von kommerziellen Zugeständnissen freihalten, gehörte aber als sozialistisches und zugleich modernistisches Kulturforum (mit Aufführungen neuer oder in Wien noch nicht gespielter Dramen von Hauptmann, Wedekind, Bahr u. a.) zu den bemerkenswertesten Bühnen der Zeit. Konservative Vorstellungen von Kultur vertraten dagegen die Ideologen kultischer und historischer Festspiel-Aufführungen (auch Laienspiele), so Richard von Kralik mit seinem von Bayreuth beeinflußten Versuch, durch Inszenierung von Andachtspielen, mittelalterlichen Moralitäten und nationalen Besinnungsdramen ein zu „Gemeinden" zusammengeschlossenes Publikum in antiliberalem Geiste zu erziehen.

Alle diese Formen theatralischer Darbietung – von der französischen Dutzendkomödie, dem Thesenstück, den Stücken aus dem Biedermeier, der Oper und Operette bis zur epigonalen Tragödie oder dem Mysterienspiel – zählen zum Kunsthorizont, der für die Vertreter der Wiener Moderne eine Gegebenheit darstellte und zu Billigung oder Widerspruch anregte. Die traditionelle Vielfalt, die darin hervortrat, blieb nicht ohne Entsprechung in der Dramenproduktion des Jungen Wien. Am deutlichsten zeigt sich das bei Schnitzler und Hofmannsthal.

Arthur Schnitzler (1862–1931) gilt einem Klischee zufolge als der melancholische und frivole Aspekte verbindende Sittenschilderer des Wiener Fin de siècle. Zu den prägenden Motiven seines Schaffens zählte man vor allem die Verknüpfung von Liebe und Tod (Georg Brandes schrieb schon 1906 an Schnitzler: „Die Hälfte Ihrer Produktion ist Thanatos, die Hälfte Eros gewidmet"), Spiegelungen einer gleichsam leichtfertigen Agonie der Epoche, die sich – in vielfach abgewandelten Episoden aus dem Leben von Bonvivants und Wiener „süßen Mädeln" – in flüchtige Stimmungen auflöst. Der Gemeinplatz erfaßt, dazu in einer einseitigen Auswahl, den Vordergrund; was er verfehlt oder übergeht, gehört zur künstlerischen und realgeschichtlichen Substanz der Werke Schnitzlers: die Sorgfalt in der Darstellung der sozialen Merkmale und Verhaltensweisen, wodurch der Reigen der Figurenwelt sich als eine bestimmte historische Erscheinung ausweist. Daß die Schärfe der Gesellschaftsanalyse nicht sofort erkennbar ist, hängt mit den Besonderheiten von Schnitzlers Kunst zusammen – mit Taktiken der indirekten Wirkung, der Andeutung und Ironie, verknüpft mit einer raffinierten Anwendung des mimetischen Prinzips. Diese künstlerischen Grundsätze bestimmen auch die Variationsbreite seiner dramatischen Formen.

Auffallend ist Schnitzlers Vorliebe für den Einakter. Die Gesamtausgabe der (vollendeten) Dramen enthält 44 Sprechstücke, darunter 27 Einakter. Doch auch die drei- oder fünfaktigen Dramen zeigen nicht selten die Neigung des Autors, Bühnenwerke von der – relativ eigenwertigen – Episode her aufzubauen. Er selbst vertrat die Ansicht, der Einakterzyklus sei die ihm am meisten gemäße Dramenform, so daß sogar in den mehraktig angelegten Stücken diese Reihungstendenz sich durchsetze. Dem Einakter begegnet man freilich oft auch bei anderen Autoren der Jahrhundertwende: bei Hofmannsthal, Maeterlinck, Strindberg, Yeats und anderen. Während jedoch das kurze Spiel in dieser Epoche zumeist die Möglichkeiten eines antinaturalistischen Symboltheaters erprobt, bleibt Schnitzlers Theater vorwiegend im Bannkreis des realistisch-naturalistischen Bühnenidioms. Dazu gehört die Bindung an das vertraute Milieu: „Wien – Gegenwart", so oder ähnlich lautet am häufigsten die Angabe von Ort und Zeit. Das bürgerliche Theaterpublikum der Jahrhundertwende hatte kaum Schwierigkeiten, einen Zugang zu diesen Stücken zu finden; von der Bühne vernahm es die gewohnte Alltagssprache jener Kreise, denen „man" auch selbst angehörte, die Figuren und Konflikte lagen im Bereich der Erfahrung. Man glaubte, die Verwandtschaft mit dem Typus des reibungslosen Konversationsstückes französischer Herkunft erkennen zu können – allenfalls ließ man auch den Einfluß Ibsens gelten. Eigentliche Schockwirkungen gingen von den Dramen Schnitzlers nicht aus. Einzig die ersten Aufführungen des – bereits ein Vierteljahrhundert zuvor geschriebenen – Zyklus *Reigen* in den Jahren 1920/21 hatten in Berlin Tumulte und auch einen Prozeß zur Folge.

Kennzeichnend für Schnitzlers frühe Dramen – wie auch für die Wiener Moderne insgesamt – ist die Abneigung, die Bühne im Sinne des naturalistischen oder pseudonaturalistischen Thesenstücks in ein Forum öffentlicher Kritik zu verwandeln. Einige Schauspiele (wie *Freiwild*, 1896, und *Das Vermächtnis*, 1898) geraten zwar in die Nähe des Thesenstücks, lassen jedoch erkennen, daß der Autor keine Dramatik der Anklage oder gar konkreter gesellschaftlicher Veränderungen anstrebte. Seine Werke sind vielmehr durch eine skeptische Weltsicht gekennzeichnet, die dazu neigt, aktuelle Formen zwischenmenschlicher Beziehungen – deren Brüchigkeit durchaus erkannt wird – zu verallgemeinern und daraus menschliche Grunderfahrungen abzuleiten. Aus dieser Skepsis entspringt der resignative Zug von Schnitzlers Kunst, die so bezeichnende Gebärde des verhaltenen Schmerzes, der Ratlosigkeit, des Geltenlassens. Trotz der impressionistischen Flüchtigkeit im Wechsel der Stimmungen („Die Tage sind jetzt wahrscheinlich zu sommerlichhell zum Traurigsein", sagt eine der Gestalten der Tragikomödie *Das weite Land*) bringt das statische Verständnis gesellschaftlicher Beziehungen immer wieder bestimmte Muster und Figuren hervor. Das soziale Repertoire Schnitzlers wird schon in seinem Erstling umrißhaft sichtbar, im Einakter-Zyklus *Anatol* (1893): Aus der Sicht der Titelgestalt, eines jungen Wiener Bonvivants, der sich selbst einen „leichtsinnigen Melancholiker" nennt, erscheint das Verhalten der Menschen seiner Umwelt als „typisch", d. h. einer schematischen Erfahrung angepaßt. Die auf diese Weise geprägten „Rollen" fügen sich in das System der Konventionen und gesellschaftlichen Lügen ein. Wo die soziale Prägung des Verhaltens in seiner ganzen komplexen (wenn auch nur angedeuteten) Widersprüchlichkeit sichtbar gemacht wird, beeindruckt Schnitzlers Meisterschaft am meisten – so etwa in dem einst als „pornographisch" beanstandeten Zyklus *Reigen* (geschrieben 1896/97, erste öffentliche Buchausgabe 1903). Der in der gesamten Dramenliteratur einmalige Einfall, in einer durch die Akteure verketteten Szenenfolge das Verhalten der Paare (Dirne und Soldat, Soldat und Stubenmädchen, Stubenmädchen und junger Herr, junger Herr und junge Frau, junge Frau und Gatte, Gatte und süßes Mädel usw.) jeweils vor und nach dem Geschlechtsakt zu zeigen, war in der Tat dazu angetan, geheuchelte Entrüstung hervorzurufen. Die eigentliche Wirkung geht indes nicht von den angeblichen Frivolitäten und der durch Striche angedeuteten Situation aus, sondern von der Prägnanz, mit der Züge der menschlichen ‚Natur' als gesellschaftliches Diktat bloßgestellt werden. Der nahezu alle Gesellschaftschichten umfassende Reigen (Dichter, Schauspielerin und Graf kommen hinzu, bis sich in der Szene zwischen Graf und Dirne der Kreis schließt) schöpft seine Bedeutung nicht daraus, daß die Repräsentanten der Gesellschaft im Zustand physischer Gleichheit erscheinen; entscheidend ist vielmehr, daß gerade der körperliche Vorgang die Vielfalt sozial vermittelter Reaktionen nur noch deutlicher hervortreten läßt.

Erfolge erzielte Schnitzler vor allem mit Werken, in denen das künstlerische Verfahren die emotionelle Einfühlung des Publikums nicht beeinträchtigte, sondern eher förderte. Dazu gehört in erster Linie das Schauspiel *Liebelei* (1895), das für viele Jahre das Schnitzler-Bild der Öffentlichkeit bestimmte. In einer *Antikritik* versuchte der Autor seine Einwände gegen eine stereotype Beurteilung seiner Dramengestalten seitens einer oberflächlichen Kritik zu formulieren, namentlich im Hinblick auf *Liebelei*: „ein Stück, in dem ich die Liebe eines jungen Mädchens aus dem Volke zu einem Studenten aus wohlhabendem Hause, das Glück, das Leid und das Ende dieses jungen Mädchens dargestellt habe. Da der junge Mann, von einer früheren Leidenschaft noch umstrickt, das Verhältnis zu diesem jungen Mädchen anfangs allzu leicht nimmt, habe ich mit einem kaum zu überhörenden schmerzlich ironischen Unterton dieses Stück Liebelei genannt. [. . .] Ein Mißverstehen der unendlich einfachen Handlung ist auch für den beschränktesten Leser oder Zuhörer völlig ausgeschlossen. Das hat aber nicht gehindert, daß ein großer Teil der Kritik das Wort ‚Liebelei' durchaus in seiner ursprünglichen Bedeutung aufzufassen sich den Anschein gab [. . .]" Christine ist in der Tat viel mehr als ein „süßes Mädel"; sie ist in einer Gesellschaft, die Täuschungen, Lügen und unverantwortliche Konventionen zur Regel zählt, jene Ausnahme, welche die Perversion der Regel sichtbar macht. Dem Spiel mit Gefühlen, das für Fritz, den „jungen Mann", im Duell mit dem betrogenen Gatten ein tödliches Ende nimmt, steht in der Gestalt Christines das unbedingte, „naive" Gefühl gegenüber, das nicht bereit ist, sich der Regel anzupassen und dem zum Schluß daher nur die Verzweiflung übrigbleibt.

Es versteht sich, daß einer Dramaturgie des leichtfertigen oder des verantwortungslosen Handelns der Begriff der Tragödie nicht angemessen erscheint. Schnitzlers Dramentypen sind das Schauspiel, die Groteske, die Komödie, allenfalls die Tragikomödie. Das Wirklichkeitsverständnis zeigt sich ferner im offenen, alles in der Schwebe lassenden Schluß, im Vermeiden endgültig wirkender, thesenhafter Ausgänge. Damit korrespondiert, namentlich in den späteren Stücken, die Neigung, die ‚Lebenswirklichkeit' mit ihren Zufälligkeiten durch ein locker verknüpftes Nebeneinander verschiedener Handlungsstränge anzudeuten. In dieser Atomisierung des Geschehens ist Schnitzler – wie auch im Gefühl für den dramatischen Wert der Stimmung – unter allen Zeitgenossen Čechov am meisten verwandt. Am anderen Pol zeichnet sich die Wirkung Ibsens ab: des sublimierten Thesenstücks, d. h. die Bereitschaft, straff zu komponieren, die Gestalten stärker als Ideenträger zu behandeln und den Dialog als rhetorisch durchgefeiltes Konversationsduell anzulegen.

In den großen Dramen findet sich beides. Thematisch dominiert der Blick auf eine Gesellschaft, die ihre Lügen als Tugenden auszugeben versucht. Das Drama beginnt für Schnitzler zumeist dort, wo individuelle Erkenntnis hinter der Konvention der Lüge aufspürt und das weitere Leben bzw. Zusammenleben als Problem empfunden wird: als Notwendigkeit, künftig mit der Lüge oder gegen sie zu leben. In den meisten Dramen spielen sich die Spannungen und Krisen im Bereich der Ehe ab, der bei Schnitzler den Schnittpunkt „privater" Erotik und gesellschaftlicher Zwänge darstellt. Die Stücke *Der einsame Weg* (1904), *Zwischenspiel* (1905) und *Das weite Land* (1911) bilden gleichsam eine Trilogie ‚aus dem bürgerlichen Eheleben'. Während *Das weite Land* das wohl beziehungsreichste Werk darstellt, ist die weniger bekannte Komödie *Zwischenspiel* das am meisten explizite. In dieser Komödie beschließt ein Künstler-Ehepaar, in ihren künftigen Beziehungen uneingeschränkte Aufrichtigkeit walten zu lassen, vor allem im Hinblick auf außereheliche erotische Bindungen. Es ist die Paradoxie dieses Versuchs, daß auch die Aufrichtigkeit eine Form der Lüge ist: die vernunftbestimmte Regelung verschleiert die gegenseitige Ernüchterung. Das Experiment (das gesellschaftlich ohnehin isoliert und bedeutungslos ist) scheitert; daß es dennoch eine – wenn auch sehr bittere – Komödie abgibt, liegt vor allem daran, daß die Wirrnisse des ‚Innenlebens' keine materiellen Folgen haben.

Nur wenige Werke Schnitzlers greifen unmittelbar Fragen von politischer Bedeutung auf. Unter den Dramen hatte politische Reaktionen vor allem die „Komödie“ *Professor Bernhardi* (1912) zur Folge. Die Uraufführung erfolgte in Berlin; in Österreich galt bis 1918 der Bescheid der Zensurbehörde, daß die Bedenken, die „vom Standpunkt der Wahrung religiöser Gefühle der Bevölkerung vorliegen“, zwar „durch Striche oder durch Änderung einiger Textstellen immerhin beseitigt werden könnten“, daß aber das Werk „schon in seinem gesamten Aufbau [. . .] österreichische staatliche Einrichtungen unter vielfacher Entstellung hierländischer Zustände in einer so herabsetzenden Weise“ darstelle, daß eine Aufführung nicht zugelassen werden könne. Auf der Bühne erweist sich der Konflikt zwischen einem Gesitlichen und dem Leiter einer Klinik, der dem Geistlichen den Zutritt zu einer in euphorischem Zustand sterbenden Patientin verwehrt, als ein Anlaß zu einer „Komödie“ politischer und privater Intrigen. Tapfer, doch resignierend steht Bernhardi dem Antisemitismus und Gesinnungsschacher einflußreicher Kreise gegenüber. Wie die Salonhetze das künftige Grauen vorwegnimmt, so läßt eine Begebenheit aus der Welt der Presse in der Komödie *Fink und Fliederbusch* (1917) ahnen, was der Sprache in der Öffentlichkeit noch bevorsteht. Der Journalist, der zwei verschiedene Blätter mit konträren Aufsätzen beliefert, ist ein Modellfall der Austauschbarkeit und universellen Manipulation. Wenn auch mit anderen Mitteln und Absichten, behandelt Schnitzler hier eine Problematik, welche die Nähe zu Karl Kraus sichtbar macht. Eine moralistische Wendung gab Schnitzler dem Problem der Verantwortung gegenüber der Sprache in der fragmentarischen Tragikomödie *Das Wort* (aus dem Nachlaß 1966), die den Umgang des ‚Literaten‘ mit der Sprache als ein gewissenloses Spiel interpretiert.

Zur parabelhaften Abstraktion verdichtet sich Schnitzlers Dramatik dort, wo die Fragen nach ‚Wahrheit‘ und ‚Lüge‘ über einen bestimmten sozialen Rahmen hinausweisen und Anspruch auf anthroplogische oder metaphysische Geltung erheben. Das Bühnengeschehen weitet sich dann zum Spiel mit ‚Schein‘ und ‚Sein‘. Angedeutet wird diese Problematik in dem – freilich durchaus realitätsbezogenen, am Abend des Sturmes auf die Bastille spielenden – Einakter *Der grüne Kakadu* (1899). Ausgeschöpft wird sie in der einaktigen Burleske *Zum großen Wurstel* (1905), einem kleinen, weniger bekannten Meisterwerk. Die Welt der Bühne erscheint – wie in romantischen Literaturkomödien – in dreifacher Brechung: als gesellschaftliche Institution (das Theater im Bewußtsein des Publikums), als illusionärer Raum ästhetisch legitimierter Handlungen und schließlich als Gleichnis, wobei sich die Welt der Bühne in eine Bühne der Welt verwandelt. Doch auch die Theatrum-mundi-Metaphysik hebt sich bei Schnitzler parodistisch auf und erweist sich als Glied eines spielerischen Relativismus. Die Schlußformel, die wieder in die Anfangsszene einmündet und damit eine kreisartige Bewegung des Geschehens andeutet, ist eine für die gesamte Dramatik Schnitzlers bezeichnende Wendung.

Für den zweiten großen Bühnenautor der Wiener Moderne, *Hugo von Hofmannsthal* (1874–1929), ist die virtuose Vielfalt in der Beherrschung der Stoffe und Mittel noch charakteristischer. Der Autor, dem bereits im Alter von siebzehn Jahren Dichtungen von Rang gelangen, verkörpert wie kein anderer das ästhetische Raffinement der großbürgerlichen Luxuswelt um die Jahrhundertwende – und zugleich einen ausgeprägten Historismus im Verhältnis zur Überlieferung, eine gesteigerte Empfindlichkeit für die Omnipräsenz künstlerischer Traditionen. Die Kritik war stets rasch bereit, diesen Zug als „Alexandrinismus" abzustempeln. Versucht man, dem Autor gerecht zu werden, so gilt es vor allem, die eigentümlichen Widersprüche seines Schaffens zu beachten. Fraglos ist bereits beim jungen Hofmannsthal die Aufnahmefähigkeit für Kunst, Literatur, überhaupt für *vermittelte* Eindrücke nahezu grenzenlos. „Wir erleben bei 3 Seiten Nietzsche viel mehr als bei allen Abenteuern unseres Lebens", heißt es in einem Brief an Felix Salten (27. Juli 1892). Aus einem anderen Brief erfährt man, was allein das literarische Reisegepäck in jenem Sommer enthielt: Sophokles, Shelley, Swinburne, Verlaine, Horaz, Otto Ludwig, *Pelleas und Melisande*, den *Parcival*, Novellen von Poe, Schriften von Renan, Michelet, Przybyszewski. Die Aufzählung wird dazu noch mit erlesenen Farben verglichen: matt gold, lapisblau, mauve, silberlila, feuilles mortes usw. Hofmannsthal und seine Werkproblematik ist ohne die Kunstbesessenheit, die zu den widerspruchsvollsten Erscheinungen spätbürgerlicher Kultur gehört, nicht begreifbar. Auch die Natur wird bereits durch das Medium der Kunst gesehen (so in einem Aufsatz über Eleonora Duse, in der Skizze *Südfranzösische Eindrücke* sowie dem theoretisch besonders wichtigen Swinburne-Essay von 1893, in dem Züge eines Selbstbildnisses erkennbar sind). Daß man es mit einem Gedanken der Epoche zu tun hat, zeigt Oscar Wildes 1889 veröffentlichter Dialogessay *The Decay of Lying*, wo die These vertreten wird, das Leben ahme die Kunst weitaus mehr nach als die Kunst das Leben: Erst die psychologischen Errungenschaften der Literatur lassen bislang verborgene Züge menschlichen Verhaltens allgemein wahrnehmbar werden, erst die Malerei präge unserem Bewußtsein die unverwechselbare ‚Realität' einer bestimmten Landschaft ein. Die ästhetisch vermittelte Erfahrung des Lebens hatte jedoch bei Hofmannsthal – anders als bei manchen Zeitgenossen – keinen uneingeschränkten Ästhetizismus zur Folge. Es macht nicht zuletzt den Rang seiner Werke aus, daß der Autor die Antinomien des zeitgemäßen Schönheitskultes zum Anlaß nimmt, beunruhigende Fragen zu stellen, ja das schlechte Gewissen des

Ästhetizismus zum Kernproblem seines frühen Schaffens zu machen. In der künstlerischen Szene des Fin de siècle ist eine Äußerung wie die folgende jedenfalls ein eher vereinzeltes Beispiel immanenter Kritik: „. . . gerade jene theoretische Disposition, die man Aestheticismus nennen kann, hatte für mich nicht nur etwas unvollkommenes, beengendes, sondern geradezu etwas schaudervolles an sich. Ich fühlte hier ein Verarmen, ein Erstarren, ohne mir über den Zusammenhang klar zu werden" (Brief an Harry Graf Kessler, 26. Juli 1900).

Widerspruchsvoll erscheint ferner die Tatsache, daß Hofmannsthal mit einigen seiner frühen Dichtungen, die alles andere als publikumswirksam im landläufigen Sinne sind, einen viel breiteren Leserkreis erreichte als mit den meisten seiner späteren, auf den Kontakt mit der Öffentlichkeit angelegten Texte. Das gilt namentlich für das in vielen Auflagen (seit 1913 als Insel-Bändchen) verbreitete Dramolett *Der Tor und der Tod* (1893), in dem sich, nach einem Wort von R. Borchardt, eine Generation erkannte, wie hundertzwanzig Jahre zuvor sich die Leser im *Werther* erkannt hatten. Die Wirkung auf eine durch Bildungsvoraussetzungen disponierte Leserschaft beruhte vor allem darauf, daß Hofmannsthal hier das Unbehagen an einem bloß nachfühlenden, epigonalen Historismus ausspricht. Claudio, ein auf ästhetische Problematik reduzierter Faust des Fin de siècle, laut Regietext im Biedermeierkostüm, erkennt in einer Abendstunde, daß er sich in seinem Leben an „Künstliches" verloren hat, an Artifizielles, das ihm als Lebensersatz dient. Die Erkenntnis des Epigonen und nachvollziehenden Ästheten, kein *eigenes* Leben gelebt zu haben, ist tödlich: der lebensphilosophisch räsonierende allegorische Tod, übrigens kein mittelalterlicher Knochenmann, sondern ein antikisch verklärter Seelengott, vollzieht nur das durch Selbsterkenntnis des Spätlings gefällte Urteil. Die sich stellenweise sehr eng an die *Faust*-Diktion anlehnende Sprache erfüllt eine doppelte Aufgabe: sie macht den Charakter des Textes als Kontrafaktur deutlich, sie kennzeichnet aber auch die Hauptgestalt selbst, den Epigonen, der – mit seinem goetheschen Duktus – auch in der Sprache ein fremdes Leben führt.

Das Dramolett, das bei Hofmannsthal dem dialogischen Gedicht und der lyrischen Szene viel näher steht als dem konventionellen Einakter, ist neben der eigentlichen Lyrik die bevorzugte Ausdrucksform der frühen Schaffensphase. *Der Tod des Tizian*, 1892, *Der weiße Fächer, Der Kaiser und die Hexe, Das kleine Welttheater*, alle 1897, u. a. sind Hofmannsthals Beitrag zum symbolistischen Theater. Die Konzentration auf Zustände statt auf Abläufe, die bloß andeutende Dramaturgie, die zuweilen extreme Stilisierung, all das macht die Faszination erkennbar, die damals von den Einaktern Maeterlincks ausging (auch in Wien, wo Hofmannsthal *Les Aveugles* übersetzte, die Aufführung jedoch von der Zensurbehörde untersagt wurde; gespielt wurde 1892 nur *L'Intruse*). Hofmannsthals Eigenart ist erkennbar im absoluten Vorrang der Sprache vor dem visuellen Element, ferner in der Neigung, den Text – nach einem von ihm selbst gewählten Begriff – als dramatisches „Proverb" anzulegen, als Szene mit einer formulierbaren Moral. Geprägt wurde damit gleichsam der Typus des symbolistischen Lehrstückes. Von der Fragwürdigkeit eines privilegierten, rein ästhetischen Daseins handelt am deutlichsten das poetisch virtuose, alle Register metaphorischer Rede ziehende dramatische Fragment *Der Tod des Tizian*. Die Gespräche der Schüler in der Todesstunde des Meisters (auf der Terrasse seiner Villa bei Venedig, die ein Sinnbild ästhetischer Exklusivität ist) deuten an, daß der Schönheitskult durch Nichtbeachtung des „gemeinen Lebens" erkauft wird, die Ahnung vom Anderen, Häßlichen, Schrecklichen jedoch ein beunruhigender Rest bleibt. Auch das novellistische Meisterwerk der Frühzeit, *Das Märchen der 672. Nacht* (1895), erzählt von der unüberbrückbaren Fremdheit zwischen dem „erlesenen" und dem „gewöhnlichen" Leben. Doch der vieldeutige, traumartige Schluß ist diesmal ein Ende mit Schrecken: der Ästhet erleidet einen häßlichen, „vulgären" Tod, ohne jeglichen für ihn erkennbaren Sinn. Der von Hedda Gabler (in Ibsens Drama) gehegte Wunsch, „in Schönheit zu sterben", wird hier in sein Gegenteil verkehrt. Den Erlebnishintergrund der beklemmenden Gegensätze in den „Proverbien" und Novellen (so auch in der *Reitergeschichte*, 1898) läßt eine spätere, sehr bedeutsame Tagebuchaufzeichnung vom September 1905 erahnen:

„Weltzustand. – Während ich hier in Lueg am Rande des Waldes über dem leuchtenden See sitze und schreibe, ereignet sich in der Welt dieses: In Venezuela läßt der Diktator Castro in den überfüllten Gefängnissen erwürgen und zu Tode martern [. . .] In Baku schießen seit acht Tagen die Armenier und Tartaren aufeinander, werfen Frauen und Kinder in die Flammen der Häuser [. . .] Und die Gefängnisse! die unschuldig Verurteilten! und die sogenannten Schuldigen! und die Armenviertel von London und New York . . ."

Die wenigen Gedichte, die der Autor in strenger Auslese gelten ließ (die im Verlag von Georges „Blättern für die Kunst" 1903 erschienenen *Ausgewählten Gedichte* enthalten nur vierzehn Texte), sind den kleinen Dramen eng verwandt. Die Bilderflut der Lyrik kreist ebenfalls um das Erlebnis der Fremdheit, Rätselhaftigkeit, aber auch gleitenden Einförmigkeit des Lebens. Im Gegensatz etwa zu dem lauten, ja aufdringlichen Lebens-Pathos einiger damals als repräsentativ geltenden Zeitgenossen (wie Dehmel) ist Hofmannsthals Beschwörung der Lebenseinheit im Erlebnis eher eine Intuition der Trauer: elegische Besinnung über die Unfaßbarkeit der alles beherrschenden, lautlos durchdringenden Zeitlichkeit, oder Staunen über das als schicksalhaft begriffene ‚Rollendasein' der Menschen (in den zu Recht klassisch gewordenen, anthologischen Gedichten *Ballade des äußeren Lebens, Terzinen I–III, Manche freilich . . .*).

Die für Hofmannsthal gültigen Gedichte entstanden im ersten Jahrzehnt seines Schaffens. Doch auch unter den verstreut erschienenen oder erst aus dem Nachlaß bekannt gewordenen Versen finden sich eindringliche und für Hofmannsthals Thematik sehr bezeichnende Texte. So etwa das Gedicht *Brief an Richard Dehmel* (1895), das gleichsam ein lyrischer Traktat über das Verhältnis zwischen Kunst und Leben ist. Die ersten Strophen reihen intensive Naturimpressionen aneinander („Ich reite viele Stunden jeden Tag, / Durch tiefen toten Sand, durch hohes Gras"), schließen jedoch mit der Klage darüber, daß die sinnliche Unmittelbarkeit nur flüchtige Bilder bietet, jedoch keinen ganzheitlichen Sinn: „Und fühl in alledem so nichts vom Leben!" Die letzte Strophe gelangt dagegen zur paradoxen Versicherung, erst in Gedichten (des von Dehmel zugesandten Lyrikbandes) offenbare sich das Leben: denn das Leben in der Poesie ist wahrer und stärker als die Eindrücke der Realität. Die Wortmagie ist bei Hofmannsthal allerdings nicht – wie bei manchen radikalen Vertretern des Ästhetizismus – eine triumphierende Instanz, sondern vielmehr jenes andere, das dem Bedürfnis nach Sinn und Einheit entspricht. Die Kunst wird zur Hoffnung, weil sie einen Zusammenhang stiftet, während die Realität einen solchen Zusammenhang nicht mehr erkennen läßt.

Auf die Verwandtschaft mit szenischen Werken verweist die schildernde Gebärde mancher Verse, vor allem aber die als *Gestalten* bezeichneten Gedichte: Rollenlyrik, die wie ein Auszug aus imaginären poetischen Theaterstücken anmutet. Die von den Zeitgenossen als neuartige lyrische Magie begrüßten Gedichte erweisen sich indes im Rückblick eher als traditionsgebunden. Trotz der stellenweise ausgeprägten Chiffrensprache infolge der Verselbständigung der Metapher bleibt der Zusammenhang mit der Überlieferung deutscher Lyrik seit der Goethezeit deutlich bewahrt. Vergleicht man diese Gedichte etwa mit den avanciertesten Texten des französischen Symbolismus, so tritt die Andersartigkeit Hofmannsthals offen zutage – wie auch die Problematik der Gültigkeit allgemeiner Stilbegriffe wie Symbolismus oder Impressionismus. Mit ihren Motiven und rhetorischen Mitteln (Vergleichsformeln z. B.) heben sich die meisten Gedichte von dem zeitgemäßen Typus hermetischer Poesie ab. Eher sind in manchen von ihnen Spuren des gründerzeitlichen Historismus erkennbar. („Wie stehen Sie zu Böcklin und dem Münchener Stuck?", schrieb Hofmannsthal im Dezember 1892 an George, „mir scheinen diese beiden viel von dem zu haben, was ich zumindest suche.") Der hohe Rang seiner Lyrik ist damit keineswegs bezweifelt.

Als eine Art Zusammenfassung von Erfahrungen der ersten Phase kann der fiktive *Brief* des Lord Chandos gelten. In der Maske eines englischen Adeligen des 17. Jahrhunderts legte der Autor 1902 eine kleine Schrift vor, die unter verschiedenen Aspekten gelesen werden kann: als sprachkritischer Traktat und als Kommentar zur symbolistischen Poetik ebenso wie als Psychogramm und Lebenszeugnis über eine allgemeine Krise im Schaffen des Autors. Entscheidende Gedanken nimmt jedoch schon ein viel weniger bekannter Aufsatz (die Besprechung einer Mitterwurzer-Monographie, 1895) vorweg, der auch die überindividuelle Bedeutung der Problematik erkennen läßt. Der tiefe Ekel vor den Worten, heißt es dort, beruht darauf, daß sich die Worte vor die Dinge gestellt haben. „Die unendlich komplexen Lügen der Zeit, die dumpfen Lügen der Tradition, die Lügen der Ämter, die Lügen der einzelnen, die Lügen der Wissenschaften, alles das sitzt wie Myriaden tödlicher Fliegen auf unserem armen Leben." Da Sprache und „Gesinnung" untrennbar miteinander verknüpft sind, betrifft der Zweifel gegenüber der Rhetorik auch deren Inhalte – jenen „gespenstischen Zusammenhang von ungefühlten Worten". Hofmannsthal nähert sich hier intuitiv einer radikalen Sprachkritik, begnügt sich jedoch, wie auch in den Bemerkungen über die Lage des Künstlers in der Gesellschaft, mit punktuellen Einsichten.

Das Ergebnis der Chandos-Krise ist, als weiterer Widerspruch, nicht eine Absage an die prostituierte Sprache, der Weg zum Schweigen also, sondern paradoxerweise der Versuch, mit traditionellen Kunstformen die Öffentlichkeit zu erreichen. Nach 1900 ist Hofmannsthal mehr und mehr bemüht, die als Isolierung empfundene Position des esoterischen Dichters zu durchbrechen und Anschluß zu gewinnen an die Welt des „Sozialen", wie er sich ausdrückt. In einer privaten Notiz heißt es: „Die Tiefe ins Mondäne bringen", womit das Bestreben angedeutet ist, die Substanz des Frühwerkes zu bewahren, sie jedoch den Erfordernissen der durch Publikumserwartungen bedingten Konventionen anzupassen. Eigens wird dabei die Überlieferung des Theaterspiels in Österreich als Nährboden der eigenen Versuche genannt. Begreiflich wird von daher auch die Vorstellung vom Sozialen, so etwa, wenn das Wiener Publikum als eine quer durch die Stände, „vom Fürsten bis zum Fiakerkutscher", reichende Einheit gilt. Hofmannsthal irrt allerdings in der Annahme, es handle sich darin um ein Merkmal spezifisch österreichischer (und dazu noch barocker) Kultur; in Wirklichkeit ist die illusionäre Vereinigung der Zuschauer aus allen Schichten im ästhetischen Akt eine allgemeine Forderung bürgerlicher Kultur im 18. Jahrhundert, ausgeprägt namentlich bei Lessing und Schiller.

Es ist kennzeichnend, daß Hofmannsthals Weg zur großen Dramenform, zum Theater und zur Öffentlichkeit, ebenfalls dem Historismus verpflichtet ist. Das die Zuschauer im Sinne des Autors respektierende Bühnenspiel schien nur in der Form einer geschichtlichen Rekapitulation der

Dramengattung möglich zu sein. Das Moment der Originalität – für Hofmannsthal eine nahezu selbstverständliche Voraussetzung des Künstlertums – erschien damit in neuer Sicht: Es kam darauf an, das „Eigene" in der Anverwandlung des Fremden und Überlieferten ästhetisch zu bestätigen.

Die Absicht, dem esoterischen Poesiebegriff, wie er etwa vom George-Kreis vertreten wurde, eine Art ‚Gebrauchskunst' entgegenzusetzen, verwirklichte sich in wechselnden Traditionsmustern: in Gestalt der antiken Tragödie, der spätmittelalterlichen Moralität, des Rokokolustspiels und Opernlibrettos, der modernen Konversationskomödie. Dramaturgisch und theatergeschichtlich sind darin Elemente des barocken Bühnenfestspiels und der Weimarer klassizistischen Überlieferung ebenso wirksam wie Impulse des Wiener Volkstheaters. Es war nur folgerichtig, daß diese dem Medium und dem Publikum zugewandte Produktion mehrfach von der Praxis gemeinschaftlicher Arbeit ausging. So sind die Inszenierungen Max Reinhardts (1873–1943) aufs engste mit der Geschichte von Hofmannsthals Bühnenkunst verknüpft, angefangen von der *Elektra* (1903), einer individualpsychologisch motivierten Neufassung der antiken Tragödie, die Reinhardts Absicht entsprach, die „gipsernen" Klassikeraufführungen durch ein visuell bewegtes Spiel abzulösen. Aus dieser Zusammenarbeit gingen freilich auch zweifelhafte Erzeugnisse hervor, etwa das „Spiel vom Sterben des reichen Mannes" *Jedermann* (1911), in dessen Zeitkritik sich bereits die eindeutig konservative Haltung der späten Essays ankündigt, die das Schlagwort von der „konservativen Revolution" lieferte. 1920 erfolgte die Gründung der Salzburger Festspiele im Zeichen entsprechender Ideologeme und einer ‚neubarocken' Dramaturgie.

Ebenso folgenreich für Hofmannsthals relative Popularität wurde die Zusammenarbeit mit Richard Strauss, von der Vertonung der *Elektra* bis zu *Arabella*. Unter den Operntexten für Strauss kann vor allem der erfolgreiche *Rosenkavalier* (1911) Anspruch auf literarische Autonomie erheben. Zusammen mit den thematisch verwandten „venezianischen" Stücken *Der Abenteurer und die Sängerin* (1899) und *Cristinas Heimreise* (1910) bekundet dieses Werk Hofmannsthals Vorliebe für die Welt des Rokoko. Aus den ironisch getönten, Elemente der Typen- und Intrigenkomödie abwandelnden spielerischen Maskeraden tritt das Motiv des – durch das Altern bedingten – melancholischen Verzichts hervor. Einprägsam ist als Kunstleistung namentlich die Differenziertheit in der gesellschaftlichen Charakterisierung durch Sprachnuancen. In der mimetischen Virtuosität zeigt sich die Verwandtschaft mit Schnitzler.

Züge der Charakterkomödie mit zeitkritischem Hintergrund trägt auch das bekannteste Spätwerk, das Lustspiel *Der Schwierige* (1921). Der eigentümliche Reiz dieses mit höchstem Kunstverstand geschaffenen Werkes besteht darin, daß alte Schemata der klassizistischen Komödientradition (schon am Anfang die Spiegelung der Herrschaftsebene durch die Dienerebene) bruchlos einer Handlung angepaßt erscheinen, die trotz aller lustspielhaften Stilisierung nur aus der geschichtlichen Situation verstanden werden kann. Das Stück spielt im vorletzten Jahr der Donaumonarchie in den Salons der Wiener Aristokratie, in einer Welt, in der gespenstischer Leerlauf herrscht, fernab vom eigentlichen historischen Geschehen, wobei diese Beziehungslosigkeit durchaus ein realistisches Merkmal des Textes ist. Als ein Schattendasein werden die Formen dieser Gesellschaft von dem aus Norddeutschland kommenden Baron Neuhoff bezeichnet, einer Figur, die in Hofmannsthals völkerpsychologischer Typologie für den „Preußen" steht und die trotz ihrer Kritik ebenso hohl und nichtig ist wie die meisten anderen Nebengestalten. Mittelpunkt (und zugleich eigentümlich distanzierter Betrachter) der gleichsam ritualisierten Handlungen, die sich in der Erkundung von Heiratsgelegenheiten, in läppischen Intrigen und der Pflege sogenannter Konversation erschöpft, ist Graf „Kari" Bühl, der „Schwierige", eine zeitgemäß-unzeitgemäße Wiener Variante des Misanthrope. Für seine Verwandten und Freund gilt er als kompliziert, weil er, der überaus empfindliche Skeptiker, der eitlen Geschäftigkeit seines Gesellschaftskreises mit Mißtrauen begegnet. Indem er die Phrase als Phrase, das Vorurteil als Vorurteil durchschaut, offenbart er sein Unbehagen an dem konventionellen Treiben durch sprödes, scheinbar unbeholfenes Betragen. Dem eingespielten Denkmuster erscheint er kapriziös, unberechenbar – und spielt daher gewissermaßen die Rolle eines modernen Lustspiel-Hamlet. Wogegen Kari Bühl sich sträubt, verkörpert sein Neffe Stani, der eine Karikatur des überheblichen, seine Vorrechte als völlig selbstverständlich ansehenden Aristokraten darstellt – ein Gegenbild des „Schwierigen". Die Ironie des Autors will es, daß gerade Stani überzeugt ist, in vielem ein Abbild seines Onkels zu sein, und ihm in allem nacheifert, was er für positiv hält, weil er instinktiv die menschliche Überlegenheit des Älteren spürt. Stani, dem niemals Zweifel aufkommen, weder in seinem Tun noch in seiner Rede, ist der Typus, den das Stück in Frage stellt; ihm gilt die Kritik, nicht dem Adel überhaupt.

Nicht so sehr die gesellschaftliche Lüge (wie im Naturalismus) wird bloßgestellt, sondern der falsche Anspruch auf Vorrecht und Rang, ein Anspruch, der von den meisten Figuren weder moralisch noch intellektuell eingelöst wird. Die Phrase, die im Salon vorherrscht, erlebt Kari Bühl zudem als eine allgemeine Inflation der Sprache: Hofmannsthals Chandos-Motiv erscheint hier in abgewandelter Gestalt. Als eine Verkörperung wortloser Anmut und Expressivität erscheint nicht umsonst ein Zirkusclown, dessen Kunst ohne Sprachaufwand auskommt und daher vor der Phrase gefeit ist – ganz im Sinne von Hofmannsthals erwähntem Aufsatz über den

Schauspieler Mitterwurzer, wo es heißt, in Zeiten sprachlicher Inflation erwache Liebe zu den Künsten der Akrobaten und Gaukler (Hamburger, 72).

Die „Konfusionen", die der „Schwierige" hervorruft, beruhen darauf, daß er der scheinhaft gewordenen Konvention die instinktive Natürlichkeit seines Wesens entgegensetzt, von dem in diesem Lustspiel die Suggestion ausgeht, Adel sei eine Naturform, die sich in der moralischen Integrität der Persönlichkeit offenbare. Das Verhältnis zwischen individueller Verwirklichung eines Wertanspruchs und dem allgemeinen Klassenprivileg mit seinen Vorurteilen wird im Stück freilich nicht berührt; eine entscheidende Frage bleibt ausgespart. Kari Bühl sowie die ihm ebenbürtige Helene Altenwyl (die beiden finden zum Schluß zueinander) lassen dagegen mit ihren Charakterzügen Hofmannsthals utopische Deutung aristokratischer Existenz erkennen: sie lebt – wie schon auf vergleichbare Weise in Goethes *Wilhelm Meister* – von der Vorstellung einer natürlichen Freiheit, in der sich menschliche Begabung gleichsam zweckfrei entfalten kann. Daher ist die Bewunderung des „Schwierigen" für den Zirkusclown von entscheidender Bedeutung für das Verständnis der Gestalt: die aristokratische Lebensform deckt sich in Hofmannsthals Sicht mit der ästhetischen; die Utopie zweckfreien Lebens, sozusagen spielerischer Existenz, umfaßt sowohl die Idee des Adels als auch die künstlerische Kreativität. Im Verhalten der beiden Protagonisten (des Lustspiel-Paares zum Schluß) erscheint schließlich auch die konservative Utopie einer harmonischen Ständegesellschaft angedeutet: Kari und Helene, die ihr Personal mit viel Verständnis behandeln, dürfen sich der Treue und Anhänglichkeit seitens der Dienerschaft gewiß sein (allerdings nur der alten Dienerschaft, nicht unbedingt der neuen).

Hofmannsthals zweite Komödie aus der späten Schaffensperiode, *Der Unbestechliche* (1923), ist in gewissem Sinne ein Gegenstück zum *Schwierigen.* Der Gestalt des ‚Schwierigen' entspricht diesmal der Diener Theodor, ein österreichischer Butler, eine idealisierte Verkörperung des Typus des Bediensteten, der seiner Herrschaft absolut zugetan ist. Theodor ist gleichsam der Schwierige auf der Dienerebene, einer, der sich bei der Durchsetzung seiner – in der Lustspielhandlung positiv besetzten – Ziele zwar nicht ganz legaler Mittel bedient, der aber letztlich ein Bürge moralischer Lauterkeit ist: halb ein Schwejk, halb ein Erzengel. Das restaurative Einverständnis mit der Ständegesellschaft kommt hier von ‚unten': die Harmonie zwischen Herrschaft und Dienerschaft wird durch das Treueverhältnis untermauert, das in persönlicher Anhänglichkeit seine Grundlage hat. Gesellschaftliche Probleme lösen sich in individualpsychologischen auf. Theodor, der verschmitzte Held, rettet durch seine heilsamen Intrigen die Ehe des jungen Herrn, eines in mehrere Liebschaften verstrickten Bonvivants. Das Ergebnis seines gelungenen Versuchs, die Ehe zu restaurieren, ist allerdings kaum noch psychologisch motiviert: unvermittelt erfährt der junge Herr Jaromir unter der leitenden Hand des Dieners eine „mystische Katharsis" (Pickerodt, 238), das Familienglück im Sinne einer ‚alten Ordnung' stellt sich zum Schluß so rasch ein, daß das Tempo selbst für lustspielhafte Konventionen erstaunlich ist. Konservative Ideologeme (mit einem Gran Zivilisationskritik) werden in diesem Stück – ein höchst seltener Vorgang – zum geistvollen theatralischen Ereignis dank dem Brio der Handlung sowie der verblüffenden sprachlichen Virtuosität, namentlich in der Gestaltung des Protagonisten.

Die zur Parabel neigende Dramaturgie erscheint noch ausgeprägter in Hofmannsthals letztem Drama, *Der Turm* (1925, zweite Fassung 1927), das in Anlehnung an Calderon den Typus des politischen Trauerspiels zu aktualisieren versucht. Zeitkritik und konservativer Gedanke bewegen hier eine archaisierende und zugleich moderne „Staatsaktion", die als Grundeinsicht die Unvereinbarkeit von Geist und Macht vor Augen führt. Im Sinne der Überlieferung werden die tragischen Spannungen als unlösbare Widersprüche der Politik gedeutet.

Mit Hofmannsthals Bühnenschaffen ist in manchen das Dramenwerk von *Richard Beer-Hofmann* (1866–1945) vergleichbar. Das schmale Opus dieses höchst skrupulösen Dichters ist nicht minder vom Historismus geprägt.

Wie Hofmannsthal ist Beer-Hofmann ein „Finder" und Bearbeiter dramatischerStoffe und Vorlagen, kein „Erfinder". Elemente der Fabel seines bekanntesten Werkes, des Trauerspiels *Der Graf von Charolais* (1904), sind einem englischen Stück des 17. Jahrhunderts entlehnt. Sprachlich ist dieses Blankversdrama ein Beispiel meisterhafter Anverwandlung traditioneller Muster, ein klassizistischer Versuch, der nicht epigonal wirkt, in der Tendenz zur Verselbständigung der Teile allerdings an Schnitzlers Episodendramaturgie denken läßt. Das triebpsychologische Motiv im Verhängnis, das unerwartet über drei sich moralisch unanfechtbar wähnende Menschen hereinbricht, ist charakteristisch für die Wiener Literatur der Zeit. Beachtenswerte gesellschaftskritische Einsichten enthält die Rede einer Episodenfigur, des Juden Itzig. Unvollendet blieb der in alttestamentarischer „Zeit der Patriarchen" spielende festspielartige Zyklus *Die Historie von König David* (1918–1936). (Des Autors erzählende Prosa wird an anderer Stelle erwähnt.)

Zu den repräsentativen Autoren des Wiener Theaters wurde früher der seinerzeit vielgespielte *Anton Wildgans* (1881–1932) gezählt. An seinen Tragödien (*Armut*, 1914; *Liebe*, 1916; *Dies irae*, 1918), die Konflikte aus dem bürgerlichen Alltag zu einem pathetischen Welttheater „ewiger Leidenschaften" stilisieren, läßt sich die Wirkung Hauptmanns, Wedekinds und Strindbergs ablesen. Mit den visionären Schlußakten, in denen die naturalistische Szenerie in einen freien poetischen Raum verwandelt wird, gehört Wildgans zu den Wegbereitern des Bühnenexpressionismus in Österreich. Sein eigentliches Hauptwerk ist das zu wenig bekannte humoristische Hexameter-Epos *Kirbisch oder Der Gendarm, die Schande und das Glück* (1927). Der mythologisch-literarische Apparat dient hier, ähnlich wie in Goethes *Hermann und Dorothea*, einer stilistisch spannungsreichen Verfremdung: Der Alltag eines österreichischen Dorfes während des Krieges ist die „kleine Welt", in der sich die verhängnisvollen Widersprüche der großen spiegeln.

Einmalige Publizistik

Die dem Spieltheater entgegengesetzte Tendenz, die Pragmatik der Bühne außer acht zu lassen, kennzeichnet auch die dialogischen Texte von *Karl Kraus* (1874–1936). Die schriftstellerische Leistung und öffentliche Wirksamkeit dieses Autors, der von vielen Zeitgenossen als das Gewissen der Epoche empfunden wurde, entzieht sich auch sonst der Charakterisierung durch herkömmliche Begriffe literarischer Praxis. Es gehört zu den zahlreichen Widersprüchen seines Werkes, daß er selbst nicht selten als geharnischter Verfechter durchaus konservativer Vorstellungen, auch im Bereich literarischer Gattungen, hervortrat. So schwer rubrizierbar manche seiner Prosaschriften sind, so leicht fällt es, seine – in der Geschichte der deutschen Lyrik freilich kaum Akzente setzenden – Gedichte (*Worte in Versen*, 1916–1930) überlieferten Typen wie ‚Gedankengedicht', Epigramm usw. zuzuordnen. Der in manchem innovative Autor, der vor allem dazu beigetragen hat, das namentlich in der deutschen Tradition verwurzelte Vorurteil gegenüber dem „Literaten" zu entkräften und damit die Spaltung in „Dichter" und „Schriftsteller" aufzuheben, pflegte in seinen Gedichten einen konservativen Sprachduktus, der noch am ehesten in den satirischen Versen überzeugt.

In den Mittelpunkt seiner von immensem Eifer und gedanklichem Konzentrationsvermögen getragenen schriftstellerischen Arbeit führt die Feststellung, daß er so gut wie keine fiktionalen Texte geschrieben hat. Die zahllosen Polemiken, Glossen, Essays und Aphorismen sind nur in ihrem unmittelbaren Wirklichkeitsbezug denkbar. Doch auch in den als Dramen bezeichneten Werken überwiegt die allegorisch ausgestattete Zitatmontage, dokumentarisches Material also. So erweist sich die im Wiener Literaturmilieu, im Kaffeehaus spielende und nur für Literaturkenner sinnvolle „magische Operette" *Literatur oder Man wird doch da sehn* (1921) als eine collageartige, die Anspielungstechnik der romantischen Literaturkomödien weiterführende Satire, die mit *Faust*-Zitaten und Segmenten aus dem

Arsenal literarischer Werbung dem Expressionismus auf den Leib rückt, indem sie die Bewegung als Mode und Mache interpretiert. Die Spielregeln fiktionaler Gestaltung befolgt – freilich nicht nur aus künstlerischen Gründen – noch am strengsten das „Nachkriegsdrama“ *Die Unüberwindlichen* (1928), das auf Grund authentischen Materials ein zentrales Thema des Autors, die Korruption im Pressewesen, behandelt.

Die überlieferten literarischen Ordnungskriterien versagen vollends gegenüber dem Hauptwerk des Autors, der „Tragödie in fünf Akten mit Vorspiel und Epilog“ *Die letzten Tage der Menschheit* (1918/19, Endfassung 1922). „Die Aufführung des Dramas, dessen Umfang nach irdischem Zeitmaß etwa zehn Abende umfassen würde, ist einem Marstheater zugedacht“, heißt es im Vorwort. „Theatergänger dieser Welt vermöchten ihm nicht standzuhalten. Denn es ist Blut von ihrem Blute und der Inhalt ist von dem Inhalt der unwirklichen, undenkbaren, keinem wachen Sinn erreichbaren, keiner Erinnerung zugänglichen und nur in blutigem Traum verwahrten Jahre, da Operettenfiguren die Tragödie der Menschheit spielten. Die Handlung, in hundert Szenen und Höllen führend, ist unmöglich, zerklüftet, heldenlos wie jene.“ Dieses Werk, mit dem Begriff Lesedrama nur ungenau bezeichnet, ist gleich Goethes *Faust II* eine „inkommensurable Produktion“ – zu einem Zeitpunkt, als die Konzeption des dokumentarischen Dramas nicht einmal andeutungsweise erkennbar war, einmalig schon darin, daß die 220 Szenen mit Hunderten von Figuren eine Folge darstellen, die von keiner literarischen Konstruktion im herkömmlichen Sinn zusammengehalten wird, geschweige denn von einer konventionellen Handlung. Kraus' gigantische Chronik des Ersten Weltkrieges bezieht ihre Legitimität und ihr moralisches Pathos aus der Authentizität des Materials, dessen Zusammenstellung der Autor als eine moralische Pflicht empfand. „Die unwahrscheinlichsten Taten, die hier gemeldet werden, sind wirklich geschehen; ich habe gemalt, was sie nur taten. Die unwahrscheinlichsten Gespräche, die hier geführt werden, sind wörtlich gesprochen worden; die grellsten Erfindungen sind Zitate. [. . .] Das Dokument ist Figur; Berichte erstehen als Gestalten, Gestalten verenden als Leitartikel; das Feuilleton bekam einen Mund, der es monologisch von sich gibt; Phrasen stehen auf zwei Beinen – Menschen behielten nur eines.“

Stoff und Gestalt sind hier nahezu identisch: Die Schrecken des Krieges werden durch die Schrecken der im Krieg verfaßten Texte (und deren Wirkung im Bewußtsein der Bevölkerung) erfaßt, auf Grund zahlloser Zeitungsartikel, Kriegsberichte, Bekanntmachungen, Protokolle. Dokumente und eigene Erfahrungen des Autors bilden eine alle Bereiche des Lebens (und Sterbens) im Kriege umfassende Riesencollage – vom Gespräch am Wiener Ringstraßenkorso oder der Ansprache auf einem Schriftleiterbankett bis zu Szenen vor dem Standgericht, im Kriegspressequartier oder in einem

Unterseeboot. Die im Klassenzimmer oder im Hörsaal begangenen Untaten durch die propagandistische Phrase wiegen dabei nicht leichter als die durch Kanonen oder Giftgase vollbrachten. Kraus zeigt in seinem – an die sozialkritischen Zeichnungen seines Zeitgenossen George Grosz erinnernden – Inferno des Kriegsalltags die Verflochtenheit von Front und Hinterland, von offener und versteckter Aggression, von Kommerz und Generalstab, von Warenzoll und Blutzoll. Ein weiteres Darstellungs- und Erkenntnisprinzip ist durch Kontraste gegeben, wobei nicht nur Anstifter und Ausführende montagehaft konfrontiert werden, sondern auch Nutznießer und Opfer. In der 7. Szene des III. Aktes kommen vor: Zwei Kommerzialräte (aus dem Hotel Imperial tretend), ein Invalide, ein Fiaker, eine Bettlerin mit einem Holzbein und einem Armstumpf.

Vom heutigen Begriff des dokumentarischen Dramas weicht das Werk namentlich im Epilog ab: Im allegorisch überhöhten Schluß erweist sich die „Tragödie“, auch darin an *Faust II* anklingend, als satirisches Weltpanorama mit metaphysischem Anspruch. Auf der höchsten literarischen Abstraktionsstufe mündet die Montage in eine moralische Abrechnung mit dem „Zeitgeist“ ein – in einer Untergangsszenerie, wo neben dem „Weltendonner“ und den „Stimmen von unten“ und „Stimmen von oben“ nicht die Worte der Kino-Operateure fehlen, die als Vollstrecker des gesellschaftlichen Fortschritts die Menschheitskatastrophe kurbeln.

Die quantitativ gewichtigste Leistung des Einzelgängers bilden die 922 Nummern der Zeitschrift „Die Fackel“ (in 415 Heften, Wien 1899–1936). Die ziegelroten Hefte, die vielfach als moralische Instanz oder auch als öffentliches Ärgernis empfunden wurden, stellen auch technisch ein publizistisches Kuriosum dar: durch die von Karl Kraus verkörperte Personalunion von Herausgeber, Redakteur und Autor. Vom Dezember 1911 an schrieb er, sieht man von einer Ausnahme ab, sämtliche Texte der Zeitschrift selbst. Die Leitsätze des ersten Heftes bestimmen die Position: Nicht „Was wir bringen“ ist entscheidend, sondern „Was wir umbringen“; so lautet das bekannte, für die Stiltaktiken des Autors höchst bezeichnende Wortspiel. Die Kritik gilt dabei vor allem der Pervertierung der Sprache durch die in der Öffentlichkeit wuchernde Phrase. „Was hier geplant wird, ist nichts als eine Trockenlegung des weiten Phrasensumpfes ...“ Von Anfang an begreift sich Kraus als Instanz ohne konventionelle politische oder soziale Bindung. „Dem durch keine Parteibrille getrübten Blick muß doppelt deutlich sich das *Mene Tekel* zeigen, welches dräuend in unserer durch Altarkerzen verstärkten Finsternis zuweilen aufleuchtet.“

Die zahllosen kulturkritischen Essays und Glossen der „Fackel“ bekämpfen mit geradezu fanatischer Ausdauer vor allem die tägliche, Lüge und Korruption verhüllende Phrase der Presse, der Institution also, in der bereits Kraus eine Bewußtseinsindustrie erblickte, auf jeden Fall aber ein

Unheil von elementarem Ausmaß: Einer seiner Sammelbände trägt den Titel *Untergang der Welt durch schwarze Magie* (1922). „Im Anfang war die Presse / und dann erschien die Welt", heißt es in einem Couplet der „magischen Operette" von 1921. In einer seltsamen Umkehrung erscheint der idealistisch aufgefaßte absolute Ungeist des Journalismus als Ursache aller Verderbnisse der Zeit. Oft genügte auch hier die Technik des Zitats, das schon die Kritik seiner selbst enthält. Sein Amt, schrieb Kraus, sei, die Zeit in Anführungszeichen zu setzen. Kein Anlaß erschien ihm dabei zu gering: ein falsches Komma in einem Bericht über einen Mord galt als ein nicht weniger wichtiges Symptom als die physische Gewalttat. So überrascht es nicht, daß sich neben hellsichtigen Aufsätzen über die eigentlichen Motive ideologischer Manöver Stellungnahmen zu heute kaum noch begreifbaren journalistische Querelen finden, Artikel, die nur von einem blinden Eifer zeugen. Es war ein Irrtum des Autors, zu glauben, daß allein der Schein der „Fackel" genüge, um Nichtigkeiten in weltbewegende Fragen zu verwandeln. Zu den zahlreichen Widersprüchen in der geistigen Gestalt des Autors gehört nicht zuletzt der Umstand, daß er in seinem Kampf gegen die Presse ganz in deren Bannkreis blieb – ebenso wie er mit seinem Kult und seiner Dämonisierung der Sprache den Vertretern der „reinen Dichtung" trotz allem gar nicht so fern stand.

Unter den in Buchform erschienenen – größtenteils zuerst in der „Fackel" publizierten – Schriften (*Sittlichkeit und Kriminalität*, 1908; *Die chinesische Mauer*, 1910; *Weltgericht*, 1919; *Literatur und Lüge*, 1929) sind als literarische Leistungen vor allem die Aphorismenbände (*Sprüche und Widersprüche*, 1909; *Pro domo et mundo*, 1912; *Nachts*, 1918) hervorzuheben. Sie bilden gleichsam die Summe des Schaffens, zugleich einen Höhepunkt aphoristischer Prosakunst. Bild und Gedanke bilden hier jene paradoxe Einheit, die zu Recht unwiederholbar genannt werden darf. Unzählige Beispiele liefern den Beweis, daß sich legitime Aphoristik jeglicher Paraphrase entzieht. Etwa: „Nein, der Seele bleibt keine Narbe zurück. Der Menschheit wird die Kugel bei einem Ohr hinein- und beim andern herausgegangen sein." Oder: „Ein Gourmet sagte mir: was die Crême der Gesellschaft anlange, so sei ihm der Abschaum der Menschheit lieber." Oder: „Schwarz auf weiß: so hat man jetzt die Lüge." Die Wirkungstheorie seiner Aphoristik faßte Kraus in dem Satz zusammen, man müsse der Menschheit so lange mit „Paradoxen" auf den Schädel hämmern, bis sie merkt, daß es die einzigen Wahrheiten sind.

Paradox, widerspruchsvoll bleibt das Werk des Autors insgesamt. Als konsequent im üblichen Sinn erscheint Karl Kraus stets nur darin, daß er seine Meinung der ‚öffentlichen Meinung' entgegensetzt, auch dann, wenn die von ihm als nonkomformistisch gewählte Haltung die Preisgabe sonst von ihm vertretener Auffassungen fordert. Das so eigentümliche Ineinandergreifen marxistisch anmutender Einsichten und auftrumpfender Konservativismen hat hier zum Teil seinen Ursprung. Das späte Gedicht *Mein Widerspruch* kann daher als ein Stück Selbsterkenntnis und -rechtfertigung gelten, überdeutlich pointiert in der Gegenüberstellung der Begriffe „Revolutionär“ und „Reaktionär“: „Wo Leben sie der Lüge unterjochten, war ich Revolutionär . . .“ – „Wo Freiheit sie für Phrasen nutzten, war ich Reaktionär . . .“ Manche boshaften Urteile über den technischen Fortschritt, die vor sechzig Jahren wohl als ein Zeichen von Starrsinn gedeutet werden mußten, erscheinen heute in einem anderen Licht. Die von der alten Tradition utopischen Denkens geprägte Idee vom „Ursprung“ muß – sofern sie sich bei Kraus auf die Versöhnung mit der ausgebeuteten Natur bezieht – aus heutiger Sicht als viel weniger weltfremd gelten. Die Substanz des Schaffens von Karl Kraus tritt indes allen Widersprüchen zum Trotz klar zutage; sie ist in jenem Kierkegaard-Zitat erkennbar, das dem Drama *Die Unüberwindlichen* als Motto dient: „Ein einzelner Mensch kann einer Zeit nicht helfen oder sie retten, er kann nur ausdrücken, daß sie untergeht.“

Gattungen und Typen der Prosa

Karl Kraus und seine Prosa wurden in den zwanziger Jahren wortspielerisch ein *Wahr*zeichen Wiens genannt. Sicherlich war dabei sowohl das Einmalige als auch das Typische gemeint. Die Haltung des Einzelgängers ließ keinen Vergleich zu. Dagegen konnten einige von Kraus bevorzugte schriftstellerische Techniken durchaus als charakteristisch für die gesamte Situation der Prosa im Umkreis der Wiener Moderne gelten. Im Rückblick prägt sich namentlich die Vielfalt der Mischformen und neutralen Gattungen im Spannungsfeld von Fiktion und Nichtfiktion als ein Kennzeichen des Jungen Wien ein. Auffallend ist ferner die Zurückhaltung gegenüber erzählerischen Großformen. Der sonst so produktive Schnitzler versuchte sich nur zweimal im Bereich des Romans; Hofmannsthal, bei dem die Erzählungen ohnehin nur einen geringen Teil seines Prosaschaffens ausmachen, ließ seinen einzigen Roman, die im 18. Jahrhundert spielende faszinierende Geschichte einer Venedigreise, unvollendet (*Andreas oder Die Vereinigten*, aus dem Nachlaß 1932). Lediglich Hermann Bahr bekundete zeitweilig ein stärkeres Interesse für den – zyklisch angelegten – Roman, mit der Absicht, ein vor allem durch die Künstlerproblematik gesehenes Zeitpanorama zu entwerfen (*Die Rahl*, 1908, *Drut*, 1909 u. a.). Doch auch bei Bahr fesseln eher die vor 1914 geschriebenen Essays und Tagebücher. Im übrigen gehört ein Großteil der zeitgenössischen Romanproduktion Wiener Provenienz zur mehr oder minder gehobenen Trivialliteratur: modische Konfektion, die den Erwartungen eines Publikums entsprach, das Lektüre für die Sommerfrische oder für Bahnreisen benötigte.

In der ernst zu nehmenden Prosa überwiegt insgesamt ein auf die Erfassung individueller psychischer Vorgänge gerichtetes Interesse. Da der Vergegenwärtigung von Wahrnehmungen und Reaktionen größere Aufmerksamkeit gewidmet wird als den konventionellen Handlungsmustern, erscheinen die Grenzen zwischen Erzählung und Aufzeichnung (bzw. Prosagedicht, fiktivem Brief usw.) fließend. Bei Hofmannsthal etwa sind der bereits erwähnte Chandos-Brief, die essayistischen Dialoge (ein für die Jahrhundertwende kennzeichnende Gattung, als Form kunstkritischer und moralphilosophischer Abhandlungen etwa bei Wilde, Gide, Rudolf Kassner, Bahr, Borchardt, dem jungen Lukács) und die zeitkritischen *Briefe des Zurückgekehrten* (1907) in diesem Zusammenhang zu nennen. Die Schriften Peter Altenbergs sind ausnahmslos in diesem Bereich angesiedelt. Doch auch dort, wo der fiktionale Rahmen deutlich erkennbar ist, nähert sich der Text dem logisch nicht näher bestimmbaren Psychogramm. *Leopold von Andrians* (1875–1951) kleines Prosawerk *Der Garten der Erkenntnis* (1895), das als Versuch einer lyrischen, völlig introspektiven autobiographischen Aufzeichnung gelten kann, ist ein bemerkenswertes Beispiel der Tendenz zur Entfabelung. Verwandte Züge trägt Beer-Hofmanns große Erzählung *Der Tod Georgs* (1900), die ebenfalls aus dem Versuch hervorgegangen zu sein scheint, die Prosa von erzählerischen Konventionen zu lösen. Das Ergebnis weist nur noch Rudimente von ‚Handlung' im landläufigen Sinn auf; der Text besteht vielmehr aus einer Folge innerer Vorgänge: Erinnerungen, Ahnungen und Träume eines sensiblen Menschen entfalten sich in einer Sprache, der es vor allem an der Eindringlichkeit des bildhaften Ausdrucks gelegen ist, an der sinnlichen Nuance und an der Komposition kontrastierender Werte. Nicht selten gewinnt die Schilderung von Eindrücken relative Selbständigkeit, als sprachliches ‚Tableau', das kennzeichnenderweise an die sprachliche Vergegenwärtigung von Gemälden erinnert. Die Wirkung des Jugendstils der bildenden Künst hat in dieser Prosa seine Spuren hinterlassen.

Während Beer-Hofmanns Werk dem zeitgemäßen Ideal einer absoluten poetischen Prosa entspricht (und auch die Gefahren des Umschlagens ins dekorative Sprachornament vor Augen führt), zeigt sich der literarische Impressionismus innerhalb der Moderne von einer weniger anspruchsvollen Seite in der Prosa von *Peter Altenberg* (eigentlich Richard Engländer, 1859–1919). Dieser klassische Bohemien der Wiener Jahrhundertwende ließ sich von der Vorstellung eines gleichsam absoluten Feuilletonismus leiten. Seine zahlreichen, oft ganz knappen Skizzen verzichten vollends auf novellistische Strukturierung. „Denn sind meine kleinen Sachen Dichtungen?!", fragt sich der Autor in einem autobiographischen Aufriß für den Band *Was der Tag mir zuträgt* (1901). „Keineswegs. Es sind Extracte! Extracte des Lebens. Das Leben der Seele und des zufälligen Tages, in 2–3 Seiten eingedampft, vom Überflüssigen befreit wie das Rind im Liebig-Tigel! Dem Leser bleibe es überlassen, diese Extracte aus eigenen Kräften wieder aufzulösen, in genießbare Bouillon zu verwandeln [. . .]" Eine entsprechende poetologische Äußerung über diesen „Telegramm-Stil der Seele" enthält der Band *Bilderbögen des kleinen Lebens* (1909). Man könne, heißt es dort, auf drei Seiten dasselbe sagen wie in einem Roman von 200 Seiten – für Menschen, die keine Zeit haben, Romane zu lesen, und daher auf Extrakte angewiesen sind.

Altenberg war im Hinblick auf seine Leser freilich im Irrtum. Die beträchtlichen Auflagen seiner Bücher verdankt er zweifellos dem Typus des – der Romanlektüre durchaus nicht abgeneigten – literarischen oder habituellen Lesers, der die ästhetische Reduktion als Reiz genießt, nicht aber auf Zeitersparnis angewiesen ist. Altenbergs Skizzen sind Beiträge zur Geschichte der sinnlichen Wahrnehmung im bürgerlichen Alltag. In ihrer Pointenlosigkeit sind sie mit Photographien vergleichbar, mit Momentaufnahmen eines Flaneurs, dessen Neugier der ästhetischen Entdeckung des Unscheinbaren gilt. Nicht umsonst spricht Altenberg schwärmerisch von der Kodak-Kamera als einem Mittel zur Aneignung der Natur. Ein Programm ist schon im Titel der ersten Skizzensammlung enthalten: *Wie ich es sehe* (1896), wobei der Autor ausdrücklich die Betonung auf „sehe" wünschte. Ob es sich nun um Impressionen aus dem städtischen Leben handelt oder um Bewegungen mit der Natur auf Landpartien, stets ist die unmittelbare sinnliche Wahrnehmung das eigentliche Ethos der Schriften. „Nütze deine Augen, den Rothschildbesitz des Menschen!", so lautet der Appell an den Leser, der damit vom abstumpfenden Arbeitsalltag befreit werden soll.

„Das ist das eminent Moderne an Peter Altenbergs Dichtungen", schrieb Egon Friedell in einem Nachwort zu den *Bilderbögen des kleinen Lebens.* „Nur im Zeitalter der Telegraphie, der Blitzzüge und der Automobildroschken konnte ein solcher Dichter entstehen, dessen leidenschaftlicher Wunsch es ist, immer nur das Allerallernötigste zu sagen. Für nichts hat ja unsre Zeit weniger Sinn als für jenes idyllische Ausruhen und epische Verweilen bei den Gegenständen, das früher gerade für poetisch galt, und nichts ist ihr verhaßter als Langsamkeit und Breite. Wir lassen uns nicht mehr behaglich über den Dingen nieder. Unsre gesamte Zivilisation steht unter dem Grundsatze: Le minimum d'effort et le maximum d'effet! Schon in der Schule beginnt heutzutage die ‚Erziehung zum Extrakt'. Wir empfangen Extrakte von Philologie, Extrakte von Weltgeschichte, Extrakte von Naturkunde: niemals die Wissenschaft selbst, immer nur den Extrakt. Die Photographie entwirft uns kondensierte Miniaturbilder der Welt. Wir reisen nicht mehr ausführlich in der Postkutsche, sondern im Schnellzug und empfangen hastige Schnellbilder der Gegenden, die wir passieren. Und ganz typisch ist es auch, daß die Postkarte unsern heutigen schriftlichen Verkehr beherrscht: sie vertritt den modernen Gedanken, daß für fast jede Mitteilung ein Oktavblatt ein genügend großer Raum ist."

In seinen späteren Schriften (etwa in *Prodromos*, 1906) gab sich Altenberg mehr und mehr als ein kauziger Adept zeitgenössischer Lebensreformen zu erkennen. Die Begeisterung für einen – gegen die noch asketisch gefärbte bürgerliche Tradition gerichteten – Kult der Körperhygiene, der auch bei Rilke und anderen Autoren zur Lebensreform-Bewegung der Jahrhundertwende gehört, entlud sich bei Altenberg mit rhetorischem Aufwand. Aus heutiger Sicht fällt vor allem die Angleichung an die Sprache der Werbung auf: die Anpreisung von Reformkost, „idealer" Zahnputzmittel und neuester Geräte für Gymnastik und Vibrations-Massage erfolgt – ohne ironische Distanz – mit dem Pathos des Bekenners, der seine eigenen Erfahrungen als eine Maxime der Werbung gelten lassen kann.

Eine Nachfolge im Sinne literarischer „Schulen" hat Altenberg ebensowenig gefunden wie Karl Kraus. Unter den jüngeren Wiener Autoren ist noch am ehesten *Alfred Polgar* (1873–1955) ein Fortsetzer Altenbergscher Intentionen. Das gilt zumindest für die frühen Geschichten und Feuilletons, gesammelt in den weniger bekannten Bänden *Der Quell des Übels* (1908), *Bewegung ist alles* (1909) und *Hiob* (1912). Auch Polgar bekennt sich zur literarischen Maxime, das Leben sei „zu kurz für lange Literatur, zu flüchtig für verweilendes Schildern und Betrachten, zu psychopathisch für Psychologie, zu romanhaft für Romane, zu rasch verfallen der Gärung und Zersetzung, als daß es sich in langen und breiten Büchern lang und breit bewahren ließe" (Vorwort zu *Orchester von oben*, 1926). Doch schon die frühen Arbeiten machen deutlich, daß die kleine Form bei Polgar weniger impressionistische „Nervenkunst' als vielmehr verkappte Essayistik ist, auf subtilen Beobachtungen beruhende Kulturkritik. Im Gegensatz zum Affektstil Altenbergs überwiegt ein auf witzige Pointen ausgerichteter Stil der Untertreibung, eine Diktion, die ganz vom Geist eines alles relativierenden Skeptizismus durchsetzt ist. Gleich Karl Kraus ist Polgar ein Moralist, der die herrschenden gesellschaftlichen Konventionen illusionslos einschätzt – ein Moralist, der sein Menschen- und Gesellschaftsbild fast ausschließlich in negativen Kategorien formuliert, vor allem aus Empfindlichkeit gegen den affirmativen Jargon der Zeit. Literarisches Ansehen gewann Polgar im Berlin der zwanziger Jahre als Mitarbeiter der „Weltbühne", als Theaterkritiker und Rowohlt-Autor. Theaterkritiken, aus der Wiener und Berliner Periode, vereinigen die Bände *Ja und Nein* (I–IV, 1926/27), Schriften, in denen das Metier des Kritikers nicht selten Anlaß zu überlegener und überlegter Sprachkunst ist. In allen seinen Büchern, auch in den nach 1933 im antifaschistischen Exil entstandenen, bleibt der Autor den Typen kurzer

Prosa treu: der kulturkritischen Betrachtung, der erzählerischen Skizze – zumal auch die späteren Sammlungen immer wieder auch alte Texte, einige in neuer Fassung, enthielten, Arbeiten aus der Wiener Zeit (bis etwa 1926, als der Autor bei Rowohlt in Berlin zu publizieren begann). Schon dank dieser Kontinuität ist Polgar zeitlebens ein Wiener Autor geblieben. Zahlreiche Titel seiner Sammlungen sind bezeichnend für den Geist seiner „Filigrankunst“: *An den Rand geschrieben*, 1926; *Ich bin Zeuge*, 1927; *Schwarz auf Weiß*, 1929; *Bei dieser Gelegenheit*, 1930; *Ansichten*, 1933; *In der Zwischenzeit*, Amsterdam 1935; *Sekundenzeiger*, Zürich 1937; *Anderseits*, Amsterdam 1948 u. a. Als eine Art Ergänzung zu den *Letzten Tagen der Menschheit* kann der Band *Hinterland* (1929, erste Fassung: *Kleine Zeit*, 1919) gelesen werden.

Zum Wiener Freundes- bzw. Kaffeehauskreis Polgars und Altenbergs gehörte der Privatgelehrte und Schauspieler *Egon Friedell* (1878–1938), bekannt vor allem als Verfasser der – Max Reinhardt gewidmeten – *Kulturgeschichte der Neuzeit* (I–III, 1927–1931). Eine *Kulturgeschichte des Altertums* (von der Teilbände 1937 und 1949 erschienen) blieb unvollendet: Friedell war eines der ersten Opfer des Naziterrors in Wien. Die Darstellung der „Krisis der europäischen Seele“ vom Spätmittelalter bis zum Weltkrieg, wie er die *Kulturgeschichte der Neuzeit* nennt, ist kein wissenschaftliches Werk, sondern – durchaus nicht zum Nachteil des Werkes – ein monumentales Feuilleton gleichsam, das trotz aller darin erkennbaren Gelehrsamkeit als Literatur beurteilt werden sollte. Friedell unternahm es, wie in der theoretischen Einleitung nachzulesen ist, die „heutige Legende von der Neuzeit“ zu erzählen, d. h. jenes eigentümliche, „subjektive“ Bild sichtbar zu machen, das man sich jeweils von der Vergangenheit bildet, um sich selbst besser verstehen zu können. Das geistvolle Werk ist einmalig schon darin, daß eine oft kapriziöse Essayistik, deren Urbild die sublimierte Plauderei ist, hier zu einer systematisch angelegten Darstellung von Epochen und Persönlichkeiten geraten ist – zu einem riesigen Bilderbogen, manchmal zu einem Raritätenkabinett, jedenfalls zu zahllosen Anlässen für den Autor, seinen Witz (im älteren und im neueren Sinn des Wortes) zu beweisen und mit verfremdenden Paradoxien und aphoristischen Formulierungen aufzuwarten. Die Überraschung wird dabei oft zum Grundsatz: wo man ein psychologisches Porträt erwartet, wird eine soziologische Glosse daraus, wo man mit überindividuellen Kategorien rechnet, wird man mit einer privaten Sicht konfrontiert. Und noch einmal: Friedell ist anregend und unterhaltend solange man keine wissenschaftlichen Ansprüche stellt, sondern ihn als das nimmt, was er war: der geschichtsphilosophische Causeur der Wiener Moderne.

Die Tradition fiktionaler Prosa wird in der Wiener Moderne am überzeugendsten von *Arthur Schnitzler* vertreten. Sieht man von der Unterhaltungsnovellistik einiger Autoren (wie Felix Salten oder Raoul Auernheimer) ab, so ist Schnitzler der einzige Vertreter der ersten Generation der Moderne, der ein beachtliches erzählerisches Opus hinterlassen hat. Einen Schwerpunkt bildet darin der Novellentypus, die poentierte Geschichte mit einprägsamem Handlungsablauf. Im Gegensatz zur Vorliebe des Dramatikers Schnitzler, die Szenen locker, stimmungshaft zu fügen, fällt hier die Neigung zu straffer, berichtender Erzählweise auf. Vielfach bleibt der Autor noch der novellistischen Überlieferung des 19. Jahrhunderts verhaftet. Es ist jedoch kein Zufall, daß gerade einige der bedeutendsten Erzählungen sich von dieser Tradition lossagen. Überragende Leistungen verdanken wir weniger dem konventionell verfahrenden Erzähler als vielmehr dem verkappten Dramatiker. Weicht die Berichtsform der Rede der Gestalten, zeigt Schnitzler seine eigentliche Stärke: die Fähigkeit des Dramatikers, Menschen durch deren Rede zu charakterisieren. Im Vergleich mit der individualisierenden Farbigkeit sprachlicher (etwa jargonhafter) Mimesis wirkt die mehr oder minder herkömmliche Erzählweise mancher Texte eher blaß.

Das Spannungsgefüge der Schnitzlerschen Novellistik beruht zumeist auf einem Motiv, dem der Autor immer wieder neue Momente abgewinnt: die Protagonisten sehen sich in eine Grenzsituation versetzt, die ihr moralisches oder physisches Dasein in Frage stellt. Das psychologische Interesse des Erzählers bewirkt dabei die so bezeichnende ‚Innensicht'. Eine Grenzsituation schildert schon die erste Erzählung, die Schnitzler selbst als künstlerisch gelungen gelten ließ: *Sterben* (1894) hält die Veränderungen im Verhalten eines unheilbar kranken jungen Menschen fest und zeigt damit die gleichsam verfremdende Perspektive, in der das Leben unter der unmittelbaren Drohung des Todes erscheint. Daß dieses Motiv zur Satire taugt, beweist Schnitzlers erzählerisches Meisterwerk, *Leutnant Gustl* (1900). Ein junger Offizier gerät nach einem Konzert, das er uninteressiert über sich ergehen läßt und in dem er sich Gedanken über ein ihm bevorstehendes Duell macht, an der Garderobe mit einem Konzertbesucher, einem Bäckermeister, in Streit und wird von diesem „tödlich" beleidigt. Da ein Bäckermeister nach dem Ehrenkodex der Offizierskaste keine „Standesperson" ist und daher nicht ebenbürtig gilt, beschließt der Leutnant, seine Schande durch Selbstmord zu tilgen. Am folgenden Morgen erfährt er jedoch, daß sein Beleidiger, eine apoplektische Natur, in der Nacht plötzlich gestorben sei. Die Idolatrie der Ehre wird von Leutnant Gustl nicht so genau befolgt; mit dem Beleidiger ist auch die Sache selbst aus der Welt geschafft, und Gustl kann seinem Duell mit aggressiver Zuversicht („Dich hau' ich zu Krenfleisch!") entgegensehen. In der Zeitspanne zwischen dem Konzertbesuch und dem vermeintlich letzten Frühstück im Café ist Gustl mit sich selbst beschäftigt: Erinnerungen kommen in flüchtigen Assoziationen auf, Gedanken über die Reaktionen auf die Todesnachricht im Elternhaus und in der Kaserne, dazwischen Bewußtseinssplitter ideologischer Art, Kasino-Müll, so etwa antisemitische Floskeln und Intellektuellenhaß. Schnitzler dehnte den aus naturalistischen Prämissen abgeleiteten Grundsatz des Bewußtseinsprotokolls auf den gesamten Text aus und legte damit ein künstlerisch restlos gelungenes Muster der – für die Zukunft so wichtigen – Gestaltungsform des literarischen Psychogramms vor. Ein Vergleich mit den ersten Versuchen dieser Art, bei Vsevolod Garšin (in der Erzählung *Četyre dnja*, 1877) und Edouard Dujardin (*Les lauriers sont coupes*, 1888), läßt die überragende Leistung Schnitzlers deutlich hervortreten. Durch den „Inneren Monolog" wird hier erstmals eine völlig überzeugende sprachliche und logische Einheit erzielt: ein Porträt von sozialgeschichtlicher Signifikanz, das – bruchlos in die Diktion der Gestalt umgesetzt – Leutnant Gustl als Typus erfaßt. „Frauenzimmer", Pferde, Spielschulden, das ist der Horizont eines Bewußtseins, dessen erschreckende Öde bezeichnend ist für eine Schicht, die zu den Stützen der Gesellschaft zählte. Die erschreckenden Folgen im Verhalten dieses Typus konnte Karl Kraus zwanzig Jahre später, in den *Letzten Tagen der Menschheit*, auf ähnliche Weise demonstrieren.

Die umfangreichen Erzählungen (so *Frau Berta Garlan*, 1901, *Doktor Gräsler, Badearzt*, 1917, *Casanovas Heimfahrt*, 1918, *Fräulein Else*, 1924, *Traumnovelle*, 1926, *Spiel im Morgengrauen*, 1927) zeigen über drei Jahrzehnte hinweg die Beständigkeit von Schnitzlers Interesse für individuelle, private Erfahrungen von Menschen in der bürgerlichen Sekurität; Erotik, Ehrgeiz, Altern bilden in verschiedener Gestalt den Grundstock des Motivrepertoires. Die Neigung, außergewöhnliche Einzelfälle zu schildern, bis hin zum Bereich des Okkulten (wie in der Sammlung *Dämmerseelen*, 1907), verdrängte vielfach die sozialkritischen Züge. Der zeitkritische Anspruch ist dagegen in den beiden Romanen evident. Während *Der Weg ins Freie* (1908), als Beitrag zur Problematik der ‚Judenfrage' in der zeitgenössischen Gesellschaft angelegt, wenigstens unter thematischen Gesichtspunkten rezipiert wurde, blieb die „Chronik eines Frauenlebens" *Therese* (1928) fast unbeachtet. Heute ist erkennbar, daß der Autor in diesem zweiten Roman Elemente der dokumentarischen Literatur vorweggenommen hat.

An Schnitzler schließt zumindest thematisch einer der populärsten Autoren der jüngeren Wiener Generation an, *Stefan Zweig* (1881–1942). Seine erfolgreichen Novellensammlungen *Amok* (1922) und *Verwirrung der Gefühle* (1927) werden ebenfalls von einem psychologischen Interesse für individuell bedingte Konfliktsituationen geleitet. Die erotische Motivierung ist dabei primär. Eine noch größere Breitenwirkung erzielte der Verfasser mit seinen Romanbiographien, die historische Gestalten vorwiegend unter psychologischen Gesichtspunkten porträtieren. Die meisten dieser Werke gehören zeitlich zur Exilliteratur.

Ästhetizistische Positionen: Zeitgenossen und Gegner des Naturalismus. Der Stilpluralismus der Jahrhundertwende

Poetik und Dichtung der Exklusivität

Die mit dem „konsequenten Naturalismus“ gleichzeitig aufkommenden Gegenströmungen erweisen sich trotz aller Unterschiede in einem entscheidenden Punkt als verwandt: darin, daß sie sich der Verpflichtung entziehen, die Realität als verbindliches Muster anzuerkennen. In der Geschichte der neueren Literatur stellt diese Richtung, für deren Ausprägungen sich, je nach Tradition, gleichermaßen unscharfe Bezeichnungen wie Symbolismus oder Neuromantik eingebürgert haben, nach der Romantik einen zweiten Versuch dar, Poesie grundsätzlich als eine autonome und exklusive Sprachkunst zu begreifen. Die von den französischen Symbolisten angestrebte „poésie pure“ ist dafür ein extremes Beispiel. Die ästhetische Ausgangsposition, am deutlichsten erkennbar bei Baudelaire, ist durch die Auffassung gekennzeichnet, die Leitbegriffe „Natur“ und „Kunst“ seien in ihrem Gegensatz unversöhnbar. Gegen die Lehre Rousseaus richtet sich dabei Baudelaires Diktum, die Irrtümer über das Schöne stammten aus einem falschen Moralbegriff des 18. Jahrhunderts, wonach alle elementaren Werte in der ursprünglichen Natur des Menschen zu suchen seien. Einem emphatischen Begriff von Natur und Natürlichkeit stellt Baudelaire die These entgegen, jede kulturelle Leistung sei stets ein Ergebnis von Vernunft und Überlegung, also ein Sieg des Artifiziellen über die Natur. Dieser Sieg, sichtbar in den moralischen Konventionen ebenso wie in der zivilisatorischen Pflege der Mode, gipfelt für den Theoretiker der Naturferne in der Kunst. Daher ist es nur folgerichtig, daß er den Gedanken der wie auch immer verstandenen Naturnachahmung entschieden zurückweist; Kunst und doktrinäre Mimesis gelten als unvereinbar, und die Romane Balzacs oder Flauberts werden nicht wegen, sondern trotz ihres Realismus anerkannt. „Wer würde es wagen“, fragt Baudelaire, „der Kunst die unfruchtbare Funktion einer Nachahmung der Natur zuzuweisen?“ Im Zeitalter der verlorenen Illusionen des Bürgertums wird nun voneinander getrennt, was hundert Jahre zuvor noch als Einheit erschien: Vernunft und Natur. Zugleich erstreckt sich in einem weiteren Schritt der Zweifel auch auf die sinnvolle Vereinigung von Dichtung und Realitätserfahrung überhaupt. Der Begriff der Poesie deckt sich mehr und mehr mit dem des Anderen und Naturfremden, mit einer künstlichen, nur in der Sprache existenten Erfahrung. Die von der Poesie unternommene Erkundung des Unbekannten schöpft bei Baudelaire zudem noch aus einer Quelle künstlich erzwungener Inspiration. Aus der im Drogenrausch erfahrenen befremdlichen Schönheit „künstlicher Paradiese" leitet sich das Muster einer visionären, traumhaften Dichtung ab.

In einem ist die wohl extremste Gegenströmung zum Naturalismus, der seit 1886, dem Erscheinungsjahr des in Paris veröffentlichten Manifestes von Moréas, auch terminologisch faßbare *Symbolismus*, mit seinem poetologischen Widerpart verwandt: in der Überzeugung, künstlerische Produktion vertrage sich durchaus mit ästhetischer Theorie, ja Literatur sei auf rationale Lenkung sogar angewiesen. Ein hoher Grad poetologischer Bewußtheit gehört zu den am meisten ausgeprägten Merkmalen der Epoche. Der naturwissenschaftlich ausgerichteten höchstmöglichen mimetischen „Genauigkeit" der Naturalisten entspricht dabei das auf die inneren Beziehungen der Textstruktur gerichtete poetische Kalkül. Daß irrationale Wirkung durch „Wortmagie" und nüchterne theoretische Überlegung einander nicht ausschließen, zählt zu den – schon bei Baudelaire sichtbaren – Eigentümlichkeiten symbolistischer Poetik. Aus diesem Zusammenhang erklärt sich auch das Interesse, das die französischen Symbolisten Poes *Philosophy of Composition* (1846) entgegenbrachten, einem poetologischen Essay, in dem die Entstehung eines Gedichtes erstmals mit verblüffender Sachlichkeit als ein Vorgang zur Erzielung suggestiver Wirkungen beschrieben wird. Der entscheidende Gegensatz zur naturalistischen Doktrin besteht jedoch darin, daß die Symbolisten die poetisch organisierte Sprache von jeglicher Abbildungsfunktion fernhalten. Elemente idealistischer Sprachauffassung verknüpfen sich hier mit einer esoterischen Kunstlehre, wonach Kunst „reine Schöpfung" sei, durch nichts bedingt und zu nichts verpflichtet außer zum Dienst an sich selbst. „Was der Dichter in seinen unaufhörlichen Gleichnissen sagt", schreibt Hofmannsthal, „das läßt sich niemals auf irgendeine andere Weise (ohne Gleichnisse) sagen: nur das Leben vermag das Gleiche auszudrücken, aber in seinem Stoff, wortlos." Da die Sprache im Gedicht, der Gattung, die für die Symbolisten als der Inbegriff von Sprachkunst gilt, nur auf sich selbst verweist, sind die Symbole des Textes keine Zeichen, die auch in einem anderen Bezugssystem einen Sinn ergäben. Das metaphorische Geflecht der Poesie bezieht sich, nach der Meinung symbolistischer Autoren, allenfalls auf die intuitive Vorstellung, alle Äußerungen des Lebens seien auf unsichtbare Weise miteinander verbunden. Baudelaires Gedicht *Correspondances* gilt als Musterbeispiel aus der Frühzeit absoluter, reiner Poesie. In ihrer extremen Ausprägung, bei Mallarmé, Valéry, auch beim späten Rilke, ist die „poésie pure" eine Poesie abstrakter Beziehungen zwischen den Dingen; jedenfalls übertrifft sie in der Tendenz, konkrete Anschaulichkeit und gegenständliche Assoziationen zugunsten ideeller Sublimierung der Sprache zurücktreten zu lassen, alle früheren vergleichbaren Erscheinungen in der Geschichte der Literatur.

Für die Symbolisten, die Esoteriker des Ästhetizismus, verlieren Begriffe wie „Stoff", „Thema", „Gedanke" im überlieferten Sinne nahezu völlig an Bedeutung. Verse mache man nicht mit Ideen, sondern mit Worten, lautet der oft zitierte Ratschlag, den Mallarmé dem Maler Degas erteilte. Es überrascht daher nicht, daß paradigmatische Bedeutung jene Kunstart gewinnt, die schon den Romantikern als Vorbild gegolten hatte: die Musik. Deren Faszination (nachweisbar vor allem in der Wirkung Wagners auf die Ästhetik und Literatur des ausgehenden Jahrhunderts) gründet allerdings nicht nur auf unmittelbare sinnliche Erfahrung. Entscheidend wirkte die Vorstellung, Poesie könne als eine Art von Musik behandelt werden – als eine Komposition vergleichsweise abstrakter Zeichen, bei der es vor allem auf Proportionen und Spannungen innerhalb des Textes ankommt. Nicht das, was man gewöhnlich unter „Sprachmusik" versteht, Klangfülle in der Lautungsstruktur der Verse oder Sätze, ist das vorherrschende Kriterium, sondern der Grundsatz, Poesie als reine Ausdrucksgebärde aufzufassen, als „Gesang" und magische Beschwörung. Die Symbolisten befolgten damit in ihrer künstlerischen Praxis eine Forderung, die zumindest andeutungsweise in der Poetik der deutschen Romantik, bei Novalis, angelegt ist. In der zweiten Hälfte des Jahrhunderts vollzog sich die Annäherung der Literatur an die Musik allerdings im Zeichen musikalischer Spätromantik; sie wurde getragen vom Ehrgeiz einiger Dichter, durch ästhetische Emanzipation der Sprache die in den Partituren Richard Wagners bewunderte Ausdrucksintensität zu erreichen.

Die Loslösung von der den Erwartungen der Leser entsprechenden poetischen Syntax wurde bewußt mit einer – wie es in Moréas' Manifest heißt – „Dunkelheit" der Aussage erkauft. Der Verzicht auf Einstimmung mit dem Leser fiel um so leichter, als der unkonventionelle Sprachgebrauch, erzielt etwa durch totale Metaphorisierung, zugleich eine Barriere gegen alle von den Symbolisten unerwünschten Motive und Wirkungen darstellte: gegen poetisch nicht umgesetzte Gedanken, eingeschliffene Rhetorik und vor allem gegen alles, was auch nur im geringsten als lehrhaft empfunden werden könnte. Individualistische Exklusivität ist die Leitvorstellung, die sich in der durch Sprache erzwungene Abgrenzung äußert. In einer herausfordernden Formulierung Stefan Georges ist diese Absicht überdeutlich: „Jeden wahren künstler hat einmal die sehnsucht befallen in einer sprache sich auszudrücken deren die unheilige menge sich nie bedienen würde oder seine worte so zu stellen daß nur der eingeweihte ihre hehre bestimmung erkenne . ." *(Lobrede auf Mallarmé)*. Zum ersten Male in der Geschichte der Literatur unternehmen Autoren den Versuch, ohne Rücksicht auf gesellschaftlich beglaubigte literarische Konventionen die Rolle des künstlerisch völlig autonom, ja selbstherrlich verfahrenden Produzenten zu schaffen. Die Dialektik dieses Versuchs tritt darin zutage, daß auch in der Rollenverteilung zwischen Sender und Empfänger, d. h. Autor und Leser, eine Verschiebung eintritt. Der an Publikumswirkung im landläufigen Sinne ohnehin nicht interessierte symbolistische Dichter richtet seine Aufmerksamkeit nicht so sehr auf das fertige, potentiell auch der Öffentlichkeit zugängliche Kunstprodukt, als vielmehr auf den Schaffungsprozeß. Dichtung ist für ihn vor allem das Dichten. Den Text selbst entläßt er nach getaner Arbeit aus seinen Händen als etwas gleichsam Fremdes. Im Bewußtsein der Leser kann das Produkt dann beliebige Vorstellungen hervorrufen: das Gedicht hat, nach symbolistischer Auffassung, jene Bedeutung, die ihm der Leser gibt.

Die als Sinngebung des Lebens, als absoluter Wert oder gar als mystische Offenbarung begriffene Kunst wird in den meisten ästhetischen Doktrinen der Jahrhundertwende in Opposition gesetzt zur zweckbedingten Lebenspraxis des Alltags, namentlich aber zu den Mitteln und Methoden technischer Naturbeherrschung im Rahmen des industriell organisierten „Fortschritts". Das, namentlich in Deutschland, von Literaten und Philosophen emphatisch gefeierte *Leben* im Sinne von Nietzsches Vitalismus war dagegen eine Beschwörungsformel für etwas, was sich deutlicher Bestimmung entzog und daher anderen zeitgemäßen Ideologemen angepaßt werden konnte. Als Ausdruck eines zwitterhaften mystischen Biologismus war das Beschwörungswort *Leben* durchaus geeignet, eine ästhetische Weltsicht zu stützen. Die konkrete Lebensrealität galt indes als unvereinbar mit den Gesetzen der Kunst (Grundsätzen, die nicht als Abstraktionen einer bestimmten Lebenspraxis begriffen wurden, sondern als absolute Ideen). In Hofmannsthals Vortrag *Poesie und Leben* (1896) heißt es: „Das Wort als Träger eines Lebensinhaltes und das traumhafte Bruderwort, welches in einem Gedicht stehen kann, streben auseinander und schweben fremd aneinander vorüber, wie die beiden Eimer eines Brunnens."

Neben dem gleichsam elegischen (im Schillerschen Sinne sentimentalischen) Verständnis der Kunstautonomie, wie bei Hofmannsthal, behauptet sich eine weitere, ebenfalls zeitsymptomatische Auffassung: man kann in ihr eine extreme Ausprägung des Ästhetizismus erblicken. Die Erkenntnis der widerspruchsvollen Situation der Kunst weicht hier einer Doktrin, die sich immoralistisch gebärdet und in der die Exklusivität herausfordernde Züge annimmt. In der schillernden Bedeutung des modischen Schlagwortes ‚Dekadenz' sind die aus dieser Haltung hervorgehenden gesellschaftlichen Spannungen enthalten. Kennzeichnende, auch für die Geschichte der deutschen Literatur wichtige Autoren sind Oscar Wilde, Joris-Karl Huysmans, Gabriele d'Annunzio. Wildes Essay *The Critic as Artist* von 1890 bietet die pointierten, immer wieder auch antibürgerlich-libertinistisch ausgerichteten Leitgedanken des Ästhetizismus, so etwa mit der Behauptung, die Ästhetik stehe höher im Rang als die Ethik. „Die Schönheit einer bestimmten Person oder Sache wahrzunehmen, ist das Höchste, das uns erreichbar ist. Selbst der Farbensinn ist für die Entwicklung des einzelnen wichtiger als ein Gefühl für Recht oder Unrecht." In den deutschsprachigen Ländern ist diese Botschaft vor allem durch die Formulierungen im Vorwort zu Wildes Roman *The Picture of Dorian Gray* (1890) vernommen worden.

Die programmatisch gehegte Lebensferne der Kunst trägt zwar nicht selten Merkmale einer auftrumpfenden Selbstsicherheit, doch äußert sich darin viel eher die Gewißheit der Künstler, ihre gesellschaftliche Identität verloren zu haben. Soziologisch ist die Stellung des Künstlers, welcher sich zur Idee absoluter Kunst oder einer anderen Spielart der Exklusivität bekennt, durch eine Paradoxie bestimmbar: der Künstler stellt demnach den Typus des integrierten Außenseiters dar. Der verbissene, bei manchen Autoren sich kultisch gebärende Ernst, mit dem der Anspruch der Kunst auf völlig autonome Geltung, ja auf Autarkie vertreten wird, stützt sich häufig auf die von den Bedingungen des Verlagswesens weitgehend unabhängige Rentnerexistenz des Dichters oder auf die damit gleichlaufende materielle Bewegungsfreiheit, die durch die Gönnerschaft eines Kunstliebhabers bzw. eines mäzenartigen Verlegers geleistet wird. Kunstesoterik und Ästhetizismus erweisen sich in diesem Zusammenhang objektiv – d. h. unabhängig von den subjektiven Bestrebungen der Autoren – als eine Form von spätbürgerlichem Luxus. Die Verwandtschaft mit anderen, mehr oder minder sublimierten Erscheinungsformen der für die privilegierten Schichten kennzeichnenden Überflußkultur ist von deren Exponenten niemals geleugnet worden. In der Tatsache, daß Mallarmé sich zeitweilig dem Redigieren einer Modezeitschrift widmete und dort mit sichtlichem Interesse Schmuckstücke und sonstige luxuriöse Modeartikel beschrieb, ist mehr zu sehen als eine äußere Verkettung von Umständen; diese biographische Episode darf als zeitsymptomatisch gelten.

Der mit dem strengen Anspruch auf Autonomie nur scheinbar in Widerspruch stehende gleichsam kunstgewerbliche Zug preziöser Dichtung macht sich überaus deutlich in Druck und Ausstattung der Bücher geltend. Im Hinblick auf die – nicht selten privaten – Luxusdrucke, den Aufwand an zusätzlichen ästhetischen Reizwirkungen in Einband und Buchschmuck oder die Neigung einiger Autoren, die landläufige Typographie zu vermeiden, und zwar zugunsten einer den exklusiven Charakter unterstreichende besondere Gestaltung in Schrift und Satzspiegel, erscheint die sich selbst als künstlerisch widerspruchsvoll verstehende Literatur der Zeit um die Jahrhundertwende als das extreme Ergebnis einer sich klar abzeichnenden Entwicklung. Betrachtet man die Literaturgeschichte buchstäblich als eine

Geschichte der Bücher und sieht die Texte unter darbietungstechnischen Aspekten, so ist die Situation um 1900 ein einprägsames Beispiel für die Wirksamkeit bestimmter Tendenzen im literarischen Leben: In der Zeitspanne von der Mitte des 18. Jahrhunderts bis zum symbolistischen Fin de siècle spielt sich ein Prozeß ab, der die bürgerliche Literatur ihrem Ausgangspunkt mehr und mehr entfremdet; erkennbar ist er nicht zuletzt darin, daß die einstige Vorstellung vom Gebrauchswert der Literatur nahezu völlig verdrängt wird zugunsten einer den sublimierten Luxuswert (oder aber, bei Massenauflagen im Bereich der ‚Unterhaltungsliteratur', den Marktwert) betonenden Einschätzung.

Stefan George und sein Kreis

Am strengsten wurde der exklusive Anspruch der Poesie in Deutschland von *Stefan George* (1868–1933) vertreten. Entscheidend war für den angehenden Dichter, der sich noch zu Beginn des Jahres 1889 nach eigenem Bekenntnis als „Socialist, Communard, Atheist" fühlte, die Begegnung mit dem Kreis der französischen Symbolisten im Frühjahr desselben Jahres. In der Pariser Rue de Rome, in Mallarmés Wohnung, lernte George – wie auch andere Ausländer vor und nach ihm – die exklusive Kunstdoktrin des „Meisters" und seiner französischen Jünger kennen. Die Verehrung für Mallarmé verfestigte in ihm die Vorstellung von der Notwendigkeit hierarchischer Gliederung in den gegenseitigen Beziehungen „geistiger Repräsentanten"; das später, im eigenen Kreis, verkündete Prinzip von Führer und Gefolgschaft erscheint hier vorgebildet. Dreizehn Jahre nach dem ersten Aufenthalt in Paris schrieb George an Hofmannsthal, den er zwar zeitweilig zur Mitarbeit, nicht aber zu einem geistigen Treuebündnis hatte bewegen können, ein gemeinsames Vorgehen hätte „durch jahre in unserem schrifttum eine sehr heilsame diktatur" zur Folge gehabt. Während der Anspruch auf literarische Diktatur (im Sinne von Geschmacksdiktatur) erst nach und nach hervortrat, stand der Gedanke einer nicht nur ‚reinen', sondern auch elitären Poesie für George schon von seinem ersten Gedichtband an fest. In seinen bewußt kargen, im lapidaren Verkündigungsstil gehaltenen poetologischen Äußerungen klingen folgende Worte Mallarmés nach: „Alles, was geheiligt ist und geheiligt bleiben will, hüllt sich in ein Mysterium. Die Religionen verschanzen sich in der Deckung von Geheimnissen, die sich nur dem Auserwählten erschließen: die Kunst hat die ihrigen."

Die erste Sammlung, *Hymnen* (1890), begründet in Deutschland eine dem Naturalismus schroff entgegengesetzte, jedoch nicht weniger „moderne" Dichtung. George gelingt damit der Anschluß an die französische Entwicklung seit Baudelaire. Seine eigenen Baudelaire-Übertragungen zeigen allerdings, daß er diese Tradition nicht ohne Korrektur gelten ließ: ein durchweg affirmativer, kultischer Poesiebegriff verwehrte bestimmten Gedichten den Eingang in die Auswahl der Nachdichtungen aus den *Blumen des Bösen*. Die provozierende Ästhetik des Häßlichen, etwa in dem bekannten Gedicht *Ein Aas – Une charogne*, schloß George ebenso aus wie, aus anderem Anlaß, Verse, denen es nach seiner Auffassung an Ernst mangelte. Obwohl er auch selbst gelegentlich satirische Gedichte schrieb, nahm er kein einziges in seine Sammlungen auf, mit der Begründung, „Zynismen" gehörten nicht in die Poesie, sondern nur „Aufbauendes". Die *Hymnen* und einige spätere Sammlungen beweisen freilich, daß Georges Bekenntnis zum Affirmativen nicht gleichzusetzen ist mit der Anpassung mancher Autoren an die wilhelminische Ideologie. Die frühen Gedichte stehen eher im Zeichen von Verweigerung und Einsamkeitskult. Die erste Strophe des Gedichts *Im Park* ist in doppelter Hinsicht kennzeichnend:

> Rubinen perlen schmücken die fontänen.
> Zu boden streut sie fürstlich jeder strahl.
> In eines teppichs seidengrünen strähnen
> Verbirgt sich ihre unbegrenzte zahl.
> Der dichter dem die vögel angstlos nahen
> Träumt einsam in dem weiten schattensaal . .

Charakteristisch ist darin auch der dekorative Zug, der die Natur durch Künstliches ersetzt, gar nicht so unähnlich den Atelier- und Salonarrangements der Gründerzeit. Wie beim jungen Hofmannsthal weist auch bei George vieles auf die Zeit *vor* dem Jugendstil hin. Beide Autoren haben Böcklin geschätzt, und George erblickte bezeichnenderweise in Conrad Ferdinand Meyer einen Vorgänger. Artifizielles triumphiert vollends in der Sammlung *Algabal* (1892), die der Autor damals selbst als das Ergebnis einer extremen Entwicklung einschätzte. Jedenfalls brachte der konsequente „artistische" Ästhetizismus in den beschwörenden Versen des *Algabal* eines seiner einprägsamsten Zeugnisse hervor. Der unheimliche exotische Prunk eines künstlichen „Unterreichs" (ein Topos romantischer und symbolistischer Dichtung) ist eine Art Seelenlandschaft des Herrschers Algabal, dessen ästhetische Gebärden Ausdruck eines unverhüllten Immoralismus sind. Für die „poésie pure" ist hier selbst die Blutspur nur noch eine schmückende Arabeske. Trotz der sprachlichen Intensität der Sammlung ist der kunstgewerbliche Zug mancher Texte (auch in den anderen Gedichtbänden) nicht zu übersehen. Die Grenze zum Kitsch, zur routinemäßigen Affirmation, wird zwar nirgends überschritten, die Gefahr ist jedoch deutlich erkennbar. Die der zweiten Ausgabe des *Algabal* beigefügte „Aufschrift: Dem Gedächtnis Ludwigs des Zweiten" läßt die Phantasmagorie des Kitsches ahnen, in die der Ästhetizismus der Jahrhundertwende zuweilen umschlägt.

Die betont schlichte Aufmachung der frühen Gedichtbände unterstrich auf besondere Weise deren exklusiven Charakter: Die Privatdrucke in je 100 Exemplaren entsprachen als Kommunikationsform dem Gedanken, wirkliche Dichtung sei ohnehin nur für eine Schar auserlesener Kunstkenner bestimmt. Eine Wirkung in der anonymen Öffentlichkeit durch die Medien des literarischen Marktes wurde von George und seinen Anhängern, zumindest offiziell, als eine Art Prostitution der Kunst angesehen. Eine Folge davon waren Georges Ideen zur Gattungshierarchie, die ausdrücklich vom Moment der Breitenwirkung ausgehen; verpönt erscheint dabei alles, was – nicht zuletzt aus kommerziellen Gründen – auf ein breiteres Publikum angewiesen ist, namentlich der normale Theaterbetrieb und die Literatur im Pressewesen. Unangefochten bleibt nicht einmal das von der akademischen Poetik als ein Gipfel der Dichtung angesehene Drama, und erst recht nicht das naturalistische, das sich aus Georges Sicht als ein extremes Beispiel von Kunstfremdheit ausnehmen mußte. Daß der moderne Roman mit Geringschätzung abgetan wird, versteht sich fast von selbst; zugestanden wird ihm ein gewisser zeitgeschichtlicher Wert, obwohl er auch darin hinter dem Dokumentarwert von Akten und Statistiken zurückbleibe.

Die poetologischen Verdikte Georges erschienen zumeist in der vom „Meister" angeregten und zum Teil auch geleiteten Zeitschrift „Blätter für die Kunst" (1892–1919), die im Anfang als (nicht käufliches) Organ für Gleichgesinnte fungierte, später jedoch in begrenztem Maße auch der Öffentlichkeit zugänglich war. Ein gewisser Wandel in der Auslegung des Luxus- und Elitebegriffs ist an den Auflageziffern ablesbar: den 100 Exemplaren zu Beginn stehen die 2000 Exemplare der letzten Folge gegenüber. Bezeichnend ist die programmatische Vorrede der I. Folge:

„Der name dieser veröffentlichung sagt schon zum teil was sie soll: der kunst besonders der dichtung und dem schrifttum dienen, alles staatliche und gesellschaftliche ausscheidend. – Sie will die GEISTIGE KUNST auf grund der neuen fühlweise und mache – eine kunst für die kunst – und steht deshalb im gegensatz zu jener verbrauchten und minderwertigen schule die einer falschen auffassung der wirklichkeit entsprang. sie kann sich auch nicht beschäftigen mit weltverbesserungen und allbeglückungsträumen in denen man gegenwärtig bei uns den keim zu allem neuen sieht, die ja sehr schön sein mögen aber in ein andres gebiet gehören als das der dichtung."

Unpolitisch im landläufigen Sinne blieb die Zeitschrift bis zuletzt; die von ihr selbst geforderten künstlerischen Maßstäbe konnten jedoch – sieht man von Georges und Hofmannsthals Beiträgen ab – kaum verwirklicht werden. Georges Diktum aus der Lobrede auf Mallarmé trifft bis zu einem gewissen

Grade auf seine eigene Produktion zu und ist dort immerhin ernst zu nehmen; in zahlreichen Texten anderer Autoren bleibt die Wirkung dieses Postulats hauptsächlich auf sprachliche Gespreiztheit beschränkt.

Die Neigung zu kunstgewerblicher Rhetorik und esoterischem Psalmodieren macht sich am wenigsten in der Sammlung *Das Jahr der Seele* (1897) bemerkbar, die zu Recht als ein dichterischer Höhepunkt Georges gilt. Der alternierende, sonst auf feierliche Wirkung hin stilisierte Vers erscheint in dieser intimen, an ein Du gerichteten Lyrik der Jahreszeiten aufgelockert und gedämpft. Die von dem Berliner Maler Melchior Lechter entworfene bibliophile Ausstattung des Bandes zeigt, daß in jenen Jahren ästhetizistische Grundsätze auch auf den Bereich äußerer, visueller Darbietung übertragen werden. Noch auffälliger demonstriert das die Luxusausgabe der Sammlung *Der Teppich des Lebens* (1900), die in Papier, Druck und Buchschmuck eine Art optisches und taktiles Gesamtkunstwerk anstrebt. Anregungen dazu kamen aus dem Kreis der englischen Präraffaeliten, namentlich aus der von William Morris geleiteten Offizin, in der Satz und Ausstattung als handwerkliche Kunst betrieben wurden, mit der Absicht, der industriellen Massenware die Gediegenheit individueller Arbeit entgegenzustellen. Ein weiteres Motiv für die Pflege der Ausstattungskultur war der dem auratischen Dichterbegriff entsprechende Ehrgeiz des – im Georgekreis durchaus ausgeprägten – Originalitätsdenkens. Seit 1904 gilt als authentisches Merkmal von Georges Schaffen die der Handschrift des Dichters angeglichene George-Druckschrift, gleichsam ein Markenzeichen seiner Produktion, von dem die persönlichen Züge ebenso hervorgehoben werden wie von der Kleinschreibung oder der eigentümlichen Interpunktion.

Um 1900 näherte sich George, ohne etwas von seinem Nimbus des dichterischen Magiers zu opfern, der Öffentlichkeit. Neben die Privatausgaben traten die für den Buchhandel bestimmten Editionen des Georg Bondi Verlags. Der „einsame Ästhet", den man kaum vom Hörensagen kannte, verwandelt sich in der Vorstellung nun auch breiterer Kreise nach und nach in eine Symbolgestalt geistiger Elite, in einen aristokratisch-poetischen Seher. In den letzten drei Gedichtbänden (*Der siebente Ring*, 1907; *Der Stern des Bundes*, 1914; *Das Neue Reich*, 1928) erweist sich die streng befolgte symbolistische Stilisierung zunehmend durchlässig für das Motiv des Verhältnisses der charismatischen Persönlichkeit zur historischen oder mythisch gesehenen Umwelt. „Zeitgedichte" sowie programmatische Äußerungen zeigen, daß Georges ästhetische Utopie („. . .dass morgen / Leicht alle schönheit kraft und grösse steigt / Aus eines knaben stillem flötenlied", heißt es im einleitenden Gedicht des *Siebenten Ringes*) auf einer ablehnenden Haltung gegenüber der wilhelminischen Realität beruhte. In der Kritik der ungeistigen, politisch aggressiven Großmannssucht des Reiches nach

1871 klingt zweifellos das Urteil Nietzsches nach, ebenso wie die Sehnsucht nach dem kulturellen (und politischen) Modell der Goethezeit in der Bemerkung durchbricht, den Deutschen heute sei eine militärische Niederlage zu gönnen, damit sie sich in aller Bescheidenheit wieder ihrer geistigen Aufgaben besinnen könnten. Die VIII. Folge der „Blätter für die Kunst" enthält die lakonische Feststellung, die Kunst sei heute in der Tat ein Bruch mit der Gesellschaft.

Die inneren Widersprüche der ästhetizistischen Opposition lassen sich an den Anschauungen der Freunde und Mitarbeiter des Autors ablesen, an den Ideen des sogenannten George-Kreises. Obwohl einige Mitarbeiter der „Blätter" und der „Jahrbücher für geistige Bewegung" (1910–1912) einzelnen faschistischen Ideologemen bedenklich nahekamen, konnte kein Zweifel darüber bestehen, daß mit Georges Neuem Reich alles andere gemeint sei als das Dritte. So sind etwa rassisch-nationale Vorurteile von George niemals vertreten worden. Zwei der bedeutendsten Gestalten des Kreises, Karl Wolfskehl (1869–1948) und Friedrich Gundolf (1880–1931) waren, wie auch einige andere Bewunderer des Dichters, jüdischer Herkunft. Fatal war dagegen der blinde Irrationalismus, der ausnahmslos in den Schriften des Kreises vorherrscht und in der zumeist ästhetisch begründeten Mythisierung geschichtlicher Prozesse oder charakterlicher Leitbilder gipfelt. Gundolfs Monographien *Shakespeare und der deutsche Geist* (1911) und *Goethe* (1916), Beispiele einer Betrachtungsweise, die in der Germanistik seinerzeit als repräsentativ gelten konnte, gehören trotz ihrer rücksichtslos idealistischen Denkweise noch zu den lesbaren und lesenswerten Texten unter den Hervorbringungen der „Jünger". Die Grundsätze der Beziehungen innerhalb des Kreises hat Gundolf in seinem Aufsatz *Gefolgschaft und Jüngertum* (VIII. Folge der „Blätter") formuliert. Darin wird deutlich, wie vielfältig die Elemente waren, die sich in den Auffassungen des Kreises zusammenfanden: Individualitätskult, Kunstesoterik, Mythenbedürfnis, Jugendbewegung und andere Erscheinungsformen der ideologischen Krise des deutschen Bürgertums vor 1914 greifen hier ineinander.

Von den Autoren, die zeitweilig unter dem Einfluß Georges standen, nimmt *Rudolf Borchardt* (1877–1945) eine Sonderstellung ein. Nach 1900 wandte er sich von George und dessen Ästhetizismus ab; die Erfüllung seiner dichterischen Idealvorstellungen erblickte er im Schaffen Hofmannsthals. Innerhalb seiner beachtenswerten, wenn auch politisch zuweilen geradezu verblendeten Essayistik dokumentieren die literaturkritischen Schriften die sehr distanzierte Beurteilung von Georges Entwicklung wie auch die zunehmende Verehrung Hofmannsthals. Mit beiden Autoren, und namentlich mit dem Österreicher, verbindet ihn der Gedanke, Literatur sei eine besondere Form von Traditionspflege, ein Dialog mit der Vergangenheit. Borchardt verkörpert in extremer Ausprägung den Typ des modernen poeta doctus, des Bildungsdichters und Philologen, dem auch die eigenen Werke gleichsam als Nachschöpfungen aus der Sicht des Kenners antiker und mittelalterlicher Literaturen geraten. Seine sprachliche Meisterschaft erweist sich u. a. in der eindrucksvollen – wenn auch übersetzungstheoretisch umstrittenen – Dante-Übertragung (1922).

Lyrik und Versepik im Zeichen des Stilpluralismus

In der deutschen Lyrik um die Jahrhundertwende war George (später auch Rilke) die Ausnahme; die Regel repräsentierten Autoren wie Dehmel, Liliencron, Bierbaum oder gar Flaischlen. Der naturalistische Versuch, das Gedicht von der Herrschaft der Geibelepigonen und Butzenscheibenlyriker zu befreien, blieb im Stofflichen stecken. „Als die jungen Dichter der achtziger Jahre mitten im tiefsten deutschen Litteraturfrieden plötzlich über die aufgeschreckte Bourgeoisie herfielen und die Gelbveiglein aus ihren Versen reuteten, um dafür Kartoffeln zu pflanzen, glaubten sie damit die Lyrik, wie der Kunstausdruck lautete, ‚revolutioniert' zu haben." So urteilte Arno Holz, immerhin ein maßgeblicher Zeitgenosse, in Maximilian Hardens Wochenschrift „Die Zukunft" 1898. Der Aufsatz, mit dem Holz seinen eigenen neuen Gedichtband *(Phantasus)* anzeigte, bemüht sich darzulegen, daß der naturalistische Impuls sich als ein Irrtum erweisen mußte, weil der nach Meinung des Autors wirkliche Hebel der Veränderung nicht ergriffen wurde: denn man revolutioniere eine Kunst nur, indem man ihre Mittel revolutioniere. Doch gerade das habe die junge Generation versäumt.

Holz sollte in diesem Punkt recht behalten. Die naturalistische Lyrik, einschließlich seiner eigenen frühen Texte, kam trotz aller Großstadtmotive im wesentlichen nicht von Rhetorik und Rhythmus der überlieferten Salonpoesie los; der Absicht fehlten die Mittel. Ebenso trifft die Feststellung zu, daß der Naturalismus, dem im Drama der entscheidende Durchbruch gelang, sich in der Lyrik auf die Dauer nicht durchsetzen konnte. Die Poesie, mit Goldschnitt oder ohne, blieb auch in den Jahrzehnten impressionistischer Lockerung eine Domäne bürgerlicher Innerlichkeit. Der Impressionismus (dessen Grundsätze das Kapitel über die Wiener Moderne erläutert) brach zwar Breschen in das – trotz der Wirkung von Heines Lyrik deutlich bewahrt gebliebene – System herkömmlicher poetischer Töne und Stillagen, doch gelockert wurden von Liliencron und seinen Nachfolgern lediglich die Konventionen, die bestimmten, was in den einzelnen Typen ästhetisch intendierter Rede als erlaubt oder möglich zu gelten habe. Die impressionistische Auflösung der Syntax brachte, verknüpft mit der Tendenz zur Stilmischung, die herkömmlichen Typen der Diktion in Bewegung und ließ die so entstehenden Spannungen als neuen Reiz erscheinen. Mit Liliencron etabliert sich das Nebeneinander oder auch Ineinander von Volksliedton, pathetischer Rede, Alltagsparlando und Fachjargon. Nahezu unangetastet blieb dagegen die Überzeugung, Lyrik offenbare – ungeachtet aller Freiheiten in der Verschränkung von Erfahrungsbereichen – ihren eigentlichen Sinn in der Aufgabe, Organ privater Empfindungen zu sein, allenfalls Ausdruck mythischer Erlebnisformen. Ob in ergriffenem oder nekkischen Tonfall, ob mit Klampfenbegleitung oder in beschwörendem exklusiven Vortrag, stets erweisen sich Natur und Erotik als die eigentlichen Quellen für die Artikulation von Stimmungen und Erfahrungen. Fraglos war diese Lyrik darauf angelegt, den bürgerlichen Alltag zu schmücken oder als Mittel individueller Lebenshilfe zu fungieren. Es ist bezeichnend, daß elegische Züge vorwiegend dem privaten Bereich zugeordnet erscheinen, als einsame Klage und Leiderfahrung, Beschwörung kollektiver Inhalte dagegen zumeist mit affirmativen oder gar ekstatischen Gebärden verbunden werden. Die Spannweite reicht dabei von der kosmischen Begeisterung Dehmels bis zu der hausbackenen, stets penetranten Ermunterung Flaischlens, „Sonne im Herzen" zu haben.

Im Vergleich mit der Unmenge von Gedichten, in denen Tages- oder Jahreszeiten stimmungsvoll erfaßt erscheinen oder der Liebe „Leid und Lust" gehoben oder trivial verkündet wird, ist die Zahl der unmittelbar gesellschaftskritischen Verse verschwindend gering. Einige beachtenswerte Gedichte dieser Art, von denen noch die Rede sein wird, wurden als tendenziös und zeitgebunden abgetan und gerieten bald in Vergessenheit. Insgesamt gilt, daß sich kritische Bestrebungen kaum oder nur in Randzonen, im satirischen Kabarett etwa, behaupten konnten. Eine kritische Sicht der Dinge war in der „machtgeschützten Innerlichkeit" (Th. Mann) nicht erwünscht. So paradox sich dieser Sachverhalt auch ausnimmt: die objektiv zeitkritische Substanz der bürgerlichen Lyrik jener Epoche ist in dem vergleichsweise hermetischen Schaffen Georges und auch Rilkes (seit dem *Buch der Bilder*) enthalten, in Gedichten, deren Strenge und Verschlossenheit den verordneten Optimismus der Zeit dialektisch widerlegt. Dies und nichts anderes meinte George, als er, mit einer unüberhörbar antiwilhelminischen Anspielung, fragte, wenn man einsehen werde, daß in manchen zarten Versen vielleicht mehr Aufruhr enthalten sei als in donnerndem Pathos.

Trotz der motivischen Einförmigkeit in der lyrischen Produktion der Jahrhundertwende ist die Vielfalt der künstlerischen Programme und Absichten nicht zu leugnen: der Pluralismus mehr oder weniger konkurrierender poetischer Richtungen bestimmt das Gesamtbild, an dem auch die

Lyrik teilhat. Im Hinblick auf das Werk einiger Dichter der Epoche mag man an einen erzählerischen Exkurs aus Musils *Mann ohne Eigenschaften* (I, Kap. 15) denken, der die Paradoxie der einheitlichen Gegensätzlichkeit anschaulich schildert.

„Es wurde der Übermensch geliebt, und es wurde der Untermensch geliebt; es wurden die Gesundheit und die Sonne angebetet, und es wurde die Zärtlichkeit brustkranker Mädchen angebetet; man begeisterte sich für das Heldenglaubensbekenntnis und für das soziale Allemannsglaubensbekenntnis; man war gläubig und skeptisch, naturalistisch und preziös, robust und morbid; man träumte von alten Schloßalleen, herbstlichen Gärten, gläsernen Weihern, Edelsteinen, Haschisch, Krankheit, Dämonien, aber auch von Prärien, gewaltigen Horizonten, von Schmiede- und Walzwerken, nackten Kämpfern, Aufständen der Arbeitssklaven, menschlichen Urpaaren und Zertrümmerung der Gesellschaft. Dies waren freilich Widersprüche und höchst verschiedene Schlachtrufe, aber sie hatten einen gemeinsamen Atem; würde man jene Zeit zerlegt haben, so würde ein Unsinn herausgekommen sein wie ein eckiger Kreis, der aus hölzernem Eisen bestehen will, aber in Wirklichkeit war alles zu einem schimmernden Sinn verschmolzen."

Am deutlichsten treten die widerspruchsvollen Tendenzen der Jahrhundertwende bei Arno Holz zutage. Fünfzehn Jahre nach den naturalistischen Anfängen dokumentiert der – bereits im Naturalismus-Kapitel behandelte – Gedichtband *Phantasus* eine sehr zeitgemäße Entwicklung. Die freirhythmisch organisierten hundert Gedichte gleichen fast einem Musterkatalog der Jahrhundertwende-Lyrik. Die am häufigsten vertretenen Typen sind das impressionistische Genrebild, das nicht ohne Behagen Kindheitserinnerungen zusammenfügt, und die farbige, exotische Traumvision. Obwohl in den beiden Heften Ansätze einer zyklischen Ordnung erkennbar sind, gehört das oft unvermittelt wirkende Nebeneinander zu den bezeichnenden Zügen des Werkes: das Holzsche Bilderbuch ist ein Kaleidoskop jäh wechselnder Stimmungen und flutender Sensitivität, eine Dichtung, die im Auskosten ziellos schweifender Wahrnehmung schwelgt.

Horche nicht hinter die Dinge. Zergrüble dich nicht. Suche nicht nach dir selbst.
Du bist nicht!
Du bist der blaue, verschwebende Rauch, der sich aus deiner Cigarre ringelt,
der Tropfen, der eben aufs Fensterblech fiel,
das leise, knisternde Lied, das durch die Stille deiner Lampe singt.

Die von Ernst Mach und, literarisch, von Hermann Bahr verkündete Auflösung des „Ich" findet bei Holz ihr Berliner Gegenstück. Mit einigen Dutzend Gedichten bildet der *Phantasus*, neben Schlafs Prosaidylle *In Dingsda* (1892) und der Lyrik Liliencrons, das klassische Korpus des deutschen Impressionismus. Während die Wiedergabe subjektiver Erfahrung nicht selten dazu neigt, die kleinstädtische Idylle als Gegenwelt der tristen Großstadt zu beschwören, bieten die phantastischen Gedichte als Alternative stilisierten Prunk und Mythenmagie. Vergoldete Blumenschiffe steuern die Insel der Vergessenheit an, in einem schwarzen Taxuswald singt ein Märchenvogel, in einem prächtigen Baum, aus Schlangen gewunden, wehen die Blüten wie tanzende Flammen. Mit solchen und ähnlichen Elementen gehört der *Phantasus* zu jenen Texten der Jahrhundertwende, in denen am deutlichsten die Analogien zum Jugendstil der Malerei erkennbar sind. Neben der ins einzelne gehenden sinnlichen Wahrnehmung vom Gedichttypus „Momentaufnahme" steht hier die üppige Metaphorik eines spielerisch-dekorativen Stils.

Zu den Zielscheiben von Holz' parodistischem Spott (in der *Blechschmiede*) zählt auch die opulente Versproduktion *Richard Dehmels* (1863–1920). Im Rückblick ist es schwer zu begreifen, daß Dehmel mit seiner elektischen, zwischen Nietzsche, Liliencron und den Stimmungsbildern der Salonalben angesiedelten Lyrik um 1900 als „dichterische Größe ersten Ranges" angesehen wurde. Dehmel besang ziemlich wahllos die Ideologeme der Lebensphilosophie und fühlte sich als Verkünder einer von bürgerlichen Vorurteilen ungehemmten Erotik. Der ebenfalls monistisch verwurzelte Pansexualismus rückt den Autor in die Nähe Wedekinds. Doch während beim Dramatiker stets auch kritische Impulse enthalten sind, erschöpft sich Dehmels Haltung zumeist in einem etwas einfältigen Pathos. Der Dichter, so heißt es im Essay *Kunst und Persönlichkeit*, „kann und will nichts weiter tun als eine bildliche Fühlung zum Leben schaffen, die alle kritischen Widersprüche gegen die Schönheit und Herrlichkeit des ganzen Daseins ganz und gar ausschließt, also auch alle speziellen Tendenzen". Neue Ausdrucksmöglichkeiten hat Dehmel mit seinen Gedichtbänden (von *Erlösungen*, 1891, bis *Schöne wilde Welt*, 1913) nicht erschlossen. Das gilt auch von seinem „Roman in Romanzen" *Zwei Menschen* (1903), dessen Verse allenfalls ein Beispiel für die dekorativen Stilgebärden der wilhelminischen Zeit literarhistorisches Interesse beanspruchen können. Die Faszination, die damals von diesem Text ausging, läßt sich vielfach nachweisen, so etwa durch das Motto, das eines der großen musikalischen Werke der Jahrhundertwende trägt, Arnold Schönbergs Streichsextett *Verklärte Nacht*.

Man begegnet der Auffassung, Dehmels Lyrik habe den Expressionismus eingeleitet. Noch viel eher trifft dies auf die frühen Gedichte von *Max Dauthendey* (1867–1918) zu. Sein erster Lyrikband, *Ultra Violett* (1893), geht in der Tendenz, durch eine ornamentale, abstrakt gesetzte abstrakte Bildersprache sinnliche Irrealität zu erzeugen, weit über das auch bei den innovativen Dichtern der Epoche gewohnte Maß hinaus. Wir entnehmen als Beispiel einige Zeilen dem Prosagedicht *A Vespero:* „Das rasende Gelb verzerrt, reißt das stockende geronnene Schweigen nieder. – Jede Grasspitze knistert, sticht Licht hoch. Rot, und Blau und ätzendes Grün. Das rote Dunkel stöhnt im Laube, versengt gekrümmt. Die Bäume in flatternde Fetzen gerissen, flachgepreßt." Hier, mehr als bei Dehmel, konnten die Expressionisten Ansätze zu einer radikalen Dynamisierung der Sprache erkennen. Die spätere Lyrik des Autors bringt diesen Mut nicht mehr auf: sie begnügt sich mit impressionistischen Abwandlungen etlicher Stimmungsmuster oder mit Anleihen beim Volksliedton. Mit einem Aufwand an impressionistischer Farbigkeit in dem umfangreichen Zyklus lyrischer Aufzeichnungen von einer Weltreise *Die geflügelte Erde* (1910) gab Dauthendey seinen Beitrag zur zeitgemäßen Neigung, durch Fülle zu beeindrucken und eine moderne epische Form zu erzwingen.

Der auch bei den bedeutenderen Dichtern des Zeitalters ausgeprägte Hang zur sentimentalen Verklärung des „einfachen Lebens" beherrscht vollends die auflagenstarke Produktion der Geibel-Epigonen. Über die in breiteren Schichten gelesene (und gesungene) Lyrik unterrichten die zahlreichen beliebten Anthologien der Zeit, so etwa Hans Benzmanns *Moderne deutsche Lyrik*, ein Reclam-Band von 1903 (2. Aufl. 1907). Sammlungen dieser Art bestehen zu einem beträchtlichen Teil aus zumeist harmlosen Erzeugnissen poetischer Konfektion, aus Gedichten von Autoren wie Cäsar Flaischlen, Carl Busse, Gustav Falke, Frieda Schanz u. a., die das bürgerliche Heim mit Stimmungen versorgten. Nach 1900 sind allerdings vereinzelt schon wilhelminische Stimmen zur inneren patriotischen Aufrüstung deutlich zu vernehmen. Ein breites Publikum erreichten die meisten der bisher genannten Dichter (so auch Holz) durch die Mitarbeit an der populären Münchner Wochenschrift „Jugend" (die z. B. 1908 eine Auflage von 7400 Ex. hatte).

Von dieser Art Gefühlspflege hebt sich ein Typus dichterischer Praxis ab, der im Pluralismus der Jahrhundertwende eine weitere Position besetzt. Der Zusammenhang von Stil und Funktion ist hier noch leichter erkennbar als im Bereich der sogenannten intimen Lyrik. Das *literarische Chanson*, dessen Nährboden vor allem das Kabarett war, stellte schon darin einen Gegensatz zu den traditionellen Typen „gepflegter" Lyrik dar, daß es sich unverhohlen zur Aufgabe bekennt, einer mehr oder weniger sublimierten Form von Unterhaltung zu dienen. Doch gerade innerhalb unpretentiöser literarischer Gebrauchsformen traten, wenn auch oft nur ansatzweise, gesellschaftskritische Absichten zutage, Tendenzen also, die zugleich der Entfaltung künstlerischer Mittel (wie der Parodie, der satirischen Verfremdung usw.) zugute kamen, die in der konventionellen Poesie als verpönt galten. Es versteht sich indes, daß die impressionistische Lockerung poetischer Konventionen dem Chanson den Weg geebnet hatte. Daher sind die Wege des literarischen Impressionismus vielfach mit denen des Chansons verbunden.

Die Geschichte des deutschen Kabaretts beginnt mit Gründungen in den beiden literarisch maßgeblichen Städten, Berlin und München. Als Vorbild diente vor allem das Pariser *Chat noir.* In Berlin versuchte *Ernst von Wolzogen,* Verfasser humoristischer Unterhaltungsromane, die „Kleinkunst" durchzusetzen: in dem kurzlebigen *Bunten Theater (Überbrettl),* dessen „singende Bilder", „stilisierten Tänze und Farbtonräusche" – so Wolzogen in seinem programmatischen Aufsatz *Das Überbrettl* von 1900 – das durch Gymnasialbildung aufgekommene Vorurteil zu widerlegen trachteten, „Verstorbenheit und Langeweile" seien „das Kennzeichen der echten großen Kunst". Die gesellschaftlichen Ziele des Unternehmens betrachtete er unter folgendem Aspekt:

„Es wird das Ziel meines Ehrgeizes sein, den Wirklichen Geheimen Rat ebenso in seinen Ansprüchen an eine amüsante, abwechslungsreiche Unterhaltung zu befriedigen, wie etwa den jungen Lebemann von verwöhntem Geschmack oder den jungen Künstler von eigensinnigen Idealen. Ich verspreche mir sogar viel leichteres Spiel mit dem Wirklichen Geheimen Rat, und der erste Geheime, der in seinen Kreisen erzählt, er habe sich im ‚Bunten Theater' köstlich unterhalten, der wird uns den Maulkorb um einige Löcher weiter schnallen. Wir brauchen die soziale Satire, den politischen Witz; aber wir können verzichten auf die galligen Ausbrüche gekränkter Partei-Interessen. Wir wollen versuchen, uns auf den freien, ironischen Standpunkt des erfahrenen Weltmannes zu stellen, wir wollen versuchen, die Herren Oberhofmarschälle und Staatsminister in Hemdärmeln und beim gemütlichen Glase Wein zu interviewen und des schlichten Mannes aus dem Volke Meinung abzufangen [. . .] Aber wir dürfen überzeugt sein, daß uns die Polizei weit lieber parlamentarische Redefreiheit vergönnen als uns durch Verbote tückisch zu machen riskieren wird. [. . .] Sollte irgendwo die Befürchtung bestanden haben, daß mein Ueberbrettl nur für Uebermenschen und für rasende Jünglinge bestimmt sei, so dürften solche durch meine Ausführungen wohl zerstreut worden sein. Die Muse des Ueberbrettls wird zwar in langem Gewande erscheinen und sich nicht scheuen, bisweilen gar die tragische vorzunehmen; aber lieber noch wird sie den Saum lüpfen und ihr zierliches Füßchen sehen lassen, und durch die Musik unserer Ueberbrettl-Kompositionen wird das häufigst wiederkehrende Leitmotiv das Kling-Klang der Weingläser und das kecke Tralala sein."

Drei Monate nach den ersten Abenden des *Bunten Theaters* kam – im April 1901 – auch München zum Zug, mit dem denkwürdigen Kabarett *Die elf Scharfrichter.* Die Benennung ist insofern irreführend, als es sich keineswegs um ein radikal satirisches oder gar politisch brisantes Unternehmen handelte. Nährboden war – wie auch für das zweite Münchner Kabarett, das *Simplicissimus* – die Schwabinger Boheme, die Literaten und Künstler aus den Ateliers, Verlagen und Redaktionen, die zahllosen bekannten und unbekannten Stammgäste der Künstlerkneipen. Wedekind, Erich Mühsam,

Franz Blei, später Ringelnatz gehören zu den bekanntesten. Das Treiben, dem auch der George-Kreis um 1900 nicht ganz fern stand, hat auf Grund intimer Kenntnisse der Schwabinger Boheme die schriftstellernde Gräfin *Franziska zu Reventlow* (1871–1918) in ihrem Schlüsselroman *Herrn Dames Aufzeichnungen oder Begebenheiten aus einem merkwürdigen Stadtteil* (1913) geschildert. Wenn auch die Darbietungen der Münchener Bohemiens mit ihrer Mischung grotesker und kritischer Elemente gelegentlich in den Verdacht kamen, die wilhelminische Ordnung zu gefährden (und dazu gehörte in den Augen der Zensur ohnehin nicht viel), so wäre es dennoch verfehlt, das Kabarett auf dem Zeithintergrund als satirische Instanz überzubewerten.

Vollends falsch wäre dies im Hinblick auf das – um einiges zahmere – Berliner *Bunte Theater*, dessen Repertoire, 1901 in einer Auswahl auch in Buchform veröffentlicht, zeigt, daß das deutsche Kabarett sich in seinen Anfängen durchaus als ein Zweig „kulinarischer" Kunst verstand, allerdings als Alternative zum Theaterverständnis des Bildungsphilisters. Die Publikation enthält Einakter von Ludwig Thoma, Raoul Auernheimer und Emil Klein, ferner Chansons von Wolzogen, Karl von Levetzow, Paul Althof und Rudolf Hirschberg-Jura; davon ist nur Thomas Sketch von einiger satirischen Schärfe. In Levetzows programmatischer Vorbemerkung wird – ähnlich wie in der Wiener Moderne durch Altenberg – die Kürze der Texte und Darbietungen als ein Äquivalent modernen Lebensempfindens bezeichnet: „Durch die großen Erfindungen und geistigen wie technischen Umwälzungen des vergangenen Jahrhunderts ist das Tempo des Weltpulses wieder einmal beschleunigt worden. Wir haben keine Zeit mehr! Und daher wollen wir Kürze und Präzision überall. In offenbarem Gegensatze zum Symptom aller Dekadenz, dem Ausfließen in die Breite und dem Überwuchern der Detailausführung, wollen wir wieder Kürze, Tiefe und Großzügigkeit!" Das moderne Varieté „trägt die Möglichkeit in sich, eine Bühne der Extrakte und Kontraste zu sein. Es schillert in allen Farben, es singt in allen Tönen".

In der Frühzeit des Kabaretts gingen wichtige Anregungen von *Otto Julius Bierbaum* (1865–1910) aus, einem außerordentlich wendigen Autor, der als Dichter, Redakteur und Kunstberater zu den agilsten Figuren der Jahrhundertwende gehört. So gründete Bierbaum auch das erste deutsche Kunstvarieté, freilich nur in der Fiktion seines Anti-Entwicklungsromans *Stilpe* (1897). Den Gedanken vertraute er dem Titelhelden an, einem Berliner Literaten, der von der Zukunft der intimen Kleinkunstbühne schwärmt und als Ziel die „Renaissance aller Künste und des ganzen Lebens vom Tingeltangel her" erblickt.

„Und bei uns werden sie, die bloß ein bißchen bunte Unterhaltung suchen, das finden, was ihnen Allen fehlt: Den heiteren Geist, das Leben zu verklären, die Kunst des Tanzes in Worten, Tönen, Farben, Linien, Bewegungen. Die nackte Lust am Schönen, am Humor, die die Welt am Ohre nimmt, die Phantasie, die mit den Sternen jongliert [. . .] Wir werden diese alberne Welt umschmeißen! Das Unanständige werden wir zum einzig Anständigen krönen! Das Nackte werden wir in seiner ganzen Schönheit neu aufrichten vor allem Volke! Lustig und lüstig werden wir diese infame, moralklapprige Welt wieder machen, lustig und himmlisch frech!"

Als Herausforderung mußte namentlich Stilpes Meinung über die Zukunft des Theaters gelten, eine Institution, der besonders in Deutschland ein eigentümlicher künstlerisch und sozialer Nimbus innewohnte. „Nein, wie das Theater, ehedem ein Appendix der Kirche, sich von dieser losmachte und sich selber eine neue, damals zeitgemäße Form gab, so muß sich die Kunst heute vom Theater emanzipieren und entschlossen die Form annehmen, für die sich der Zeitgeschmack entschieden hat: Die Form des Variétés!"

Im Jahr der wirklichen Kabarettgründungen gab Bierbaum die Sammlung *Deutsche Chansons* heraus, die erste deutsche Anthologie dieser Art (mit Texten von Dehmel, Holz, Liliencron u. a.). Das Vorwort enthält das Programm einer kommunikativen Poesie:

„*Angewandte Lyrik*, – da haben Sie unser Schlagwort. An diesem Worte kann man die ästhetischen Gesetze des Chansons, wie wir es meinen, ziehen. Es müssen Lieder sein, die gesungen werden können; das ist das erste. Das zweite und nicht minder Wesentliche aber ist, daß sie für eine Menge gesungen werden können, die nicht etwa, wie das Publikum eines Konzertsaales, darauf aus ist, ‚Große Kunst' kritisch zu genießen, sondern die ganz einfach unterhalten sein will. Unsere Meinung ist nun, daß auch dazu die Kunst nicht zu gut ist."

In seinen eigenen Gedichten erwies sich der Herausgeber als virtuoser, wenn auch etwas leichtfertiger Alleskönner, im Stilmuster des Bänkelsangs ebenso zu Hause wie in der modernen Sprachornamentik. Die im Band *Irrgarten der Liebe* (1901, 1906) gesammelten Verse, die Frivolitäten mit stilisiertem Ulk mischen, unterscheiden sich nicht selten durch ihre Ironie wohltuend von der Durchschnittsproduktion der Zeit. Sehr zu Unrecht ist die Tatsache vergessen, daß Bierbaum mehr war als ein harmloser Bürgerschreck: einige Gedichte beweisen, daß er durchaus das Zeug zum großen Satiriker hatte. Die ideologiekritischen Sarkasmen der Gedichte über den russisch-japanischen Krieg von 1904/05 („Schneller fällt der erste Schuß, / Wenn man nicht erst beten muß"), verbunden mit poetischen Verfremdungen und schwarzem Humor („Pulverdampf bedeckt das Meer, / Abgerißne Arm und Beine / Schwimmen still im Mondesscheine / Auf der salzgen Flut umher"), lassen erkennen, daß auch die satirische Heine-Tradition in Deutschland mehr Vertreter hat, als man gemeinhin vermutet. Auch bei *Otto Erich Hartleben* (1864–1905), der in vielem mit Bierbaum vergleichbar ist (aber seinen größten Erfolg mit dem naturalistisch ausgerichteten Drama *Rosenmontag*, 1900, errang), findet man Gedichte dieser Art. Seine Sammlung *Meine Verse* (1902) führt die ganze Breite der Stilmuster jener Zeit vor, vom satirischen Chanson bis zum klassizistischen Sonett. Beide Autoren haben – seinerzeit sehr geschätzte – Erzählungen geschrieben. Von der Neigung zu sentimentalen Effekten ist am wenigsten in Bierbaums satirischer Prosa zu spüren, die ästhetisch und kulturhistorisch reizvoll geblieben ist. Ein Kabinettstück ist die Geschichte *Emil der Verstiegene*, das satirische Porträt eines Fin-de-siècle-Snobs. Die antiwilhelminische Satire des 1500-Seiten-Romans *Prinz Kuckuck* (1907/08) überzeugt dagegen nur streckenweise.

Nicht unerwähnt darf Bierbaums Tätigkeit als Herausgeber und Redakteur bleiben. Zumindest an zwei repräsentativen, wenn auch vergleichsweise kurzlebigen Zeitschriften der Jahrhundertwende in Deutschland war er maßgeblich beteiligt: an der Gründung und den Anfängen des „Pan“ (1895–1900 in Berlin, eines sehr aufwendigen, auch in Luxusausgaben erscheinenden Organs für zeitgenössische Literatur und Bildende Kunst) sowie an der Leitung der „Insel“ (1899–1902, Berlin, dann Leipzig, einer Produktionszeitschrift, welche die Gründung des für einen Zweig moderner deutscher Literatur so wichtigen gleichnamigen Verlags einleitete). Beide Zeitschriften sind sowohl als Sammelbecken aller ästhetizistisch-dekorativen Bestrebungen im Zeichen von Gegennaturalismus bzw. Neuromantik und Jugendstil bedeutungsvoll wie auch als Versuche, gleichsam Gesamtkunstwerke in der Gestaltung von Druckerzeugnissen zu schaffen. Als Adressaten – das zeigen die Abnahmebedingungen – galten vor allem großbürgerliche Kreise. Eine Charakteristik des stark ausgeprägten dekorativen Elements (das in gewissem Sinne auch die literarischen Beiträge durchdringt) findet sich in den *Erinnerungen* Heinrich Vogelers, der damals, in seiner Worpsweder Zeit, Mitarbeiter der „Insel“ war. Er schreibt über seine Graphik aus der Zeit um 1900:

„Im Rahmen eines Spiegels des Inselformates erhoben sich märchenhafte Vögel, wie Blätter und Blumen gebogen, mit phantastischem Gefieder, das wieder in wogende Zweige, in Früchte und Blumen überging. Blütenkelche, die wieder Blütenkelche aus sich herausstießen, ein Formenzeichen, das geradezu nach Farben schrie, nach giftigen, süßen, einschmeichelnden und aufreizenden Farben. Nirgends war ein Horizont, nirgends ein Durchblick, nirgends eine Perspektive; das Ganze war ein schöner Vorhang, der die Wirklichkeit verhüllte. Der Rhythmus der Fläche bildete eine geschlossene Welt.“

Im Gegensatz zu den „Blättern für die Kunst“ des George-Kreises kennzeichnet die beiden genannten Zeitschriften eher eine eklektische Ausrichtung, mit einem beträchtlichen Anteil an Texten (namentlich in der „Insel“), die nicht viel mehr boten als Unterhaltung, nicht einmal sonderlich gehobene. Die Neigung, nicht sehr strenge literarische Maßstäbe anzulegen und mehr mit dem schönen Schein der Ausstattung zu operieren, ist wohl in erster Linie auf Bierbaums Redaktionspolitik zurückzuführen.

Manche Hefte der „Insel“ waren in ihrer Mischung von Wertvollem und Minderwertigem gar nicht so weit vom Durchschnitt der populärsten Zeitschrift jener Zeit, der Münchner „Jugend“ (1896–1940), die sich bezeichnenderweise „illustrierte Wochenschrift für Kunst und Leben“ nannte. Als Redakteur zeichnete Fritz von Ostini, Bierbaum zählte jedoch zu den Mitarbeitern. Obwohl sie hin und wieder auch wertvolle literarische Texte brachte (Hofmannsthal, Holz, Schnitzler, Übersetzungen), ist die „Jugend“ vor allem kulturhistorisch bedeutsam, freilich nur in den ersten beiden Jahrzehnten: und zwar als Organ eines lebensreformerischen Optimismus. Bringt man heute die Zeitschrift in erster Linie mit dem ornamentalen Stil vieler darin enthaltener graphischer Arbeiten in Verbindung (weil der Jugendstil ursprünglich vor allem ein „Jugend“-Stil war), verdankte sie ihre Beliebtheit damals wohl namentlich der unpretentiösen Propagierung eines nicht näher definierten Ideals des Jungseins, wobei zu den wichtigsten, publikumswirksamsten Konnotationen die nicht minder vagen Vorstellungen von Naturverbundenheit, Gesundheit, Optimismus, Vorurteilslosigkeit und Antikonservativismus gehörten. Der morbiden Verfeinerung, die Begriffe wie ‚Dekadenz‘ und ‚Fin de siècle‘ prägte, tritt hier als Gegensatz ein eher wahlloser Lebenskult entgegen.

Der bedeutendste „Gebrauchslyriker“ der Epoche kam ebenfalls aus dem Umkreis der „Jugend“: *Frank Wedekind.* Vom Dramatiker in den Schatten gestellt, hat der Lyriker Wedekind, ohnehin alles andere als konform im Hinblick auf die Erwartungen des poesiebeflissenen Publikums, im Bewußtsein der Öffentlichkeit niemals jene Rolle gespielt, die seiner literaturhistorischen Bedeutung entspricht. In der Geschichte der deutschen bänkelsängerischen Ballade wie auch des satirischen Gedichts bildet Wedekind – neben dem späten Fontane – ein wichtiges Bindeglied in dem Traditionsstrang, der von Heine bis zu Brecht, Tucholsky, Weinert und, heute, Degenhardt reicht. Erfahrungen als Vortragskünstler konnte der Autor bei seinen Auftritten im Kabarett „Die elf Scharfrichter“ 1901 und 1902 sammeln, diesmal unbehelligt von der Justiz. (1899 war er wegen „Majestätsbeleidigung“ in einem „Simplicissimus“-Gedicht zu einer Haftstrafe verurteilt worden.) Die Provokation, von der Wedekind im Gründungsjahr des Kabaretts vermutete, sie könnte ihn erneut mit der Zensur in Konflikt bringen, steht der Wirkungsweise sozialkritisch-agitatorischer Art freilich denkbar fern. Die im Band *Die vier Jahreszeiten* (1905) gesammelten Gedichte zeigen, daß sich Wedekinds Verse – deren Parlando nicht selten an Heine erinnert – der Wirklichkeit über das Groteske, Absonderliche und bewußt Triviale nähern und daß sie der Realität beizukommen versuchen, indem sie amoralischen gesellschaftlichen Praktiken mit Zynismus kontern. Brettllied und Volksballade gaben Muster ab, so etwa in den bekannten Gedichten *Der Tantenmörder* und *Brigitte B.* Doch auch in den zahlreichen erotischen Versen entspricht der scherzhafte Ton einem Rollenarrangement und wirkt daher, im Gegensatz zu den Sentimentalitäten der Salonlyrik, herausfordernd distanziert. Daß der spielerische, parodistische Tonfall auch höchst komplexe Einsichten zu vermitteln vermag, beweist ein Text wie *Das Lied vom armen Kind.* Das „arme Kind", der „taube Mann", das „lahme Weib", der „räudige Hund", allesamt Figuren in Holzschnittmanier, sind Abbreviaturen des Elends und der sozialen Not; die kritische Substanz des Gedichts tritt jedoch erst dort hervor, wo der „Dichter" die Schicksale in Rollen verwandelt und das Elend im Bühnenspiel sublimiert. Wedekinds Ballade enthüllt sich als Thesengedicht über den widerspruchsvollen, ‚affirmativen' Charakter des ästhetischen Scheins.

> Nun hört zum Schluß noch die Moral:
> Gebrechen sind oft sehr fatal,
> Sind manchmal eine Qual;
> Frau Poesie schafft ohne Graus
> Beneidenswertes Glück daraus.

Der spielerische Zug, der nicht selten Wedekinds Lyrik eignet, beherrscht ganz und gar die als Galgenlieder bekannten Gedichte von *Christian Morgenstern* (1871–1914). Ursprünglich bloße „Nebenprodukte", jedenfalls nicht viel mehr als ein privater Jux, haben diese Texte den eigentlichen Ruhm des Autors begründet, im Gegensatz zu seiner eher epigonalen „ernsten" Lyrik. Mit den Sammlungen *Galgenlieder* (1905), *Palmström* (1910), *Palma Kunkel* (1916) und *Der Gingganz* (1919) beginnt die Geschichte einer deutschen Nonsense-Poesie von Rang. Die Kritik hat diese gereimten Eulenspiegeleien vor allem mit den mystischen Neigungen des Dichters in Verbindung gebracht und dessen „metaphysischen Witz" auch durch kommentierende Äußerungen bestätigt gefunden. „Betrachten wir den ‚Galgenberg' als ein Lugaus der Phantasie ins Rings", heißt es im Vorwort zu den *Galgenliedern.* „Die Galgenpoesie ist ein Stück Weltanschauung. Es ist die skrupellose Freiheit des Ausgeschalteten, Entmaterialisierten, die sich in ihr ausspricht. [...] Nun wohl: ein Galgenbruder ist die beneidenswerte Zwischenstufe zwischen Mensch und Universum. Nichts weiter. Man sieht vom Galgen die Welt anders an und man sieht andre Dinge als Andre." Die Weltanschauung von Morgensterns „Galgenhumor" ist jedoch zu allererst Sprachanschauung, witzig-unsystematische, jedoch höchst einprägsame Sprachkritik. Zeitgenosse von de Saussure, zerlegt Morgenstern das sprachliche Zeichen in Lautkörper und Bedeutung und läßt die Lautgruppen ein skurriles Eigenleben entfalten, sinnsprengende und sinnstiftende Verbindungen eingehen oder die Mechanismen der Grammatik ad absurdum führen. So ist von einem Windhosenschneider und einem Nachtwindhund die Rede, neben einem Purzelbaum stellt sich durch Analogie ein Purzelwald ein, zur Weste gesellt sich eine Oste, zur Nachtigall die Tagtigall. Kein Wunder, daß sich ein Werwolf deklinieren läßt: Weswolf, Wemwolf, Wenwolf. Einiges davon gehört alter manieristischer Tradition an, etwa das Trichter-Gedicht oder das nur aus metrischen Zeichen bestehende, zugleich die Schuppen des Fisches veranschaulichende Gebilde *Fisches Nachtgesang*. Beachtet man Morgensterns zeitkritische Parodien, z. B. auf Werbungstexte, so erscheint auch das gespenstische Eigenleben der Sprache als beklemmendes Zeitsymptom; Zerfall und Isolierung als Momente realer Erfahrung beherrschen wenige Jahre später das expressionistische Gedicht bei van Hoddis und Lichtenstein, die heitere Groteske wird von der grausigen abgelöst. Auch sonst sind traditionsstiftende Zusammenhänge zu erkennen: nach hinten zu Wilhelm Busch, aber auch zu den sprachkritischen Schriften Fritz Mauthners, nach vorn zu Ringelnatz' Sprachclownerien sowie zu den dadaistischen Texten. (Mit dem asemantischen Gedicht *Das große Lalula* nahm Morgenstern die Lautgedichte der Dadaisten vorweg.)

Die spielerische Vielfalt und Maskenhaftigkeit der Lyrik hat ihr – nur scheinbar ganz anders geartetes – Gegenstück in den großen Versepen und lyrischen Zyklen der Zeit. Virtuos im einzelnen, überdimensioniert und von einem maßlosen Anspruch getragen, sind diese Werke, wenn auch keineswegs ideologisch konform, in ihrer Gebärde ein Zeugnis wilhelminischer Kunst. Als gemeinsames Merkmal ist die demonstrativ betonte Monumentalität, die mit dem klassischen Epos wetteifert, ebenso zu nennen wie der Ehrgeiz der meisten Autoren, eine mythenschaffende Phantasie zu entfalten, die nicht weniger als Menschheit, Erde und Kosmos umspannt. Die Benennung „Kosmiker" empfanden einige Dichter als durchaus angemessen. Wie problematisch der Rückzug in den Mythos auch in künstlerischer Hinsicht war, zeigte bereits das Hauptwerk des Schweizer Dichters *Carl Spitteler* (1845–1924), das Pathos und Ironie miteinander verknüpfende Riesenepos über die antike Götterwelt *Olympischer Frühling* (1900–1905, Neufassung 1910). Die simple Symbolik der Handlung vermag dem Ganzen keinen inneren Halt zu geben; fesselnd ist lediglich die sprachliche Kraft mancher Episoden. Das trifft erst recht auf die kosmogonische Phantasie *Das Nordlicht* (1910, zwei weitere Fassungen) zu, die *Theodor Däubler* (1876–1934) als seine eigentliche Leistung betrachtete.

Sieht man von einigen lyrischen Partien ab, so interessiert das Werk eher unter kulturgeschichtlichen Aspekten: als Zeugnis für die Wirkung philosophischer Weltdeutungen und naturwissenschaftlicher Erkenntnisse seit dem Ausgang des 19. Jahrhunderts, etwa lebensphilosophischer Ideologeme, der monistischen Doktrinen Haeckels und Bölsches, aber auch christlicher Glaubenssätze. Ein ähnlicher Eklektizismus liegt den Dichtungen des „Charon"-Kreises (Otto zur Linde u. a.) zugrunde. Nicht weit davon steht das poetische Werk von *Alfred Mombert* (1872–1942). Die fast ausschließlich pathetisch-ekstatischen, oft zyklisch komponierten Versdichtungen (eine von Mombert selbst getroffene Gedichtauswahl trägt den Titel *Der himmlische Zecher*, 1909) sind ein extremes Beispiel einer von einem Wortrausch in den anderen taumelnden Poesie, die sich, im Stofflichen, ganz in der Häufung visionärer Mythen im Sinne eines mystischen Monismus erschöpft.

Rainer Maria Rilke

Um 1900 trat auch in der Prager deutschsprachigen Literatur eine Wende ein; bis dahin lediglich von regionaler Bedeutung, gewann sie nun in kurzer Zeit internationalen, ja weltliterarischen Rang. Überraschenderweise setzte diese Entwicklung zu einem Zeitpunkt ein, als der Anteil der deutsch sprechenden Schichten an der Einwohnerzahl zusehends im Rückgang begriffen war. In Prag, der neben Wien in jeder Hinsicht bedeutendsten Stadt der nördlichen Donaumonarchie, bildete im Jahre 1880 die deutsche und deutsch-jüdische Einwohnerschaft eine Minderheit von 15,5 Prozent. Um die Jahrhundertwende war die Einwohnerzahl auf rund 400 000 angewachsen, die der Deutschsprachigen betrug jedoch nur etwa 30 000. Vor dem Ersten Weltkrieg war der Prozentsatz noch geringer; Statistiken geben 4,5% an. Zum Vergleich seien Daten aus der Zeit der ersten Republik (1930) angeführt: von den 848 000 Einwohnern gaben 42 000 Deutsch als ihre Sprache an, darunter 30 000 Juden.

Bis zum Zerfall der Monarchie spielte ein Teil der deutschen Minderheit nicht nur im wirtschaftlichen und kulturellen, sondern auch im politischen Leben eine maßgebliche Rolle. Dennoch nahm die Isolierung unaufhaltsam zu. Die hauptsächlich aus Beamten, Grundbesitzern und Kaufleuten bestehende Schicht bildete eine Art Enklave, mit einer eigenen Universität (nach der 1882 erfolgten Teilung der aus dem 14. Jahrhundert stammenden Carolina in eine tschechische und eine deutsche Universität), deutschen Theatern, Zeitungen, Schulen. Zwischen der tschechischen und der deutschsprachigen Prager Kultur gab es kaum Berührungspunkte, zumindest nicht offizieller Art. Eine gewisse Vermittlerrolle konnten im einzelnen die liberal gesinnten jüdischen Intellektuellen spielen, wenngleich die Lage der Juden zwischen den Fronten gerade im Zeitalter verschärfter nationaler Auseinandersetzungen insgesamt schwierig war. Die Erfahrung konkreter Widersprüche der Gesellschaft steigerte besonders die Fähigkeit, diese Widersprüche künstlerisch oder theoretisch zu artikulieren. Unter den Schriftstellern, die die Vielfalt der Prager deutschen Literatur veranschaulichen (Kafka, Max Brod, Franz Werfel, Egon Erwin Kisch, Paul Kornfeld, Gustav Meyrink, Ernst Weiß, Oskar Baum, Ludwig Winder, Leo Perutz, Hermann Ungar, Johannes Urzidil, Franz Carl Weiskopf, Louis Fürnberg u. a.), sind die meisten jüdischer Herkunft.

Aus der Sicht eines ehemaligen Prager Autors ergibt sich folgendes Bild: „Die Prager deutschen Dichter und Schriftsteller hatten gleichzeitigen Zugang zu mindestens vier ethnischen Quellen: dem Deutschtum selbstverständlich, dem sie kulturell und sprachlich angehörten; dem Tschechentum, das sie überall als Lebenselement umgab; dem Judentum, auch wenn sie selbst nicht Juden waren, da es einen geschichtlichen, allenthalben fühlbaren Hauptfaktor der Stadt bildete; und dem Österreichertum, [. . .] das sie [. . .] mitbestimmte, sie mochten es nun bejahen oder auch dieses oder jenes daran auszusetzen haben." Diese Feststellung Urzidils (*Da geht Kafka*, 7f.) darf allerdings nicht dazu verleiten, die beiden Generationen der Prager als eine auch nur einigermaßen einheitliche Gruppe anzusehen. Nicht ein literarisches Programm stiftet den Zusammenhang, sondern die politische und soziale Tradition einer Stadt. Diese Überlieferung ist freilich bei nahezu allen Autoren bemerkbar, in Stoffen, Motiven, zuweilen in gesellschaftlichen Anschauungen. Literarisch und wirtschaftlich, vor allem im Hinblick auf die Verlagssituation, war allerdings ein Eigenleben der deutschsprachigen Produktion in Prag kaum vorstellbar. Namentlich durch die Verlage ergab sich, wie auch bei den Wiener Autoren, bis 1933 eine Bindung an die reichsdeutsche Kultur. Diese „zentrifugale" Tendenz, die nicht selten eine übernationale Orientierung zur Folge hatte, läßt der Lebenslauf des neben Kafka bekanntesten Autors Prager Herkunft einprägsam erkennen.

René (später *Rainer*) *Maria Rilke* (1875–1926) hat im Rückblick die Verhältnisse im Elternhaus „in Wirklichkeit kleinbürgerlich" genannt; „unser kleiner Hausstand [. . .] sollte den Schein von Fülle haben, unsere Kleider sollten die Menschen täuschen, und gewisse Lügen galten als selbstverständlich" (Brief an E. Key, 3. April 1903). Als ein Zeugnis zur Sozialpathologie des mittleren Bürgertums jener Zeit sind diese Erinnerungen von beträchtlichem Aussagewert. Auch die literarische Frühzeit Rilkes, das Prager, Münchener und Berliner Jahrzehnt, interessiert hauptsächlich unter historischen Gesichtspunkten. Der so gar nicht zum approbierten Dichter-Bild passende Versuch des jungen, betriebsamen Autors, seinen literarischen Ruhm in die Wege zu leiten, erscheint moralisierender Betrachtung als unreif; im Grunde war das Verhalten des Neulings auf dem literarischen Markt eher „frühreif", zeigte es doch dessen Bestreben, sich in die Gepflogenheiten des literarischen Betriebs einzuüben. Die frühen Gedichtbände bieten harmlose Reimereien, Nachklänge aus dem Salonalbum, Verse mit impressionistischen Tupfen und Burschikositäten in der Art Liliencrons. Manche Gedichte (*Larenopfer*, 1896) verheimlichen nicht die emotive Bindung an die tschechische Umwelt. Ein Stilwandel in Rilkes Lyrik kündigt sich erst im Gedichtband *Mir zur Feier* (1899) an, vor allem in der Bevorzugung abstrakter Fügungen: die für den späteren Rilke so charakteristische Erkundung poetischer Möglichkeiten durch sprachliche Intellektualisierung ist das entscheidende Anzeichen. Einen – damals nicht erkannten – relativen Höhepunkt der frühen Phase bilden einige Novellen und erzählende Skizzen, darunter so bemerkenswerte Texte wie *Das Familienfest*, *Die Turnstunde* und die – erst aus dem Nachlaß veröffentlichte – autobiographische Erzählung *Ewald Tragy*. Rilkes Behauptung von 1924, er sei damals unfähig gewesen, eine „auch nur erträgliche Prosa zu schreiben", erweist sich als ein merkwürdiges Fehlurteil, begreifbar nur als Symptom einer Selbststilisierung, der es darum ging, Züge eines satirischen Ansatzes aus dem eigenen Bild wegzuretuschieren. Dabei sind es gerade diese Texte, die dazu berechtigen, von einer gewissen ästhetischen Kontinuität bei Rilke zu sprechen. Die scharfe, sezierende Prosa aus den Jahren 1897/98 nimmt Tendenzen des rund zehn Jahre später entstandenen wichtigsten Prosawerkes vorweg: Passagen der frühen Skizzen nehmen sich wie Vorstudien zum *Malte* aus. Thematisch und stilistisch ist die Verwandtschaft mit Thomas und Heinrich Mann oder auch Musil offenkundig. *Ewald Tragy* läßt an den später entstandenen *Tonio Kröger* denken, sowie die *Turnstunde* an Musils *Verwirrungen des Zöglings Törleß*. Das erzählerische Verfahren beruht auf einer gleichsam skelettierenden Darstellung, die das Verknöcherte und Marionettenhafte gesellschaftlicher Konventionen freilegt. Das Gegenteil von Automatisierung, nämlich Unmittelbarkeit der Wahrnehmung, hat Rilke auch später zu den Grundsätzen seiner Ästhetik gezählt, nur daß die in der frühen Prosa angelegten sozialkritischen Möglichkeiten später weitgehend von der Auffassung verdrängt wurden, die Kunst solle dazu beitragen, das „ursprüngliche" – etwa im kindlichen Staunen ausgeprägte – Verhältnis des Menschen zur Natur zu bewahren. Mensch und Umwelt erscheinen dabei als geschichtlich nicht definierte Größen, der „naive" Blick daher als Kategorie einer abstrakt anthropologischen Ästhetik.

Es ist für den damaligen Kunstbegriff des Publikums bezeichnend, daß sich aus der Periode um 1900 ein Text durchsetzte, dessen späterer Massenerfolg den Autor eher peinlich berühren mußte. *Die Weise von Liebe und*

Tod des Cornets Christoph Rilke (1899, Erstdruck 1906), lange Zeit das populärste Werk des Dichters, entsprach demselben Bedürfnis des wilhelminischen Bürgertums wie etwa Hauptmanns *Versunkene Glocke.* In die Wirkung floß eine vage Vorstellung von Neuromantik ein: man durfte nach den Strapazen des Naturalismus Schönheit wieder mit Erlesenem gleichsetzen. Die rhythmische Prosa des *Cornet* bot in konventioneller Poetisierung und mit anspruchsvollem Ernst historische Exotik (eine Episode aus den Türkenkriegen), einen jugendlichen Helden, militärischen Glanz, ein tragisch umflortes Liebeserlebnis, alles in allem ein preziöses, doch eingängiges ästhetizistisches Bilder-Buch. Die Wirkung des Einfühlungsmusters entfaltete sich voll erst nach dem Erscheinen der Ausgabe in der Insel-Bücherei, 1912. Als erster Titel der nach der Formel „bibliophiles Taschenbuch“ gegründeten 50-Pfennig-Reihe erzielte der *Cornet* einen erstaunlichen, für den Autor freilich nur finanziell befriedigenden Erfolg: im fünfzigsten Jahr des Insel-Bändchens waren mehr als eine Million Exemplare gedruckt. (Nahezu dieselbe Verbreitung fand, übrigens aus vergleichbaren Gründen, Bindings Novelle *Der Opfergang*; von den ebenfalls als beachtliche Erfolge eingestuften Titeln blieb Hofmannsthals Dichtung *Der Tor und der Tod* um rund 700000 Exemplare hinter dem *Cornet* zurück.) Daß die idealisierende Fahnenjunker-Geschichte dann im Tornister auch zwei Weltkriege mitmachte, gehört trotz des objektiven Widersinns der Situation zu den wohl am leichtesten erklärbaren Fakten der Wirkungsgeschichte.

Eine entscheidende Wende in Rilkes künstlerischer Biographie bezeichnen die beiden Rußlandreisen von 1899 und 1900. Von nun an galt Rußland, das er in poetischer Verklärung als einen ergreifenden Bilderbogen des „naturnahen“, vom kapitalistischen Verwertungssystem noch nicht voll erfaßten Lebens in sich aufnahm, als die eigentliche geistige Heimat. Die Aufenthalte in Rußland leiten eine mehrere Jahre umfassende Periode künstlerischer und privat-bürgerlicher Identitätssuche ein. Künstlerische Anregungen empfängt Rilke namentlich von Aufenthalten in Norddeutschland, wo er mit dem Worpsweder Jugendstil in Berührung kommt, und in Paris (Rodin, Cézanne). Aus Angst vor einer Beamtenlaufbahn flieht er ins Ungewisse: ständig auf Reisen, ohne festen Wohnsitz (auch die langen Aufenthalte in Paris sind ein Provisorium), angewiesen auf Einladungen und Unterstützungen, versucht er, auf seine Weise das zu erzwingen, was er als geistige Unabhängigkeit erachtet. Der immense Briefwechsel, in dem sich Höhepunkte seiner Prosa finden, dokumentiert auch die soziale Biographie des Autors, so etwa das zuweilen tragikomisch wirkende Beharren auf dem Gedanken, das individuelle Streben nach künstlerischer Vervollkommnung müsse ohne Rücksicht auf materielle Interessen von der Gesellschaft als legitim anerkannt werden. Einen ideologischen Anspruch auf ein Rentnerdasein leitete er jedoch daraus nicht ab; schon früh äußerte er die Hoffnung, eines Tages von seiner Produktion leben zu können, ohne sich dem Leistungszwang des literarischen Marktes fügen zu müssen.

Rilkes Protest gegen soziale Zwänge blieb nicht ohne inneren Widerspruch. In einem Brief (vom 13. März 1922) sprach der alternde Dichter den Wunsch aus, seine jungen Leser mögen sich nicht zur Auflehnung irgendwelcher Art aufgefordert fühlen, sondern vielmehr zur Bereitschaft, das „Notwendige" hinzunehmen mit einem Blick auf das „Tiefere". Was damit gemeint war, läßt sich bereits aus frühen Texten entnehmen. In seiner Besprechung der ***Buddenbrooks*** (April 1902) lobt Rilke vor allem die „Objektivität" des Romans, die Ehrfurcht des Werkes „vor dem Leben, welches gut und gerecht ist, indem es geschieht". Die Bejahung des Lebens in allen seinen Erscheinungsformen (eine Bejahung, die nicht zu verwechseln ist mit wahlloser Apologetik zugunsten aller gesellschaftlicher Einrichtungen), dieses Lebenspathos teilt Rilke mit zahlreichen Zeitgenossen und vertritt damit ein zentrales Ideologem der bürgerlichen Welt um die Jahrhundertwende. ‚Leben' bedeutet das emphatische, vor allem aber vag-intuitive Bekenntnis zur Gesamtheit der Wirklichkeit, eine Formel, die den universalen Zusammenhang aller Existenzarten beschwört. Man darf voraussetzen, daß Rilkes Anschauungen zumindest teilweise durch seine Nietzsche-Lektüre um 1900 angeregt worden sind. Jedenfalls muten zahlreiche Äußerungen Rilkes und auch anderer Autoren der Zeit wie Paraphrasen einer Aufzeichnung Nietzsches aus den späten achtziger Jahren an (aus dem Konvolut, das 1901 postum redigiert unter dem Titel *Der Wille zur Macht* erschien). Der Versuch Nietzsches, den Begriff des Dionysischen zu definieren, einen seiner Leitbegriffe seit der frühen Schrift *Die Geburt der Tragödie aus dem Geiste der Musik*, enthält gleichsam das ganze Arsenal sprachlicher Prägungen, die in den verschiedenen Umschreibungen der Lebens-Vorstellung in Texten jener Zeit vorkommen.

„Mit dem Wort ‚dionysisch' ist ausgedrückt: ein Drang zur Einheit, ein Hinausgreifen über Person, Alltag, Gesellschaft, Realität, über den Abgrund des Vergehens: das leidenschaftlich-schmerzliche Überschwellen in dunklere, vollere, schwebendere Zustände; ein verzücktes Jasagen zum Gesamt-Charakter des Lebens, als dem in allem Wechsel Gleichen, Gleich-Mächtigen, Gleich-Seligen; die große pantheistische Mitfreudigkeit und Mitleidigkeit, welche auch die furchtbarsten und fragwürdigsten Eigenschaften des Lebens gutheißt und heiligt; der ewige Wille zur Zeugung, zur Fruchtbarkeit, zur Wiederkehr; das Einheitsgefühl der Notwendigkeit des Schaffens und Vernichtens."

In systematischer Sicht wurden Anregungen Nietzsches (und später auch Rilkes) von der sogenannten Lebensphilosophie aufgegriffen und weitergeführt. Diese Orientierung bemühte sich, ebenso wie die ihr nahestehende

Bewegung der Lebensreformer, Wandervögel und Reformpädagogen, dem fortschreitenden Entfremdungsprozeß im Zeitalter industrieller Produktion mit verschiedensten Heilmitteln, geistigen wie auch konkret-ökologischen, zu begegnen. Die meisten Zeitgenossen erwiesen sich freilich dem modischen Begriff gegenüber als unkritisch; nicht einmal den Kulturhistorikern fiel es auf, daß zwischen der biologistischen Spielart des ‚Lebens' und dem wilhelminischen Imperialismus ein ideologischer Zusammenhang bestehen könnte.

Auch Rilkes gesamtes Schaffen erscheint bis zuletzt vom Lebensbegriff der Jahrhundertwende durchdrungen. „O wie ich daran glaube, an das Leben", heißt es in einem Brief an Ellen Key (vom 3. April 1903). „Dieses Leben, das durch die Jahrtausende dauert, scheinbar ohne Teilnahme, und doch im Gleichgewicht seiner Kräfte voll Bewegung und Wachstum und Wärme. Darum lasten die Städte so auf mir. Darum liebe ich es, barfuß weite Wege zu tun, um kein Sandkorn zu versäumen und meinem Körper in vielen Formen die ganze Welt zu geben zum Gefühl, zum Ereignis, zur Verwandtschaft." Hier liegt der Ursprung von Rilkes Ästhetik der wechselseitigen Durchdringung von Außenwelt und Innenwelt, seiner Überzeugung, alle Dinge der Erscheinungswelt seien gleichermaßen Kundgaben des Lebens, die geringen und unscheinbaren Naturobjekte nicht weniger als die Zeugnisse verfeinerter Kultur. (Dieser Auffassung, die gleichsam von einem poetischen Egalitarismus der Motive ausgeht, entspricht das Bekenntnis zu einer Ästhetik des Häßlichen als einer legitimen dichterischen Möglichkeit. Daher die Begeisterung für Baudelaires Gedicht *Une charogne – Ein Aas*, das in einer eigentümlichen Stilsynthese Vorgänge, die gemeinhin als höchst widerwärtig, in gewissem Sinne auch obszön gelten, erstmals zum Gegenstand sublimster Lyrik macht. „Ich mußte daran denken", schrieb Rilke am 19. Oktober 1907 aus Paris an seine Frau, „daß ohne dieses Gedicht die ganze Entwicklung zum sachlichen Sagen, die wir jetzt in Cézanne zu erkennen glauben, nicht hätte anheben können; erst mußte es da sein in seiner Unerbittlichkeit. Erst mußte das künstlerische Anschauen sich so weit überwunden haben, auch im Schrecklichen und scheinbar nur Widerwärtigen das Seiende zu sehen, das, mit allem anderen Seienden, *gilt.*") Mit verordnetem Lebensoptimismus im Sinne mancher ungebrochen affirmativen Dichter der Wilhelminischen Zeit (nach der Losung „Hab' Sonne im Herzen!") hat dies freilich wenig zu tun. Rilkes Sicht ist durchdrungen von einem Pathos des „Trotz allem", einer Existenzbejahung, die nicht aggressiv, wie bei Nietzsche, sondern eher quietistisch ist. Sein „Rühmen" des Daseins schließt Duldung ein. Die hellen und versöhnlichen Töne der *Sonette an Orpheus* bekräftigen noch einmal eine solche Sicht des ‚Lebens', trotz aller Widersprüche.

Die Jahre von 1899 bis 1903 umspannt die Arbeit am *Stunden-Buch*

(1905). Die drei Bücher der zyklischen Dichtung (*Vom mönchischen Leben, Von der Pilgerschaft, Von der Armut und vom Tode*) sind mit ihren 2539 Versen ein Beispiel für die um die Jahrhundertwende ausgeprägte Neigung, Großformen zu erzwingen. Rilkes seinerzeit bestaunte Versuch, das „Leben" als mystisch erfahrbare Totalität zu besingen, brachte Verse von sehr unterschiedlichem Wert hervor: neben Partien von poetischer Eindringlichkeit stehen modische Floskeln, banal geratene Jugendstilornamentik. Die innere Einheit beruht auf der Sicht des Einsamen, des Wanderers und Visionärs, dessen „mönchische" Existenz und Naturnähe im Gegensatz steht zu den Verderblichkeiten der Zivilisation in den „großen Städten". Der „Pilger" warnt vor der Technik und vor der Herrschaft des Geldes, in der die menschliche Unmittelbarkeit zu ersticken droht. Die Zukunft gehört dem „sanftesten Gesetz". Die an Stifter erinnernde Wortprägung erscheint hier als Topos neuromantischer Kapitalismus-Kritik; die Verwandtschaft etwa mit dem jungen Hermann Hesse ist offensichtlich.

> Das Erz hat Heimweh. Und verlassen
> will es die Münzen und Räder,
> die es ein kleines Leben lehren.
> Und aus Fabriken und aus Kassen
> wird es zurück in die Geäder
> der aufgetanen Berge kehren,
> die sich verschließen hinter ihm.

Die Armut, die als „ein großer Glanz aus Innen" gepriesen wird, ist eine weitere Chiffre: ein Kennzeichen für Rilkes Idee vom unverbrauchten, noch nicht entfremdeten Leben. Unter den späten Werken läßt die letzte *Duineser Elegie* die Kontinuität der zeitkritischen Thematik bei Rilke am deutlichsten erkennen.

Auf der Suche nach der Unmittelbarkeit entwickelte er eine Art poetischer Phänomenologie, getragen von dem Versuch, die Dinge und Erscheinungen der Umwelt aus der Klammer des subjektiven Nutzdenkens zu lösen und als Wesenheiten eigener Prägung zu begreifen. Die dichterischen Zeugnisse dieser Solidarität mit den Dingen gehören zu Rilkes bedeutendsten Texten. Eingeleitet wird diese Phase poetischer Integrität von der zweiten Ausgabe des *Buches der Bilder* (1906); einen Höhepunkt erreicht sie in den beiden Bänden der *Neuen Gedichte* (1907, 1908). *Das Buch der Bilder* war in der Auswahl von 1902 ein Dokument des Überganges, das nicht viel mehr bot als die üppige Jugendstil-Vignette von Heinrich Vogeler versprach: luxuriöse Stimmungen, Mädchenmelancholie, unreife Begeisterung für imperiale Gesten und „rauschendes Leben". Die Wende wird vor allem nach den Aufenthalten in Paris sichtbar, der Stadt, die Rilke auch von ihrer Kehrseite erlebte. Der Verfall hinter der prunkvollen Fassadenwelt, Krankheit, leibhaftige – nicht poetische – Armut, Elend aller Art mahnen zur Sammlung. Gedichte wie *Einsamkeit*, *Herbsttag* oder einige aus dem Zyklus *Die Stimmen* machen deutlich, wie weit sich Rilke von der lyrischen Machart populärer Zeitgenossen wie Dehmel, Bierbaum oder Flaischlen entfernt hatte. Die zurückgelegte Wegstrecke innerhalb des eigenen Schaffens läßt sich an einem Vergleich motivverwandter Gedichte (etwa der *Kindheit* von 1905/06 mit *Aus einer Kindheit* von 1900) ebenso ermessen.

Die Poetik der *Neuen Gedichte* enthält ein Satz aus dem Malte-Roman: „Denn Verse sind nicht, wie die Leute meinen, Gefühle (die hat man früh genug), – es sind Erfahrungen.“ Die poetologischen Verse aus dem *Requiem* für den Grafen Kalckreuth (1909) ziehen das theoretische Fazit: Dichtung sei nicht das Bereden von Empfindungen, sondern das Umsetzen von Daseinsformen in Sprache. In der Tendenz, das Ich aus dem Gedicht zu verbannen und der Sprache absolute Macht zuzuschreiben, berührt sich Rilkes Poesie hier am sichtbarsten mit den Grundsätzen des Symbolismus. Fremd ist ihr dagegen die esoterische Gebärde, auch der Kult der Exklusivität, der poetische Weihrauch, mit dem sich die Dichter-Künder umgeben. Rilkes Gedichte suggerieren keine hierarchischen Wertvorstellungen. Neben traditionsreichen, mit einer kulturellen Aura behafteten Stoffen mythischen oder historischen Ursprungs setzt sich die Alltagserfahrung als poetischer Impuls durch. Wo immer sich Rilkes Sensibilität entfaltet, ob nun eine antike Skulptur den Anlaß bietet, eine Kathedrale, ein Karussell, die Trauer der Tiere im Tiergarten, die Leichen in der Morgue, eine biblische Szene, eine Parklandschaft vor dem Regen, ein Herbsttag in Venedig, ein Bettler oder ein Blinder – stets besticht die Genauigkeit und Schärfe, mit der in dieser Poesie der Einfühlung bezeichnende Einzelheiten erfaßt werden. Im Gegensatz zur impressionistischen Technik ist die Kunst der Detailfügung hier mehr als ein buntes Kaleidoskop. Die uneingeschränkte Möglichkeit, Beziehungen zwischen den Dingen zu erkennen, wird von Rilke traditionsgemäß – und wohl zum letzten Mal überzeugend – durch Wie-Vergleiche ausgedrückt. Verblüffend ist die eigentümliche, für Rilke höchst bezeichnende Neigung, in der Wortwahl ein Höchstmaß an Abstrakta zu gebrauchen – und damit die konkrete sinnliche Erfahrung als ein Allgemeines und Transsubjektives erscheinen zu lassen. Die dichte Begrifflichkeit erfüllt dabei auch die Aufgabe, sprachlich kaum fixierbare Bewußtseinsakte anzudeuten, das „Unsagbare“ zu benennen. Rhetorisch-generische und grammatische Ordnungskriterien verlieren in dieser Sprache ihre Geltung. Bei vergleichbaren Dichtern der Vergangenheit, wie Klopstock und Hölderlin, war die angespannte Begrifflichkeit ein Merkmal des pathetischen Stils in Ode und Hymne. In Rilkes „Dinggedichten“, wie auch später in den *Sonetten*, entspricht dem motivischen Egalitarismus ein sprachlicher: alle Wortarten, auch die „kleinen, unscheinbaren" Wörter, können jede Stelle im Satz einnehmen. Rilkes virtuose Reimkunst hat daraus alle Register gezogen.

Der stoffliche Egalitarismus hat freilich seine Grenzen: Rilkes „Totalität" ist relativ, eingeschränkt durch gesellschaftliches Bewußtsein und Dichtungsbegriff. „Sowenig eine Auswahl zugelassen ist, ebensowenig ist eine Abwendung von irgendwelcher Existenz dem Schaffenden erlaubt [. . .]" (Brief an Clara Rilke, 19. Oktober 1907). Nichts ist jedoch so bezeichnend wie der Umstand, daß ganze Bereiche der Realität stillschweigend übergangen werden: soziale Konflikte und politische Ereignisse, Industrie und Technik bleiben fast völlig außer acht. Es wäre banausisch, dem Autor dies vorzuwerfen; dem Historiker muß es indes überlassen bleiben, daraus Schlußfolgerungen über die Beschaffenheit künstlerischer Vorstellungen zu ziehen. Rilkes „Dasein" ist überhistorisch gedacht, Ergebnis einer Reduktion auf Kunstwerke, Mythen, anthropologische Konstanten.

Einzelne Äußerungen Rilkes bekunden immer wieder Einsichten in gesellschaftliche Zusammenhänge. So findet sich schon früh die Erkenntnis, die Kunst sei in der gegenwärtigen Gesellschaft eine Luxusware, ein „Überfluß [. . .], den sich die wohlhabende Zeit, satt lächelnd, vergönnt" (Brief an A. Lichtwark, 12. Januar 1900). Während des Krieges nennt er in mehreren Briefen das „monstruöse" Geschehen ein Geschäft, ein „Unternehmen", das Gewinn zu bringen hat. Man darf annehmen, daß er diese Einsicht nicht nur der Lektüre von Kraus' „Fackel" verdankte. Der Krieg, so heißt es in einem Brief vom 6. August 1919, habe ihn von der Natur entfernt: „sich auf einen Baum, auf ein Feld, auf die Gnade eines Abends zu beziehen, kam mir eigenmächtig und unwahr vor, denn was wußte der Baum, das Feld, die Abendlandschaft von diesem unseligen, verheerenden, tötenden Menschen?" Die Dialektik des Gedankens ist deutlich genug; man meint geradezu, Brechts Gedicht *An die Nachgeborenen* zu lesen. Daß die Dichtungen und die privaten Äußerungen dennoch in zwei voneinander getrennte Bereiche zerfallen, liegt daran, daß Rilke trotz allem an der deutschen Tradition des Dichterbegriffs festhält. Er, der erklärte Kosmopolit, weigerte sich zwar, die – von manchen Zeitgenossen durchaus begehrte – Rolle des nationalen Barden zu spielen, blieb jedoch überzeugt, daß *jede* Art politischer Tätigkeit für den Dichter von Nachteil sei. Das „Bleibende" und das Historisch-Akute empfand er als Gegensätze; Geist und Tat, wie es bei Heinrich Mann heißt, blieben unversöhnt.

Resignative Erfahrungen der letzten, Schweizer Jahre ließen diesen Zug noch stärker hervortreten. Ungebrochen blieb die – eher noch kräftiger betonte – Daseinsfreude, die Apotheose des Lebens. Die beiden lyrischen Zyklen der Spätzeit sind ein Zeugnis dafür. Mit den – bereits 1912 begonnenen – zehn *Duineser Elegien* (1923), dem Hauptwerk nach Auffassung des

Dichters, gibt er die Objektbezogenheit der *Neuen Gedichte* auf und konzentriert seinen Vers auf eine sehr umfassende und abstrakte „existentielle" Thematik. Dieser Konzeption entspricht die Versgestalt: anstelle der gereimten und strophisch gegliederten Faktur der Dinggedichte tritt ein freirhythmisch ausgerichteter spröder Vers. Die *Elegien* sind Rilkes Beitrag zur Tradition der europäischen hermetischen Dichtung. Der streckenweise vorherrschende pathetische Spannungsstil weist zwar auf die Oden- und Hymnensprache des 18. Jahrhunderts zurück, die gesteigerte Begrifflichkeit entzieht sich jedoch weitgehend der Zuordnung zu überlieferten Denkmustern. Die semantischen Beziehungen innerhalb des Zyklus gewähren dem Leser keine konventionelle Vorgabe; sie stellen vielmehr eine geschlossene, nur in diesem Text geltende Sinneinheit dar. Offensichtlich ist das vor allem dort, wo Rilke eine eigene poetische Mythologie begründet und den Leser geradezu zwingt, die eingespielten Bedeutungsassoziationen vom Text fernzuhalten. Nach seiner eigenen Deutung sind die *Elegien* ein Versuch, den Begriff des Lebens über alle denkbaren Grenzen auszudehnen, selbst auf seinen Gegensatz, den Tod, die „unbeschienene Seite des Lebens". Das „Ganze", die Summe alles Seienden und Gewesenen, gilt es durch die Poesie zu bewahren. Die Kunst ist damit eine Form des Widerstandes gegen die Zeitlichkeit der Dinge. Poesie ist Bewahrung vergangenen und vergehenden Lebens, Verwandlung des „Sichtbaren" ins „Unsichtbare", in eine geistige Existenzform. Dieses Bewahren durch Verwandlung – ein zentrales Motiv der *Elegien* – deutet Rilke als eine Notwendigkeit in einer Zeit, in der die Tradition des Sichtbaren, der vertrauten Dinge mehr und mehr von einer Verunstaltung des Lebens durch „Schein-Dinge" verdrängt wird. Die *Zehnte Elegie* benennt die treibende Kraft dieses Entfremdungsprozesses: das Geld, das alles durchdringt und unwirklich macht.

Dem „Wirklichen" gelten die den *Elegien* aufs engste verwandten fünfundfünzig *Sonette an Orpheus* (1923). Der mythische Sänger verkörpert die ungebrochene Bereitschaft, das Dasein zu feiern, auch angesichts zivilisatorischer Bedrohungen, der Technik etwa, deren Entwicklung in verheerende Herrschaft umzuschlagen droht. Insgesamt ist der helle, auch sprachlich ruhigere Ton der *Sonette* von gelöster Zuversicht erfüllt. Kunst und Leben werden, utopisch, als Einheit gedacht. Die Hoffnung beruht auf der ersehnten Unmittelbarkeit im Umgang mit den Dingen – für die als Symbole Blume und Buch, Fingerring, Spange und Krug stehen. In Rilkes Zeichen des sinnvollen Lebens bilden Natur und Handwerk den Gegensatz zur scheinhaften Zivilisation. Der darin enthaltene Sinn wird zuweilen als ein grundsätzlicher Konservativismus mißverstanden; dabei wird übersehen, daß der Dichter nirgendwo die Bewahrung herkömmlicher Eigentumsverhältnisse fordert, ja daß seine Kritik überhaupt nicht in geläufige politische Kategorien übertragbar ist.

Es ist freilich kein Zufall, daß gerade das Spätwerk in der Rezeption als Stütze rein affirmativer politischer Ideologeme herhalten mußte. Mehr Widerstand boten die Werke aus der Periode des „genauen Sehens": die *Neuen Gedichte* sowie *Die Aufzeichnungen des Malte Laurids Brigge* (1910), der umfangreichste Prosatext. Analytische Ansätze der frühen Prosa erscheinen hier intensiviert: die geschilderte Umwelt wird gleichsam ohne schützende ideologische Hülle dem Blick preisgegeben. Voraussetzung ist die Schule des Sehens, die Rilke in der mittleren Periode durchmacht und über die er (am 4. November 1907) in einem Brief schreibt: „Ich fange an, Menschen zu sehen, merke auch schon die ‚Tiergesichter', die Ibsen sah, die Schnuten und Gebisse, bleibe aber nicht dabei; denn dahinter fängt es erst recht an, interessant zu werden und, über Abneigung und Antipathie hinaus, gerecht." Die Aufzeichnungen Maltes, eines in Paris lebenden jungen Dänen, sind fiktionale Prosa, tragen jedoch keine Gattungsbezeichnung. Rilkes traditionsbedingte Ansicht, der Roman als Gattung sei in das Grenzgebiet der Kunst zu verweisen, mag dabei mitgewirkt haben, vermutlich aber noch mehr seine Absicht, alles zu vermeiden, was mit „bürgerlicher Unterhaltung" verknüpft werden könnte.

Die Gesamterfahrung der Titelgestalt drückt denn auch eine tiefe Ratlosigkeit aus, ein begründetes Mißtrauen gegen überlieferte Ideologeme. Verfallserscheinungen sind Maltes stärkste Eindrücke: im Erlebnis der Großstadt, in den Kindheitserinnerungen aus dem herrschaftlichen Elternhaus. Herausfordernd im Hinblick auf konventionelle Lektüre-Erwartungen mußte vor allem die Sicht wirken, in der Paris erscheint: ohne Schönheit, Heiterkeit oder gar Glanz, nicht einmal als imposantes Häusermeer und Stätte erregender sozialer Dynamik wie in den naturalistischen Romanen, etwa bei Zola. Rilkes *Aufzeichnungen* weisen keinen Handlungszusammenhang im überlieferten Sinn auf, und so wirkt der Blick auf den tristen Alltag hinter den offiziellen Kulissen des städtischen Betriebs seltsam verloren und isoliert; Trauer und Einsamkeit prägen sich dafür um so stärker ein. „So, also hierher kommen die Leute, um zu leben, ich würde eher meinen, es stürbe sich hier." Das ist der erste Satz des Werkes, bezeichnend für einen Roman, der nicht zuletzt ein Buch über die mannigfaltigen Erfahrungen des Sterbens und des Todes ist, in existentieller wie auch in unmittelbar gesellschaftlicher Hinsicht. Ein anderes dominierendes Motiv ist die Einsicht in die Maskenhaftigkeit menschlichen Verhaltens, in die zahllosen Variationen der Täuschungen und des Truges in den Beziehungen der Menschen zueinander. Das Problem der Identität, der Wahrheit, die sich hinter der Maske verbirgt und eines Tages vielleicht völlig in der Maske aufgeht – das ist eine der beunruhigenden Fragen Maltes. „Ist es möglich, daß man trotz Erfindungen und Fortschritten, trotz Kultur, Religion und Weltweisheit an der Oberfläche des Lebens geblieben ist? Ist es möglich, daß man sogar diese Oberfläche, die doch immerhin etwas gewesen wäre, mit einem unglaublich langweiligen Stoff überzogen hat, so daß sie aussieht wie die Salonmöbel in den Sommerferien?"

Als Widerstand gegen die konventionellen Hüllen entfalten die *Aufzeichnungen* eine Ästhetik des Häßlichen, d. h. Ungeschminkten, sowie eine Ästhetik des durchdringenden, decouvrierenden Blickes. Sinnbildhaft ist in dieser Hinsicht eine der im ersten Teil des Romans zahlreichen Schilderungen abstoßender Anblicke: hier auf ein zur Hälfte abgerissenes Haus, dessen Innenseite man nun sieht – die schmutzigen Zimmerwände, die rostfleckige Rinne der Abortröhre, die in „wurmweichen, gleichsam verdauenden Bewegungen" durch den Raum kriecht, die feuchten Tapeten.

Diese Sicht – in der auch der Louvre nur als ein Zufluchtsort müder, frierender Menschen erscheint – ist für den ersten Teil ebenso bezeichnend wie für den zweiten die Suche nach sinnerhellenden Begebenheiten, nach symbolischen Exempla. Zu den Motiven des Verfalls und der Maskenhaftigkeit gesellen sich Andeutungen metaphysischer Problematik, Gedanken, die um einen möglichen Gottesbegriff kreisen: einen individuellen, menschlich-immanenten, für den Gott „nur eine Richtung der Liebe ist, kein Liebesgegenstand".

Die *Aufzeichnungen* thematisieren den Gedanken, daß künstlerische Form eine Sinnstruktur ist, Ergebnis einer Vorentscheidung, das Leben in einer bestimmten gestalthaften Ordnung zu sehen. Der Verzicht auf vorgegebene mentale Strukturen äußert sich in diesem Werk als eine Krise der Darbietungsform: beherrscht wird sie von der Gewißheit Maltes, daß traditionelles Erzählen seinen Erfahrungen nicht mehr angemessen sei, die Vergegenwärtigung des Erfahrenen mit neuen Mitteln erzwungen werden müsse. Der fragmentarische, tastende Charakter des Werkes ist ein zwingender Ausdruck dieser Suche. Obwohl Rilkes Prosa auffällige Innovationen vermeidet, gehören die *Aufzeichnungen* zu den kühnsten künstlerischen Versuchen des Jahrhundertbeginns. Es gibt nur wenige Werke im weltliterarischen Rahmen der Epoche, die in der Darstellung negativer Erfahrung mit ihnen vergleichbar wären; am ehesten sind das die – von Rilke bewunderten – späten Dramen Strindbergs. In der Geschichte des neueren introspektiven Romans gehört der *Malte* zu den bahnbrechenden Leistungen.

Gegennaturalistische Bestrebungen im Drama

Den Weg wiesen so unterschiedliche Autoren wie Ibsen, Maeterlinck und Hauptmann. Ibsens späte Dramen, etwa von *Rosmersholm* an, ließen erkennen, daß sich gerade im Werk des Autors, dem der gesamte europäische Naturalismus stärkste Impulse zu verdanken hatte, ästhetische Möglichkeiten abzeichneten, die dem orthodoxen Naturalismus fremd sein mußten. Während bei Ibsen jedoch verschiedene Akzentsetzungen zu erwägen waren, konnte es als ausgemacht gelten, daß die Bühnenwerke des französisch schreibenden Flamen Maurice Maeterlinck, wie etwa *L'intruse* (1890), *Les aveugles* (1890), *Pelléas et Mélisande* (1892) und *Intérieur* (1894), dem Theater eine Zeichensprache verliehen, die mit dem Naturalismus kaum noch gemeinsame Züge aufwies. Nicht umsonst stand die mehr oder minder demonstrativ betonte Absage an den Naturalismus in mehreren Ländern im Zeichen der Maeterlinck-Rezeption. Bei Hauptmann setzte sich eine zweite, nicht mehr naturalistische Dramatik nach Ansetzen in *Hanneles Himmelfahrt* endgültig – und höchst publikumswirksam – im „deutschen Märchendrama" *Die versunkene Glocke* durch. Auf die Uraufführung 1896 in Berlin folgten zahllose Inszenierungen und Buchausgaben. Das heute so gut wie vergessene Werk war Hauptmanns größter Erfolg: nach den „Zumutungen" der naturalistischen Stücke atmete das Publikum sichtlich auf und gab zu erkennen, daß ihm hochsymbolisches Geraune im Theater immer noch lieber sei als das, was man naturalistische Elendsmalerei nannte. Über die Ingredienzien des Erfolgs erfährt man Bezeichnendes bei einem Zeitgenossen Hauptmanns, dem Literarhistoriker Adalbert von Hanstein *(Das jüngste Deutschland,* 1900):

„Was aber in diesem erfolgreichsten aller Schauspiele der letzten Jahre ganz vortrefflich gelungen, und was auch für das großstädtische Publikum ein wahres Labsal bildet, das ist die Märchenstimmung des rauschenden Bergwaldes, das ist die warme und reiche Belebung der Natur. Die Bühne, die so lange, besonders auch durch Hauptmanns Anregung, zu einer Marterkammer geworden war, atmet hier den satten würzigen Waldduft, und eigenartig reizvoll sind die Gestalten, die sich hier tummeln. Daher war der Erfolg des Stückes auch ein so ungeheurer. Außer den unzähligen Aufführungen in aller Welt erlebte allein die Buchausgabe in drei Jahren über vierzig Auflagen."

Die unter dem Begriff Gegennaturalismus allerdings nur sehr pauschal erfaßbaren Bestrebungen äußerten sich auf unterschiedliche Weise, zuweilen in starken Gegensätzen. Zu bedenken ist ferner, daß bei manchen Autoren, so bei Hauptmann oder beim späteren Arno Holz, der Gegensatz zum Naturalismus subjektiv gar nicht vorhanden, jedenfalls nicht beabsichtigt war. Ferner darf das Bühnenschaffen der Zeit nicht ausschließlich unter dem

Gesichtspunkt des Für und Wider im Hinblick auf den Naturalismus gesehen werden. Neben der Spielplan- und Inszenierungspraxis der modernistischen Bühnen gab es eine seit Nachmärz und Gründerzeit immer noch wirksame Tradition des spätklassizistischen bzw. historistischen Stils aus dem Umkreis der Hoftheater. Eine der Orientierungen innerhalb des Stilpluralismus der Jahrhundertwende, das ‚neuromantische' Ausstattungsdrama, oft mit großem Aufwand inszeniert, konnte ohne einen spürbaren Bruch an traditionelle Muster anknüpfen. Freilich setzte sich nach der Jahrhundertwende auch im Bereich des großräumigen Theaters ein vom Historismus abrückender Inszenierungsstil durch, namentlich unter dem Einfluß des englischen Bühnenbildners und Theatertheoretikers Edward Gordon Craig, dessen Schrift *The Art of Theatre* schon früh, 1905, in deutscher Übersetzung erschien. Die Bestrebungen Craigs und Appias, später auch Reinhardts, Meyerholds u. a., die Bühne vom naturalistischen Detail zu befreien und den Spielraum durch symbolische Form- und Farbwerte zu gliedern, bereiteten dem expressionistischen Theater den Boden. Die Erfolgsstücke einer farbig-dekorativen, aus der Welt der Mythen schöpfenden Bühnenkunst waren Dramen von Ernst Hardt (besonders *Tantris der Narr*, 1907, eine Variante des Tristan-Stoffes) und Karl Gustav Vollmoeller.

Eine andere dem Naturalismus gegenläufige Tendenz fand ihre Verwirklichung in der Stimmungskunst der kleinen Bühnen, der Kammerspiele, deren Losungswort der programmatische Begriff ‚Intimes Theater' war. Starke Wirkungen gingen hier vor allem von Maeterlinck aus. Die nicht selten auf okkulten oder ganz allgemein auf volksmythologischen Vorstellungen beruhende Stimmungsmagie des *symbolistischen* Theaters wurde um die Jahrhundertwende als eine Entdeckung der verborgensten Seelenregungen für das Theater empfunden. Johannes Schlaf schrieb 1906 in einer Studie über den belgischen Dichter, dieser habe es „als Erster zu stande gebracht, die Seele in völliger [. . .] Reinheit ein einziges Mal auf dem hier so widerstrebenden Wirkungsgebiet des Dramas und für einen verschwindenden Augenblick in das Licht der Deutlichkeit zu rücken, und in durchaus erstaunlicher, man muß fast sagen, adäquater Weise Idole von seelischen Untergrundstimmungen und -mächten an die Stelle der handelnden Personen eines Dramas zu setzen". Hofmannsthals Kleine Dramen, z. T. ebenfalls in den frühen neunziger Jahren entstanden, sind eine eigentümliche Ausprägung der erstmals von Maeterlinck erprobten Dramaturgie, ebenso manche der Kammerspiele von Strindberg, in der englischsprachigen Literatur der Zeit die meisten Stücke von William Butler Yeats.

Fließend ist die Grenze zum Naturalismus im Bereich jener Erscheinungsformen des ‚Intimen Theaters', die zum impressionistischen Einakter hinneigten oder in Gestalt von Dialogskizzen das Theater mit der Kleinkunstbühne des Kabaretts vertauschten. Das Punktuelle, absichtlich

Flüchtige galt als Trumpf. Alfred Kerr begrüßte es bei Schnitzler enthusiastisch: als „Gegengewicht gegen die tiefe Verbortheit des Holz-Schlaf-Naturalismus“. Schnitzler verzichte zum Glück auf die Vollständigkeit und setze die Andeutung an deren Stelle. „Er gibt ein Bild, ein einziges Wort, das eine Stimmung heraufzaubert, statt diese Stimmung schweißtriefend und langwierig zu malen. Er ist ein Dichter, kein Ausarbeiter. Er stammt aus Apolloland, nicht aus Friedrichshagen“ (1896, aufgenommen in die Sammlung *Die Welt im Drama*, I).

Gemessen an der Farbigkeit impressionistischer oder symbolistischer Texte nimmt sich die Produktion der sogenannten *Neuen Klassik*, einer weiteren Orientierung innerhalb des Stilpluralismus der Jahrhundertwende, eher farblos aus. Die von *Paul Ernst* (1866–1933), *Wilhelm von Scholz* (1874–1969) und *Samuel Lublinski* (1868–1910) in Theorie und Praxis vertretene Richtung verdient weniger unter literarischen, um so mehr aber unter zeitgeschichtlichen Gesichtspunkten Beachtung. Von deren Protagonisten wurde die Neue Klassik als ein Beitrag zur „Monumentalkunst“ der Gegenwart begriffen, in polemischer Abgrenzung gegenüber der naturalistischen Milieutheorie sowie der „Nervenkunst“ der Impressionisten. Man könnte das künstlerisch konservative Schaffen dieser Autoren als ein mit wilhelminischer Gebärde ausgestattetes Epigonentum in der Art der Hebbel-Nachfolge abtun, wenn nicht auch kritische Elemente, zumindest ansatzweise, spürbar wären. Zu denken gibt schon der Umstand, daß zwei von den genannten Schriftstellern, Ernst und Lublinski, in ihrer Frühzeit gesellschaftskritische (auch marxistische) Erkenntnisse rezipierten. Über die Schwierigkeiten, die Ernst dabei begleiteten, ist in einem Brief (vom 5. Juni 1890) von Friedrich Engels an den damals noch sozialdemokratisch orientierten jungen Autor nachzulesen. Auch später noch setzt sich bei ihm, mit völlig konträren Überzeugungen vermischt, die Auffassung durch, die moderne Kunst sei ein bürgerliches Luxusprodukt, eine Verfallserscheinung, der man mit der Besinnung auf lebensfähige Traditionen begegnen müsse.

Es ist daher mehr als ein Kuriosum, daß entscheidende Werke der drei Autoren am selben Ort entstanden, in Weimar, dessen kultureller Nimbus nicht ohne Einfluß auf die Entwicklung neuklassischer Bestrebungen war. In den Jahren nach 1900 zeichnete sich die Tendenz ab, die Goethe-Stadt erneut zu einem literarischen und künstlerischen Sammelpunkt zu machen; so hatten zahlreiche Schriftsteller, darunter die Neuklassiker, für kürzere oder längere Zeit dort ihren Wohnsitz. Die Dramatiker konnten mit Uraufführungen im Weimarer Theater rechnen, vor allem, da es ihnen nicht schwerfiel, sich einem Spielplan anzupassen, in dem die Dramen Wildenbruchs stark vertreten waren. (Die Tradition Weimars als Kunststadt wirkte sich auch später noch aus, etwa bei der Gründung des „Bauhauses“ 1919.)

Die Theorie ging bei den Neuklassikern z. T. der Praxis voraus. Als Programm galt vor allem Ernsts Buch *Der Weg zur Form* (1906), das auch früher veröffentlichte Aufsätze versammelt, sowie die von Scholz vorgelegten *Gedanken zum Drama* (1905). Als vorwiegend polemische, gegen die naturalistischen und „dekadenten" Zeitgenossen gerichtete Bestandsaufnahme moderner Literatur kamen Lublinskis Bücher *Die Bilanz der Moderne* (1904) und *Der Ausgang der Moderne. Ein Buch der Opposition* (1909) hinzu. „Wir hoffen", heißt es in Ernsts Aufsatz *Unsere Absichten*, „daß eine dramatische Dichtung bevorsteht, welche jene Konstruktion des Lebens schafft, die uns heute gleichzeitig als wahr erscheint und die ästhetischen Erschütterungen erzeugt." Ziel ist „Wahrheit" ohne Naturalismus: „wir wollen ein neues Pathos, ein Pathos, das aus den Willenselementen unserer Zeit erwuchs und auf die Willenselemente unserer Zeit wirkt." Im Grunde ergab sich jedoch eine – eher gegen die Zeit gerichtete – künstlerische Konzeption, der man es anmerkte, wie angestrengt konservative Satzungen als Zukunftswerte ausgegeben wurden. Konservativ war schon das Festhalten an alten, durch den Realismus längst schon aufgelockerten Gattungshierarchien: Als mustergültig wurden die Tragödie (und Komödie) empfohlen, in der Erzählkunst das Epos und die Novelle. „Das Drama ist im Ästhetischen der vollkommenste Ausdruck für die Kraft, den Willen, die Leidenschaft und die Idealität einer Kultur", verkündet Lublinski im *Ausgang der Moderne* und greift damit den Gattungstopos vom absoluten Vorrang des Dramas auf, der infolge der besonderen sozialen Funktion des Theaters in Deutschland tiefe Wurzeln schlug und spätestens seit Hegel in Ästhetik und Poetik unangefochtene Geltung besaß. Eine konservative Entsprechung dazu ist das Mißtrauen gegenüber dem „formlosen", klassisch nicht legitimierten Roman.

Namentlich bei Paul Ernst erscheint die Tragödientheorie von handfesten Ideologemen gestützt, so von der Behauptung, die Entdeckung des „vierten Standes" für die Dichtung sei durchaus nicht so wertvoll, wie man anzunehmen pflegt. Ernst versucht die barocke Ständeklausel, wonach nur die Spitzen der gesellschaftlichen Hierarchie tragödienfähig seien, mit dem ästhetischen Argument zu verteidigen, das Gefüge der Tragödie setze geistige Unabhängigkeit und Entscheidungen voraus – und damit Protagonisten, die freie, d. h. herrschende Menschen sind. Solche Gestalten begreift Ernst (auch in seinen eigenen Tragödien, etwa in *Demetrios*, 1905 und *Brunhild*, 1909) vor allem als Ideenträger und Schnittpunkte in der Konstruktion tragischer Konflikte. Psychologie und Milieu, naturalistische Elemente, treten zugunsten eines idealistischen Pathos zeitenthobener Ideen zurück. Moralische Gegensätze gelten dabei als ein Ausdruck unverrückbarer, absolut gesetzter Begriffe, jener Ideen, für die die Gestalten letztlich nur als Vollstrecker fungieren. „Der schlimmste Feind alles Tragischen aber ist die Ansicht von der Bedingtheit aller Sittlichkeit", schreibt Ernst in dem für seine Anschauungen grundlegenden Essay *Das Drama und die moderne Weltanschauung* (1899). „Als Euripides den Satz aufstellte, daß dieselbe Handlung gut und böse sein könne, je nach der Person und den Umständen, da war die griechische Tragödie zu Ende. Denn wenn es keine objektiven, allgemeinen und unter allen Umständen gültigen Regeln der Sittlichkeit gibt, [. . .] dann gibt es keinen sittlichen Kampf mehr; dann gibt es eben nur noch ein Verstehen." Man darf annehmen, daß die Polemik, die in Hauptmanns *Ratten* gegen einen die Dramengestalten hierarchisierenden Klassizismus geführt wird, sicherlich auch Ernsts damals aktueller konservativer Poetik galt.

Es ist begreiflich, daß Ernsts Gedanken namentlich innerhalb der verschiedenen philosophischen Strömungen zu Beginn des Jahrhunderts gewürdigt wurden. So widmete der junge Lukács der Theorie Ernsts einen spekulativen Essay (*Metaphysik der Tragödie*, aufgenommen in den Band *Die Seele und die Formen*, 1911). Lukács stand mehrere Jahre im Briefwechsel mit Ernst. In der Geschichte des Dramas war die Wirkung viel bescheidener. Das Dramenschaffen von Ernst, Lublinski und Scholz erwies sich in kurzer Zeit als ein frostiger Klassizismus: Der Blankvers als sprachliche Stilisierungskategorie sowie die an Hebbel erinnernden Stoffe aus Mythos und Geschichte („Ein Drama großen Stils spielt mit Vorteil in entlegener oder phantastischer Zeit", forderte Scholz) waren die ästhetisch restaurativen Stützen dieser dramatischen Denkspiele. Wie die meisten neuromantischen Bühnenwerke geriet auch die neuklassische Produktion – sieht man von einer gewissen Ernst-Pflege im Dritten Reich ab – bald in Vergessenheit. Ein in mancher Hinsicht eindrucksvolles Drama wie Scholz' *Der Jude von Konstanz* (1905), die Tragödie eines auf Ausgleich bedachten Einzelnen zwischen den eifernden Parteien, verdiente auch heute noch Aufmerksamkeit. Im Hinblick auf das Korpus der „Klassik" um 1900 bildet jedoch dieses Werk eher eine Ausnahme.

Die Rolle des Romans

Der Roman um die Jahrhundertwende läßt kein einheitliches literarisches Programm erkennen, wenn auch der Stilpluralismus der Epoche in seinem Bereich nicht voll ausgeprägt ist. Die naturalistische Doktrin, fruchtbar im Drama, hatte im deutschen Roman keine prägende Kraft. Von einer mit Zola vergleichbaren Leistung kann nicht die Rede sein. Es ist daher bezeichnend, daß der Roman in Deutschland (in Österreich spielt er zu diesem Zeitpunkt ohnehin eine geringere Rolle) gerade dort Höhepunkte zu verzeichnen hat, wo er sich im Grunde vom Naturalismus entfernt (und im übrigen Zolas Werke an ästhetischer Potenz übertrifft). Thomas Manns *Buddenbrooks* sind das geläufigste Beispiel. Einzelne naturalistische Stilmerkmale wurden vom Autor dankbar verwertet; doch mehr hatte er mit dem Naturalismus nicht im Sinn, und schon gar nicht mit der deutschen, „konsequenten" Variante, die um 1890 Holz und Schlaf vorgeführt hatten. In der literarischen Publizistik wurde das Interesse für Zola nach und nach von der Aufmerksamkeit verdrängt, die Autoren wie Jacobsen, Bang, Hamsun, Maeterlinck, Huysmans, d'Annunzio und Wilde hervorriefen. Impressionistische Bestrebungen setzten sich ebenso durch wie manche ästhetizistischen Maximen, die Aneignung des dekorativen Prinzips aus dem malerischen Jugendstil kam nicht weniger zur Geltung als die Begeisterung für den Lebenskult der Nietzsche-Anhänger und der Lebensreformer.

Unter den Romanen von künstlerischem Anspruch, welche die literarische Saison ihres Erscheinungsjahres überlebten, befinden sich auffallend viele Werke, die fast ausschließlich dem Erfahrungshorizont großbürgerlicher oder adeliger Kreise entsprechen. Das Schaffen von Ricarda und Friedrich Huch, Eduard von Keyserling und Bernhard Kellermann, zum Teil auch von Hesse und Wassermann ist hier vor allem zu nennen. Die Tönung der Romane und Erzählungen ist vorwiegend elegisch, die stoffliche Grundlage – sieht man von Wassermann ab – durchaus schmal. Die sublimen, in der Regel privaten, „innerlichen" Erfahrungen sensibler, leicht verletzlicher Menschen, die in gesellschaftlicher Sekurität leben, bilden zumeist das Gefüge der erzählten Welt. Unübersehbar ist, daß diese Welt von Krisen heimgesucht wird, von feinen Erschütterungen, die kaum ahnen lassen, was sich außerhalb der dargebotenen Erfahrungsausschnitte an gesellschaftlichen Prozessen ereignet. Über Ehekrisen, Spannungen in der Familie, Pubertätsnöte kommen diese Erzähler nur selten hinaus. Um so eindringlicher zeigen sie, daß der Untertitel der *Buddenbrooks*, „Verfall einer Familie", paradigmatische Geltung beanspruchen darf. Von Verfall und

Niedergang war damals allenthalben die Rede; die Legitimitätskrise des Adels sowie alter bürgerlicher Schichten, etwa des Patriziats, ließ das Modewort ‚Dekadenz' aufkommen. Leise geht die Welt zugrunde, ist man versucht zu sagen. Als leise, diskret empfindet man die stilistischen Werte der meisten Texte: der namentlich bei Autoren der Wiener Moderne ausgebildete impressionistische Stil wird von deutschen Autoren auch innerhalb erzählender Großformen erprobt. Wie Thomas Mann konnten sich die meisten auf Fontane berufen, dessen gedämpfte Sprache als Muster einer einheimischen Tradition gelten durfte. Ältere, auch romantische Vorbilder wurden im Schaffen Ricarda Huchs wirksam.

Gemeinsam ist allen diesen Werken, die meisten frühen Werke Thomas und Heinrich Manns mit eingeschlossen, das Abrücken von den im Realismus vorherrschenden Erzählformen, namentlich von der Praxis der kommentierenden, allwissenden Erzählrolle. Die Unsicherheit gegenüber der Realität offenbart sich in der Neigung der Autoren, die älteren, eine Erfahrungstotalität suggerierenden Erzählmuster, etwa in der Tradition des Entwicklungsromans, durch mosaikartige Zustandsschilderungen zu ersetzen. Man betrachte daraufhin nur die Anfänge sowie die Schlußpassagen repräsentativer Erzählwerke der Jahrhundertwende: die alles in der Schwebe lassende Unbestimmtheit, die vage „Offenheit" der Erzählweise, und vergleiche sie mit der auf sorgfältige Orientierung des Lesers bedachten Technik des realistischen Romans im 19. Jahrhundert. Formbildend ist fast ausschließlich die Perspektive der subjektiven Wahrnehmungen der handelnden bzw. erlebenden Gestalten selbst. Mit dem – von Zola und Henry James programmatisch geforderten – Ausschluß des Erzählers schwindet das zentrale, Zusammenhang und Überschau stiftende Erzählbewußtsein. An dessen Stelle tritt das isolierende, auf das Erfassen von Ausschnitten gerichtete Bewußtsein der Figuren: was nicht der Dialog (das beliebte Medium Fontanes) leisten kann, wird inneren, stummen Vorgängen anvertraut. Auffallend ist allerdings die in manchen Werken sehr ausgeprägte Tendenz, den Grundsatz der immanenten Figurenperspektive durch eine die Situationen überhöhende lyrische Rede zu durchbrechen, durch eine gleichsam anonyme, nicht näher definierbare poetische „Stimme". Das gilt in besonderem Maße von Werken, in denen die folgerichtige, auf eine konkrete Wahrnehmungswelt zielende impressionistische Faktur verdrängt wird zugunsten einer dekorativen, „poetisch" gesteigerten Bilderflut. In solchen Texten – bei Ricarda Huch ist das oft der Fall – ist trotz des subjektbezogenen Erzählens erkennbar, daß es sich um „Literatur", einen hochartifiziellen Gebrauch der Sprache handelt.

Die Brüder Mann. Thomas Mann und die ‚décadence'

So rasch sich der Naturalismus als literarische ‚Schule' auch überlebte, so folgenreich sollten doch seine Stilexperimente und mimetischen Innovationen für die Literatur seit der Jahrhundertwende sein. Thomas Mann (1875–1955) hat nicht ganz zu Unrecht seine *Buddenbrooks* (erschienen bei S. Fischer, 1901), den wohl berühmtesten deutschen Roman des 20. Jahrhunderts, in den *Betrachtungen eines Unpolitischen* als den „vielleicht ersten und einzigen naturalistischen Roman" in Deutschland bezeichnet. In der Tat berühren sich bei allen inhaltlichen und stilistischen Divergenzen *Buddenbrooks* mit dem naturalistischen Roman in wesentlichen Punkten: durch das Thema des *Verfalls einer Familie* (so der Untertitel des Romans) wie durch repräsentative Elemente der Erzähltechnik vom Montageverfahren bis zum Sekundenstil (ein Musterbeispiel dafür findet sich im Kapitel IV/11). Gleich der unvermittelte Beginn des Romans – der Vorhang öffnet sich abrupt, und wir werden in medias res versetzt – weist auf ein Strukturmerkmal naturalistischer Prosa zurück (es sei an den Anfang des *Papa Hamlet* erinnert): „Was ist das. – Was – ist das . . ." – „Je, den Düwel ook, c'est la question, ma très chère demoiselle!" Ein Dialogfetzen ersetzt den eigentlich zu erwartenden epischen Eingang. Wir wissen noch nicht, wer redet; erst im Verlauf des folgenden Erzähltextes wird uns klar, daß es sich um die achtjährige Antonie Buddenbrook und ihren Großvater, den hanseatischen Kaufmann Johann Buddenbrook handelt.

Die Beliebigkeit des Beginns ist freilich nur Schein, seine Zufälligkeit entspringt in Wirklichkeit höchster Absicht. In den beiden ersten Zeilen des Romans steckt schon dessen ganze Problematik und zugleich ein Stück Kulturgeschichte des deutschen Bürgertums. Bei dem „Was ist das" geht es um eine Katechismusfrage, und die Reaktion des Großvaters spiegelt dessen Spott und leichten Unwillen über die in seinem Hause um sich greifenden religiösen „Flausen" wider. Johann Buddenbrook ist ein Kind des aufgeklärten Zeitalters, freigeistig und weltoffen. Der für seine Redeweise typische unvermittelte Wechsel zwischen Plattdeutsch und Französisch dokumentiert das für den gebildeten Bürger im kleinstaatlich zersplitterten Deutschland des 18. Jahrhunderts typische Beieinander von Provinzialismus und Kosmopolitismus, das der Entwicklung eines Nationalbewußtseins entgegensteht. Goethe, dessen Weimar die Synthese des Provinziellen und Weltbürgerlichen einzigartig verkörpert und bis ins 19. Jahrhundert verlängert hat, ist zu Beginn der Romanhandlung (1835) drei Jahre tot. Eine neue Generation, weniger provinziell und weniger weltbürgerlich zugleich, erheblich ‚deutscher' also, prägt den Zeitgeist: sie wird durch den bei jenem Dialog zwischen Großvater und Enkelin ebenfalls anwesenden Konsul Buddenbrook repräsentiert, der im Gegensatz zu seinem skeptisch-rationalistischen Vater von einer stark gefühlshaltigen, pietistischen Religiosität geprägt ist und seine Kinder im Geiste des Katechismus erzieht.

Die pietistisch-empfindsame Frömmigkeit des Konsuls, auf die schon die Katechismusfrage der ersten Romanzeile hinweist, ist gewissermaßen der Anfang vom Ende, das erste Signal des *Verfalls einer Familie*. Diese Religiosität bedeutet bereits, daß der naive Lebensoptimismus des alten Buddenbrook, die noch durch keine Sentimentalität und Reflexion gebrochene Tat- und Unternehmerfreude nun von des Gedankens Blässe angekränkelt ist. Der Konsul ist der „erste seines Geschlechts", der „unalltägliche, unbürgerliche und differenzierte Gefühle" kennt und ehrt. Wo diese freilich „mit seinem nüchternen und praktischen Geschäftssinn in Hader" liegen (im Falle Gottholds und Grünlichs), siegt nach kurzer Güterabwägung unweigerlich das Geschäftsinteresse. Daß aber dieses Interesse überhaupt Gegenstand der relativierenden Reflexion sein kann, das ist bereits ein Dekadenzsymptom. Auch das protestantische Ethos des „Arbeitens, Betens und Sparens" (die Mahnung des Konsuls in seinem Brief an Thomas in Amsterdam!) wird nicht etwa wie bei Max Weber (*Die protestantische Ethik und der Geist des Kapitalismus*, 1904) als Korrelat des kapitalistischen Geistes, sondern im Gegenteil als Zeichen der Verkrampfung und damit als Schwächung geschäftlicher Tüchtigkeit gedeutet.

Der skrupulös-wägende Konsul wird das väterliche Geschäft nach dessen Kapitalschwächung durch testamentarische Verpflichtungen und auszuzahlende Mitgiften nicht mehr auf seine einstige Höhe zurückführen können. Unter seinem Sohn Thomas geht es trotz vorübergehender Scheinblüte mit der Firma weiter bergab. Die Religiosität des Konsuls ist die erste Erscheinungsform der ‚décadence', des Vitalitätschwunds in dem alten Kaufmannsgeschlecht, die sich besonders in der zunehmenden Anfälligkeit für Krankheiten, der immer kürzeren Lebensdauer der Familienoberhäupter und der quälenderen Art ihres Sterbens ausdrückt. Der biologische Verfall bei gleichzeitiger geistig-ästhetischer Sensibilisierung steigert sich in Thomas Buddenbrooks Neigung zur differenzierten „Reflexion" (der er auch seine anfänglichen geschäftlichen Scheinerfolge verdankt) sowie zur Literatur, die von einer nervös-ästhetischen Veranlagung zeugt, und erreicht ihren End- und Höhepunkt in Hannos Krankheit zum Tode: dem Verfallensein an die Musik (vor allem Richard Wagners). Thomas' Tod hat die Liquidation der Firma zur Folge, mit Hanno verlischt die männliche Linie des Geschlechts.

Was sich hier vollzieht, ist in erster Linie kein gesellschaftlicher, sondern ein biologischer und, auf anderer Ebene, ein philosophischer Prozeß: die ästhetische Überwindung des ‚Willens zum Leben' im Sinne der (von Thomas Buddenbrook am Ende seines Lebens studierten) Philosophie Schopenhauers, bedingt und begleitet von biologischer Degeneration und Enttüchtigung. Die biogenetische, nur sporadisch sozialgeschichtliche Begründung des Verfalls weist auf den Naturalismus zurück. Die sozialen Prozesse vollziehen sich im ewigen Kreislauf von Aufstieg und Verfall, nach dem Modell organischen Werdens und Vergehens. Freilich tritt das Gleiche in immer neuen Metamorphosen auf, so daß in *Buddenbrooks* trotz ihres zyklischen Geschichtsbildes die unverwechselbare Physiognomie einer historischen Periode und eines geographischen Raums (Lübeck) doch anschaulich in Erscheinung tritt.

„Wenn das Haus fertig ist, so kommt der Tod." Dieses Sprichwort zitiert Thomas Buddenbrook, als er in sein eigenes Haus einzieht. Das Haus ist nach der abergläubisch-fatalistischen Überzeugung von Thomas eines der „äußeren, sichtbarlichen und greifbaren Zeichen und Symbole des Glücks und Aufstieges", die „erst erscheinen, wenn in Wahrheit alles schon wieder abwärts geht".

Der Einzug ins neue Haus als erstes Signal des Verfalls – zu diesem Motiv ist Thomas Mann offensichtlich durch Wagners *Rheingold* inspiriert worden. Wotan sucht seine Macht durch den Bau Walhalls zu demonstrieren, und paradoxerweise ist auch hier der Einzug in die Götterburg der „Anfang vom Ende": „Ihrem Ende eilen sie zu, / die so stark im Bestehen sich wähnen." So lautet, auf die Götterdämmerung vorausweisend, der mephistophelische Kommentar Loges am Schluß des *Rheingold*.

Das im Grunde geschichtsfremde pessimistisch-zyklische Entwicklungsgesetz, unter das der Verfasser der *Buddenbrooks* den „Verfall einer Familie" bringt, steht in Widerspruch zu der seit Georg Lukács immer wieder vorgetragenen Interpretation dieses Verfalls im Sinne der sozialgeschichtlich bedingten Ablösung des alten patrizischen Bürgertums durch die (in Hermann Hagenström verkörperte) moderne Bourgeoisie. Eine solche Interpretation unterstellt, daß Thomas Mann die Geschichte als fortschreitenden Prozeß verstanden hat. Davon kann keine Rede sein, obwohl das zyklische Geschichtsmodell der *Buddenbrooks* immer wieder durch sozialgeschichtlich exakte Beobachtungen durchbrochen wird.

Trotz vieler ‚bourgeoiser‘ Züge ist Hagenström nämlich kein typischer Repräsentant der Bourgeoisie vor und während der Gründerzeit. Sein Handelsunternehmen gehört einem relativ rückständigen wirtschaftlichen Bereich an, er operiert noch nicht wie der moderne Kapitalist mit Finanz- und Industriekapital. Überhaupt gehen die großen ökonomischen und politischen Bewegungen an Lübeck, dem Schauplatz der Handlung, weitgehend vorbei. Der wirtschaftliche Aufschwung des Reiches nach 1870 wird nur von ferne und vage beobachtet, schon die Revolution von 1848 blieb im Rahmen einer provinziellen Idylle, wie ja Lübeck ohnehin seine einstige Bedeutung als Handelsmetropole verlor; durch den erst 1867 erfolgten Beitritt zum Zollverein blieb die ehemals blühende Hansestadt in den entscheidenden Jahrzehnten von den lukrativen Märkten ausgeschlossen und wurde so eine deutsche Mittelstadt unter anderen, abseits von der Via triumphalis der neuen Wirtschaftsmacht. Details der politischen und wirtschaftlichen Entwicklung Lübecks erfährt der Leser des Romans nur am Rande. Abgesehen von dem bei jeder Testamentseröffnung der Buddenbrooks genau vorgerechneten Familienvermögen – durch dessen kontinuierliche Abnahme der Prozeß fortschreitender Entbürgerlichung statistisch objektiviert wird – bleiben die ökonomischen und betriebstechnischen Realitäten weithin im Dunklen. In der wiederholten Auflistung des Familienvermögens manifestiert sich zudem ein vorkapitalistisches Kapitalverständnis, ein fast noch feudales Junktim von Besitz und Ehre: der Stand des ruhenden Kapitals signalisiert die bürgerliche Bonität des Besitzers. All dies – in Verbindung mit der pessimistisch-zyklischen Annihilation der Geschichte – entfernt die *Buddenbrooks* vom modernen Sozialroman à la Zola (dessen letzter Romanzyklus *Les quatre Evangiles* gleichzeitig entsteht).

Im Grunde schreibt Thomas Mann weniger einen sozialen als einen psychologischen Roman. Ursprünglich hat er nur eine „Knabennovelle" geplant: die Geschichte Hannos, des nicht mehr lebenstüchtigen hypersensiblen décadent am Ende einer vom allmählich schwindenden ‚Willen zum Leben' geprägten Familiengeschichte. Diese Novelle wäre ein Seitenstück zur Erzählung *Der Bajazzo* (1897) geworden, deren Schauplatz auch das nicht genannte Lübeck ist. Ihr ‚Held', wie Hanno und mehr noch wie sein Onkel Christian Buddenbrook ein steckengebliebener Künstler, ein unproduktiver Ästhet, ist ebenfalls der letzte Sprößling der über vier Generationen sich erstreckenden Geschichte eines patrizischen Kaufmannsgeschlechts, dessen „Firma" nach dem Tode des Vaters der Titelgestalt liquidiert wird. Noch einmal wird dieses Modell eines Verfallsprozesses – das Thomas Mann aus der Geschichte seiner eigenen Familie abgeleitet hat – in *Tonio Kröger* (1903) wiederkehren. Hier ist es zwar, wie im Falle der Brüder Mann, nicht ein ‚Bajazzo', mit dem die patrizische Familiengeschichte endet, sondern ein wirklicher Künstler, aber auch „die alte Familie der Kröger war nach und nach in einen Zustand des Abbröckelns und der Zersetzung geraten, und die Leute hatten Grund, Tonio Krögers eigenes Sein und Wesen ebenfalls zu den Merkmalen dieses Zustandes zu rechnen". Auch hier wird die Firma zu Lebzeiten des letzten Namensträgers „ausgelöscht".

Anders als in den Novellen ist Thomas Mann im Falle der „Geschichte des sensitiven Spätlings Hanno" durch seinen „epischen Instinkt" gedrängt worden, „ab ovo zu beginnen und die gesamte Vorgeschichte mit aufzunehmen" (*Zu einem Kapitel aus „Buddenbrooks"*). Die Genese des Romans gleicht nach Thomas Manns eigener Überzeugung dem von ihm immer wieder beschriebenen Entstehungsprozeß der Wagnerschen Nibelungen-Tetralogie, der ebenfalls durch den epischen Instinkt, ab ovo beginnen zu müssen, motivierten rückwirkenden Erweiterung des Dramas *Siegfrieds Tod* zu einem Zyklus von vier Musikdramen (vgl. die vier Generationen umspannende Handlung der *Buddenbrooks*!), durch die das ursprünglich einzige Werk nun das Schlußstück des Ganzen geworden ist (*Götterdämmerung*).

Was in den *Buddenbrooks* ursprünglich Vorgeschichte sein sollte, wird schließlich zur Haupthandlung des Romans. Dessen Hauptperson ist nicht mehr Hanno, sondern sein Vater Thomas. Er bildet psychologisch die Mitte zwischen seinem zum exzentrischen, psychopathischen Außenseiter und ‚Bajazzo' entarteten Bruder Christian – dessen „Sein und Wesen" er als tödliche „Gefahr" für sich selbst bekämpft, da es die unbürgerliche Seite seines eigenen Wesens darstellt – und seiner Schwester Tony, welche mit naiver Unbekümmertheit den alten Familienstolz und die optimistische Lebenswillentlichkeit des Großvaters in gänzlich veränderte Verhältnisse hinüberzuretten sucht. Thomas vermag zum letztenmal den Beruf des Kaufmanns durchzuhalten – freilich nur in einem seine Kräfte überspannenden Widerstand gegen seine ganz anders geartete Natur. Die äußere Demonstration seiner Bürgerlichkeit, die krampfhaft bewahrte „Contenance", d. h. die Unterdrückung der „Empfindungen", deren Beobachtung und Kultivierung seinen Bruder Christian prägt (das von seinem religiösen Grund gelöste und ins Maßlose gesteigerte Erbe der pietistisch-empfindsamen Selbstbeobachtung des Vaters!), das Beharren auf gediegener, vom Primat der ‚Leistung' bestimmter Haltung – bei Thomas wird all dies zur „Maske", zur „aufreibenden Schauspielerei", verwandelt sich also paradoxerweise in jenes Histrionentum, das Thomas bei Christian verabscheut. Von seiner Umwelt wird seine formalisierte Selbstdarstellung gerade nicht als bürgerlich, sondern als „aristokratisch", „prätentiös" empfunden. Die herkömmliche patrizische Exklusivität schlägt bei ihm um in ästhetizistische Isolation. Wenn er sich vermeintlich im Sinne seiner Vorfahren dagegen auflehnt, daß der Senat mehr und mehr „demokratisiert" wird, daß ein Mann aus dem „Mittelstand" wie der Kolonialwarenhändler Lauritzen nun Senator werden kann, argumentiert er bezeichnenderweise ausschließlich mit ästhetischen Kategorien (er redet von einem Verstoß gegen das „Stilgefühl", von „Geschmacklosigkeit" usw.). Sein latenter Ästhetizismus verrät sich vor allem in seiner Entscheidung für Gerda Arnoldsen, die „ein wenig morbide und rätselhafte Schönheit", welche mit ihrer Hingabe an die Musik völlig aus dem Rahmen des Bürgerlich-Gewohnten fällt. Sie ist gewissermaßen der Todesengel, dessen Erscheinen den Untergang des Hauses besiegelt.

Thomas hofft, daß die ihm selbst im Grunde fehlende „Lebenstüchtigkeit" der Vorfahren in seinem Sohn wiederkehrt; ihn möchte er zu einem „praktisch gesinnten Mann mit kräftigen Trieben nach außen, nach Macht und Eroberung" erziehen, und er muß entsetzt feststellen, daß in Hanno durch die musikalische Erbanlage von seiten der Mutter die Entbürgerlichung und Enttüchtigung noch weiter fortgeschritten ist, daß die allen Lebenswillen vernichtende Macht der Musik ihm Frau und Sohn gleichsam im Nachen Charons entführt, ja ihn, den letzten Bürger seines Geschlechts, einsam am Ufer des ‚Lebens' zurückläßt. Thomas will wie Wotan schließlich nur noch eines: „das Ende", die Liquidation der Firma wie den eigenen Tod. Die Lektüre Schopenhauers öffnet ihm den Blick in den trostlosen ‚Wahn' der Welt der Erscheinungen. Wagners Hans Sachs (alias Schopenhauer) wird von der Pegnitz in die symbolische Todeslandschaft des Meeres versetzt: „Auf der Weite des Meeres, das mit diesem mystischen und lähmenden Fatalismus seine Wogen heranwälzt, träumt ein verschleierter, hoffnungsloser und wissender Blick, der irgendwo einstmals tief in traurige Wirrnisse sah . . ."

„Der englische, russische, skandinavische Roman von 1850 und 60, Wagners episches Theater, Schopenhauers pessimistische Moral, Nietzsches décadence-Psychologie, die Artistik Flauberts und der Goncourts, dazu ein gut Teil niederdeutscher Humoristik" (Fritz Reuter), sie seien die „Bildungselemente" gewesen, die den *Buddenbrooks* „zur Gestalt verhalfen", hat Thomas Mann bekannt (*Meine Zeit*, 1950). Die wesentlichsten Einflüsse sind offenbar von den genealogischen Romanen der Norweger Alexander Kieland und Jonas Lee, von Turgenjev und Tolstoj, die er in seinem Essay *Russische Anthologie* (1921) die „mythischen Meister" nennt, die seine „ersten prosaischen Gehversuche und Selbsterprobungen" angeregt haben, sowie von den genannten Franzosen ausgegangen. Merkwürdigerweise nennt er Fontane nicht (dem er 1910 seinen Essay *Der alte Fontane* widmet); kein Zweifel, daß er dennoch zu den entscheidenden Anregern des Romans gehört. Die Erzählhaltung der *Buddenbrooks* ist weitgehend die personale des naturalistischen Romans, freilich wird sie immer wieder durch die Elemente auktorialer Ironie durchbrochen. Das auffälligste Stilmerkmal des Romans ist die systematische Verwendung der fast allen Hauptpersonen zugeordneten, meist physiognomischen Leitmotive, die weit mehr auf Zola und Tolstoj als auf Wagners symphonisches Motivgewebe zurückweisen. In seiner *Einführung in den Zauberberg* (1939) hat Thomas Mann selber von der „bloß naturalistisch-charakterisierenden" und „sozusagen mechanischen" Verwendung der Leitmotive in den *Buddenbrooks* gesprochen; erst in seinen späteren Dichtungen sei das Leitmotiv zum „symbolisch anspielenden Formelwort" geworden, das im Wagnerschen Sinne die individuell begrenzten Situationen und Erscheinungen in einen „musikalisch-ideellen Beziehungskomplex" einbette. (Die Verwandtschaft zwischen seinem eigenen Erzählstil und der Musikdramatik Wagners, die Thomas Mann gerade aufgrund des Leitmotivsystems als eminent „episch" empfunden hat, ist bereits ein Thema seines ersten großen Essays, des *Versuchs über das Theater*, 1908, der zugleich für die endgültige poetologische Anerkennung der Romankunst in Deutschland plädiert.)

In den *Buddenbrooks* hat Thomas Mann zum erstenmal systematisch die Technik der von ihm selbst später so genannten „Wirklichkeits-Montage" angewendet, d. h. die Transformation dokumentarischen Materials in die fiktive Handlung, durch welche die geschichtlich-gesellschaftliche Authentizität der poetischen Fiktion garantiert werden soll. Auch dies ist das Erbe des Naturalismus. Da zahllose Lübecker Familien sich und ihre Geschichte in den *Buddenbrooks* wiedererkannten und kompromittiert fühlten, kam es zum ersten und heftigsten der Skandale, die durch das Montageverfahren Thomas Manns bis zum *Doktor Faustus* immer wieder ausgelöst wurden. Als nach einem Prozeß gegen den Leutnant Fritz Oswald Bilse, der einen skandalträchtigen Schlüsselroman mit dem Titel *Aus einer kleinen Garnison* (1903) verfaßt hatte, auch die *Buddenbrooks* als „Roman à la Bilse" bezeichnet wurden, sah Thomas Mann sich in seinem Aufsatz *Bilse und ich* (1906) zur ersten theoretischen Rechtfertigung des Montageverfahrens veranlaßt. Dieses zielt nicht auf Wiedererkennung, Entschlüsselung realer Personen und Verhältnisse, sondern sucht die zufälligen empirischen Erscheinungen in einem neuen sinnstiftenden Kontext aufzuheben. Dem Dichter gehe es um „subjektive Vertiefung", „Verinnerlichung" der dokumentarischen Wirklichkeit, um deren Verallgemeinerung ins Welthaltig-Repräsentative. Literarische Qualität gründe nicht in der „Gabe der Erfindung", sondern in der „Beseelung" des Vorgefundenen.

In diesem Sinne habe sich ihm *Lübeck als geistige Lebensform* gestaltet, hat Thomas Mann später (1926) in seinem berühmten Essay geschrieben. Das Lokale repräsentiere hier, das habe die weltweite Resonanz des Romans gezeigt, das Nationale und Europäisch-Menschheitliche. Die Geschichte der Buddenbrooks verkörpere „ein Stück Seelengeschichte des deutschen Bürgertums, von der nicht nur dieses selbst, sondern auch das europäische Bürgertum überhaupt sich angesprochen fühlen konnte". Thomas Mann redet, wohlgemerkt, von Seelengeschichte; dagegen läßt sich nicht einwenden, daß *Buddenbrooks* der Roman einer untypischen Familie seien, deren Geschichte keineswegs den Werdegang der deutschen und europäischen Bourgeoisie widerspiegle. Die sozialgeschichtliche Atypik schließt nicht die seelengeschichtliche Repräsentanz aus, durch die das Provinzielle sehr wohl die symbolische Objektivation des Humanen sein kann, wie sie Thomas Mann noch 1955 bei der Verleihung des Ehrenbürgerrechts seiner Vaterstadt dem „Lübeckischen" zugeschrieben hat.

„O Bach! Sebastian Bach, verehrteste Frau!" Mit diesem warnend-verzweifelten Ausruf des Organisten Pfühl beginnt das sechste Kapitel des achten Teils der Buddenbrooks, mit dem eine Macht in den Vordergrund der Handlung rückt, die bisher aufgrund der Unmusikalität der Familie nur ganz am Rande eine Rolle spielte: die Musik. Das Flötenspiel des alten Buddenbrooks war nichts als gesellschaftliche Konvention – nach dem Vorbild Friedrichs des Großen –, Bestandteil des repräsentativ-kulinarischen Haushalts einer patrizischen Familie. Und in gewisser Weise bleibt auch der musikalische Kosmos Pfühls, sein Beharren auf der „moralisch-logischen Würde des strengen Satzes" noch im Rahmen der altbürgerlich-soliden Vorstellungswelt seiner Mitbürger. Nun aber drohen „Demagogie, Blasphemie und Wahnwitz" die geheiligten Grundlagen der Musik zu zerstören: die Wagnersche *Tristan*-Harmonik. „Dies ist das Chaos! [. . .] Dies ist das Ende aller Moral in der Kunst!" In Pfühls Protest gegen Wagner kehren die typischen Floskeln der Wagner-Kritik des 19. Jahrhunderts wieder, durch einen Schuß Nietzsche sublimiert. Und doch erliegt der Organist schließlich dem *Tristan*-Zauber, wie der Autor des Romans selber.

„Jede wahrhafte [. . .] Musik ist Schwanengesang", heißt es in *Nietzsche contra Wagner*. Das große Musik-Kapitel der *Buddenbrooks* (VIII/6) folgt bezeichnenderweise unmittelbar auf die Schilderung des Buddenbrookschen Gründungsfestes, das die ganze Stadt mitfeiert: der äußere Höhepunkt und zugleich der geschäftliche Tiefpunkt der Familiengeschichte, denn an diesem Tag erreicht Thomas die Nachricht von dem katastrophalen Fehlschlag seiner Spekulation mit der Pöppenrader Ernte: seines ersten Versuchs, in Widerspruch zu dem kaufmännischen Ethos seiner Vorfahren den neuen geschäftlichen Usancen entgegenzukommen, eines Versuchs, der doch – so will es das Fatum – unvermeidlich zum Scheitern verurteilt ist. Nun beginnt das Reich der Musik, das tönende Todesmysterium des *Tristan*, das im folgenden Kapitel zum erstenmal erklingt.

Tristan (1903) ist auch der Titel der kurz nach den *Buddenbrooks* als „Burleske" (an Heinrich Mann, 13. Februar 1901), als eine Art Satyrspiel zu dem tragischen Familienroman entworfenen Erzählung. Auch hier erklingt Wagners Musikdrama auf dem Klavier, symbolisiert es Tod und Untergang. Auch Gabriele, welche die *Tristan*-Partitur spielt, stammt aus einem patrizischen Kaufmannsgeschlecht, ist mit den gleichen oder ähnlichen (hier wie dort leitmotivisch verwendeten) physiologischen und physiognomischen Merkmalen der Morbidität ausgestattet wie Gerda Buddenbrook. Und wenn der ästhetizistische Literat Spinell ihre Familiengeschichte (ihre und ihres Vaters Musikalität!) symbolisch verallgemeinert: „Weil es nicht selten geschieht, daß ein Geschlecht mit praktischen, bürgerlichen und trockenen Traditionen sich gegen das Ende seiner Tage noch einmal durch die Kunst verklärt" – Musik als Schwanengesang –, dann gilt das im Grunde ebenso für die Buddenbrooks, wie aus der Charakterisierung der Familie

Eckhof (der Mädchenname Gabrieles) in Spinells preziösem Brief an ihren Gatten (mit dem grauenvoll amusischen Namen Klöterjahn) zu erschließen ist: „Ein altes Geschlecht, zu müde bereits und zu edel zur Tat und zum Leben, steht am Ende seiner Tage, und seine letzten Äußerungen sind Laute der Kunst, ein paar Geigentöne, voll von der wissenden Wehmut der Sterbensreife.“ Das ist Spinells Deutung der von ihm (jugend-)stilisierten Szene – Gabriele und ihre Freundinnen – im Garten der Eckhofs. Das Zentralsymbol dieser Szene „abendlicher Verklärung des Verfalles, der Auflösung und des Verlöschens“ ist der Springbrunnen, von dessen aufsteigendem Strahl bezeichnenderweise nicht die Rede ist – nur von jenem Punkt, „wo er in müder und edler Rundung sich zum Falle neigte“. Eine prägnante Chiffre der décadence, in der fast all ihre Ingredienzien angedeutet sind: biologische Schwächung und nervöse Überfeinerung, müde, erkenntniskranke Skepsis gegenüber der vita activa und bis zur Perversität gesteigerte Reizempfänglichkeit, Schwächung der naiv-unmittelbaren Fähigkeit, ja des Willens zum Leben und Sympathie mit dem Tode, aristokratisch-zeremonieller Lebensgestus und ‚unnützer‘ Hermetismus – als Komplement und schmerzlicher Widerspruch zur banalen, auf Herrschaft, Fortschritt und Profit eingeschworenen Alltagswirklichkeit.

Anders als die weitgehend naturalistisch-erzählerlosen *Buddenbrooks* ist *Tristan* von der auktorial-ironischen Erzählhaltung geprägt. Das ursprüngliche Ziel einer Burleske spürt man an den ironisch überzeichneten Kontrasten. Auf der einen Seite steht der typische décadence-Poet Spinell: biologisch degeneriert, mehr ein dilettanisch-verschwärmter An- und Nachempfinder als ein produktiver Schriftsteller; offenbar hat er nur ein einziges, in der Manier des George-Kreises ausgestattetes Buch geschrieben, einen knappen Roman, der in „mondänen Salons“ und „üppigen Frauengemächern“ spielt, „die voller erlesener Gegenstände waren, voll von Gobelins, uralten Meubles, köstlichem Porzellan, unbezahlbaren Stoffen und künstlerischen Kleinodien aller Art“. Diese Sympathie für kostbar-erlesene Materialien ist kennzeichnend zumal für die französische Dekadenzliteratur von Gautiers *Mademoiselle de Maupin* bis Huysmans *A rebours*, an der sich die deutsche Literatur des Fin de siècle orientierte. Spinell hat sich in das Lungensanatorium Einfried zurückgezogen, da er, wie er selbst in seinem Brief an Klöterjahn schreibt, das Leben ‚haßt‘ – „das lächerliche und dennoch triumphierende Leben [. . .], den ewigen Gegensatz und Todfeind der Schönheit“.

Für den Kultus des triumphierenden Lebens berief man sich seit der Jahrhundertwende gern auf Nietzsche, den „Nietzsche triumphans“, wie Thomas Mann in seinen Notizen zur geplanten Abhandlung *Geist und Kunst* (1909) schreibt, den Nietzsche des Machtwillens und der amoralischen Lebenssteigerung, dem er den „Nietzsche militans“, den Psychologen der décadence als ‚seinen' Nietzsche entgegensetzt. Jenes ‚Leben' wird durch den von Vitalität strotzenden Kaufmann Klöterjahn, einen burlesk vergröberten Hermann Hagenström, und seinen „exzessiv gesunden" Sohn Anton verkörpert, dessen Geburt die Ursache der Schwindsucht Gabrieles ist. „Während das Kind, Anton Klöterjahn der Jüngere, ein Prachtstück von einem Baby, mit ungeheurer Energie und Rücksichtslosigkeit seinen Platz im Leben eroberte und behauptete" – Nietzsche triumphans im Säuglingsstadium –, „schien die junge Mutter in einer sanften und stillen Glut dahinzuschwinden." Man darf sich fragen, warum die gesundheitlich labile, nervös-sensible, hochmusikalische Gabriele überhaupt den amusischen Kraftprotz Klöterjahn – trotz der begreiflichen Skepsis ihres Vaters – geheiratet hat. In dieser Entscheidung äußert sich die Sehnsucht des vitalschwachen, hypersensitiven Menschen nach dem naiven ‚starken Leben', ein Motiv, das sich von den novellistischen Anfängen Thomas Manns bis zu seiner letzten Erzählung, *Die Betrogene* (1953), durch sein gesamtes Werk zieht. In der wohl bereits 1894 entstandenen, ebenfalls im Buddenbrook-Milieu spielenden Erzählung *Der kleine Herr Friedemann* (1897) hat dieses Thema schon fast all seine in späteren Werken wiederkehrenden Facetten. Der durch seine verwachsene Gestalt vom Leben ausgeschlossene Friedemann hat sich eine rein kontemplative, apollinische Scheinwelt zurechtgezimmert. Das quietistische Glück dieser ganz verinnerlichten, von der Realität abgeschirmten ästhetisierenden Phantasieexistenz wird jäh zertrümmert, als durch „die Erscheinung einer merkwürdig schönen und dabei kalten und grausamen Frau" – ein in der Literatur des Fin de siècle ungemein beliebter, in der grotesken Novelle *Luischen* (1900) ins Mondän-Grausame der femme fatale gesteigerter Frauentypus – seine wohlbehütete und -temperierte Innenwelt von der Leidenschaft zum Leben überschwemmt wird, „die den ganzen Bau umstürzt und den stillen Helden selbst vernichtet" (Th. Mann: *On Myself*).

Den dialektischen Umschlag des Willens zum starken und naiven ‚Leben' stellt der Lebenshaß der durch Schwäche oder ästhetischen Ekel (Spinell) vom Leben Ausgeschlossenen dar. Auch dieses Motiv durchzieht mit seinen grotesken Variationen das Frühwerk Thomas Manns. (Das Groteske hat er in seinem Aufsatz über Joseph Conrad als den „antibürgerlichen Stil" der Moderne bezeichnet, der das Tragische und Komische in der doppelten Optik der „Tragikomödie" aufhebt.) In der novellistischen Groteske *Der Weg zum Friedhof* (1900) ist „das Leben" gar allegorisch ein kraftstrozender Fahrradfahrer, durch dessen Anblick der durch Schicksalsschläge aus der Bahn geworfene, nur noch Gedanken des Todes denkende Sonderling Lobgott Piepsam sich auf seinem täglichen Gang zum Friedhof derart provoziert fühlt, daß er an einem Tobsuchtsanfall stirbt. Hier wie in den anderen Grotesken des frühen Thomas Mann (besonders in *Luischen*) spüren wir das Vorbild Frank Wedekinds, der doppelten, vexatorisch schillernden Optik seiner Tragikomödien, welche die eindeutige Wertung der fiktiven Personen, die positive oder aversive Identifikation mit ihnen ausschließt. Die Beschreibung Lobgott Piepsams ist, von einer einzigen physiognomischen Besonderheit abgesehen, bis ins kleinste Detail identisch mit der des Sonderlings *Tobias Mindernickel* (1898). Auch dieser, von der Umwelt verachtet und verspottet, haßt das ‚triumphierende' Leben, ist diesem nur zugewandt, sofern es leidet. Das Verhalten gegenüber seinem Hund, dem einzigen Wesen, mit dem er zusammenlebt, ist von „Erbarmen" angesichts des Leidens der Welt geprägt. Diese Mitleidshaltung wird durch ihre tyrannische Kehrseite als Selbstgenuß entlarvt: Mindernickel gefällt sich darin, seinen Hund mit napoleonischer Gebärde herumzukommandieren und zu verprügeln, damit er ständig ‚leidet' und von seinem Herrn bemitleidet werden kann. Hier manifestiert sich, was Thomas Mann im Notizbuch von 1897 als die Haltung eines Menschen beschrieben hat, der „mich leiden macht, weil er leidet, weil er nicht sehen kann, daß ich leidlos dasitze". Als Esau (so der bezeichnende Name des Hundes – der Name des ‚schlecht weggekommenen', zurückgesetzten Bruders des Erzvaters Jakob!) einmal voller Ausgelassenheit durchs Zimmer springt, sich in ungebrochenem ‚Willen zum Leben' dem tyrannischen Mitleid Mindernickels entzieht, schlitzt dieser ihm mit einem Messer den Leib auf, um dann unter Klagen über die Traurigkeit des Daseins das sterbende Tier zu trösten. Man darf vermuten, daß es sich hier um eine Satire auf Schopenhauer (welcher der Anekdote nach einen Hund als einzigen Begleiter duldete) und auf seine, auch die kreatürliche Welt einbeziehende, Mitleidsphilosophie handelt, die Thomas Mann zu diesem Zeitpunkt (1897) wohl allenfalls aus zweiter Hand, vor allem aus der Sicht Nietzsches kannte; dessen Polemik gegen das Mitleidsethos hat ihn zweifellos wesentlich beeinflußt. In späteren Jahren, nach der Lektüre des originalen Schopenhauer hätte er sich die Anwendung der Desillusionierungspsychologie auf dessen „Fundament aller Tugenden" gewiß nicht mehr erlaubt.

Der Lebenshaß der eben charakterisierten Sonderlinge und Parias der bürgerlichen Welt wird im *Tristan*, im Falle Spinells, zum ästhetischen Lebensekel gesteigert. Gabriele, die sich einst aus dem „Willen zum Glück" im Sinne der frühen Novelle Thomas Manns, d. h. aus der „Begier" des Kranken und Schwachen nach Vereinigung mit der „Gesundheit", an Klöterjahn gebunden hat, sie läßt sich nun durch Spinell mehr und mehr dem Willen zum Leben, ihrem Mann und ihrem Kind entfremden. Schließlich erliegt sie der ‚Verführung' zum medizinisch verbotenen Klavierspiel – eine Reminiszenz an den ebenfalls zum Tode führenden Gesang Antonies in E. T. A. Hofmanns Novelle *Rat Krespel* (1818) –, zur Hingabe an das im Sinne Schopenhauers als Aufhebung der Individuation, als Verschmelzung des Ich und Du „im ewigen Jenseits der Dinge" gedeutete ästhetische Todesmysterium des Wagnerschen *Tristan.* Dieser ist für die europäische décadence, zumal in Frankreich, Italien und England, zum paradigmatischen Kunstwerk schlechthin geworden, wie Wagner überhaupt für sie eine kaum zu überschätzende Rolle gespielt hat, die sich etwa mit der Stellung Shakespeares in der deutschen Literatur des späten 18. Jahrhunderts vergleichen läßt. (Daher ist auch Nietzsches décadence-Psychologie und -kritik als solche zugleich Auseinandersetzung mit Wagner.)

„Wer die Schönheit angeschaut mit Augen, / Ist dem Tode schon anheimgegeben, / Wird für keinen Dienst der Erde taugen", so lauten die Verse des berühmten *Tristan*-Gedichts von August von Platen. Kein Zweifel, daß der Titel der Novelle auf dieses ebenso überschriebene Gedicht in gleicher Weise, ja unmittelbarer anspielt als auf Wagners *Tristan und Isolde* (dessen Personenkonstellation durch die ganz andersartigen Charaktere der Novelle – der Sexualprotz Klöterjahn korrespondiert dem „müden König" Marke, der degenerierte, zu vitaler Liebe gar nicht fähige „verweste Säugling" Spinell dem „kühnen Helden" Tristan usw. – ironisch umgestülpt wird).

In seinem Platen-Essay von 1930 hat Thomas Mann die zitierten Verse des *Tristan*-Gedichts als „die Ur- und Grundformel" einer „Seelenwelt" bezeichnet, „in welcher der Lebensbefehl, die Gesetze des Lebens, Vernunft und Sittlichkeit nichts gelten [. . .] und die den Adepten lehrt, daß das Prinzip der Schönheit und der Form nicht der Sphäre des Lebens entstammt" – des „unbewußten und erkenntnislosen Lebens", dem Spinell in seinem Brief an Klöterjahn so viel Verachtung entgegenbringt. Ganz im Sinne Platens redet er von der „Todesschönheit", die sich für ihn in Gabriele inkarniert – die „in erhabener Unbrauchbarkeit blühende Schönheit des Todes", welche sich nicht „besitzen" läßt, wie es der „plebejische Gourmand" Klöterjahn aufgrund der uneingestandenen Empfindung der Insuffizienz des ‚Lebens' will.

Das Reich der Kunst „ist gleich dem acherontschen Kahn" (dem Nachen Charons), „Nur Schatten und Idole kann er tragen, / Und drängt das rohe Leben sich heran, / So droht das leichte Fahrzeug umzuschlagen", heißt es in Schillers Gedicht *An Goethe* (vgl. Bd. I/2, S. 42). Schon hier erscheint die bei C. F. Meyer und den französischen Symbolisten wiederkehrende Chiffre der Dichtung als Totenschiff (die Gondel Aschenbachs im *Tod in Venedig*!); Schillers Gedicht zeigt, daß die bürgerliche Ästhetik von ihren Anfängen an gewissermaßen eine Krankheit zum Tode gewesen ist.

Thomas Mann hat noch einmal eine novellistische Kontrafaktur zu einem Wagnerschen Musikdrama geschrieben: In der Erzählung *Wälsungenblut* (1906) wird das mythische Geschehen der *Walküre* – die Beschreibung einer Aufführung des Musikdramas bildet, wie im *Tristan* das Partiturspiel

Gabrieles, den Höhepunkt der Novelle – in ein dandyhaft-dekadentes Fin-de-siècle-Milieu hinübergespiegelt. Das jüdische Zwillingspaar Siegmund und Sieglinde Aarenhold spiegelt sich und seine mit einer Art amor fati akzeptierte Isolation durch eine antisemitische Umwelt in der inzestuösen Beziehung des Wälsungenpaars (von dem es seine Vornamen hat). Die Sphäre des Wagnerschen Hunding, des Gatten Sieglindes, ist aus dieser Perspektive die germanisch-blonde bürgerliche Philisterwelt, die jedes Anderssein verabscheut. Siegmund und Sieglinde (in der *Walküre*) dagegen gehören einem „gotterwählten Geschlecht" an (unverkennbar wird auf sie das jüdische Erwähltheitsbewußtsein übertragen!), das seine Abweichung vom Gewohnten, das Stigma der fremdartigen (göttlichen) Herkunft als „Fluch" erfährt und aufgrund seiner „fragwürdigen, abenteuerlichen und unregelmäßigen Art von Dasein" durch die Sippe des Ur-Antisemiten Hunding – dessen „einfache, ordnungsgemäße" Existenz in der „allgemeinen Achtung" ruht – geächtet wird. „Dieser Tölpel sah sehr wohl, daß sie einander glichen, von ein und derselben Art waren, jener ungebundenen, widerspenstigen und außerordentlichen Art, die er haßte und der er sich nicht gewachsen fühlte".

Hier zeigt sich, wie sternenweit die décadence-Rezeption Wagners von dessen germanisch-chauvinistischer Ausbeutung entfernt ist. Gerade die Wagnerianer Aarenhold spotten preziös über alles ‚Germanische' – so über Sieglinde Aarenholds betrogenen Verlobten von Beckerath, welcher der Figur Hundings korrespondiert, zugleich aber dessen ironisches charakterliches Kontrastbild ist. Das typische décadence-Motiv des Inzests ist von Thomas Mann Jahrzehnte später, psychoanalytisch vertieft, noch einmal mit deutlichen Wagner-Assoziationen in den Mittelpunkt einer Erzählung gestellt worden, auch hier als Signal eines ästhetisch-aristokratischen Auserwähltheitsbewußtseins: im Gregorius-Roman *Der Erwählte* – ein Beweis dafür, daß dessen Autor sich bis in seine letzte Schaffensphase von der Thematik der décadence nicht hat lösen können.

Thomas Manns Verfahren, Wagnersche Personenkonstellationen in ‚dekadente' Verhältnisse hinüberzuspiegeln und zugleich von ihnen ironisch abzusetzen, dokumentiert, daß er Wagner zwar décadence-Wirkungen zugeschrieben, sein Musikdrama aber nicht einfach als décadence-Kunst angesehen hat. Ein höchst aufschlußreiches Dokument dafür sind Siegmund Aarenholds Reflexionen während der *Walküre*-Aufführung. Paradoxerweise sieht der typische erkenntniskranke, unproduktive décadent – welcher in der Gestalt Claudios in Hofmannsthals Dramolett *Der Tor und der Tod* seine klassische, die Signatur der Epoche wohl am gültigsten manifestierende Verkörperung gefunden hat – das Leben nicht im Leben, sondern auf der Bühne: in jenem „Werk das dort oben in kindlich hohen Gesichten erschien". „Werk und Schöpfertum" setzen „Leidenschaft" voraus, und nach ihr, nach dem schöpferischen Leben drängt es Siegmund wie Hofmannsthals Claudio – aus der wirklichkeitsentfremdenden Distanz des Ästheten, dort im verdunkelten Zuschauerraum, hier am Fenster des ‚elfenbeinernen Turms', mit dem gleichen sehnsüchtigen Blick in die lebendige Ferne und ständigem Rückblick auf das eigene, im Reichtum verarmende Scheinleben.

Im selben Jahr wie *Tristan* ist die Novelle *Tonio Kröger* erschienen, die den Künstler-Dilettanten der früheren Prosawerke zum erstenmal die klar umrissene Alternative eines zwar aus der décadence kommenden, aber doch von ihr sich emanzipierenden Künstlertums gegenüberstellt. Die stark theoretisierende – und sich dadurch in besonderem Maße als Versuch einer Selbstverständigung Thomas Manns ausweisende – Erzählung stellt den Titelhelden „zwischen zwei Welten", die ihm von Mutter- und Vaterseite zugewachsen sind: die „Tonio"-Welt der südlichen bellezza, des im Bürgersinne verantwortungslosen, verdächtigen, hochstaplerischen Künstlertums, und die „Kröger"-Welt norddeutsch-biderber Bürgerlichkeit. Als „verirrter Bürger" schwankt Tonio Kröger zwischen dem Leiden am Kainszeichen des Künstlertums, am Ausgeschlossensein „von den Ordentlichen und Gewöhnlichen", dem naiv-erkenntnislosen Leben auf der einen Seite und dem kalten Feuer der artistischen Werkleidenschaft, der das Leben nichts gilt, auf der anderen Seite. „Er arbeitete nicht wie jemand, der arbeitet, um zu leben, sondern wie einer, der nichts will als arbeiten, weil er sich als lebendigen Menschen für nichts achtet, nur als Schaffender in Betracht zu kommen wünscht", der weiß, „daß man gestorben sein muß, um ganz ein Schaffender zu sein". Ein ästhetizistisch umgestülptes bürgerliches Leistungsethos!

In seinem großen Gespräch mit der Malerin Lisaweta im 4. Kapitel stellt er das „artistische Nervensystem" dem menschlichen „Gefühl" antithetisch gegenüber („Es ist aus mit dem Künstler, sobald er Mensch wird und zu empfinden beginnt"), zugleich aber drückt er sein Leiden am „Fluch" der Literatur und der Erkenntnis aus, wenn er äußert: „Ich sage Ihnen, daß ich es oft sterbensmüde bin, das Menschliche darzustellen, ohne am Menschlichen teilzuhaben . . ." Diesem Menschlichen und dem „Leben" gilt ja doch, in dialektischem Umschlag der lebensfeindlichen Artistik, seine Liebe – einem Leben freilich nicht in der Manier des Nietzsche triumphans, als „Vision blutiger Größe und wilder Schönheit", sondern als „das Normale, Wohlanständige und Liebenswürdige", als die vielzitierten „Wonnen der Gewöhnlichkeit". In seinem Brief an Lisaweta am Ende der Novelle entwirft Tonio Kröger ein neues Künstlerideal, das die „Bürgerliebe zum Menschlichen, Lebendigen und Gewöhnlichen" integriert; nur wenn diese Integration gelinge, werde aus dem „Literaten" ein „Dichter". Die Literatur gelangt nur zur Ganzheitlichkeit des Dichterischen, indem sie sich sentimentalisch ihrem Gegensatz und Komplement: dem ,erkenntnislosen Leben' zuwendet. Tonio experimentiert also mit der Aufhebung des Antagonismus von Kunst und Leben, die er einst mit antithetischem Rigorismus gegeneinander ausgespielt hatte. Das Experiment mit einem „bürgerlichen Künstlertum", wie es Thomas Mann später in den *Betrachtungen* beschrieben hat.

Ein ,Experiment' mit der Überwindung der Dekadenz stellt auch der zweite Roman des frühen Thomas Mann dar: *Königliche Hoheit* (1909). Dieses „Lustspiel in Romanform" kreist um die in der Repräsentationshaltung des Fürsten (des Erbprinzen Klaus Heinrich) chiffrierte „formale Existenz" des Künstlers, deren artifizielle Isolation vom Leben am Ende durch eine – allerdings lustspielhafte – soziale Bindung überwunden wird; das Ästhetische gibt seinen Primat ans Ethische und Soziale ab. Vorbild für Form und Tendenz des mit Märchenmotiven arbeitenden Romans ist neben Wagners *Meistersingern* mit ihrem demokratischen Schlußtableau nach Thomas Manns eigenem Hinweis Hofmannsthals Komödie *Cristinas Heimreise* (in Teilen schon 1908/09 publiziert), in der es ebenfalls um die ethische Überwindung der (hier in der Verführergestalt symbolisierten) ästhetischen Existenz geht.

In einem Brief an Hilde Distel vom 14. November 1906 hat Thomas Mann die Verwandtschaft zwischen dem Artisten und dem Fürsten folgendermaßen charakterisiert: Beide führen ein „repräsentatives Dasein". „Was für den Fürsten die Etikette, das ist für den Künstler die hohe Verpflichtung zur Form." Die symbolische Identität von Kunst und Repräsentation ist keine Erfindung Thomas Manns, sie läßt sich bis in die Anfänge der bürgerlichen Ästhetik zurückverfolgen. In Schillers Traktat *Über die notwendigen Grenzen beim Gebrauch schöner Formen* (1795) wird die ausschließlich ästhetisch orientierte Existenz folgendermaßen kritisiert: „Man wird gleichgültig gegen die Realität, und setzt endlich allen Wert in die Form und in die Erscheinung." Eben das ist für Schiller der Nachteil der Adelserziehung, die an der „Einrichtung" festhalte, „daß der Bürgerliche arbeitet, und der Adelige repräsentiert" und demgemäß den letzteren vornehmlich mit ästhetischen Tugenden ausgestattet wissen will. Bekanntlich orientiert sich auch Goethes Wilhelm Meister bei seiner ,antibürgerlichen' ästhetischen Lebenswendung an der höfisch-aristokratischen Welt repräsentativen „Scheinens", deren Spiegel und Pendant für ihn das Theater ist. Wilhelms spätere Abwendung von der Welt theatralischen ,Scheins' signalisiert demgegenüber seine Rückwendung zum Bürgerlichen, das sich in Goethes Roman zur Verbitterung von Novalis vornehmlich im „Evangelium der Ökonomie" manifestiert. (Vgl. Bd. I/2, S. 32ff.) Auch Klaus Heinrich widmet sich, um der von seiner Geliebten und ihrem republikanischen Vater beargwöhnten attrappenhaft-theatralischen ,Schein'-Existenz zu entkommen, im Verlauf der Handlung dem wirtschaftswissenschaftlichen Studium; dadurch gewinnt sein Leben Wirklichkeit, erhebt es sich am Ende – wie entsprechend die Handlung des Romans – über die ständige Wiederholung eines zeremoniell-abstrakten Spiels, dessen theatralischer Luxus in ebenso absurdem wie unverantwortlichem Gegensatz zur allgemeinen Armut steht (aus der heraus das Volk freilich den ‚Repräsentanten' als Opium der Selbstverklärung braucht). Diese Entwicklung Prinz Heinrichs wird kontrastiert durch die gegenläufigen Lebenstendenzen des Dichters Axel Martini, in dessen groteskem Charakter das Thema der Kunst als Kompensation der Lebensunfähigkeit variiert wird, und des Erziehers Überbein – eine Art Karikatur des „Nietzsche triumphans" –, der dem Erbprinzen das Stigma der Ausnahmeexistenz aufzwingen will, einer „erlesenen und schwermütig isolierten Lebensform" (durch welche das hoheitliche Dasein nichts als l'art pour l'art würde).

Daß die inhaltlich-gehaltlichen ‚Experimente' des *Tonio Kröger* und der *Königlichen Hoheit* den psychologischen Antagonismus von Kunst und Bürgerlichkeit keineswegs dauerhaft befriedet haben, zeigt Thomas Manns wohl bedeutendste Erzählung *Der Tod in Venedig* (1912), in der jener Antagonismus noch einmal über die Experimente einer Synthese triumphiert. Der Schriftsteller Aschenbach ist der typische „Leistungsethiker", der wie Tonio Kröger (und sein Dichter Thomas Mann) das künstlerische Erbe der Mutter mit der bürgerlichen Strenge seiner Vorfahren väterlicherseits verbindet. Aschenbach stellt sein Dasein ganz in den Dienst der „Produktion", des „Werks", der keine fahrlässige Hingabe ans ‚Leben' zuläßt. Die asketisch kontrollierte Meisterhaltung, die seinen Werken das Gepräge strenger und vorbildlicher „Klassizität" verleiht, ist freilich ein „Heroismus der Schwäche", die Haltung eines „Trotzdem", einer schwachen, krankheitsanfälligen Physis abgerungen. Aschenbachs Wirken ist ganz auf „Würde" ausgerichtet, auf Ruhm und Repräsentation, auf das Zutrauen der „Öffentlichkeit"; etwas „Amtlich-Erzieherisches" tritt in seinen Werken mehr und mehr zutage, wie er denn auch von der Behörde zum Lesebuchautor erkoren und schließlich geadelt wird.

Die Erzählung ist aus einer geplanten Novelle über „Goethe in Marienbad": seine späte leidenschaftliche Beziehung zu Ulrike von Levetzow (vgl. Bd. I/2, S. 194) hervorgegangen, in der sich für Thomas Mann die Fragwürdigkeit, ja prinzipielle Unmöglichkeit der „Künstlerwürde" dokumentierte – die „novellistische Tragödie der Entwürdigung" (*Lebensabriß*, 1930). Um diese geht es im *Tod in Venedig*. „Die Meisterhaltung unseres Stiles ist Lüge und Narrentum", wird Aschenbach am Ende seines Lebens in einem fingierten Dialog mit Phaidros, dem Gesprächspartner des Sokrates, verkünden, „unser Ruhm und Ehrenstand eine Posse, das Vertrauen der Menge zu uns höchst lächerlich, Volks- und Jugenderziehung durch die

Kunst ein gewagtes, zu verbietendes Unternehmen. Denn wie sollte wohl der zum Erzieher taugen, dem eine unverbesserliche und natürliche Richtung zum Abgrunde eingeboren ist?" Aschenbachs Leugnung der Möglichkeit einer ethischen und sozialen Verantwortung der Dichtung ist das Urteil über den Ästhetizismus, bedeutet das Versinken des Dichters in der Raserei des Untergangs – das pessimistische Gegen-‚Experiment' zu den positiven Versuchen einer Integration des Künstlerischen und Bürgerlichen in *Tonio Kröger* und *Königliche Hoheit.*

Der mit naturalistischer Genauigkeit nachgezeichnete Verfall des ‚Helden', seine orgiastische Auflösung in Venedig, der Musterstadt der décadence, wird durch ein beim ersten Lesen kaum zu überschauendes symbolisches Assoziationsgewebe ‚orchestriert', das den realistischen Einzelfall ins Mythisch-Universale entgrenzt, so wie nach Nietzsches *Geburt der Tragödie* „durch die dionysische Musik die einzelne Erscheinung sich zum Weltbilde bereichert und erweitert". Die hier wirklich in Analogie zu Wagners symphonisch-symbolischer Motivverarbeitung eingesetzten Leitmotive ermöglichen die ‚doppelte Optik', welche das Geschehen zugleich realistisch und als mythische Bildsequenz sehen läßt, in der unbewußte Prozesse chiffriert sind.

Unverkennbar ist dabei, daß die vornehmlich hellenischen Mythen und Philosopheme perspektivisch völlig an Nietzsches Philosophie des Apollinischen und Dionysischen gebunden sind, deren wechselseitige Steigerung der *Geburt der Tragödie* zufolge das griechische Wesen beherrscht hat. *Der Tod in Venedig* ist in vieler Hinsicht geradezu eine poetische Bestätigung der Philosophie des frühen Nietzsche – zugleich wird sie freilich im Sinne der décadence-Analyse umgewertet. „Der Dichter, der mit heroischer Kraft ein langes Leben hindurch dem Dionysos widerstanden hat – um am Ende desselben mit einer Glorifikation seines Gegners [. . .] seine Laufbahn zu schließen" – ist das nicht Aschenbach? Das Zitat ist jedoch eine Passage aus der *Geburt der Tragödie,* die sich auf Euripides bezieht: dessen „Tendenz" war es gewesen, das „dionysische Element aus der Tragödie auszuscheiden und sie rein und neu auf undionysischer Kunst, Sitte und Weltbetrachtung aufzubauen". Am Ende seines Lebens jedoch hat Euripides in der Gestalt des Pentheus seiner *Bacchen* einen Gegner des Dionysos dargestellt, der „unvermutet von ihm bezaubert" wird und „mit dieser Verzauberung in sein Verhängnis" läuft. Das Schicksal Aschenbachs! Auch sein Dichten ist einem verbürgerlichten ‚apollinischen' Maß verpflichtet, weist die „Sympathie mit dem Abgrund", mit der genuin ästhetischen ‚dionysischen' Ausschweifung von sich, um ihr am Ende doch zu erliegen. Die Polarität des Apollinischen und Dionysischen stimmt bei Thomas Mann mit der des Bürgerlichen und Artistischen überein.

Nietzsche hat in der Naivität des homerischen Epos den „vollkomenen

Sieg der apollinischen Illusion" gesehen. Bezeichnenderweise sind die durch die Eros-Gestalt Tadzios ausgelösten mythischen Entzückungen Aschenbachs in Venedig ganz und gar homerisch geprägt – bis in den Hexameterduktus der Sprache hinein. Daß diese heiteren Visionen eben ‚Illusion' sind, wird durch den Kontrapunkt der dionysischen Leitmotive decouvriert und von Aschenbach zunehmend durchschaut. Wie in den euripideischen *Bacchen* rächt sich im *Tod in Venedig* Dionysos für seine Unterdrückung; das zum „Sokratischen" degenerierte, d. h. von seiner Wechselwirkung mit dem Dionysischen abgeschnittene Apollinische schlägt um in seinen radikalen Gegensatz, in einen durch jene Wechselwirkung nicht mehr ästhetisch geläuterten Orgiasmus: in Aschenbachs Traum vom „fremden Gott", der die „Unzucht und Raserei des Untergangs" entfesselt und die „Kultur seines Lebens verheert, vernichtet" zurückläßt. Dieser Traum weist auf eben jene dionysische Barbarei zurück, von welcher das dionysische Griechentum nach Nietzsche durch eine „ungeheure Kluft" getrennt blieb. Diese Barbarei war geprägt von einer „überschwänglichen geschlechtlichen Zuchtlosigkeit [. . .]; gerade die wildesten Bestien der Natur wurden hier entfesselt, bis zu jener abscheulichen Mischung von Wollust und Grausamkeit" – eben der Mischung, welche auch Aschenbachs Traum kennzeichnet –, „die mir immer als der eigentliche ‚Hexentrank' erschienen ist". Gegen ihn sei der Grieche aufgrund der Versöhnung beider Triebe gefeit gewesen – kein Wunder, daß das Wiederaufreißen der alten Feindschaft bis zur Unterjochung des dionysischen Widerparts von seiten Aschenbachs am Ende in den Barbarismus der Ursprünge des dionysischen Orgiasmus zurückführt.

Der fremde Gott meldet sich von Beginn der Erzählung an in leitmotivisch wiederkehrenden Gestalten, die durch verwandte physiognomische Züge gekennzeichnet sind, ohne doch identisch zu sein. Durch hervorblekkende Zähne (Totenkopf-Assoziation), übereinandergeschlagene Füße (eines der von Lessing konstatierten Merkmale der antiken Allegorie des Todes, das auch einmal bei der Beschreibung Tadzios vorkommt) usw. weisen sie sich als Thanatos-Gestalten aus – zugleich durch die Wanderer-Attribute (Reisehut usw.) als Hermes-Figuren; vor allem ist hier an die mythische Rolle des Gottes Hermes als des Totengeleiters (Psychopompos, Psychagogos) zu denken, dessen symbolische Reinkarnation auch Tadzio am Ende der Erzählung wird. All diese Gestalten – der Wanderer vor der Aussegnungshalle (!), der falsche Jüngling (als ein solcher läßt sich auch Aschenbach auf dem Tiefpunkt seiner Entwürdigung kosmetisch herrichten!), die Charons-Gestalt des Gondoliere, der Straßensänger – sind Sendboten des Dionysos. Das erklärt auch den von der Realschicht der Erzählung her kaum zu motivierenden aggressiven Charakter dieser Thanatos-Hermes-Gestalten und ihre ständig betonte Fremdartigkeit: sie sind Personifikationen der fremden, mit Gewalt in den gegen sie abgeschirmten apollinischen Bezirk eindringenden orgiastischen Macht des Dionysos. Dessen Sendbote ist auch Tadzio, so sehr Aschenbach ihn in seine apollinische Scheinwelt zu integrieren sucht. Spätestens der Traum vom „fremden Gott" entlarvt jedoch die apollinische Illusion, in die Aschenbach sich hineingesteigert hat, um die Hingabe an das mit seiner ganzen Lebenstendenz Unvereinbare vor sich selbst entschuldigen zu können.

Die Wanderergestalt am Münchener Nordfriedhof zu Beginn der Erzählung erweckt in Aschenbach die Assoziation einer tropischen Wildnis, deren Motive in der Erzählung, zumal bei der Beschreibung Venedigs, ständig wiederkehren. Es ist zugleich die Ursprungslandschaft der „indischen Cholera", der Aschenbach schließlich wie der Macht des Dionysos verfällt. Die Cholera kommt aus der gleichen geographischen Region wie nach Nietzsche der Dionysos-Kult! Tropische Landschaft, tödliche Seuche und dionysischer Rausch schließen sich zu einer mythischen Symboleinheit zusammen, die den Namen Venedig trägt.

Venedig ist die symbolische Hauptstadt der europäischen décadence. Als Stadt des Verfalls, des Abenteuers, des Geheimnisses und des rätselhaften Verbrechens ist sie jedoch längst vor der Jahrhundertwende Dichtung geworden. Innerhalb der deutschen Literatur sei schon auf Schillers *Geisterseher*, vor allem aber auf Platens *Sonette aus Venedig* (1825) verwiesen, welche der Lagunenstadt die für Thomas Mann, Hofmannsthal oder Hauptmann gültigen symbolischen Züge verliehen haben. Was den Venedig-Mythos der décadence aber noch um eine bedeutende Dimension erweitert hat: hier ist *Tristan und Isolde* komponiert worden (der Ruf der Gondolieri hat die Klageweise des Hirten im 3. Akt angeregt; vor allem aber Wagners ‚Tod in Venedig' im Jahre 1883 hat die Phantasie der Poeten und Musiker der Jahrhundertwende intensiv bewegt. (D'Annunzio, einer der Hauptrepräsentanten des literarischen Wagnerismus, schildert in seinem Roman *Il fuoco* (1900) in düster-prächtigen Farben den Trauerzug der Gondeln mit dem Leichnam Wagners durch den Canale Grande.) In seiner Autobiographie *Mein Leben*, die erst im Entstehungsjahr des *Tod in Venedig* (1911) erschienen ist, schildert Wagner das Grauen, mit dem er im Jahre 1858 zum erstenmal eine venezianische Gondel bestiegen hat, deren Schwarz ihn wie so viele Reisende (Goethe, Lord Byron, auch Thomas Manns Aschenbach) an Särge erinnert: „Als ich unter das mit schwarzem Tuch verhängte Dach einzutreten hatte, fiel mir zunächst nichts andres als der Eindruck einer früher überstandenen Cholera-Furcht (!) ein; ich vermeinte entschieden an einem Leichenkondukte in Pestzeiten teilnehmen zu müssen."

Kein Zweifel, daß Thomas Mann die Ankunft Aschenbachs dieser Wagnerschen Erinnerung nachgebildet hat und zugleich versteckt auf Wagners eigenen Leichenkondukt anspielt, wenn es heißt, die venezianische Gondel gemahne „an den Tod selbst, an Bahre und düsteres Begräbnis und letzte schweigsame Fahrt“.

Venedig wird von Thomas Mann freilich nicht zur bloßen Symbolstadt der Dekadenz und des dionysischen Triumphes mythisiert, sondern die Lagunenstadt bietet zugleich – wie einst in Schillers *Geisterseher* – ein anschauliches Bild gesellschaftlicher Verfallserscheinungen: sowohl der morbidezza jener ‚Spitzen‘ der europäischen Gesellschaft, wie sie sich nach einem müde-vornehmen Ritual in der Halle des Bäderhotels versammeln, als auch eines Gemeinwesens, dessen „gesicherte Ordnung und Wohlfahrt“ bloßer Schein sind, hinter deren Fassade Kriminalität und Chaos lauern. Der Zauber Venedigs wird als „gewinnträchtige Fremdenpoesie“ entlarvt. Davon ist gleich bei der Überfahrt Aschenbachs nach Venedig die Rede, in Zusammenhang mit den „musikalischen Wegelagerern“, die sich an seine Gondel herandrängen. Das ästhetische Element verbindet sich mit dem kommerziellen und kriminellen – wie ja auch Aschenbach sich während der Fahrt und im Verlauf der Erzählung mehr und mehr dem Gedanken an „verbrecherische Abenteuer“ mit merkwürdiger Sympathie hingibt. Die Kultur Venedigs – „halb Märchen, halb Fremdenfalle“ – ist für seine Bewohner wie auch für seine Obrigkeit nur noch kommerzielles Spekulationsobjekt; der Erzähler redet vom „beutelschneiderischen Geschäftsgeist der gesunkenen Königin“, der die politische, rechtliche und soziale Verantwortung untergräbt. Die Cholera ist gleichsam die Folge dieses Verfalls der öffentlichen Verantwortung und Moral. Die ‚Krankheit‘ ist zugleich eine solche der Gesellschaft. Das dichte Netz von Verheimlichung, Täuschung, Lüge, Maskerade, durch das im Interesse des touristischen Gewinns die Seuche verschleiert wird, offenbart die Scheinhaftigkeit und Verlogenheit der bürgerlichen Ordnung, ihr hilfloses Ausgeliefertsein an das kommerzielle Interesse.

Die Haltlosigkeit des „bürgerlichen Gefüges“, dessen Versinken in Anarchie und Chaos, entspricht unverkennbar der ‚dionysischen‘ Auflösung des bürgerlich-formalistischen Haltungsethos Aschenbachs. Der Triumph des Dionysos wird von Thomas Mann keineswegs wie in Nietzsches Euripides-Deutung mit positiven Vorzeichen versehen, sondern umgewertet zum historischen Krisenphänomen, zum Signal apokalyptischer Zerstörung der individuellen und sozialen Ordnung. Es ist ja nicht zu übersehen, daß Aschenbach, je mehr seine ‚Haltung‘ zur Maskerade wird, sich desto tiefer in neue Täuschungen verstrickt, der touristischen Maskerade, der kollektiven Lüge verfällt (bis hin zu seiner ‚Verjüngung‘ beim Friseur). Als er durch die ausländischen Journale von der Cholera erfährt, ruft er sich vehement zu: „Man soll das verschweigen!“ Er identifiziert sich also ausdrücklich mit der „obrigkeitlichen Bemäntelung" der Seuche, verbindet „dieses schlimme Geheimnis der Stadt [...] mit seinem eigensten Geheimnis", dem homoerotischen Erlebnis. Auch er erhofft sich von der Auflösung des bürgerlichen Gefüges seinen „Vorteil". Aschenbachs Einstellung stimmt in diesem Moment mit der offiziellen „Politik des Verschweigens" völlig überein, die paradigmatische gesellschaftliche Lüge verwandelt sich in seine eigene.

Bezeichnenderweise ist die orgiastische Auflösung seiner strengen Lebenshaltung nur ein Prozeß in seinem Inneren, bis zuletzt wahrt er – wie die venezianischen Behörden – die ‚Dehors' (um einen Ausdruck der *Buddenbrooks* zu verwenden), verletzt äußerlich kein soziales Tabu. So reagiert er „mit einer Art von Erstarrung", als er den Eindruck gewinnt, daß man Tadzio aus seiner Nähe zurückruft, die Tarnung seiner homoerotischen Neigung also nicht mehr sicher genug zu sein scheint; „eine furchtbare Beleidigung" liegt für ihn in dem möglichen Verdacht der Umwelt, „unter dem sein Stolz sich in ungekannten Qualen wand". Daß die Fassade seiner bürgerlichen Würdehaltung vor dem Blick in seine chaotische Innenwelt nicht mehr schützt, stellt die äußere Bedrohung seiner mühevoll aufgebauten, innerlich bereits ruinierten ‚repräsentativen' Existenz dar: die Gefahr, das Schicksal Oscar Wildes zu erleiden.

Der gesellschaftliche Skandal wird freilich vermieden. So kann die Nachricht von Aschenbachs Tod auf eine „respektvoll erschütterte Welt" treffen. Die Ironie, ja der Hohn des Schlußsatzes der Novelle resultiert aus der Tatsache, daß die ‚Welt' Aschenbach aufgrund einer Haltung ehrt, die er selbst ad absurdum geführt hat. Eine Ahnung dessen, was hinter den gerade noch gewahrten ‚Dehors' vorgegangen ist, hätte ihm die Diskriminierung durch die gleiche Welt zugezogen, wie der Fall Oscar Wilde zur Genüge bewiesen hat. Das Lebensende Aschenbachs zeigt die Unvereinbarkeit von Artismus und bürgerlicher Moralität, zugleich aber die Tatsache, daß der décadence-Künstler sich auf der gleichen Bahn abwärts bewegt wie die Gesellschaft, deren Untergang durch den Verfall ihres Wertsystems, der sich hinter einem System von Täuschungen verbirgt, signalisiert und eingeleitet wird.

Das Frühwerk *Heinrich Manns* (1871–1950) ist nicht weniger von Thematik und Stil der décadence geprägt als das seines jüngeren Bruders, ohne jedoch dessen Prägnanz der Darstellung und Analyse der Dekadenzphänomene zu erreichen. Bereits in Heinrich Manns erstem Roman, *In einer Familie* (1894), begegnen wir in der Hauptgestalt Erich Wellkamps dem Typus des décadent, der sich, unfähig zum Handeln, ständig wechselnden Impressionen hingibt: der auch bei Thomas Mann wiederkehrende Typ des „Dilettanten", wie ihn vorbildlich für die Epoche Paul Bourget analysiert hat. In den zahlreichen Novellen des frühen Heinrich Mann und in seinen

Romanen *Die Göttinnen* (drei Teile: *Diana, Minerva, Venus*, 1903) und *Die Jagd nach Liebe* (1903) sind nahezu alle typischen Züge und Motive der europäischen Dekadenzdichtung versammelt.

Als seinen ersten gültigen Roman hat Heinrich Mann den 1893/94 in Berlin spielenden Roman *Im Schlaraffenland. Ein Roman unter feinen Leuten* (1900) bezeichnet, der gleichzeitig mit den *Buddenbrooks* entstanden ist. Der Autor zieht das anonyme Getriebe der Großstadt vor einen überdimensionalen satirischen Zerrspiegel, in dem das „Schlaraffenland" der spätkapitalistischen Gesellschaft mit seinen Börsianern, Feuilletonisten, echten und falschen Künstlern, Parvenus und Parasiten sein vermeintlich wahres Gesicht zeigt: die universale Besessenheit vom Geld. Im Mittelpunkt des Romans stehen Aufstieg und Fall eines karrieresüchtigen Literaten. Um ihn herum tummeln sich Zerrbilder aus allen Kreisen der Gesellschaft, Adlige, Kapitalisten, Proletarier. Sie alle trifft die ätzende ‚Kritik' des Autors, die freilich diesen Namen kaum verdient, da ihr jedes Unterscheidungsvermögen abgeht und keine Position erkennbar ist, von der aus sie erfolgt. Die pauschale Satire ebnet gänzlich die sozialen Schichten ein; alle, auch die Repräsentanten der zeitgenössischen Literatur (historisch interessant in diesem Zusammenhang ist die Satire auf Hauptmanns *Weber* in dem Drama „Rache" des charakterlosen Literaten Dietrich Klempner) und sogar die führenden Kräfte der demokratischen Reformbewegung, sieht Heinrich Mann in seiner fatalistischen ‚Gesellschaftskritik' vom Geld korrumpiert.

Dem pauschalen Zerrbild der deutschen Gegenwart stellt Heinrich Mann in seiner Romantrilogie *Die Göttinnen* ein orgiastisches Kontrastbild gegenüber. „Es sind die Abenteuer einer großen Dame aus Dalmatien. Im ersten Teil glüht sie vor Freiheitssehnen, im zweiten Teil vor Kunstempfinden, im dritten vor Brunst." So charakterisiert Heinrich Mann selber das geplante Opus über die Herzogin von Assy in einem Brief an Albert Langen unmittelbar nach Abschluß seines Berliner Romans (2. Dezember 1900). *Die Göttinnen* sind das typische Produkt des „ästhetizistischen Renaissance-Nietzscheanismus", den Thomas Mann als den vulgären Widerpart seiner eigenen Nietzsche-Nachfolge empfunden hat (welch letztere nicht den wirklichen oder vermeintlichen ‚Nietzsche triumphans', sondern den ‚Nietzsche militans' oder ‚patiens', den Psychologen, Ironiker und Moralisten zum Vorbild nimmt). Obwohl eine ironische Distanzierung des Erzählers vom Dargestellten in den *Göttinnen* hier und da zu erkennen ist, wird sie doch überwuchert von der Hysterie des Exotismus, des ästhetizistischen Kults der Grausamkeit, der trunkenen immoralistischen Hingabe ans Starke, Große und Pompös-Schöne – die im dritten Teil vollends in erotomanischen Kitsch ausartet.

In der unmittelbar nach den *Göttinnen* konzipierten *Jagd nach Liebe* hat sich der dionysische Lebensrausch merklich abgekühlt. In einem Brief an René Schickele schreibt Heinrich Mann 1910, in diesem Roman habe „das individualistische Ideal der Herzogin von Assy Bankrott gemacht“. Die „Jagd nach Liebe“ – die Trivialität des Titels entspricht dem reißerischen Niveau der Sprache und dem weithin kolportagehaften Charakter der Handlung – ist die „Sehnsucht nach dem schönen, starken Leben“, welche nur die Kehrseite, die Maske der Lebensschwäche ist. Im Mittelpunkt der Handlung steht der Millionär Claude Marehn, der sich sein Leben lang in Sehnsucht nach der sterilen, von einem nietzscheanisch-renaissancistischen Macht- und Kunstwillen besessenen, aber nichtsdestoweniger unbegabten Schauspielerin Ute Ende verzehrt, die für ihn die Utopie des – eben unerreichbaren – intensiven Lebens ist. Dem in Marehn verkörperten Typus des décadent (der trotz seines Reichtums das Erwerbsleben verachtet und mit dem Sozialismus sympathisiert, ohne sich doch ernsthaft über die Haltung fatalistischer Passivität zu erheben) steht der zynisch-korrupte Tat- und Erfolgsmensch Panier gegenüber. Er vertritt für Heinrich Mann den schönheitsfeindlichen, skrupellos-gewinnsüchtigen Geist des modernen Kapitalismus, dem die décadence als das repräsentative Komplementärphänomen der Epoche mit positiven (moralische Überlegenheit) und negativen Akzenten (Vitalschwäche) entgegengesetzt wird. Claude Marehn und Ute Ende, Repräsentanten einer sich renaissancistisch kostümierenden Lebensschwäche und dilettantischen Unproduktivität, sind von einer Fülle anderer grotesker décadence-Figuren umgeben, wie sie aus den Romanen und Erzählungen des Fin de siècle, zumal der bas-décadence, und im deutschen Sprachraum von Hermann Bahr her (*Die gute Schule,* 1890) in Grundzügen bekannt sind. Da ist der Schriftsteller Pömmerl, der sich von seiner Frau betrügen läßt, um melancholische Liebesklagen schreiben zu können, oder der impotente Millionenerbe Köhmbold, der sich einer rein visuellen Erotik hingibt, Kurtisanen bezahlt, die er nur anschauen möchte, und sich Möbel in der Form von Frauenleibern herstellen läßt. Auf einer Reise in den Süden Italiens begegnet Marehn zum erstenmal der echten ‚Renaissance‘ und dem wirklich starken Leben, das nicht nur scheinhafte Kompensation der eigenen Lebensschwäche ist. Heinrich Mann hat hier wie oft ein in Puccini-Klänge getauchtes klischeehaftes Italienbild gezeichnet, das ihm als Kontrast zur verachteten deutschen Wirklichkeit, zur Herrschaft des korrupten Kapitalismus wie zu dessen dekadenten Komplementärphänomenen dient. Die *Jagd nach Liebe* ist das bayerische Gegenstück zum Berliner Roman *Im Schlaraffenland.* Diesmal wird das München der Jahrhundertwende vor den satirischen Zerrspiegel gezogen, wobei Heinrich Manns kritische Position freilich deutlicher ausgeprägt ist und die Haupthandlung die wenig geglückten satirischen Zeitbilder stärker in den Hintergrund treten läßt.

Ins Erscheinungsjahr der *Göttinnen* und der *Jagd nach Liebe* fällt auch die Entstehung der Novelle *Pippo Spano*, welche die Scheinhaftigkeit des lebensschwachen „Renaissancismus" noch entschiedener decouvriert. Die Novelle thematisiert wie die frühen Erzählungen Thomas Manns, deren subtile dialektische Verschränkungen freilich zu deklamatorischer Antithetik vergröbernd, den Gegensatz von Kunst und Leben. Mario Malvolto, die Hauptgestalt der Erzählung, ist ein Künstler, dem das Leben nur zum „Vorwand" der Literatur dient. Die Hingabe an die Kunst bedeutet nach seinen Worten, daß „man das Leben aussog und arm machte"; „zu einem echten Gefühl, zu einer redlichen Hingabe" ist Mario unfähig, sein ‚Leben' bleibt bloßes nihilistisches Spiel: Stoff, „um Sätze daraus zu formen". Mario wäre freilich kein décadent, wenn er sich nicht aus seiner ästhetizistischen Lebensferne nach dem ‚starken Leben' sehnte, dessen vorbildliche Verkörperung für ihn der Condottiere Pippo Spano ist (sein Bild ist das Leitmotiv der Erzählung). In der Liebe zu dem dionysischen Prachtweib Gemma glaubt er dieses starke Leben schließlich verwirklicht zu haben. Doch seine Unfähigkeit zum Liebestod, zu dem Gemma ihn treibt, weil man von ihr und ihm Nacktphotos veröffentlicht hat, zeigt ihm, daß auch diese Liebe nur Maskerade war. Nach einem orgiastischen Liebesakt (einer stilistischen Monstrosität!) beginnt Mario seine Freundin systematisch zu zerfleischen. Hand an sich selber zu legen, bringt er jedoch nicht fertig, er erkennt, daß er weder zum Leben noch zum Sterben der „Starken" fähig, nichts weiter ist als ein Komödiant.

Die Abwendung von Ästhetizismus und Renaissancismus führt seit 1904 zu einer politischen Neuorientierung Heinrich Manns: zu seinem militanten Einsatz für die Demokratie und die republikanische Kultur Frankreichs, zur Ablehnung der politikfremden Schriftstellerei. In den Essays *Geist und Tat* und *Voltaire – Goethe* aus dem Jahre 1910 kommt diese neue Positionsbestimmung am deutlichsten zum Ausdruck. Hier werden freilich zwei geschichtsfremde Vorstellungen von Frankreich und Deutchland, personifiziert in den literarischen Attrappen Voltaire und Goethe, undialektisch gegenübergestellt. Von der demokratischen Wendung zeugen auch die Romane der nächsten Jahre: *Professor Unrat* (1905), *Zwischen den Rassen* (1907) und *Die kleine Stadt* (1909).

Professor Unrat oder Das Ende eines Tyrannen ist zweifellos das gelungenste Opus des frühen Heinrich Mann. Das hängt nicht zuletzt damit zusammen, daß er hier die Weitläufigkeit der früheren Romane, die nur Zerrbilder der Epoche boten, aufgibt und die Satire in den überschaubaren Dimensionen der Kleinstadt (Lübeck) ansiedelt. Gerade durch die Beschränkung auf die Provinz gewinnt die Romansatire zeitgeschichtliche Repräsentanz. In der Karikatur eines diktatorischen Gymnasiallehrers demonstriert Heinrich Mann im ersten Teil des Romans die autoritären

Strukturen des wilhelminischen Staats, mit denen Professor „Unrat“ sich völlig identifiziert. Durch die Leidenschaft zu einer Soubrette wird er nun seiner bürgerlichen Ehrenstellung mehr und mehr entfremdet (eine Art grotesker Parallelfall zu Thomas Manns Aschenbach), von der Behörde suspendiert und zum haßerfüllten Gegner eben der gesellschaftlichen Ordnung, die er zuvor repräsentierte. „Aus dem Tyrannen war endgültig der Anarchist herausgebrochen.“ Sein Haus wird eine Art Venusberg, der eine entsittlichende Wirkung auf die ganze Stadt ausübt. Was den Anarchisten mit dem Tyrannen – und dem autoritären Machtprinzip überhaupt – verbindet, ist der Menschenhaß. Wie Unrat zuvor seine Schüler durch die Machtmittel der Schule zu ruinieren suchte, so nun die ganze Stadt durch das ‚Machtmittel‘ der erotischen Attraktion seiner Frau. Durch sie beherrscht er die ‚Gesellschaft‘ und sucht diese in den Untergang zu treiben, bis er durch die Obsession seiner Rache selbst zu Fall gebracht wird. – Unter dem Titel *Der blaue Engel* (den Heinrich Mann später auch als Titel seines Romans zugelassen hat) ist *Professor Unrat* 1930 von J. v. Sternberg verfilmt worden, wobei der zweite Teil der Handlung (mit Zustimmung Heinrich Manns) tiefgreifend verändert und die konzessionslose Satire zum rührseligen Ufa-Melodrama verwässert wurde.

Der Satire auf die politisch unmündige wilhelminische Gesellschaft in *Professor Unrat* steht das „hohe Lied der Demokratie“ (Heinrich Mann) in der *Kleinen Stadt* gegenüber, der muffigen norddeutschen Kleinstadt eine italienische „kleine Stadt“, die zum Schauplatz der demokratischen Strömungen nach dem Risorgimento wird. Durch die Ankunft einer Operntruppe werden in der bis dahin idyllisch vor sich hinträumenden Stadt unterdrückte Leidenschaften und politische Spannungen freigesetzt; diese steigern sich mit den Vorbereitungen einer Oper des Dirigenten Dorlenghi, der mit seiner Sehnsucht, „Musik für ein ganzes Volk zu machen“, nach Heinrich Manns Geständnis in der Autobiographie *Ein Zeitalter wird besichtigt* seine Anschauung des werdenden Puccini gewesen ist. Die Opernaufführung, in der alle Handlungsstränge des von zahllosen Figuren getragenen Geschehens zusammenlaufen, wird so zum Symbol der Demokratie, in dem der Versuch gipfelt, ein ganzes Volk auf die epische Bühne zu bringen. Der von Heinrich Mann behauptete immanente Demokratismus der Romanform wird hier aufgrund der Verdrängung der Individualhandlung durch eine Kollektivhandlung folgerichtig realisiert. Im Essay *Voltaire – Goethe* heißt es: „Der Roman, diese Enthüllung der weiten Welt, dies große Spiel aller menschlichen Zusammenhänge ist gleichmacherisch von Natur; er wird groß mit der Demokratie, unter der das Drama in seiner aristokratischen Enge abstirbt.“ Das Dramatisch-‚Aristokratische‘ fehlt freilich auch hier nicht: in der melodramatischen, der Oper des Verismo abgeschauten tragischen Liebesgeschichte der Nonne Alba Nardini und des

Tenors Nello Gennari, die sich schmachtend über das Stimmengewirr der demokratischen Kollektivhandlung erhebt. *Die kleine Stadt* ist gleichzeitig mit Thomas Manns *Königliche Hoheit* entstanden – deren Schluß ebenfalls einen, wenn auch märchenhaften Tribut an die Demokratie darstellt. Heinrich Mann hat selbst auf diese Gemeinsamkeit hingewiesen, Thomas Mann dem Roman des Bruders freundliches Lob gespendet (er schon verwendet das Wort vom „hohen Lied der Demokratie"). Trotz der vorhandenen Spannungen konnten sich die Brüder hier noch einmal nach außen hin wechselseitig auf einen gemeinsamen Nenner bringen, ausgerechnet auf den der ,Demokratie', an der sich wenige Jahre später ihre Geister feindlich scheiden sollten. Stilistisch ging von der *Kleinen Stadt*, wie auch von einigen früheren Werken, eine starke Wirkung auf angehende Autoren der Zeit aus: der ruckartige, nervöse Lapidarstil, verbunden mit schwelgerischer Bildhaftigkeit, mit metaphorischen Tableaus, prägte – wie Benn, Becher u. a. bezeugen – den Expressionismus.

,Neuromantische' Tendenzen

Zu den frühesten Zeugnissen einer Erzählkunst, die sich vom Naturalismus abhob und trotz der nur gering differierenden Erscheinungsdaten als eine Reaktion auf den Naturalismus verstanden wurde, gehören Werke aus der ersten Phase im Schaffen von *Ricarda Huch* (1864–1947). Nicht ohne Grund wurde schon von den Zeitgenossen der damals aufkommende Begriff ,Neuromantik' mit ihr in Verbindung gebracht, namentlich nach dem Erfolg ihrer zweibändigen Darstellung der deutschen Romantik (*Blütezeit der Romantik*, 1899; *Ausbreitung und Verfall der Romantik*, 1902), die – essayistisch-poetisch, nicht wissenschaftlich angelegt – manche vergessenen Züge der Romantik einem breiteren Leserkreis erneut zum Bewußtsein brachte. Die heute gelegentlich vorgetragene Meinung, Ricarda Huchs Monographie habe eine regelrechte Neuentdeckung der Bewegung um 1900 ausgelöst, trifft nicht ganz zu. Nicht zu vergessen ist, daß die 1870 erschienene literarhistorische Darstellung der *Romantischen Schule* von Rudolf Haym nicht wirkungslos geblieben war: bis in die zwanziger Jahre wurde das Werk mehrmals aufgelegt.

Das Wort ,Neuromantik' und ähnliche Bezeichnungen wurden von der zeitgenössischen Kritik freilich eher wahllos gebraucht. Unterschiedliche literarische Erscheinungen galten als ,neuromantisch', wenn nur die Distanz oder gar die Gegnerschaft zum Naturalismus spürbar war: die ästhetizistische Esoterik der Symbolisten (des George-Kreises) ebenso wie die historisierenden Maskeraden des Renaissance-Kultes, die impressionistischen Flüchtigkeiten nicht weniger als das hymnische Pathos der Naturanbeter. Der nicht nur in Wien, sondern auch in Berlin und Paris wohlorientierte Hermann Bahr, der sich bereits 1891 anschickte, den Naturalismus zu überwinden *(Die Überwindung des Naturalismus)*, schrieb damals: „Die neue Psychologie, die neue Romantik, der neue Idealismus – der tastenden Worte sind viele, aber keines nennt die Sache recht, die noch nirgends ist als nur erst in unserer bangen, schwülen Sehnsucht – dieses allein sind jetzt ihre Fragen."

In einer betont programmatischen Sicht erscheint der Begriff bei einem der Ideologen der Richtung, dem damals noch jungen Verleger Eugen Diederichs, dessen Verlag in Jena ein Sammelbecken antinaturalistischer bzw. antimaterialistischer Bestrebungen war. Unter dieser Flagge vereinigte Diederichs sehr unterschiedliche Autoren, einzelne Vertreter der ‚Heimatkunst' ebenso wie Ästheten oder Anhänger der Lebensphilosophie. Ricarda Huch gehörte zu den Autoren des Hauses, ebenso wie Carl Spitteler, in Übersetzungen erschienen Maeterlinck und Henri Bergson. In der Erläuterung des Verlagsprogramms von 1900 gibt Diederichs dem Schlagwort ‚Neuromantik' folgenden Sinn:

„Als führender Verlag der Neuromantik möchte ich betonen, daß diese nicht mit der Dekadenzrichtung in der Literatur zu verwechseln ist. Nicht das Primitive, nicht weltfremde Träumerei bevorzugt die neue Geistesrichtung, sondern nach dem Zeitalter des Spezialistentums, der einseitigen Verstandeskultur, will sie die Welt als etwas Ganzes genießen und betrachten. Indem sie das Weltbild wieder intuitiv faßt, überwindet sie die aus der Verstandeskultur hervorgegangenen Erscheinungen des Materialismus und Naturalismus. Die Romantiker am Anfang des 19. Jahrhunderts bekämpften die kalte Glätte der Antike und glaubten im Mittelalter, zu dem sie Sang und Sage zurück brachte, eine natürlichere Menschheit zu finden. Wir Modernen suchen aber unsere Ideale in der Zeit, wo die Volkskraft sich in den ungebrochenen Naturen des humanistischen Zeitalters entfaltete. [. . .] Kein totes Wissen mehr, sondern es soll die Kunst werden, des Menschen Seele und Empfinden umzuformen und ihn zur praktischen Betätigung zu führen. Nur dadurch hat Ruskin der englischen Kultur ihre jetzige einflußreiche Stellung gegeben."

Diederichs Erklärungen sind trotz mancher Gemeinplätze und eklektischer Verknüpfungen bezeichnend genug. Die Spitze ist gegen den Materialismus und die „einseitige Verstandeskultur" gerichtet, letztlich gegen die Tradition der Aufklärung. Die Entwicklung des Spezialistentums (womit zweifellos auch die industrielle Arbeitsteilung gemeint ist) soll durch eine neue Ganzheitskultur überwunden werden. Zur Förderung dieser utopischen Vorstellung hat der Autor jedoch nur einen Rückgriff auf Muster der Vergangenheit anzubieten, etwa auf die handwerkliche Produktion des 16. Jahrhunderts. Daher wird auf John Ruskin hingewiesen, und damit auf die um die Jahrhundertmitte aufgekommene neue Handwerksideologie der sogenannten Präraffaeliten in England, die der Entfremdung in der industriellen Zivilisation ihre Sehnsucht nach manchen Formen der Arbeit im Mittelalter und im frühbürgerlichen Zeitalter entgegensetzten. „Der Maler", erklärte Ruskin, „sollte seine Farben selbst reiben, der Architekt beim Mauern mitwirken, der Industrielle ein besserer Arbeiter sein als alle anderen in seiner Fabrik." Die Anregungen, die aus dem Umkreis der Präraffaeliten, namentlich von Ruskin und William Morris, auf den Kontinent ausgingen, besonders aber auf die deutschsprachigen Länder, sind nicht überall klar erkennbar, müssen aber insgesamt hoch eingeschätzt werden. Die Verbreitung ausgewählter Schriften von Ruskin (erschienen in 15 Bänden 1900–1906 bei Diederichs) ist ebenso zu beachten wie die zahlreichen Spuren in der Publizistik der Jahrhundertwende, so etwa in Hofmannsthals Aufsätzen und Briefen. (Auch die Bewegungen zur ‚Lebensreform' nahmen englische Impulse auf, so im Bereich der Kleidung, Reformkost und Wohnkultur; Anregungen, die bei Autoren wie Rilke und Altenberg nachzuweisen sind.) Eine deutlich erkennbare Wirkung ging auf das Kunstgewerbe aus, vor allem auf die Buchausstattung. Die Unternehmungen von Harry Graf Kessler, der mit Hofmannsthal befreundet war, sind in diesem Zusammenhang zu sehen: Kesslers Weimarer „Cranach Presse" diente dem Versuch, Kunst und Literatur mit der Praxis des individuellen Handwerks zu verbinden. Verwandte Bestrebungen lagen auch der Herstellung von Büchern in Diederichs' Verlag (wie auch in anderen Verlagen jener Zeit, so etwa in der „Insel"-Gründung Anton Kippenbergs) zugrunde. Der Jenaer Verleger versuchte – wobei ideologische und wirtschaftliche Gründe einander stützten – die Mitte zu halten zwischen exklusiven, auratischen Liebhaberdrucken und Massenerzeugnissen. Die individuell wirkende Ausstattung auch bei billigeren Büchern sollte den handwerklichen Zug unterstreichen.

Die frühen Romane und Erzählungen von Ricarda Huch mußten, obwohl sie nicht so gemeint waren, wie ein Gegenprogramm zum Naturalismus wirken. Die literarischen Vorbilder waren weder Zola noch Ibsen, sondern die Schweizer Erzähler Keller und Meyer. In der Schweiz entstanden auch ihre ersten Arbeiten, in Zürich, wohin sich die aus Braunschweig Gebürtige begeben hatte, um studieren zu können. Das Doktorat (für eine Frau!), das 1892 der Historikerin verliehen wurde, hatte damals Seltenheitswert. Ein Jahrzehnt später erschien ihr einziger soziologischer Beitrag zu einem Thema, mit dem sie keine politischen Absichten verband: *Über den Einfluß von Studium und Beruf auf die Persönlichkeit der Frau*, eine in Wien veröffentlichte Broschur. Ein Jahr nach der Promotion lag auch der erste Roman vor: *Erinnerungen von Ludolf Ursleu dem Jüngeren*. Die Episoden aus dem Leben einer hanseatischen Patrizierfamilie hätten auch den Stoff für einen naturalistischen Roman abgeben können. Doch das

Werk ist noch viel weniger als die ***Buddenbrooks***, die es mit einzelnen Motiven präludiert, der Zolaischen Doktrin gemäß. Eher müßte man es romanhaft (oder romanzenartig) im alten, vorrealistischen Sinne nennen. Schon die Namen der Hauptgestalten, des blutsverwandten Liebespaares Galeide und Ezard, erinnern an mittelalterische Erzählwerke. Die Forschung hat denn auch darauf hingewiesen, daß Ricarda Huch auf zeitgemäße Weise die Geschichte von Tristan und Isolde nachgestaltet hat (einen gerade von den Neuromantikern bevorzugten Stoff, man denke nur an Ernst Hardts seinerzeit sehr erfolgreiches Versdrama *Tantris der Narr*, 1907, an Emil Luckas Roman *Isolde Weißhand*, 1909, oder an Eduard Stukkens Bühnenwerk *Tristan und Ysolt*, 1916). Die Erotik als unbedingte Macht erweist sich stärker als die bürgerlichen Bindungen, die ohnehin schon durch sinnliche und intellektuelle Verfeinerung innerhalb der Familie Ursleu gelockert waren. Fatalistisch erscheint diese Welt, freilich nicht in der Art des naturalistischen Determinismus, sondern vielmehr im Sinn einer irrationalistischen Deutung. Gleichsam einen schopenhauerischen Rückzug aus dem Leben vollzieht der Ich-Erzähler, der seine Erinnerungen an das Schicksal der Familie weltabgewandt in einem Schweizer Kloster aufzeichnet. Die „Lebensskizzen" (so der Untertitel) des Romans *Aus der Triumphgasse* (1902) gehen auf Erfahrungen der Autorin während der in Triest verbrachten Jahre zurück. Der von Leid und Verbrechen gezeichnete Alltag eines Arme-Leute-Viertels bildet den Gegenstand des Romans, wobei die Schicksale aus dieser fremden, unheimlichen Welt gleichsam als die Kehrseite des bürgerlichen ästhetischen Luxus empfunden werden. Während das Interesse der Naturalisten für die Armut stets auch ein mehr oder weniger ausgeprägtes gesellschaftliches Engagement einschließt, erscheinen im Umkreis der Gegenströmungen Not und Verbrechen viel eher als Ausdruck einer existentiellen Häßlichkeit. Die Faszination durch das Häßliche ist ein auffallendes Kontrastmotiv bei Baudelaire, Huysmans, Wilde, Hofmannsthal, Rilke. Ricarda Huchs zweiter Roman steht trotz mancher moralisierenden Züge dieser Richtung näher als der naturalistischen. Das Werk erschien bei Eugen Diederichs in Jena.

Mit dem Roman *Vita somnium breve* (1903; seit 1913 unter dem Titel *Michael Unger*) kehrte die Autorin zu Motiven großbürgerlichen Lebens zurück. Das künstlerisch brüchige Werk schildert den Versuch der Titelgestalt, im Zeichen von Künstlertum und Wissenschaft einen eigenen Weg zu gehen; das Schema des Entwicklungsromans wird jedoch zurückgenommen: am Schluß steht die Resignation, die Rückkehr in den beengenden Alltag der Familie. Der Wortprunk des Romans galt damals als bezeichnend – so in der Sicht Samuel Lublinskis, der in seiner *Bilanz der Moderne* (1904) den „Glanz" in der Sprache der Autorin gegenüber den „Farbspritzern" der Impressionisten betonte. „Etwas vom Leben der Alltäglichkeit

Gesondertes, etwas Dekoratives, ein Edelstein, ein Schmuck, Statuen voll würdevoll stolzer Haltung in ruhig herabwallenden langen Gewändern: diesen urältesten Sinn hatte das Wort ‚Poesie' für Ricarda Huch noch immer behalten, und sie sehnte sich nach einer solchen Welt voll Kostbarkeit. Im Zeitalter der Eisenbahn, der Politik und der sozialen Kämpfe führte eine solche Sehnsucht unweigerlich zur Romantik [...]" Lublinski mag dabei an Stellen aus *Vita somnium breve* wie die folgende gedacht haben:

„Grün waren die Höhen, an denen die Stadt der Jugend lag, und wenn der Frühling sie betrat mit Kränzen goldener Blumen, widerstrahlten der Himmel und der Spiegel des Sees, widerstrahlten die weißen Häuser und die Augen der Menschen. Dann blühten auf den Hügeln die Kirschbäume und die Apfelbäume, mit deren melodischen Häuptern des Windes silbersüße Stimme lispelte und koste und von denen weiße Blätter auf die lauschenden Wanderer herunterwehten."

Künstlerisch ausgewogener sind die in den neunziger Jahren entstandenen Erzählungen, von denen einige zu den besten Leistungen der Autorin gehören. Die Nähe Gottfried Kellers, den sie besonders schätzte, ist nicht selten spürbar, vor allem des Erzählers der *Sieben Legenden*. Die moderne Erfahrungswelt hat für diese Geschichten kaum verpflichtende Bedeutung: in ihnen treibt die literarische Phantasie ihr Spiel, das Erzählen schweift ins Märchenhafte aus, ins Groteske und Satirische. Literarisches wird verarbeitet, nacherzählt, angedeutet. „Schlaraffis ist eine uralte, wunderliche Stadt irgendwo in der westlichen Schweiz und die Leute halten da fest an manchen Gebräuchen, die anderswo nicht bekannt sind", so beginnt die Erzählung *Der Mondreigen von Schlaraffis*. Die Anspielung auf Kellers Seldwyla ist deutlich. Auch sonst ist eine Stiltendenz ausgeprägt, die in den meisten anderen Werken der Autorin fehlt: die Neigung zur humoristischen Relativierung und zur spielerischen Distanz, jedenfalls zu künstlerischen Verfahrensweisen, die Sentimentalität ausschließen. Der gleichsam augenzwinkernden Erzählweise liegt in manchen Erzählungen eine Haltung zugrunde, die – bei einer „Romantikerin" überraschend genug – ihre aufklärerischen Meriten hat. Mit Vorliebe erzählt Ricarda Huch Geschichten, in denen Schein und Sein auseinanderklaffen, Masken und falsche Ansprüche erkennbar werden. Hartmanns Erzählung vom armen Heinrich bleibt zwar eine mittelalterliche Geschichte, doch Ricarda Huchs Anti-Legende *Der arme Heinrich* bietet eine Variante des novellistischen Geschehens, die von der Tradition abweicht; sie zeigt, wie die fromme Deutung entstand: nämlich als mutwillige Erfindung eines auf erbauliche Belehrung bedachten Mönches. Die Erzählung ist freilich alles andere als schlichte „Enthüllungsliteratur". Indem die als „wirklich" dargebotene Geschichte mit besonders kühnem Fabulieren auftrumpft, und damit nicht im geringsten glaubhafter wirkt, erscheint sie selbst schon ironisch relativiert. Unmittelbar satirisch poentiert sind die kürzeren Erzählungen *Der Weltuntergang* und *Die Maiwiese*. Obwohl die erste im 16. Jahrhundert, die zweite dagegen in neuester Zeit spielt, ist die einheitliche satirische Absicht leicht erkennbar. Die Autorin zeigt die Wirkung von Mythen und Ideologemen auf die Menge, die zum beliebig manipulierbaren Gegenstand wird. Zugleich tritt andeutungsweise das eigentliche Interesse zutage, welches das äußere Verhalten lenkt. Ricarda Huch hat nur noch in einigen späteren historischen Werken eine vergleichbare Geschlossenheit und Dichte der Darstellung erreicht, so in dem dreibändigen, Erzählung und Geschichtsschreibung miteinander verknüpfenden Werk über den Dreißigjährigen Krieg *Der große Krieg in Deutschland* (1912–1914).

Erzählkunst zwischen Impressionismus und parabelhafter Stilisierung

Ricarda Huch und ihr Vetter *Friedrich Huch* (1873–1913) werden bisweilen in einem Atemzug genannt, nicht ganz zu Recht. Das Erzählwerk des Münchner Schriftstellers bleibt thematisch und stilistisch in enger gezogenen Grenzen, dafür wirkt es jedoch einheitlicher. Ein Schlagwort wie ‚Neuromantik' läßt sich auf ihn beim besten Willen nicht anwenden, es sei denn, man sieht in seinen Wagner-Parodien, den wenig bekannten „grotesken Komödien" *Tristan und Isolde*, *Lohengrin* und *Der fliegende Holländer*, einen Brückenschlag zu diesem Bereich. In seinen – vorwiegend kurzen – Romanen bleibt der Autor der modernen bürgerlichen Welt verhaftet, einer Sphäre, die zumeist aus der Sicht begabter, aber brüchiger oder leicht verletzlicher Menschen dargestellt wird. Das elegische Thema der Unvereinbarkeit von persönlicher Erfüllung und gesellschaftlichem Erfolg in der Bürgerwelt herrscht auch bei ihm vor. Darin ist er sicherlich mit der Autorin des *Ludolf Ursleu* vergleichbar. In künstlerischer Hinsicht kennzeichnet ihn ein Gebrauch impressionistischer Stilelemente.

Seine bekanntesten Romane sind *Mao* (1909) und *Pitt und Fox, die Liebeswege der Brüder Sintrup* (1909). *Mao* besteht aus einer Kette von Stimmungsbildern aus dem Leben eines Jungen, dessen Empfänglichkeit für ästhetische und atmosphärische Reize ihn zum psychischen Außenseiter in einer auf Leistungstüchtigkeit ausgerichteten Umwelt macht. Die überlieferte Kategorie der epischen Handlung wird bewußt vernachlässigt zugunsten von Zustandsschilderungen und Psychogrammen. Der Impressionismus setzt sich hier kompositorisch durch. Es ist kennzeichnend, daß Huchs Gymnasiast sich von seiner eigenen Kindheit nicht zu lösen vermag: aus einer kaum spürbaren Angst vor den Erwachsenen (für die das Wort „Geschäftsleute" steht) ergibt sich die Verweigerung, die dann schließlich zur

Selbstvernichtung führt. Mit Selbstmord endet auch das Leben des Protagonisten im Musikerroman *Enzio*, der in einem ähnlichen Milieu spielt. Deutliche Akzente dieser Art fehlen dagegen in *Pitt und Fox*, einem Roman, der eher humoristische Züge aufweist. Die Liebes- und Lebenswege der Brüder bleiben, sieht man von einer Episode in der Theaterboheme ab, im bürgerlichen Rahmen, sind aber dennoch grundverschieden. Während Pitt, der scheue Skeptiker, im bürgerlichen Alltag die ästhetisch orientierte vita contemplativa sucht, ist Fox der in allen Satteln gerechte Tatmensch, der trotz problematischer Neigungen schließlich auch die Rolle des Konformisten erfolgreich spielt. Die auf psychologischen, nicht auf sozialen Gegensätzen beruhende Typologie der Charaktere erinnert an die Spannung zwischen der Lebensform des ‚Künstlers' und des ‚Bürgers' bei Thomas Mann.

Zu der Münchner Literaturszene gehörte in den Jahren nach 1900, neben den Brüdern Mann, Ricarda und Friedrich Huch, Wedekind, Bierbaum und vielen anderen, auch der aus Kurland stammende Graf *Eduard von Keyserling* (1855–1918), dessen erzählende Werke – in manchem mit Schnitzlers Novellen vergleichbar – von den Zeitgenossen als besonders bezeichnend für die literarische Kunst des Impressionismus empfunden wurden. Größere Beachtung fand unter seinen kleinen Romanen (oder umfangreichen Erzählungen) als erster die bei S. Fischer erschienene „Schloßgeschichte" *Beate und Mareile* (1903). Wie bei Schnitzler ist auch bei Keyserling ein Widerstand gegenüber der impressionistischen Auflösung der Syntax erkennbar: man braucht nur Schnitzler mit Altenberg zu vergleichen, oder Keyserling mit Schlaf (*In Dingsda* etwa). Für Keyserling konnte, auch in stofflicher Hinsicht, Fontane richtungsweisend sein. Auch die verhaltene Kunst des dänischen Zeitgenossen Herman Bang erschien ihm sicherlich nahe verwandt. Keyserlings Welt setzt sich aus subjektiven Sinneseindrücken zusammen, die Sprache bemüht sich, die Vielfalt der Farben, Töne, Düfte einzufangen, die Flüchtigkeit der Stimmungen, den Reiz des Augenblicks. Den Augenblick auszukosten, noch bevor die Wehmut der Vergänglichkeit sich einstellt, darauf kommt es an: „Ja, ja", sagt die männliche Hauptgestalt des erwähnten Romans, „über sich hingehen lassen, eine Welle, eine blanke warme Welle", wobei die „Welle" jeder Lebensaugenblick ist. Der auf einem gepflegten Wahrnehmungsvermögen beruhende Sensualismus bei Keyserling ist ein typisches Merkmal des Fin de siècle; er erscheint hier jedoch ohne Mystizismen und esoterische Verstiegenheiten. Der Sensualismus, der namentlich die Intensität der erotischen Erlebnisse spürbar macht, ist in Keyserlings Werken ein Zeichen reduzierten Lebens: der Adel, der seinen geschichtlichen Untergang ahnt, vermag der Realität keinen anderen Sinn abzugewinnen als ein „carpe diem". In *Beate und Mareile* steht ein Mann, der Graf Tarniff, zwischen zwei Frauen, seiner adeligen Ehefrau Beate und der Sängerin Mareile, deren Vater Aufseher auf dem herrschaftlichen Gut ist. Während der Graf seiner Frau nur konventionelle Achtung entgegenbringt, weil er in der Ehe insgesamt nicht viel mehr sieht als ein standesgemäßes Arrangement, gilt sein sinnliches Verlangen Mareile, die als Bürgerliche (und als Künstlerin!) für das mehr oder minder kavalierartig zu absolvierende „Abenteuer“ in Betracht kommt. Es ist nur folgerichtig, daß in einem durch Konventionen gekennzeichneten, im übrigen leichtfertigen Dasein der Liebesepisode mit einem kurzen Abschiedsbillett ein Ende gesetzt wird. Das bei Mareile zurückbleibende Gefühl ist aus Liebe und Haß gemischt. Das alles ist mit sparsamsten Mitteln erzählt, eindrucksvoll vor allem in der Diskretheit, aber auch Schärfe, mit der gesellschaftliche Bezüge ins Blickfeld gelangen.

Zu den bei S. Fischer veröffentlichten kleinen Romanen (*Dumala*, 1908; *Abendliche Häuser*, 1914; *Fürstinnen*, 1917) gehört auch das bisher wenig beachtete Meisterwerk *Wellen* (1911). In einer mit Čechovs und Thomas Manns Erzählkunst vergleichbaren, diskret ironisch getönten Prosa wird mit einem Mindestmaß an Aufwand ein Höchstmaß an ästhetischer Wirkung erzielt. Ferientage an der Ostsee bilden den Rahmen eines Geschehens, das – bis auf den Schluß – ganz auf den inneren, kaum wahrnehmbaren Spannungen zwischenmenschlicher Beziehungen beruht. Zwei Familien lernen einander kennen, allein die Ferienbekanntschaft ist mehr als flüchtige Begegnung: die Berührung unterschiedlicher Lebenswege läßt soziale und psychologische Konflikte erkennbar werden, und nach der Trennung gehen diese Menschen mit Erfahrungen auseinander, die weiterwirken. Einprägsam ist als erzählerische Leistung besonders die Dichtheit in der Schilderung der Landschaft sowie die Verquickung der Stimmungswerte der Farben und Formen mit dem Auf und Ab der psychischen Regungen. Bestechend ist – auch in anderen Werken – die Nüchternheit, mit der sozialkritische Einsichten integriert werden: der schreibende Adelige, für den die epische Vergegenwärtigung der baltischen Heimat eine Suche nach der verlorenen Zeit ist, blickt auf die versinkende Welt des Adels ohne die geringste Sentimentalität zurück. Trotz der Intensität impressionistischer Stimmungskunst ist bei Keyserling zugleich eine Distanziertheit spürbar, für die er selbst ein zutreffendes Bild fand: eine seiner Romangestalten sagt einmal, sie sehe die Menschen wie durch ein verkehrt gehaltenes Fernrohr – genau, scharf, und doch entrückt.

Einige Werke Keyserlings erschienen nach 1908 auch in „Fischers Bibliothek zeitgenössischer Romane“, der berühmten gelben Reihe, die dem Versuch entsprach, moderne Literatur einem breiteren Leserkreis zugänglich zu machen. Die einheitlich ausgestatteten kleinen Bände erzielten bei einem Einheitspreis von 1 Mark (für die Pappband-Ausgabe) sehr bald einen beachtlichen Erfolg. Einer Verlagsstatistik zufolge erreichte *Beate und*

Mareile um die Mitte der zwanziger Jahre eine Auflage von 68 Tausend. Diese Zahl nimmt sich innerhalb der Aufstellung vergleichsweise bescheiden aus, bedenkt man, daß die Titel an der Spitze bei 180 bis 250 Tausend Exemplaren lagen. Der verschwommene Begriff „Mode" gewinnt Anschaulichkeit, vergleicht man das Erfolgsbuch *Yester und Li* von *Bernhard Kellermann* (1879–1951) mit Keyserlings „Schloßgeschichte". Der erstmals 1904 erschienene kleine Roman, laut Untertitel die „Geschichte einer Sehnsucht", konnte zwanzig Jahre nach seinem Erscheinen eine fast dreimal so hohe Auflageziffer verzeichnen. Die Gunst des Publikums galt in diesem Fall einem Produkt, das eine Art Trivialimpressionismus darstellt, versetzt mit weiteren offenbar wirksamen Elementen. Jugendstilhaft erscheint das Thema einer gleichsam ins Dekorative stilisierten, zeremoniell-preziösen Liebesbeziehung, die sich hauptsächlich darin erschöpft, als Anregung für literarische Träumereien zu wirken. Das Motiv des Schriftstellers, der die Wirklichkeit als eine besondere Form von Literatur erlebt, teilt Kellermann übrigens mit einigen Zeitgenossen: in Keyserlings Erzählung *Seine Liebeserfahrung* begegnet man einer Variante des Motivs, in satirischer Sicht erscheint es bei Schnitzler, so in den Dichter-Episoden im *Reigen*. Der Erfolg stellte sich auch bei Kellermanns zweitem „lyrischen Roman" ein, *Ingeborg* (1906), dessen von Naturbildern umrahmte Liebesgeschichte die stilisierte Einfalt von Knut Hamsuns *Pan* zu wiederholen versucht; und erst recht bei dem technisch-utopischen Roman *Der Tunnel* (1913), der thematisch und stilistisch die entsprechenden Hervorbringungen der zwanziger Jahre vorwegnimmt. Kellermanns stoffliche Interessen deuten einen Weg an, der vom Mythos der Natur zum Mythos der Technik führt.

Wie stark die Faszination durch die Natur das literarische Schaffen der Jahrhundertwende prägte, ist wohl am deutlichsten in den Werken Hermann Hesses zu erkennen, aber auch bei anderen, sehr unterschiedlichen Autoren wie Rilke, Dehmel, Altenberg oder Wassermann, die – nicht ohne Berührung mit allgemeinen lebensreformerischen Tendenzen jener Zeit – die Vorstellung eines „naturnahen Lebens" als Alternative in einer Epoche fortschreitender Industrialisierung und rücksichtsloser Ausbeutung der Natur verstanden.

Das erste bedeutendere Erzählwerk des in Württemberg geborenen Missionarssohnes (und späteren Wahlschweizers) *Hermann Hesse* (1877–1962) ist der kleine Roman *Peter Camenzind* (1903, in Buchform 1904), der zugleich den Ruhm des Autors begründete. Der so verdienstvolle Samuel Fischer, bei dem bereits die frühen Werke Thomas Manns erschienen waren, hatte den jungen Buchhändler ermuntert, ihm Manuskripte zu senden: so gewann er den *Camenzind* – und einen Autor, der sich später als einer der populärsten des Verlages erweisen sollte. Viele Jahre später, 1951, bezeichnete Hesse den Helden seines ersten Romans als ein Kind der Zeit um 1900, die Zeit der Jugendbewegung und der neuen Entdeckung der Natur.

Camenzind „strebt von der Welt und Gesellschaft zur Natur zurück, er wiederholt im kleinen die halb tapfere, halb sentimentale Revolte Rousseaus", hauptsächlich wegen seiner Abneigung gegenüber der ihm vertrauten Bürgerwelt, die ihm „zu satt, zu selbstzufrieden, zu glatt und normiert" erscheint. Das Werk läßt Züge des Bildungsromans erkennen und enthält auch entsprechende literarische Hinweise: der Ich-Erzähler nennt sich einen „grünen Peter", in Analogie zur Titelgestalt in Kellers *Grünem Heinrich*. Bezeichnend ist jedoch vor allem der feierliche Orgelton, mit dem es einsetzt: „Im Anfang war der Mythus", lautet der erste Satz. Als eine Art Naturmythus erscheint die Schweizer Gebirgslandschaft, in der das gesamte Leben, die Naturerscheinungen wie auch die Arbeit der Dorfbewohner, ein gleichsam geschichtsloses Dasein suggeriert. Der Auszug Camenzinds aus dieser Welt, in der er sich als Kind geborgen gefühlt hat, geschieht zwar im Zeichen seiner Neigung zur Bildung und Literatur, doch kennzeichnend bleibt der antizivilisatorische Affekt. Seine Erfahrungen als Kritiker und Redakteur in den Städten bestärken ihn in seiner Fremdheit gegenüber der „schäbige(n) Lächerlichkeit der modernen Kultur". Hesses Kritik am „Feuilletonistischen Zeitalter", die ein Leitmotiv seines Schaffens bildet, kündigt sich hier schon deutlich an. Wenig überraschend ist das versöhnliche Erlebnis der Harmonie von Landschaft und Kultur in Italien: Camenzind ist einer der zahllosen deutschen Künstlernaturen, deren Sehnsucht dem Süden gilt. In Italien findet er auch Muster des „einfachen Lebens", zu dem er sich im Geist des Franz von Assisi hingezogen fühlt. Mit seinem ekstatischen Lebensgefühl („Ich wollte aber auch die Menschen lehren, in der brüderlichen Liebe zur Natur Quellen der Freude und Ströme des Lebens zu finden; ich wollte die Kunst des Schauens, des Wanderns und Genießens, die Lust am Gegenwärtigen predigen") ist Hesses Romanfigur Anhänger jenes Lebenskultes, der sich in der Jugendbewegung der Jahrhundertwende Gehör verschaffte und auch das Schaffen zahlreicher Dichter – man denke nur an Dehmel, Holz, Rilke – bestimmte. Die Forderung nach konkreter Lebenshilfe (Camenzind findet in der Pflege eines Krüppels eine sinnvolle Betätigung) ist dagegen ein für Hesse eigentümliches Motiv, das auch in seinen späteren Romanen vorkommt, ebenso wie der sehr abstrakt vertretene Individualismus in der Auffassung, jeder müsse im Leben seinen eigenen Weg gehen. Darin nimmt Hesses erster Roman bereits einzelne Aspekte des *Demian*, des *Steppenwolfs* und des *Glasperlenspiels* vorweg. Wie eine Vorwegnahme der Wirkungsgeschichte Hessescher Texte in manchen Ländern liest sich übrigens eine Schilderung im 4. Kapitel, wo von jungen Menschen aus den Kreisen der Boheme die Rede ist, Menschen, die begierig nach philosophischer Lebenshilfe Ausschau halten und für sich die

Lehren fernöstlicher Mystik entdecken. „Es gab Asketen, die sich mit Enthaltsamkeit quälten und deren Toilette zum Himmel schrie. Ihr Gott hieß Tolstoi und Buddha."

Hesses zweiter Roman, ebenfalls knapp im Umfang, enthält sich weltanschaulicher Botschaften – und gehört im Gesamtschaffen des Autors zu den weniger bekannten Werken: *Unterm Rad* (1905, in Buchform 1906) berührt sich motivisch mit einigen „Schülerromanen" der Jahrhundertwende (E. Strauß, F. Huch), die das Scheitern sensibler Halbwüchsiger schildern – an einer Umwelt, die stets bereit ist, die individuelle Begabung der gesellschaftlichen Norm zu opfern. Einzelne Episoden beruhen, wie so oft bei Hesse, auf persönlichen Erfahrungen aus der Schulzeit. Ohne ein Tendenzroman im engeren Sinne zu sein, ist *Unterm Rad* ein Stück wilhelminischer „littérature engagée", ein Beitrag zur Schul- und Erziehungsreform. „Die Schule ist die einzige moderne Kulturfrage, die ich ernst nehme und die mich gelegentlich aufregt. An mir hat die Schule viel kaputtgemacht, und ich kenne wenig bedeutendere Persönlichkeiten, denen es nicht ähnlich ging. Gelernt habe ich dort nur Latein und Lügen [. . .]", schrieb Hesse im November 1904 an K. Isenberg. Wie die meisten Schülerromane (bis hin zu Friedrich Torbergs *Der Schüler Gerber hat absolviert*, 1930) endet auch Hesses Werk mit dem Tod der Hauptgestalt: Leistungsdruck, Unverständnis, Teilnahmslosigkeit diagnostiziert die schlichte Prosa des Erzählers sehr deutlich, wenn auch keineswegs deklarativ.

In den Bahnen eines autobiographisch gefärbten Realismus bleiben auch die folgenden beiden größeren Werke der Vorkriegsperiode, die Künstlerromane *Gertrud* (1910) und *Roßhalde* (1914), deren Thema die psychologischen Gefährdungen der Künstlerexistenz sind, die zwiespältigen Entscheidungen zwischen den Forderungen der ‚Kunst' und des ‚Lebens'. Ein Vergleich mit thematisch verwandten Werken Thomas Manns läßt die Grenzen des jüngeren Autors erkennen. Ironische Dialektik war Hesse freilich fremd. Daß er jedoch gelegentlich satirische Radikalismen nicht scheute, zeigt etwa die kleine Erzählung *Ein Mensch mit Namen Ziegler* (1908), in welcher der gesellschaftliche Alltag plötzlich in phantastischer Verfremdung erscheint: die Großstadtbewohner nehmen sich aus der Sicht der Tiere im Tiergarten als eine „sich verstellende, lügende, unschöne Gesellschaft tierähnlicher Wesen" aus. Diese Geschichte ist auch deswegen bemerkenswert, weil sie auf die spätere Schaffensphase Hesses vorausweist, die mit *Demian* und *Siddhartha* einsetzt und durch ein Überwiegen parabelhafter und märchenhafter Inhalte gekennzeichnet ist. Auch hier drängt sich ein Vergleich mit Thomas Mann auf, mit dessen Hinwendung zu mythischen und legendenhaften Stoffen seit den späten zwanziger Jahren.

Unter den Schülerromanen ist ein Werk von *Emil Strauß* (1866–1960) noch am ehesten mit dem Roman von Hesse vergleichbar. *Freund Hein*, schon 1902 bei S. Fischer erschienen, ist, wie der allegorische Titel erkennen läßt, die Geschichte einer Verzweiflung, die mit dem Tod endet. Als Schülertragödie war, obwohl anders angelegt, Wedekinds Drama *Frühlings Erwachen* vorausgegangen; und auch die Hanno-Episode aus den *Buddenbrooks* konnte dem Leser bereits zum Vergleich dienen. Das Leben des Gymnasiasten Heinrich (Heiner) Lindner erscheint von Anfang an verhängnisvoll gelenkt von einem Wunsch seines Vaters, eines Rechtsanwalts: „Der Bub [. . .] muß mir Staatsanwalt werden!" Der musikalisch begabte Junge sieht sich dem normierten, keine Ausnahmen zulassenden Leistungszwang der Schule ausgeliefert: Paradigma einer als sinnwidrig empfundenen Bildung ist – wie in den meisten späteren Schülertragödien – die Mathematik; Musik und Mathematik stehen einander als symbolische Begriffe gegenüber. Völlig entmutigt, greift der Schüler zum Schluß zum Revolver. Das Buch, mit dem er in den Tod geht, ist eine Auswahl von Hölderlins Gedichten. Daß gerade Hölderlin hier für den Bereich der Poesie steht, ist ein frühes Beispiel für die zu Beginn des Jahrhunderts unerwartet einsetzende Begeisterung für den Dichter – rund zehn Jahre vor dem Erscheinen des ersten Bandes der von Norbert v. Hellingrath erstellten Ausgabe. Thematisch gehört der Roman zu den – gerade um die Jahrhundertwende zahlreich vertretenen – literarischen Werken, in denen es um Künstler oder künstlerisch begabte Menschen geht und die mehr oder minder scharf das problematische Verhältnis zwischen Künstler und Gesellschaft, individueller Neigung und bürgerlicher Norm beleuchten. Auffallend häufig repräsentiert in deutschen Romanen den Künstler der Musiker; Thomas Manns Wort von der Musik, der „deutschen Kunst", aus den *Betrachtungen eines Unpolitischen* (1918) gewinnt auch dadurch eine gewisse Berechtigung. Auch hier mag die auslösende Wirkung der *Buddenbrooks* entscheidend gewesen sein. Friedrich Huchs *Enzio* erinnert, zumindest in einzelnen Teilen, an die von Musik handelnden Hanno-Kapitel. Hesses *Gertrud* und Wassermanns *Gänsemännchen* versuchen dann, den Musikerroman symbolisch zu vertiefen – ein Versuch, den dreißig Jahre später mit noch viel größerem Anspruch Thomas Mann mit dem *Doktor Faustus* wiederholen wird. Daß in einem französischen Roman, nämlich in Romain Rollands *Jean-Christophe* (1905–1912), die Hauptgestalt ein deutscher Musiker ist, gehört ebenfalls in diesen Zusammenhang.

Der einzige namhafte Erzähler der Jahrhundertwende, der versuchte, im Roman ein breites Gesellschaftspanorama in Vergangenheit und Gegenwart zu entwerfen, war *Jakob Wassermann* (1873–1934). Die epischen Traditionen, an die er anknüpfte, sind bei Balzac, Dickens und Dostojevski zu suchen, in der deutschen Literatur eher bei Gutzkow und Spielhagen als etwa bei Gottfried Keller. Schon in seinem ersten bedeutenden Roman, *Die Juden von Zirndorf* (1897, Neufassung 1906), schildert der aus jüdischem

Kleinbürgertum stammende Autor einen Lebenslauf, der in seiner individuellen Anlage zugleich auch exemplarisch im geschichtlichen Sinn ist. Der auf privater Ebene spielenden Handlung, in deren Mittelpunkt die Emanzipationsbestrebungen eines jungen Juden in der Gegenwart stehen, geht ein historisches Vorspiel voraus, das den Auszug der Juden aus dem Fürther Getto in der Zeit nach dem Dreißigjährigen Krieg zum Gegenstand hat. Das Einzelschicksal soll damit vor einem breiteren historischen Hintergrund gesehen werden. Am Ende des Vorspiels entwirft der Erzähler in einer verallgemeinernden Betrachtung eine Typologie des Judentums: eine auf der Zusammenschau krasser Widersprüche beruhende Wesensdeutung. „Hat ihn [den Juden] die Zeit dazu gemacht, die Geschichte, der Schmerz oder der Erfolg? Gott allein weiß es. Vor den Blicken tut sich ein unermeßliches Bild auf, denn das Wesen eines Volkes ist wie das Wesen einer einzelnen Person: sein Charakter ist sein Schicksal." Es ist höchst bezeichnend für Wassermann, daß historische Fragen letztlich doch aus einer psychologisch einengenden Sicht behandelt werden und ein abstrakter Volkscharakter als unwandelbares Fatum erscheint. So bleibt auch die Kritik an der bürgerlichen Gesellschaft punktuell und moralisierend, der Schluß des Romans, der den Helden als Siedler aufs Land führt, aufgesetzt und schematisch: eine ideologische Apotheose. Ähnlich angelegt ist das Ende des Romans *Die Geschichte der jungen Renate Fuchs* (1900), der eine Frau in verschiedenen sozialen Rollen zeigt und damit einen querschnittartigen Einblick in das Gesellschaftsgefüge anstrebt. Charakteristisch ist – auch im Hinblick auf Wassermanns späteres Schaffen – eine stellenweise mit sehr groben, fast schon trivialliterarischen Mitteln arbeitende Erzählweise, namentlich aber die jähen, ruckartigen Wandlungen im Verhalten der Romanhelden, die inneren „Erleuchtungen". Zählt man auch die zahlreichen Passagen mit philosophischem Anspruch hinzu, die Versuche der Gestalten, ihre Weltanschauung mitzuteilen, so überrascht es nicht, daß Wassermann nicht selten als Vorläufer des Expressionismus bezeichnet wird. Sein idealistisches Menschenbild und sein ethisches Pathos nehmen zweifellos Themen der ekstatischen „Menschheitsdichtung" vorweg. In diesem Zusammenhang ist vor allem der Roman *Alexander in Babylon* (1905) zu nennen. Sein bestes erzählerisches Werk ist, trotz mancher reißerischer Züge, *Caspar Hauser oder Die Trägheit des Herzens* (1908), ein Roman, der in historischem Gewand eine komplexe, unschwer aktualisierbare Problematik abhandelt und wohl unter allen Werken des Autors heute die größten Aussichten hat, erneut kritisches Interesse für dessen Schaffen zu wecken.

„In den ersten Sommertagen des Jahres 1828", so beginnt der Roman, „liefen in Nürnberg sonderbare Gerüchte über einen Menschen, der im Vestnerturm auf der Burg in Gewahrsam gehalten wurde und der sowohl der Behörde wie den ihn beobachtenden Privatpersonen täglich mehr zu staunen gab. – Es war ein Jüngling von ungefähr siebzehn Jahren. Niemand wußte, woher er kam. Er selbst vermochte keine Auskunft darüber zu erteilen, denn er war der Sprache nicht mächtiger als ein zweijähriges Kind; nur wenige Worte konnte er deutlich aussprechen, und diese wiederholte er immer wieder mit lallender Zunge, bald klagend, bald freudig, als wenn kein Sinn dahintersteckte und sie nur unverstandene Zeichen seiner Angst oder seiner Lust wären."

Die Vermutungen des heutigen Lesers, der Peter Handkes Sprechstück *Kaspar* (1968) kennt, treffen nicht zu: Wassermanns Werk ist kein anthropologischer Versuch in Romanform, auch keine sprachkritische oder pädagogische Erzählung, sondern ein Roman, der ein in manchen Zügen kritisches Gesellschaftsbild anstrebt, d. h. mit dem zweiten Teil des Titels seine eigentliche Absicht ausdrückt. Die „Trägheit des Herzens", erkennbar in Teilnahmslosigkeit, Vorurteil, Härte, ist viel mehr der epische Gegenstand als die Hauptgestalt selbst. Diese ist hauptsächlich ein Reagens, das Bewegungen von gesellschaftlicher Bedeutsamkeit auslöst, politische Machenschaften, psychologisches Interesse, Ehrgeiz, Haß, Furcht. Da es dem Autor um ein Zeitbild zu tun ist, bleibt er stofflich weitgehend im Rahmen der authentischen Überlieferung über den historischen Caspar Hauser, übernimmt freilich auch manche kolportagehaften Elemente aus der literarischen Tradition des Stoffes, so die stark auf Spannung zugeschnittenen Schilderungen der Suche nach der geheimnisvollen Identität des Fremdlings – einer Suche, in der sich alle Anzeichen von der Herkunft Caspars als Hinweise auf eine mysteriöse Verschwörung erweisen und die dann doch als ein Kriminalfall ohne Auflösung endet. In seinen besten Teilen beeindruckt der Roman durch seine – allerdings nicht folgerichtig durchgeführte – distanzierende Erzählweise, die versteckte Motive in der Verhaltensweise der Gestalten leicht verfremdet hervortreten läßt. In der Gestaltung der Atmosphäre im Zeitalter der Restauration erinnert der Roman stellenweise an Büchners *Woyzeck*.

Zu den Hauptwerken Wassermanns zählt auch der 1915 veröffentlichte Musikerroman *Das Gänsemännchen*, der bei der Kritik später den Vergleich mit Thomas Manns *Doktor Faustus* (1947) provoziert hat. Eher wäre freilich ein Vergleich mit einzelnen Bänden von Romain Rollands *Jean-Christophe* sinnvoll. Im Gegensatz zu Thomas Manns geschichts- und kunstphilosophischer Konzeption beschränkt sich das ältere Werk, das ja in einem ganz anderen historischen Kontext entstanden ist, auf eine mehr oder minder private, individualpsychologische Sicht. Das Werk unterscheidet sich damit kaum von anderen Künstlerromanen der Zeit nach 1900. Bestimmend bleibt die Spannung zwischen dem begabten, herausragenden, aber zugleich auch problematischen einzelnen und der Umwelt, die zumeist als beschränkt oder gehässig dargestellt wird. „Und es graute Daniel vor diesen Menschen", heißt es im Kapitel ‚Erinnerung an eine Traumgestalt', „vor ihren Geschäften, ihren Vergnügungen und den Kadavern ihrer Ideale. Es graute ihm vor ihrem Lachen und vor ihrer Trübseligkeit, vor den Stuben, aus denen sie krochen, vor den Spionen an ihren Fenstern, vor ihren Metzgerläden und Gasthäusern und Zeitungen, vor ihren Sonntagen und ihren Werktagen." Trotz Wassermanns Versuch, den zeitgeschichtlichen Hintergrund erkennbar zu machen, bleiben viele Episoden und Details unanschaulich, bloß behauptet, abstrakt wie das gesamte Künstlerdasein Daniel Nothaffts. Auch am Ende erkennt man nicht die Notwendigkeit der moralischen Katharsis, die den Helden dazu führt, sein bisheriges Leben als exzentrisch und eitel zu verdammen: seine Rückkehr in den stillen Alltag seines Heimatortes bedeutet nur Verzicht auf Künstlerruhm; durch seine Schüler, die ihm gefolgt sind, bleibt er jedoch im Bannkreis der Musik. Eine Antwort auf die Frage, worin der Sinn der resignierenden Versöhnung mit der – im Kern unveränderten – Umwelt liegt, bleibt der Roman schuldig. Die Schlußwendung im Zeichen des Verzichts und einer symbolhaften Heimkehr drängt den Vergleich mit Hesses *Peter Camenzind* auf – wobei sich eine für die Romankunst des 19. und frühen 20. Jahrhunderts typische Schlußformel deutlich abzeichnet.

Unter Wassermanns essayistischen Arbeiten der Vorkriegszeit verdient die Schrift *Der Literat oder Mythos und Persönlichkeit* (1910) besondere Beachtung, weil darin eine kulturphilosophische Theorie des Gegensatzes zwischen „Dichter" und „Schriftsteller" versucht wird. Der große Essay ist eines der wichtigsten neueren Zeugnisse in der Geschichte der für die deutsche literarische Tradition seit Schiller so bezeichnenden Typologie. Auch Wassermann – der von nationalkonservativen Kritikern selbst als bloßer Literat abgetan wurde – sieht den Gegensatz in der Spannung zwischen aufklärerischem Rationalismus und mythenbildendem Künstlertum begründet und beurteilt das Ideale setzende „Dichtertum" als die höhere schöpferische Leistung. Die nur wenige Jahre später entstandenen *Betrachtungen eines Unpolitischen* Thomas Manns nehmen dieses Thema wiederum auf, bekunden aber trotz aller Abneigung gegenüber dem „Literaten" eine differenziertere Haltung.

Nach dem Krieg versuchte Wassermann in einer autobiographischen Schrift (*Mein Weg als Deutscher und Jude*, 1921) die gesellschaftliche Problematik der Integration aus persönlicher Sicht zu behandeln. Eine Art deutsch-jüdischer Kulturgeschichte in Romanform findet sich in den Werken des Berliners *Georg Hermann* (1871–1943, in Auschwitz ermordet), von denen die beiden miteinander verbundenen Romane *Jettchen Gebert* (1906) und *Henriette Jacoby* (1908) mit Recht besonders bekannt wurden. Die Geschichte Berliner jüdischer Familien erweitert sich darin zu einem anschaulichen Bild bürgerlichen Lebens in der Vormärzepoche. (Hermann trat auch als Kulturhistoriker jener Zeit hervor: *Das Biedermeier im Spiegel seiner Zeit*, 1913.)

Der historisierende Roman, erzähltechnisch in manchem Fontane verpflichtet, ist, wie die Romane Hermanns und vor allem die *Buddenbrooks* zeigen, der Erzählkunst der Jahrhundertwende nicht fremd. Als ein Gegensatz zu den impressionistischen Tendenzen dürfen eher manche erzählenden Werke gelten, die aus dem Umkreis der Berliner Boheme um 1900 hervorgingen. Die Berliner literarische Boheme, die zeitweilig auch Ausländer (wie Strindberg) anzog, wetteiferte damals mit den entsprechenden Kreisen in Deutschlands zweiter literarischer Hauptstadt, München. Die Brüder Hart, Dehmel, Peter Hille, Else Lasker-Schüler, Przybyszewski, Scheerbart, Mühsam führten in Berlin, wenn auch auf verschiedenartige Weise, ein unkonventionelles Künstlertum vor, das vor allem dazu angetan war, den spießigen „Bürger" herauszufordern. Daß „Boheme" ein dehnbarer Begriff war, zu dessen Spielraum nicht nur eine demonstrative Antibürgerlichkeit, sondern auch eine relativ harmlose literarische Freizügigkeit gehörte, beweist ein Autor wie Bierbaum, der im übrigen in beiden Städten für künstlerische Neuheiten sorgte. In der Lyrik konnten die Absichten der Boheme fraglos deutlicher zur Geltung kommen als in anderen literarischen Gattungen; daher ist in den Hervorbringungen der „Originale" aus den Berliner und Münchener Cafés und Kabarette der Jahrhundertwende – wie auch nach 1910 in den Dichtungen der Expressionisten – vor allem ein eigentümlicher Beitrag zur Geschichte der deutschen Poesie zu sehen. (Über die meisten Autoren unterrichtet der Abschnitt zur Lyrik der Zeit.)

Der am meisten charakteristische Erzähler aus den Kreisen der Berliner Boheme ist *Paul Scheerbart* (1863–1915), dessen nicht ganz alltäglicher Name hin und wieder fälschlich als launiges Pseudonym begriffen wird. Literatur und Leben waren für ihn eins: der unbändige, phantasievolle Fabulierer lebte sich in seinen krausen Tagträumen aus, schreibend und im Freundeskreis erzählend, fortwährend auf der Flucht vor der materiellen Misere des Alltags wie auch vor der wilhelminischen Mentalität. Verhaßt war ihm namentlich der Gedanke an den Krieg: die wenigen politisch gemeinten Satiren bei ihm gelten dem Militarismus. Die Kriegsbegeisterung von 1914 trieb ihn vollends in die Vereinsamung, und sein Tod im zweiten Kriegsjahr kann als eine Art passiven Widerstands gedeutet werden. Nicht zu übersehen ist allerdings, daß im Prunk seiner utopischen Phantasien und in den imperialen Gesten seiner Millionäre und Abenteurer ebenfalls wilhelminische Ideologeme ihr Wesen treiben. Im Gegensatz zu den zahlreichen bildungsbürgerlichen Autoren der Jahrhundertwende (von der Art Hofmannsthals, Borchardts, Ricarda Huchs), die über solide philologisch-historische Bildung verfügten, repräsentiert Scheerbart – der aus kleinen Verhältnissen stammte – den Typus des literarischen Enthusiasten, dem Bücher nicht so sehr ästhetische Bildung bedeuteten, als vielmehr abenteuerhaften Zauber. So wirkten seine Jugendlektüre wie auch seine orientalistischen Interessen unmittelbar in seinem Erzählwerk nach.

Über sich selbst schrieb er einmal: „Hellenisch habe ich niemals empfunden – wohl aber orientalisch – der Orient war eben den Göttern und Ungeheuern näher als den ‚Menschen', – mir gings ebenso." *Tausendundeine Nacht* nannte er als wichtige Lektüre, aber auch Swift, Musäus und Brentano. Der „Spinner", der beharrlich an einem Perpetuum mobile bastelte, verzichtete nicht nur auf systematische Bildung, sondern auch auf eine kultivierte Erzählweise. Am technischen Standard der bedeutendsten Autoren der Epoche gemessen, erscheint Scheerbarts Erzählen willkürlich und dilettantisch, fast selbstparodistisch. Kompositorisch ungepflegt, ja abstrus, nehmen sich die ungezügelten Phantastereien zuweilen wie Gegenstücke zu den naiv-exotischen Bildern des Zöllners und Sonntagsmalers Rousseau aus, zugleich aber wie Vorläufer einer bewußt primitivistisch gehaltenen modernen Pop-Kultur.

In diese Richtung weist schon eines der ersten Bücher des Autors, der „arabische Kulturroman" *Tarub, Bagdads berühmte Köchin* (1897), den man einen impressionistisch erzählten Trivialroman mit orientalischen Motiven nennen kann. Reizvoll ist darin vor allem die verspielte Naivität des Erzählens. Eine bezeichnende Figur ist der Baron Münchhausen, so im „Berliner Roman" *Münchhausen und Clarissa* (1906). Am bekanntesten ist in den Kreisen der – ohnehin nicht sehr zahlreichen – Leser Scheerbarts der „Asteroiden-Roman" *Lesabéndio*, der 1913 in dem auf phantastische und groteske Literatur spezialisierten Münchener Verlag Georg Müller erschien: ein eigentümlicher Beitrag zur Science-Fiction-Literatur, allerdings ohne penetrante technische Phantasien, aber mit um so mehr poetischer Verspieltheit. Die kosmische Groteske trägt überdies, wie so oft bei Scheerbart, modische Züge im Geschmack des Jugendstils. Auffallend ist in allen seinen Texten die Vorliebe für Edelsteine, Schmuck und extravagantes Kunstgewerbe, kurz: für Luxus und Artifizielles. Auch die Natur muß sich dem Künstlichen fügen, etwa in der Konstruktion der Glasblumen, von denen in der Novelle *Flora Mohr* (1912) die Rede ist.

„Diese Lilien hatten schneeweiße Stengel, und diese Stengel ähnelten ein wenig den Eisblumen, die wir im Winter an Fensterscheiben sehen. Die Stengel hatten faustdicke und viel knollige Auswüchse und armbreite Äste, an denen sich citronengelbe dütenförmige Blüten befanden; und aus diesen ragten lange perlmutterartig schillernde Staubfäden heraus in Spiralformen und in ganz unregelmäßig gedrehten und gewundenen Formen. Die citronengelben Blüten waren meterlang, und es waren mehr als drei Blüten – es gingen aber nur drei faustdicke Stengel aus dem Boden heraus, der in der Mitte höher war als im übrigen Saalraum, so daß man diesen Blüten nicht näherkommen konnte."

Unmittelbar für die Realität bestimmt waren Scheerbarts pazifistische Vorschläge, aber auch die poetische Idee einer *Glasarchitektur* (so der Titel seiner bei Herwarth Walden im Verlag ‚Der Sturm' 1914 erschienenen Schrift). Der Autor plädiert darin für die Ablösung der „Backsteinkulturepoche" durch die Epoche der Glaskultur, denn diese wird das Leben der Menschen in Licht tauchen. „Lebe in einem Glashause [. . .], so wird es Dir wohlergehen, und Du wirst lange leben und glückliche Einfälle haben." In manchen Bauten der Berliner Architekten Max und Bruno Taut sind Scheerbarts Visionen Wirklichkeit geworden. Unverkennbar ist im übrigen in seinem Traum von sozialer Hygiene und neuer Geistigkeit das Weiterwirken der lebensreformerischen Bewegung der Jahrhundertwende: der Berliner Bohemien Scheerbart ist darin dem – von Reformkost und Reformkleidung schwärmenden – Wiener Bohemien Altenberg verwandt.

Ein weiterer eigentümlicher Autor aus den Kreisen der Berliner Boheme ist der Pole *Stanislaw Przybyszewski* (1868–1927), der in den neunziger Jahren in Berlin lebte und deutsch schrieb. (Nach 1900 publizierte er dann vorwiegend in polnischer Sprache.) Die Werke des exaltierten Bohemien (erzählungsartige Texte wie der Zyklus *Homo Sapiens*, 1895/96, *Vigilien*, 1895, *Androgyne*, dt. 1906, u. a.) haben neuerdings das Interesse der Forschung geweckt, allerdings weniger wegen des – ohnehin höchst geringen – Kunstwertes, sondern vielmehr im Hinblick auf eine sehr ausgeprägte kulturhistorische Signifikanz. Przybyszewskis Schriften lesen sich wie Prospekte zu modischen Motiven und Ideologemen der Jahrhundertwende: das Fin de siècle schillert in ihnen in allen Farben, Immoralismus, Dekadenz, Satanismus werden ebenso aufgeboten wie Panerotismus oder religiöse Mystik. Dem Literarhistoriker liefert namentlich die Nietzsche-Rezeption des Polen reichhaltiges Material. Eine starke Wirkung ging vor allem von Nietzsches *Zarathustra* aus, sowohl von der Herrschergebärde und dem Einsamkeitspathos wie auch von der rhythmischen Prosa des Werkes. Przybyszewskis Prosadichtung *Epipsychidion* (1900) ist ein Beispiel dafür.

Unter den nach der Jahrhundertwende zeitweilig in Berlin lebenden Autoren aus dem Ausland war der Schweizer *Robert Walser* (1878–1956) eher eine Ausnahme: kein exzentrischer Bohemien, sondern ein unauffälliger, versponnener Ironiker. Allerdings sah auch er seinen Platz an der „Peripherie der bürgerlichen Existenzen"; dort habe er sein Leben gelebt, bemerkte er in einem Gespräch mit seinem Freund und Vormund Carl Seelig 1941 in der Heilanstalt Herisau, ein Leben in entschlossenem Verzicht auf

Besitz, Erfolg, bürgerliche Sicherung, schriftstellerische Etabliertheit. Der Wille zur Ohnmacht als Gegenlosung zu Nietzsches Willen zur Macht! Walser hat die „Herrenmoral“ Nietzsches in einem Gespräch mit Carl Seelig einmal aus dem Ressentiment des „gekränkten Knechts“ erklärt. Er setzt ihr, gleichsam als paradoxale Umkehrung der Überlegenheit des geborenen Herren, seine zwischen Demut und Ironie schillernde „Dieneridee“ entgegen, welche fast der Angelpunkt seiner Dichtung und Poetik zu sein scheint. *Die Augen eines Dieners* – dieser Titel eines Romans von Hermann Lenz (1964) – könnte auch über vielen Prosadichtungen Walsers stehen, zumal über den Romanen *Jakob von Gunten* (1909) – dem in einer absurden Dienerschule spielenden Antibildungsroman – und *Der Gehülfe* (1908): hier verwandelt sich ein ‚kaufmännischer Angestellter‘ im Dienste eines dem Bankrott zusteuernden hochstaplerischen Erfinders – der ein großer Unternehmer sein möchte, aber wie Wedekinds Marquis von Keith nicht imstande ist, sein Verhalten zu rationalisieren und seine Erfindungen nach den Erfordernissen des Marktes zu kalkulieren – mehr und mehr in einen Diener und „Vasallen“ feudalen Zuschnitts. Die ‚interesselos‘ registrierenden Augen des Dieners fangen die Welt in feineren Schattierungen ein, als das aus dem durch Macht- und Erfolgsinteresse beschränkten Blickwinkel der Herrschenden möglich ist. Diese sehen die Schatten nicht, welche sie im wechselnden Licht werfen, während der Diener, der hinter ihnen steht, jene in all ihren Abtönungen genau wahrnimmt. Der Diener, der Commis, der ‚Gehülfe‘ (all das ist Walser selbst zeitweilig gewesen!), kurz: der subalterne Beobachter ist für Walser das geeignetste ‚personale‘ Medium des modernen Romans.

Freilich ist nicht der Roman die spezifische Ausdrucksform Walsers. Den drei bei Paul Cassirer in Berlin erschienenen Romanen *Geschwister Tanner* (1907), *Der Gehülfe* und *Jakob von Gunten* sowie dem nachgelassenen Fragment des sog. „Räuberromans“ (veröffentlicht erst 1972) stehen über tausend Prosastücke: Szenen, teils erzählende, teils betrachtende Skizzen, Parabeln, Grotesken, Parodien usw. gegenüber, meist nur eine oder wenige Seiten umfassend; ein relativ kleiner Teil von ihnen erweitert sich zu größeren Erzählungen (z. B. *Der Spaziergang*, 1917, und die wohl bedeutendste Dichtung Walsers überhaupt: die Büchners *Lenz* verwandte und kongeniale Erzählung *Kleist in Thun*, 1907). Einen größeren Teil seiner Prosastücke hat Walser in Zyklen gesammelt (*Fritz Kochers Aufsätze*, 1904; *Poetenleben*, 1918; *Die Rose*, 1925 u. a.). Die Kurzprosa, die „kleine Form“, deren moderne subjektivistische Spielart vor allem von Peter Altenberg geschaffen worden ist (mit dem Walser freilich nicht verglichen werden wollte) ist das eigentliche poetische Medium Walsers, in dem er sich nach seinen Romanexperimenten fast ausschließlich bewegt hat. Auch die Wahl der gewissermaßen demütigen kleinen Form als Alternative zu den literarischen Großformen ist ein Ausdruck seiner Moral des Kleinseins. „Auf Klassiker war ich nie jaloux", bemerkt er im Gespräch mit Seelig. Dieser künstlerische Minimalismus drückt sich einerseits in der vorbehaltlosen Bewunderung der ‚Großen' in der Literatur (etwa Goethes oder Kellers), andererseits in der Aversion gegen die marktbeherrschenden Großschriftsteller à la Hermann Hesse aus (der freilich Walsers Bedeutung als einer der ersten erkannt hat). „Gibt es doch Menschen, die das helle Licht für ihre Person weniger lieben als den dämmernden Schatten . . . Stets betrachtete ich mit großer Lust die Pracht und den Glanz; mich selbst jedoch wünschte ich von jeher in einen ruhigen, bescheidenheitreichen Hintergrund zurückgestellt." Diese Worte des Titelhelden der Erzählung *Tobold* (1917) – dem ironischen Märchen von einem Dichter, der in der Umarmung des ersehnten Todes die Metamorphose in einen Diener erlebt – muten wie eine Konfession Walsers an, der 1905 auch selbst an einem veritablen Dienerkurs teilnahm.

Die Dienerschule ist auch das Modell des Instituts Benjamenta im Tagebuchroman *Jakob von Gunten*. Jakob, einem alten Adelsgeschlecht entstammend, zum einstigen Herrschaftsstand gehörend, tritt in das mysteriös-absurde Erziehungsinstitut ein (dessen änigmatische Züge auf Kafka vorausweisen, der Walsers Dichtungen hochgeschätzt hat), um sich dort zu einer „Null" ausbilden zu lassen, zu einer gänzlich subordinierten Existenz. Indem Jakob sich entschließt, „von aller hochmütigen Tradition abzufallen", gibt er jedoch seinen Adelsstolz nicht auf, sondern dieser wird gewissermaßen auf den Kopf gestellt. Die Dienerexistenz wird zur imitatio perversa des Herrendaseins. Dieser paradox umgestülpte Aristokratismus, die Subordination als Inkognito der Überlegenheit, ist der bewußt anachronistische Widerspruch einerseits gegen die Egalisierung, Versachlichung und Anonymität der modernen gesellschaftlichen Beziehungen, welche persönlichen, auf Treue gegründeten Herrschafts- und Abhängigkeitsverhältnissen keinen Raum mehr lassen, anderseits gegen die korrupten, durch die Allmacht des Geldes depravierten Formen moderner Herrschaft.

Der Stolz des Dienens, das Herrschen des Beherrschten gemahnt an die Paradoxie der christlichen Demut, des „Wer sich selbst erniedrigt, wird erhöht werden". Walser hat in der Tat eine Reihe von Gedichten und Prosaszenen über Jesus verfaßt, die ihn als Urbild der Moral des Kleinseins erscheinen lassen (so die an Matthäus 19, 16–24 anknüpfende Szene *Der reiche Jüngling*, 1925, und die Episodenfolge *Studie*, II, 1926). Walser ist sozusagen ein Christ wider Nietzsche, ein Anti-Antichrist. „Was ist gut?" fragt Nietzsche sich im *Antichrist*. „Alles, was das Gefühl der Macht, den Willen zur Macht, die Macht selbst im Menschen erhöht. Was ist schlecht? – Alles, was aus der Schwäche stammt." Walsers Minimalismus ist die genaue Umkehrung dieser Wertsetzung. Die Haltungen, welche Nietzsche unter dem Begriff der ‚décadence' zusammenfaßt, die ‚Tugenden' der „Physiologisch-Zurückgezogenen", des Christentums zumal als der „décadence-Religion" par excellence, die er gegen die Grundinstinkte des „Übermenschen", des „starken Menschen", gegen die Werte des „aufsteigenden Lebens" herabsetzt, sie werden von Walser bewußt ins Positive gewendet, wie er umgekehrt die positiven Werte Nietzsches als Unwerte betrachtet. Umwertung der „Umwertung der Werte"! Die Korruption der Macht in der modernen Gesellschaft läßt Walser nicht das aufsteigende, sondern das bis zum Verschwinden ‚abfallende' Leben als lebenswert erscheinen. Seine Werte sind bewußte ‚décadence'-Werte. Und wenn Nietzsche vom Christentum eine Gravitation auf das „Irrenhaus" hin behauptet, so ist auch für Walser das Irrenhaus die Endstation seines ‚abfallenden Lebens' gewesen. (Er hat, in die Rolle des Schizophrenen hineinschlüpfend, die ihm eine medizinische Fehldiagnose zuwies, seit 1929 in der Heilanstalt gelebt.) Das Christentum, das „Evangelium der ‚Niedrigen'" sei der „Aufstand alles Am-Boden-Kriechenden gegen das, was *Höhe* hat", schreibt Nietzsche. Wer dächte hier nicht an Jakob von Guntens „Ich kann nur in den untern Regionen atmen" und an das Wort seines Bruders Johann: „Denn sieh, da oben, da lohnt es sich kaum noch zu leben. [. . .] Präge dir ein: nichts, nichts Erstrebenswertes gibt es. Es ist alles faul." Der Einsicht in den Werteverfall der europäischen Zivilisation, in die Nichtigkeit ihrer Macht-, Geld- und Leistungsbesessenheit korrespondiert die Absurdität der Erziehung im Institut Benjamenta. „Kenntnisse werden uns keine beigebracht." Die eingestellten Lehrer befinden sich im Zustand eines surrealistisch anmutenden Totenschlafs, wenn sie nicht überhaupt Einbildungen sind. In seiner Ansprache an die schlafenden oder imaginierten Lehrer entlarvt Jakob jede Art von Wissensvermittlung als sinnlos, lügenhaft oder anachronistisch. Die „Bildung" hat ihre Rolle in einer betriebsam-erfolgstüchtigen Zivilisation ausgespielt. Wenn sie durch den sinnlosen Leerlauf des Unterrichts ad absurdum geführt wird, dann nicht eigentlich sie selber, sondern die Rolle, die ihr in der Realität tatsächlich zukommt. Die Absurdität des Instituts Benjamenta ist das wahre Gesicht der Gesellschaft.

Im letzten Drittel des *Jakob von Gunten* häufen sich die Zeichen für den Untergang des mysteriösen Erziehungsinstituts. Als es endlich auseinanderbricht, entschließen sich der Vorsteher Benjamenta und Jakob zusammenzubleiben. Wie im *Gehülfen* bleibt der Diener gerade dem scheiternden Herren treu, während er sich als spiegelverkehrter Aristokrat über jede selbstsichere Macht lachend erhebt. („Sobald einer Miene macht, mir gegenüber sich zum Meisterlein zu erheben", so sagt im nachgelassenen Romanfragment der „Räuber", der nur deshalb so heißt, weil er dem Besitz und den gesellschaftlichen Gütern ihren Wert ‚raubt', „fängt etwas in mir an zu lachen [. . .] und im anscheinend Minderwertigen entsteht der Überlegene.“) In einem Traum am Schluß des Romans sieht Jakob sich als Knappe des Ritters Benjamenta in die Wüste aufbrechen, in einen mythisch-bewußtlosen Zustand jenseits der bis zur Nichtigkeit entwerteten „europäischen Kultur“. Mit diesem Exodus in einen grotesk verzerrten ‚heroischen Weltzustand‘ – die Reminiszenz an den von Walser über alles geliebten *Don Quijote* ist nicht zu verkennen – beendet Jakob sein Tagebuch und damit das Schreiben, die literarisch sich artikulierende Reflexion überhaupt. „Weg jetzt mit dem Gedankenleben.“ Schweigen und Denkverzicht sind der Endpunkt der Selbstminimalisierung, der erreichte ‚Null‘-Punkt der Person. Der Schluß des Romans antizipiert Walsers eigenen späteren Schreibverzicht (seit 1933), das sacrificium intellectus in der Heilanstalt. Thomas Manns Wort vom „Mysterium der Abdankung“ in seinem Essay *Über eine Szene von Wedekind* – jene Szene am Ende des *Marquis von Keith*, da der gescheiterte Idealist Scholz sich in eine Heilanstalt zurückzieht –, es trifft auf niemanden so zu wie auf Robert Walser.

Die Prager Erzähler vor Kafka. Groteske Geschichten

Die Neigung, gegennaturalistische Bestrebungen mit phantastischen Zügen, satirischen oder grotesken, auszustatten, ist in der Zeit nach 1900 auch ein Merkmal einiger Schriftsteller, die zur deutschsprachigen Prager Literatur gezählt werden können, faßt man den Begriff nicht zu eng. (Zur Prager Literatur in kulturhistorischer Sicht ist der Abschnitt über Rilke zu vergleichen.) Man pflegt die frühen (und wohl auch wichtigsten) Werke von Autoren wie Meyrink oder Brod im Vorfeld des Expressionismus zu sehen; deutlicher ist jedoch deren Rückbindung an die Strömungen des Fin de siècle. 1908 erschien der bezeichnende Roman *Schloß Nornepygge* von *Max Brod* (1884–1968), im Untertitel als „Roman des Indifferenten“ ausgewiesen. Das Werk beeindruckt nicht so sehr als künstlerische Leistung – eher als ein eigentümlicher Traktat in Romanform, der eine Krise offenbar werden läßt, die in der bürgerlichen Literatur seit der Jahrhundertwende mehr und mehr bestimmend erscheint. Die Krise des Realitätsverständnisses (Hofmannsthals Chandos-Brief sowie die frühen Werke von André Gide waren vorausgegangen!) prägt sich in der Art aus, wie der Romanheld, eine überwache Instanz kritischen Bewußtseins, die Realität erlebt. In keinem Augenblick fähig, sich mit den Rollen und Situationen des Lebens zu identifizieren, erkennt er zwar das lebensnotwendige Prinzip des Lebenssinnes, d. h. einer mentalen Struktur, ohne freilich zur Findung eines solchen Sinnes durch seine Umwelt angeregt zu werden. Die Frage der Singgebung legte Brod seinem bedeutendsten Roman zugrunde, *Tycho Brahes Weg zu*

Gott, der, vor dem Krieg geschrieben, 1916 im Kurt Wolff Verlag erschien. Das Franz Kafka gewidmete Werk benützt allerdings die historische Distanz, um die metaphysische Gewißheit, zu welcher der Prager Astronom des 17. Jahrhunderts gelangt, glaubhaft zu machen. Die jähe Erleuchtung, die dem Helden widerfährt, erinnert zwar an entsprechende Vorgänge in expressionistischen Werken; die Erzählweise jedoch, stilistisch unauffällig und zurückhaltend, hat mit expressionistischen Tendenzen nichts gemein. Ein Vergleich mit Döblins *Wallenstein* zeigt das deutlich.

Als bekanntester Vertreter phantastischer Prosa galt eine Zeitlang der um 1900 in Prag, später in München lebende Bankier und Literat *Gustav Meyrink* (1868–1932). Der „Simplicissimus"-Mitarbeiter schrieb im Jahrzehnt vor dem Krieg vorwiegend Kurzgeschichten (sowie einige Theaterstücke, zusammen mit dem aus Kroatien stammenden und im New Yorker Exil gestorbenen Sandor Friedrich Rosenfeld, der unter dem Pseudonym *Roda Roda* zahllose Humoresken und Anekdoten veröffentlichte und namentlich in der Donaumonarchie zu den populärsten satirischen Unterhaltungsschriftstellern zählte). Seine kleinen Erzählungen erschienen zunächst unter so kennzeichnenden Sammeltiteln wie *Der heiße Soldat* (1903) und *Wachsfigurenkabinett* (1908), zusammengefaßt dann 1913, ebenfalls bei Albert Langen, unter dem Titel *Des deutschen Spießers Wunderhorn*. Der parodistische Einfall in der Formulierung ist zutreffend, wenn man den Anteil persiflierender und grotesker Geschichten bedenkt, dazu die Bedeutung romantischer Lektüre (E. Th. A. Hoffmann). Die Forschung betont ferner die Wahrscheinlichkeit der Wirkung Edgar Allan Poes, dessen Grotesken gerade um die Jahrhundertwende in Deutschland zunehmend Leser fanden. Meyrinks Geschichten sind freilich alles andere als Lektüre für Spießer; gemeint sind allenfalls die spießerhaften Gestalten, die hin und wieder darin vorkommen, gewiß aber die Spießermentalität, die die Zielscheibe des Satirikers bildet. Wie bei Scheerbart handelt es sich kaum um „gepflegte" Erzählkunst im überlieferten Sinne, eher um einen erzählerischen Feuilletonismus, der trachtet, effektvolle Pointen an den Schluß zu setzen und dabei nicht immer wählerisch ist. Dem zerstreuten Leser kommt das aufgelockerte Satzbild entgegen, in dem häufig ein Zeilenstil vorherrscht. Als Quelle der novellistisch ausgewerteten Witze und Anekdoten ist, wie bei Roda Roda, unschwer die mündliche Überlieferung der Wiener, Prager und Münchener Cafés zu erkennen, namentlich in den Satiren, die dem Militärwesen gelten. Auf dieses Milieu verweisen auch die wortspielerischen Neigungen. Bezeichnend für Meyrink ist ferner eine – auch später ausgeprägte – Vorliebe für okkulte Motive und exotische Beigaben. Orientalische Magie spielt nicht selten eine Rolle, allerdings oft in verfremdender Verknüpfung mit desillusionierender Komik. Den Stoff für die Satire liefert in einigen Geschichten die moderne Technik, wobei sowohl naive

Fortschrittsgläubigkeit wie auch bornierter Konservativismus zum Gegenstand des Spottes werden.

Der Autor wandte sich nach 1910 dem Roman zu, allein auch in den umfangreicheren Werken zeigt sich als seine erzählerische Tugend vor allem die Begabung für das komische Detail und die anekdotenhafte Pointierung. So in dem „phantastischen Roman" *Walpurgisnacht* (1917), zum Teil auch in seinem bekanntesten Werk, *Der Golem* (1913, in Buchform 1915 bei Kurt Wolff). Der Roman mit dem Golem-Stoff, der Sage vom künstlichen Menschen aus dem alten jüdischen Prag, wird auf Grund vager Analogien hin und wieder für den Expressionismus reklamiert und mit Werken so unterschiedlicher Autoren wie Döblin, Edschmid oder Kafka verglichen. Doch das Erscheinungsjahr sollte nicht darüber hinwegtäuschen, daß man es mit einem Werk zu tun hat, das stilistisch und thematisch durchaus ein Fin-de-siècle-Produkt ist. Die Mischung erotischer, okkulter und krimineller Motive erinnert etwa an Romane wie Oscar Wildes *Picture of Dorian Gray* (1891) oder Georges Rodenbachs *Bruges-la-morte* (1892). Was stellenweise hinzukommt und mit der phantastischen Anlage des Romans stilistisch eine merkwürdige Spannung erzeugt, hat mit dem Expressionismus noch viel weniger zu tun: gemeint ist der stellenweise hervortretende skurrile Humor, insbesondere in den Schilderungen der Staatsbürokratie. Auch in einigen Geschichten aus *Des deutschen Spießers Wunderhorn* ist dieselbe Art von Komik erkennbar: man ist geneigt, von Prager anekdotischer Überlieferung zu sprechen, namentlich im Hinblick auf die Verwandtschaft zwischen manchen Texten Meyrinks und den Erzählungen seines großen tschechischen Zeitgenossen Jaroslav Hašek, des *Schwejk*-Autors.

Als Fortsetzer des phantastischen Romans in der Art Meyrinks, ebenfalls mit einer Neigung zum Grotesken, kann der gebürtige Prager *Leo Perutz* (1884–1957) gelten, der nach dem ersten Weltkrieg in Wien lebte und 1938 nach Tel Aviv emigrierte. Die Nähe Meyrinks ist am meisten in dem kraß pointierten Spannungsroman *Zwischen neun und neun* (1918) spürbar, während die Romane mit historischen Stoffen (*Die dritte Kugel*, 1915, *Der Marques de Bolibar*, 1920) mit ihrer sparsamen, chronikartigen Diktion auf erzählerische Muster des 19. Jahrhunderts zurückverweisen. Die genannten Werke von Perutz erschienen, wie auch die frühen Erzählsammlungen Meyrinks, bei Albert Langen in München.

Ein anderer Münchener Verlag, Georg Müller, bot damals ein vergleichbares Programm an. Bei ihm erschien 1909 das einzige größere Erzählwerk des aus Böhmen stammenden, mit Meyrink befreundeten bildenden Künstlers und Essayisten *Alfred Kubin* (1877–1959), dessen graphisches Werk Weltgeltung besitzt. *Die andere Seite*, als „phantastischer Roman" ausgewiesen, geriet bald in Vergessenheit und wurde erst in den letzten zehn Jahren, nicht zuletzt durch die Verfilmung, wieder bekannt. Anspruch auf Aktualität hat das – literarisch sehr ungleichwertige – Werk namentlich im Hinblick auf die darin entworfene negative Utopie: die Schrekkensbilder vom Untergang einer Stadt durch den Zerfall einer Zivilisation. Die Schilderungen des schleichenden, und dann immer jäher fortschreitenden Verfalls infolge eines unkontrollierbaren Wucherns biologischer Kräfte gehört zu den tragenden Teilen des Romans. Fesselnd sind ferner einige Episoden aus den Berichten des Ich-Erzählers, der zu Besuch in das geheimnisvolle „Traumreich" kommt, ein in Asien liegendes, aber von Europäern bewohntes Phantasieland. Gesellschaftliche und ökonomische Konventionen erscheinen hier in einer verfremdenden Sicht, freilich nur stellenweise; die Handlungsführung wird immer wieder von unverbindlichen Erzählarabesken bestimmt. Die Intensität mancher Stellen leidet jedenfalls unter dem eklektischen Charakter des Ganzen. Schon aus diesem Grunde ist der Vergleich mit Kafka, dessen Werke gerade durch ihre Konsequenz faszinieren, viel zu hoch gegriffen.

Kubin illustrierte eine Reihe von Büchern aus Georg Müllers Verlagsprogramm, so die 1913 erschienene Erzählsammlung *Das unheimliche Buch*, das ein großer Verkaufserfolg wurde und neben einem von Meyrink eingeleiteten *Gespensterbuch*, einschlägigen Übersetzungen (Erzählungen von Poe und Villiers de l'Isle-Adam) sowie einer achtbändigen Reihe mit modernen Autoren *Galerie der Phantasten* eine modische Tendenz der Zeit sichtbar machte. Das literarisch organisierte Grauen, eine Entsprechung zu dem Interesse für Okkultes und mystische Lehren in der bürgerlichen Kultur der Vorkriegsepoche, bildete – wie Wolfgang Kayser in seinem Buch über das Groteske ausführt – in der literarischen Landschaft ein deutlich erkennbares Eigenphänomen. Ein Vergleich mit der Schauerliteratur des ausgehenden 18. Jahrhunderts zeigt übrigens, daß sich das Groteske in der Moderne emanzipiert. Während das Unheimliche und Grausige in der Vergangenheit die moralische Weltordnung nur scheinbar stört, in Wirklichkeit aber bestätigt, will die „Schauerliteratur im zweiten Jahrzehnt des 20. Jahrhunderts [. . .] das Nächtliche nicht mehr einordnen. Soweit sie nicht einfach die Funktion erfüllt, Gruseln zu erregen, strebt sie nach Erschütterung der geltenden Kategorien im bürgerlichen Weltbild" (Kayser, 103). Allerdings wurden die phantastischen Romane und Grotesken jener Zeit vorwiegend von Vielschreibern produziert, die das Unheimliche am Rande des literarisch Trivialen ansiedelten. Zu den rührigsten Vertretern der Gattung gehörten *Hans Heinz Ewers* (1871–1943), der mit einer – literarisch zumeist minderwertigen – Mischung okkulter und erotischer Elemente Erfolg hatte (Roman *Alraune*, 1911, Erzählbände *Das Grauen*, 1908, *Die Besessenen*, 1909, *Grotesken*, 1910, u. a.) und *Karl Hans Strobl* (1877–1946), der in den neunziger Jahren in Prag studierte und 1901 seine erste Geschichtensammlung veröffentlichte: *Aus Gründen und Abgrün-*

den. Skizzen aus dem Alltag und von drüben. Mehrere Publikationen in den folgenden Jahren bezeugten seine Beschäftigung mit der deutschen Romantik wie auch mit Poe. Bei Georg Müller erschienen u. a. die Erzählsammlungen *Die knöcherne Hand und Anderes* (1911) und *Lemuria* (1917, in der *Galerie der Phantasten*).

Populäre Bibliotheken. Unterhaltungsliteratur

Die literarische Landschaft jener Zeit läßt sich – namentlich im Bereich des Romans – auf Grund einer aus heutiger Sicht getroffenen Bilanz kaum noch nachzeichnen. Von den seither kanonisierten Autoren vermochten sich nur ganz wenige damals schon durchzusetzen: Thomas Mann gehörte zu ihnen, mit den *Buddenbrooks*, die in der Ausgabe von 1903 zu den Erfolgswerken der Epoche gehörten. Anderseits sind die meisten der bevorzugten Erzähler jener Zeit heute auch für die meisten Literaturhistoriker nur noch bloße Namen. Schriebe man eine Literaturgeschichte der *gelesenen* Literatur würde sich eine solche Darstellung in der Gewichtung des Bestandes erheblich von den durch neuere Übereinkunft gegebenen unterscheiden. Zu bedenken ist dabei vor allem, daß die Jahrzehnte um 1900 infolge drucktechnischer Neuerungen (Rotationsmaschinen und Setzmaschinen) sowie des Anwachsens literarischer Produktion für die Zeitungen ein zuvor noch nie erreichtes Massenangebot an Lektüre hervorbrachten. Statistische Angaben (so etwa die bei W. Langenbucher ausgewerteten Zahlen) besagen, daß im Jahre 1890 in deutschen Verlagen (in denen ja auch die meisten österreichischen Autoren publizierten) 18 875 Titel erschienen, zehn Jahre danach bereits 24 792 und ein Jahr vor Kriegsbeginn 35 078. Die Belletristik war daran im letztgenannten Jahr mit 5319 Neuerscheinungen beteiligt, d. h. mit 15,16 Prozent. Davon entfällt auf Romane und Erzählungen ein hoher Anteil, mehr als fünfzig Prozent.

Einige der Erfolgsautoren von damals haben auch heute einen verhältnismäßig großen Leserkreis, so etwa Ganghofer. Andere Namen beweisen dagegen, daß die Dauerhaftigkeit von Erfolgsrezepten schwer meßbar ist und offensichtlich von einer ganzen Reihe labiler Faktoren abhängt. Tatsache ist jedenfalls, daß die Mehrzahl der um die Jahrhundertwende sehr erfolgreichen Romanschriftsteller ihre Popularität schon seit langem eingebüßt haben, Autoren wie Georg Freiherr von Ompteda, Ernst von Wolzogen, Clara Viebig, Heinz Tovote, Elisabeth von Heyking, Ida Boy-Ed, Wilhelm von Polenz, Franz Adam Beyerlein, Rudolf Stratz, Rudolf Herzog, Fedor von Zobeltitz. Von einer Gruppe kann dabei nicht die Rede sein, nicht einmal von einer einigermaßen einheitlichen Kategorie, es sei denn, man geht von einem sehr dehnbaren Begriff von Unterhaltungsliteratur aus. In der

Tat war bei den meisten dieser Autoren der spezifisch künstlerische Anspruch der Texte gering, die Klischeehaftigkeit (und damit „Eingänglichkeit") um so größer.

Die thematischen Schwerpunkte und die damit verbundenen Mitteilungsabsichten (die besondere literarische Didaktik) lassen freilich unterschiedliche Tendenzen erkennen: Schriftsteller wie W. von Polenz und Clara Viebig, die noch zu den künstlerisch anspruchsvollsten Autoren unter den Vielgelesenen der Jahrhundertwende zählen, stehen zwischen einem Naturalismus Zolaischer Prägung und der Heimatkunst, Ompteda und Tovote knüpfen in ihren Romanen und Novellen an Maupassant an, geben sich aber gefälliger und salonhafter in ihrer Behandlung der Ehe- und Künstlerproblematik, Rudolf Stratz und Rudolf Herzog bemühen sich besonders um wilhelminisch stramme, „männliche" Heldenfiguren und nationalistische Erbauung. Unterhaltungsliteratur im engeren, durchaus nicht diskriminierenden Sinn, findet man noch am ehesten bei Ernst von Wolzogen und – naiver in der problemlosen Darstellung der Adelswelt – bei Fedor von Zobeltitz.

Der sehr umfangreichen, leichtflüssigen Produktion dieser Autoren (mit nahezu hundert Romanen) entspricht zumeist die Gattungsbezeichnung, die Zobeltitz für seinen Roman *Das Heiratsjahr* von 1900 wählte: nämlich „Lustspiel-Roman". In der Tat sind diese Werke ihrem Typus nach ein erzählerisches Gegenstück zu den Unterhaltungsstücken der Boulvardtheater: hin und wieder leicht satirisch, aber niemals konsequent in der Sozialkritik, leicht frivol, aber niemals schockierend, nicht selten mit Bildungsreminiszenzen ausgestattet, doch stets so umsichtig dosiert, daß der einigermaßen kompetente Leser die Lektüre nicht gerade als eine intellektuelle Aufgabe empfinden muß. Ein charakteristisches, in der Textqualität aber eher überdurchschnittliches Beispiel ist Wolzogens Roman *Das dritte Geschlecht* (1899). Der Autor (1855–1934) lebte in den neunziger Jahren in München, dann einige Jahre in Berlin, wo er 1901 das Kaberett *Überbrettl* gründete. Etwas vom Geist des Kabaretts ist auch in diesen Roman eingegangen: satirische Aktualität in der Stoffwahl, ein dem Plauderton angenäherter Stil, Pointierung durch Anspielungen auf zeitgenössische Literatur und Kunst. Wolzogens liebenswürdige Skepsis gilt hier dem Thema der Frauenemanzipation, wobei der Autor einige liberale Thesen nicht scheut, so die Auffassung, die körperliche Emanzipation der Frau sei schon als ein Zeichen der Überwindung der verhaßten Spießermoral berechtigt. Das Treiben der modisch exaltierten Feministinnen in den Kreisen der Münchener Boheme wird freilich mit Spott quittiert. Als Schilderung des Milieus und als Zeugnis über die Wirkung moderner Kunstströmungen ist der Roman nach wie vor kulturhistorisch reizvoll. Das gilt auch von Walter Casparis jugendstilhaftem Buchschmuck.

Einige andere Romane von Wolzogen (und F. von Zobeltitz) erschienen in weniger aufwendigen Ausgaben, dafür in Massenauflagen, wie sie für Romane in Reihen („Bibliotheken“) nach der Jahrhundertwende kennzeichnend waren. Der Stuttgarter Verleger J. Engelhorn, der beide Autoren und viele andere verlegte, sicherte den zahllosen Bänden seiner Allgemeinen Romanbibliothek (von 1885 bis 1932 rund zweitausend Titel) durch den Preis von 50 Pfennigen (bzw. 75 Pfennigen bei der gebundenen Ausgabe, einheitlich in rotem Leinen) einen dauerhaften Erfolg. Im Gegensatz zu Reclams *Universal-Bibliothek* nahm Engelhorn in sein Programm nur moderne Romane auf, und zwar fast ausschließlich Unterhaltungsliteratur. Ein Werbetext unterrichtet über die verlegerischen Überlegungen, die dem Unternehmen zugrunde lagen:

„Der Vorwurf, welcher so oft gegen das deutsche Volk erhoben wird, daß es keine Bücher kaufe und sein litterarisches Bedürfnis aus der Leihbibliothek befriedige, findet zum Teil darin seine Erklärung, daß der Preis deutscher Bücher im allgemeinen ein hoher, für die meisten ein unerschwinglicher ist. Den vielen Tausenden, die gerne Bücher kaufen und sich in ihren Mußestunden den edeln Genuß einer guten Lektüre verschaffen möchten, will unser Unternehmen die Möglichkeit bieten, sich zu einem beispiellos billigen Preise nach und nach eine eigne Bibliothek anzuschaffen. Zu einem Preise, welcher geringer ist als die durchschnittliche Gebühr der Leihbibliotheken, kann man sich jetzt die besten und interessantesten Romane aller Völker in stattlichem Oktavformat und wirklich schöner und guter Ausstattung kaufen. Unsre Fünfzig-Pfennig-Bände enthalten den Stoff eines gewöhnlichen Romanbandes, der sonst 3 bis 5 Mark kostet.“

Die Widersprüche, die besonders dem Engelhornschen Unternehmen innewohnten, sind leicht zu erkennen. Der angeführte Text stellt die Dinge so dar, als gäbe es außer den kalkulatorischen Momenten keine verlegerischen Fragen. Das Programm der Bibliothek (mit keinem einzigen Roman von Rang) ist trotz des niedrigen Preises auf eine Käuferschicht zugeschnitten, die auf billige Bücher gar nicht angewiesen ist: ein vorwiegend mittelständisches Publikum, das auch schon früher der Hauptabnehmer für mehr oder minder gehobene Unterhaltungsliteratur war. Das Projekt diente daher in erster Linie der Vergrößerung des Umsatzes und nicht der Verbreitung bedeutender Literatur. Auch die attraktive Ausstattung, ein „warenästhetisches“ Element, ist in diesem Zusammenhang zu sehen. Verdienstvoll ist die Herausforderung, die von den Stuttgarter roten Bänden ausging: das Unternehmen machte Schule, es folgten, um nur die bekanntesten Verlage zu nennen, Fischer mit seiner gelben Reihe (die allerdings anders konzipiert war und vor allem wirkliches literarisches Gewicht besaß) und die Ullstein-Bücher, die im Bereich der Unterhaltungsliteratur in den zwanziger Jahren den Markt beherrschten.

Die Ideologie der Heimatkunst. Populäre Autoren in deren Umkreis

Die Heimatkunstbewegung, die zwischen 1890 – der durch die Aufhebung der Sozialistengesetze sich verstärkenden Radikalisierung der Konservativen – und dem Ende des Ersten Weltkriegs eingegrenzt werden kann, war keine isolierte literarische Reaktion auf bestimmte Entwicklungen des Wilhelminischen Zeitalters. Sie sah sich selbst als Teilbereich einer umfassenden „Gebildeten-Reformbewegung", die eine volkspädagogische Erneuerung des zeitgenössischen Menschen auf der Grundlage seiner ursprünglichen stammes- und landschaftsspezifischen Ausprägung anstrebte: Die im Anschluß an W. H. Riehls *Naturgeschichte des deutschen Volkes* (1851) von Ernst Rudorff gegründete Naturschutzbewegung (1888) stellte sich die Aufgabe der Naturdenkmals- und Landschaftspflege; die bürgerliche Großstadtjugend versuchte – von der Zivilisationskritik F. Nietzsches und Julius Langbehns begeistert – im Rahmen der Jugendbewegung ein „einfaches", gleichsam antibürgerliches Leben zu führen; ähnlich motivierte Bestrebungen gab es im Bereich der Malerei und Architektur. Literatur und bildende Kunst errangen deshalb große Bedeutung, weil die Lebensreformer in der Person des nationalen Künstlers die anschauliche Verkörperung ihrer Leitideen erkannten und ihm die Führungsrolle zubilligten. So trachtete der von Ferdinand Avenarius (1856–1923) gegründete Kreis um die Zeitschrift „Der Kunstwart" (1887–1932) über den Dürer-Bund (1903ff.) durch preisgünstige, ausgezeichnete Reproduktionen von „Meisterbildern" volkserzieherisch zu wirken.

Die literarische Heimatkunst stellte sich ebenfalls in den Dienst dieser das „gesamte Volk" betreffenden Ideen, sie wollte sich keineswegs auf regionale Dorfliteratur festlegen lassen – auch wenn ihre Praxis alsbald in diese einmündete. „Volk" – das war ihr nicht die geschichtsphilosophisch konstruierte Gemeinschaft der Romantiker, auch nicht die soziologisch definierte Unterschicht wie bei den kleinbürgerlich-demokratischen Vormärz-Dichtern. Volk war für sie, wie K. Rossbacher (118ff.) gezeigt hat, identisch mit einem ausgeweiteten Begriff von Mittelstand, der vom ideologisch mächtigen ‚Bund der Landwirte' (gegr. 1893) geprägt worden war und für die Breitenwirkung der Heimatkunst maßgebliche Bedeutung hatte. Der Begriff umfaßte nicht nur *alle* Bauern, sondern auch den gesamten Mittelstand, alles, was nicht dem Hochadel oder der Arbeiterklasse angehörte.

Mit dem ‚Bund der Landwirte', der in der Praxis ein Instrument der

Großgrundbesitzer war, teilte die Heimatkunst wesentliche Punkte ihres Programms: die Zivilisationsfeindlichkeit und den Antiintellektualismus, den getarnten oder offenen Antisemitismus und einen Antikapitalismus, dessen Ziel nicht der Junker war, sondern lediglich der Handel und die Industriellen (Rossbacher, 122; Zimmermann, 52). Da die Heimatkunst eine Gesundung des Volkes von „innen" her erstrebte und keine realpolitischen Interesse, wie der ‚Bund der Landwirte', verfolgte, blieb ihr auch die Gegnerschaft zum preußischen Staat erspart. Im Sinne von Riehls Schrift *Die bürgerliche Gesellschaft* (1851) hielt sie an der Harmonie der „beharrenden Kräfte" des Staates, von Adel und Bauern, fest und versprach sich von der Rückwendung zum vorindustriellen agraren Sozialmodell des „ganzen Hauses" die Festigung des sozialen Gefüges.

Hält man dieser ideologischen Konzeption die damalige reale wirtschaftliche Situation des Mittelstandes und der Bauern entgegen, so wird die konservativ-restaurative Funktion der Heimatkunst noch deutlicher: „Durch die Herrschaft des Finanzkapitals geraten nicht nur Bauern und Kleinbürger, sondern auch Gutsbesitzer und kleine oder mittlere Unternehmen in Abhängigkeit; ganze Schichten werden vom Einfluß auf das gesellschaftliche Geschehen ausgeschaltet" (Kaufmann, 23).

Von dieser Krisensituation waren der Herkunftsstatistik nach die meisten der Heimatschriftsteller betroffen: Diese „führt nicht in die traditionellen Gebildetenschichten [. . .], sondern in erster Linie ins ländliche wirtschaftende Kleinbürgertum" (Rossbacher, 74). Und gerade die bürgerlichen Unter- und Mittelschichten sahen sich seit der gescheiterten Revolution von 1848 durch die rasche Industrialisierung in ihrer Existenz bedroht. Ohne wirkliche Aussichten blieb ihnen trotz des Aufstiegs bis ins mittlere Bildungsbürgertum eine Orientierungslosigkeit, die sich in einer idealistisch überhöhenden Weltanschauungsprogrammatik Luft machte: Zeitklage prägt den Grundton einer emotional heftigen Modernismuskritik bei Julius Langbehn, Ferdinand Avenarius, Ernst Wachler, Friedrich Lienhard und Adolf Bartels, um nur die wichtigsten Ideologen der Heimatkunst zu nennen. Mit ihrem Antiintellektualismus legitimierten sie vor sich selbst die Mythisierung gesellschaftlicher Vorgänge, die von dunkler Schicksalhaftigkeit, von einer anonymen Macht der Verhältnisse bestimmt erscheinen. Auch die Romane – als wichtigste literarische Gattung – sind durchtränkt von weltanschaulichen Predigten, von Kulturpessimismus, von sentimentaler Sehnsucht nach Vergangenheit und der heroischen Verklärung des bäuerlichen Mittelstands. In ihrer Essayistik ging es ihnen „weniger um geschlossene Theorieentwürfe als um die Formulierung eines ‚Lebensgefühls'" (Ketelsen, 37). An Rembrandt rühmt Langbehn: „Programmlosigkeit heißt sein Programm". Daher kommt es hier, nicht so wie bei den auf Wissenschaftlichkeit pochenden Naturalisten, kaum zu einem

Gegensatz zwischen Theorie und literarischer Praxis. Hier spricht das Lebensgefühl des Vereinsamten, des Desorientierten – in der Dichtung: des einsamen Helden, der gegen die Zeit aufsteht. In Langbehns Autostereotyp der Deutschen als des individuellsten Volkes erscheint diese Isoliertheit chauvinistisch überhöht: Deutschland wird deshalb nicht nur „das künstlerisch bedeutendste aller Völker" genannt, sondern ist auch „auf dem Gebiet der militärischen und sozialen Reform allen anderen europäischen Völkern" vorangegangen. Da die Romane der Heimatkunst von 1899 an über Jahrzehnte hinaus im Spitzenfeld der Verkaufserfolge rangieren und es mit den Lesern kaum Verstehensprobleme gab, kann der Schluß gezogen werden, „daß der substantiellste Teil des Publikums auf der gesellschaftlichen Positionsebene der Autoren zu suchen ist" (Rossbacher, 98).

Seit dem Ende des 18. Jahrhunderts knüpft sich jede literarische und politische Bewegung an Zeitschriften. So auch die Heimatkunst: Der Publizist *Adolf Bartels* (1862–1945) betreute von Anfang an die Sparte Dichtung in der Kulturzeitschrift „Der Kunstwart", die unter der Redaktion von Ferdinand Avenarius vor allem christlich-konservative, national-deutsche Werte propagierte. Das Menschenbild von *Julius Langbehn* (1851–1907) und *Fritz Lienhard* (1865–1929) findet sich bereits in Grundzügen in der ersten Nummer: Die volkspädagogische Zeitschrift ist gegen den zeitgenössischen ungesunden „Kultus des Verstandes und Willens" gerichtet und setzt sich für eine ebenmäßige Ausbildung *aller* Kräfte ein, damit das Geschlecht unter der Führung des Künstlers „auf der Höhe der Menschheit" schreite. Bartels war auch wichtiger Mitarbeiter der „Heimat" (1900–1904), die als kurzlebige Programmzeitschrift der Heimatkunst von Fritz Lienhard gegründet worden war und den Höhepunkt der theoretischen Diskussion anzeigt. Von 1904 an übernahm der Elsäßer die Redaktion der „Blätter für Literatur", die als selbständige Abteilung des „Türmers" (1898–1943) erschien, einer Kulturzeitschrift, die sich vornehmlich an protestantisch-konservative Gebildete wandte. Er stellte aber auch die Beziehung zur reformkatholischen Monatsschrift „Hochland" (1903–1941) her, die unter der Leitung von Carl Muth (1867–1944) alsbald nicht nur zum führenden Organ der Heimatkunst, sondern auch zum Sammelpunkt der neuen katholischen Dichtung wurde. Trotz ihrer scharfen Konfrontation mit dem ultramontan-katholischen „Gral" (1906–1916) erklärte sie sich ebenso wie alle genannten Zeitschriften gegen den Einbezug der Tagespolitik und trachtete danach, „einer hochgerichteten, innerlich vornehmen, von idealem Sinn und Geist getragenen Kultur, Kunst und Literatur zum Durchbruch zu verhelfen", wie es im Vorwort des Herausgebers (1903) heißt.

Neben diesen überregionalen Kulturzeitschriften entstanden vor allem in Süddeutschland Unternehmungen, die betont stammespolitische Bestrebungen gegen die dominierende, vor allem von Berlin ausgehende großstädtische kulturelle Dynamik richteten. „Los von Berlin!“ hieß die Devise Lienhards und des aus der Metropole nach Düsseldorf gezogenen Wilhelm Schäfer (1868–1952), der mit seiner Monatsschrift „Die Rheinlande“ (1900–1922) das künstlerische Leben seiner Heimat anregen wollte. Umfassendere kulturelle Ansprüche erhoben die „Süddeutschen Monatshefte“ (1904–1935/36), die entscheidend dazu beitrugen, daß „die Münchner Intelligenz mehr und mehr von romantischen, kosmischen, rezessiven Elementen beherrscht wurde“ (Pross, 71). So wie alle regionalen Kulturzeitschriften spielte auch der von Hermann Hesse und Ludwig Thoma erfolgreich herausgegebene „März“ (1907–1917) – ursprünglich geplanter Titel „Süddeutschland“ – heimatpolitisches Interesse gegen die beherrschende Berliner „Freie Bühne“ aus. „Die Tat“ (1909–1938) schließlich erschien – mit dem bezeichnenden Untertitel „Wege zu freiem Menschentum“ – in jenem Verlag, der vielfach als profiliertester Förderer der konservativen Reaktionsformen auf den Naturalismus bezeichnet wird: bei *Eugen Diederichs* (1867–1930).

Der aus der Gegend um Naumburg stammende Bauernsohn empfand sein Unternehmen bereits nach vierjähriger Tätigkeit als „führenden Verlag der Neuromantik“, seine religiös bestimmte Erziehungsarbeit am deutschen Volk stand damals ganz im Zeichen eines außerkirchlichen nationalen Mystizismus, später nach seinem Tode geriet sein Verlag in den Bann nationalsozialistischer Ideologie. Was ihn vor anderen Verlegern aber auszeichnete, war nicht bloß das Programm von 1700 Werken, es lag vielmehr im planvollen Aufbau der Produktion nach kulturpolitischen Konzepten, die ihm im Geistesleben der Zeit einen bedeutenden Ruf verschafften. Die Heimatkunst war nur Teilbereich dieser umfassenden Programmatik: „Jede große Kunst ist bodenständig und geht uns darum etwas an.“ Er wird Verleger der frühen Lyrik des „Kunstwarts“ F. Avenarius, der Bauernromane des Mainzers Wilhelm Holzamer (1870–1907), von Werken seiner Frauen Helene Voigt-Diederichs (1876–1961) und Lulu von Strauß und Torney, sowie von Adolf Bartels und des Friedrichshagener Kreises. Den großen Erfolg auf dem Gebiet der volkstümlichen Schriften aber brachten ihm Hermann Löns' „Bauernchronik“ *Der Wehrwolf* (1910), die erste populäre Ausgabe der isländischen Sagas *Thule* und die umfängliche, in den letzten Jahren neuaufgelegte Sammlung von Märchen aller Völker.

Genannt seien noch die ausgerechnet in Berlin ansäßigen Propagandisten der „Los von Berlin“-Bewegung: der Verlag G. Grote, der in seiner Reihe *Grote'sche Sammlung von Werken zeitgenössischer Schriftsteller* (1875 ff.) die Kontinuität zum ‚Poetischen Realismus‘ herstellte (Ganghofer, Federer, Schröer und vor allem Frenssen); der Fontane-Verlag (ab 1903 Fleischel, der von C. Viebigs Mann geleitet wurde), wo W. v. Polenz, Viebig und K. H. Strobl erschienen; der Heimatverlag von Georg Heinrich Meyer, der Lienhard herausbrachte; Warneck, der Heinrich Sohnrey verlegte. In Leipzig machten sich vor allem Seemann (Strauß und Torney, Holzamer, Conrad, Strobl) und der wichtigste Förderer der österreichischen Provinzkunst L. Staackmann (Rosegger, Müller-Guttenbrunn, Schönherr, Bartsch, Gagern, Greinz) verdient. Werke von Ernst Zahn und W. Holzamer erschienen in der Deutschen Verlagsanstalt in Stuttgart.

Für die Breitenwirkung der Heimatkunst wurde die Gründung der allgemeinen Volksbibliotheken in Deutschland sicher sehr entscheidend. Der Appell an den neuen Künstler, nicht wie der moderne dekadente Literat die „Fühlung mit der deutschen Familie, mit dem deutschen Volksgeist" zu verlieren (Lienhard) fand in der sogenannten ‚Bücherhallenbewegung' (ab 1893) volles Gehör. Sie gründete nach dem Vorbild der amerikanischen und englischen ‚Public Libraries' öffentliche Bibliotheken, die sich nicht mehr almosenhaft lediglich an die unteren Schichten richteten, sondern in den Dienst einer allgemeinen Volksbildung stellten. Im Sinne des nationalen Pathos der Gründerzeit konzentrierte sich die ‚Bücherhallenbewegung' ganz wie die Heimatkunst in Abneigung gegen Naturalismus und politisierende Literatur auf Geschmacksbildung mittels jener schönen unterhaltenden Literatur, die sich zur heimatbezogenen Tradition des „Poetischen Realismus" bekannte, zum gesunden „ganzen Menschen" der vorindustriellen ländlichen Welt. 70–85 Prozent der Ausleihe betraf diese schöne Literatur.

Wenn die Heimatkunst schärfstens all das ablehnt, was den Naturalismus ausmacht, so verbirgt sich hinter der Stärke der Negation zugleich auch das Ausmaß ihrer Abhängigkeit. Der agilste Programmatiker der Bewegung, Fritz Lienhard, nannte in seiner Essaysammlung *Neue Ideale* (1901) Goethe den „Schutzpatron" der Heimatkunst – ganz im Sinne von Rudolf Huchs *Mehr Goethe* (1899). Seine grundlegenden Ideen stammten von Julius Langbehn, der mit seinem äußerst erfolgreichen, anonym erschienenen Werk *Rembrandt als Erzieher* (im Erscheinungsjahr 1890 bereits 21 Auflagen!) einen kaum zu überschätzenden Einfluß auf die Ideologie nicht nur des wilhelminischen Kleinbürgertums ausübte. Der „Rembrandtdeutsche" prognostizierte bereits 1890: „die Tage der Objektivität neigen sich wieder einmal zu Ende und die Subjektivität klopft dafür an die Thüre. Man wendet sich zur Kunst!" Nicht Politiker, Philosophen oder Wissenschaftler seien die historischen Ideale: „Da es sich nun aber um eine für Deutschland heraufdämmernde Kunstperiode handelt, so werden die leitenden Geister [...] unter den künstlerischen Heroen des Volkes zu suchen sein." Nach Langbehns Motto „Das Klassische ist das rein Volkstümliche" entwirft Ernst Wachler (1871–1945) nach der Jahrhundertwende ein Programm zur Wiederbelebung Weimars aus dem Geiste der Heimatkunst.

Die historische Parallele drängt sich auf: Wenn Heine um 1830 vom „Ende der Kunstperiode, die bei der Wiege Goethes anfing und bei seinem Sarg aufhören wird" sprach und damit die Grablegung des geistesaristokratischen Deutschland mit seiner Kunstautonomie meinte, die zugunsten einer Epoche abdanken müsse, in der Kunst nicht mehr eine „unabhängige zweite Welt" sei, sondern den Ansprüchen der „ersten wirklichen Welt" zu genügen habe, so ist der gegensätzlich proklamierte Funktionswandel der Kunst klar ausgesprochen.

Langbehn ging von der Diagnose eines „rapiden Verfalls" im geistigen Leben des deutschen Volkes aus und sah den Schuldigen in einer Haltung, deren künstlerische Auswirkungen eben im Naturalismus sichtbar geworden waren: „Ohne Frage spricht sich in allem diesem der demokratisierende nivellierende atomisierende Geist des jetzigen Jahrhunderts aus." Grundlegende Charakteristika der Heimatkunst werden genannt: Rückwendung zum einzelnen herausragenden Helden als Inkarnation des jeweiligen Volksgeistes und damit Abkehr vom „nivellierenden" Sozialismus der Naturalisten; Überwindung des Spezialistentums, des wissenschaftlichen und daher „unschöpferischen" Zeitgeists zugunsten des intuitiv aus seiner Natur heraus handelnden „ganzen Menschen" im Sinne Goethes. Daß damit der Mensch der vorindustriellen und damit nicht arbeitsteiligen Gesellschaft gemeint ist, daß zugleich der Arbeiter als Figur ausscheidet zugunsten der bäuerlichen und kleinbürgerlichen Gesellschaft, ergibt sich von selbst. Lienhard schreibt: „Die Leute der Heimatkunst wollen vermutlich nicht mehr bloß Probleme, Technik und Symbolistik, sie wollen vor allen Dingen *Menschen.*" „Das wunderschöne heile Menschentum" wünscht sich Lienhard von der Heimatkunst auf der Basis eines „frei erfaßten nationalen Gedankens, anknüpfend an Herder und die Brüder Grimm". Ein idealistisch konzipierter nationaler Gedanke stellt sich hier als Alternative der radikalen Apotheose der Wissenschaft bei den Naturalisten. Die rassische Determiniertheit ist beim Heimatkünstler nicht biologisch begründet, sondern in einer spekulativ erschlossenen „Volksindividualität", die von einem rein männlichen „Ahnensaal des [. . .] Volksgeistes" her abgeleitet wird: hier bilden Luther und Bismarck, der sagenhafte Eidgenosse Winkelried und Friedrich der Große, Walther von der Vogelweide und Goethe eine Gemeinschaft. Bei solcher die Jahrhunderte überspringenden Brüderlichkeit schwindet der historisierende Anspruch der Naturalisten: „Dokumente", erklärt Langbehn, „welche mit Blut geschrieben sind, halten sich erwiesenermaßen Jahrhunderte lang frisch", im Gegensatz zu den „mit kühler Dinte geschriebenen deutschen oder nichtdeutschen Wissenschaftswerken". Der Internationalismus-Verdacht trifft Wissenschaft und Zola-Jünger ebenso wie den klassischen Goethe. Die Perspektive engt sich ein auf die deutsche und allenfalls europäische regionale Literatur unter Verzicht auf unmittelbares politisches Engagement. Das Ziel ist vielmehr pädagogisch gefaßt: das verschüttete nationale Wesen soll in den zivilisierten Halbmenschen aufgesucht und entfaltet werden, und zwar durch eine idealistisch konzipierte innere Wandlung.

Nur der gesunde, und das heißt der im Bodenständigen Behauste, könne – meinten die Vertreter der Heimatkunst – echte, große Kunst schaffen und finde die Öffnung zum breiten Publikum. Die Widersprüchlichkeit dieser ‚programmlosen Programmatik' legt ihre schlecht verhüllte Ideologiehaltigkeit bloß. Nach I.-M. Greverus wird in betont territoriumsbezogener Dichtung ein gestörtes und damit bewußt gewordenes Verhältnis zur Heimat wirksam, wobei die reale Trennungssituation die Darstellung eines symbolischen oder real erwarteten Raums auslöst (Greverus, 271). Der sozioökonomisch gefährdete Mittelstand schafft sich hier einen fiktiven Raum, in dem er seine Sicherheit und Identität erfährt. Indem nun dieses Heimatgefühl abhängig gemacht wird von der determinierenden Bindung an die Vergangenheit, an das Blut der Vorfahren und von dem überschaubaren, nicht arbeitsteiligen Sozialmodell Dorf oder „ganzes Haus", werden seine realen Sicherheitsbedürfnisse bei weitem überschritten. Dem unbefriedigenden Chaos der zeitgenössischen Wertsysteme wird in der fiktionalen Welt eine schicksalhaft hingenommene klare Wertordnung trotzig entgegengestellt, der gesellschaftlichen Dynamik die Statik der patriarchalischen Ständeordnung und die grandiose ewige Natur, der religiösen Bedrohung eine pantheistische Geborgenheit; und im biologischen Herkommen wird eine Antwort gefunden auf die durch die Entdeckung des Unbewußten ausgelöste Identitätskrise.

Solcher Verklärung der Provinz stehen auch manche der Naturalisten nicht allzu fern, viele der Heimatkünstler sind durch deren Schule gegangen. Da die naturalistischen Erzähler in ihren neuen Darstellungsmitteln kaum über das experimentelle Stadium der Prosaskizze hinausgelangt waren und zudem die großen Romane der Realisten bis hinein in die neunziger Jahre reichten, kann der Anschluß der Heimatkünstler an deren Prosa in diesem Aspekt nicht als Bruch mit den Berlinern angesehen werden. Am auffallendsten ist der Weg von Georg Michael Conrad, der als „Vater der Moderne" den Münchner Naturalismus einleitete, sich aber in den neunziger Jahren ganz dem nationalen Gedankengut öffnete und 1904 einen verdeckt autobiographischen „Fränkischen Dorfroman" *Der Herrgott am Grenzstein* veröffentlichte.

Nach den ersten Ansätzen im Zuge der Achtundvierziger-Revolution nahm die organisierte Frauenbewegung insbesondere nach der Aufhebung der Bismarckschen Sozialistengesetze großen Aufschwung, denn die Sozialisten waren davon ausgegangen, daß die Befreiung der Arbeiter auch die Befreiung der Frau einschließe. Die naturalistische Literatur erwies sich als

„Zungenlöser", nicht nur für die Frauen, als Ermutigung, über ihre privaten und gesellschaftlichen Erfahrungen zu schreiben, sondern zugleich auch für die männlichen Autoren, die sich thematisch vor allem sexuellen Fragen und dem Problem der gesellschaftlichen Rollenzuweisung zuwandten.

Fast das gesamte Werk der Weimarer Verlegerstochter *Helene Böhlau* (1859–1940) ist von einem leidenschaftlichen frauenrechtlichen Interesse geprägt: vom Willen, sich als Künstlerin durchzusetzen (*Der Rangierbahnhof*, 1895), von den Leiden einer unverheirateten Mutter im Familienverband (*Das Recht der Mutter*, 1896), der Verteidigung des Ehebruchs (*Sommerbuch*, 1903). Der Heimatkunst nahe steht die Autorin in ihren frühen (und später fortgesetzten) *Rathsmädelgeschichten* (1888). Die Pfälzerin *Anna Croissant-Rust* (1860–1943) begann mit naturalistischen Schilderungen des Vorstadtelends (*Feierabend und andere Münchener Geschichten*, 1893), wandte sich aber bald bayrischen und pfälzischen bäuerlichen Themen zu: Einem oberbayrischen Volksdrama, *Der Bua* (1897), folgten der bedeutende Tiroler Bauernroman *Die Nann* (1906) und eine Reihe eher humoristischer Erzählungen aus dem Volksleben. Ungleich erfolgreicher war die aus Trier stammende *Clara Viebig* (1860–1952), die in zahlreichen Romanen und einer Fülle von Erzählungen vor allem Gestalten aus den Unterschichten in ihren Lebenszusammenhängen erfaßte und wegen ihrer psychologischen Präzision und sozialkritischen Haltung als „deutsche Zolaide" galt. Anfangs nimmt sie die sozialkritische Tradition der Dorfgeschichte in *Kinder der Eifel* (1897) auf: einfache Schicksale nicht nur der dörflichen Unterschicht (Schäfer, Magd, verkrüppeltes Kind, Tochter einer verarmten Witwe usw.), sondern auch einer Zigarrenarbeiterin – so wie die soziale Dorfgeschichte des Vormärz kennt auch Viebig nicht die antithetische Wertung der Land- und Industriearbeiter. Erregte Kritik trug ihr der erste Frauenroman, *Das Weiberdorf* (1900), ein, in dem sie die geschlechtlichen Probleme der Frauen, die fern von ihren Männern leben, behandelt. Durch ihn wurde sie zur bekanntesten Erzählerin der Zeit in Deutschland. Das Industriedorf des Vormärz kehrt wieder in dem Roman *Das Kreuz im Venn* (1908): der Roman zeigt am deutlichsten, daß Clara Viebig nicht dem die Heimatkunst charakterisierenden Topos von „Wunschbild Land – Schreckbild Stadt" (Sengle) anhing, daß sie dieser Mythisierung nicht verfiel.

In *Nanny Lambrecht* (1868–1942) aus dem Hunsrück findet sie sowohl in diesem Problemkeis als auch in der Frauenfrage eine bedeutende Nachfolgerin. Im Bauernroman *Armsünderin* (1909) schildert diese Autorin das Leben einer armen Frau, die im bäuerlichen Milieu zugrunde geht. Noch weiter in der Darstellung von Widersprüchen geht der Roman *Notwehr*. Der *Roman der Ungeborenen* (1912), der das weitgehend tabuisierte Problem der Abtreibung behandelt. Während bei diesen Schriftstellerinnen trotz stofflicher Parallelen die Abgrenzung zur Heimatkunst deutlich erkennbar ist, zeigt das Werk von Lulu von Strauß und Torney und der Gutsbesitzerstochter Helene Voigt-Diederichs die grundlegenden Züge konservativer Heimat- (und Frauen-)darstellung.

Der Herausgeber der reformkatholischen Kulturzeitschrift „Hochland" Carl Muth bekannte sich in der ersten Nummer 1903 zu folgendem Programm:

„Und deshalb sagen wir mit noch größerem Nachdruck, als es bisher und von anderer Seite geschehen: die Heimatkunst muß, um eine große, bleibende Bedeutung zu gewinnen und um den Antrieb nach oben nicht zu verlieren, gleichzeitig erhöht werden zu einer Höhenkunst, zu einer Hochland-Dichtung."

Durch diese Erhöhung sagte sie sich grundsätzlich vom Naturalismus los, der ein zu kleines Gefäß „für eine große Dichtung idealen Gehalts" sei. Aber auch in Anzengruber und Rosegger wurden nur Vorbereiter gesehen: „Wir aber fordern eine landschaftliche Poesie von größerer Höhe des Standorts und der Auffassung [...]", distanzierte sich Ernst Wachler in seiner „Streitschrift" *Die Läuterung deutscher Dichtkunst im Volksgeiste* (1897). Mit diesem „idealen Gehalt" transzendierte man naturalistische Diesseitigkeit und glaubte, an die Tradition der Klassik und des ‚Poetischen Realismus' anschließend, eine neue Kunstperiode einleiten zu können. Selbstredend wurden damit Vormärz und Naturalismus, in denen die „Reichsunmittelbarkeit der Poesie" (G. Keller) zugunsten sozialpolitischen Engagements preisgegeben wurde, nur verachtet. Das „Hochland des Geistes" idealischer Verklärung hat seinen poetischen Raum nicht im Dunst der Tiefebene städtischer Zivilisation, sondern in einem Hochland lichter Geisteshelden angesiedelt, wo eine unmittelbare Beziehung zwischen äußerer und innerer Stammes-Natur sonntäglich gelebt werden kann.

Dieses Konzept einer apolitischen, idealisierenden Wunschwelt wurde im Rahmen einer äußerlich exakt geschilderten heimatlichen Topographie ausgestaltet. Daß es einem grundlegenden Bedürfnis breitester Leserschichten entsprach und heute noch entspricht, belegt der bislang kaum übertroffene Erfolg eines Schriftstellers, der auf den ersten Blick nicht mit der Heimatkunst in Zusammenhang gebracht werden kann: *Karl May* (1842–1912). Schon die Herkunft und erste Entwicklung stimmt typologisch mit jener der Heimatkünstler überein: als Sohn eines armen Webers strebt er den Volksschullehrer an. Bezeichnend sein literarischer Anfang: Er schreibt *Erzgebirgische Dorfgeschichten* – auch E. Marlitts literarische Laufbahn beginnt mit dieser Gattung – nicht im Stile des vormärzlichen, sondern des späteren sentimentaleren Auerbach. Sein großer Erfolg stellt sich in den neunziger Jahren mit Beginn der erörterten konservativen Radikalisierung ein (1892ff. erscheint die – für die Forschung nach wie vor ausschlaggebende – bis Bd. 33 reichende Fehsenfeld-Ausgabe). Neben der Binnenexotik der Dorfgeschichte steht schon früh die Fremdexotik der Abenteuerromane und -erzählungen, die bevorzugt im Vorderen Orient und in Nordamerika spielen.

Tragende Figur ist stets ein unübertrefflich kluger und tapferer Edelmensch, hinter dem sich der Autor – wenn auch verhüllt – allzu gerne zu erkennen gibt. Dieser ewige Sieger ist ein Deutscher, dessen Kämpfe als christlich-humanitäre, völkerversöhnende Handlungen messianisch verklärt werden. Dies mochte sich dem gründerzeitlichen Nationalismus ebenso empfehlen wie etwa im sechsteiligen Zyklus von *Durch Wüste und Harem* (später: *Durch die Wüste)* bis *Der Schut* (1892f.) die faktenreiche Schilderung jener Gebiete des Vorderen Orients, auf die sich imperialistische Absichten des Deutschen Reiches richteten. Zu den beliebtesten Werken zählen ferner die *Winnetou*-Romane (1893), die abenteuerreiche Geschichte einer idealen Freundschaft zwischen Old Shatterhand und dem Sohn des Apachenhäuptlings. Dieses Werk zeigt noch deutlicher als spätere, daß es sich hier um eine Literatur manisch wiederholter Geschehensabläufe handelt, die an den Tagträumen des Autors und seiner Leser orientiert ist. Dem entspricht auch, daß ihm nur in der Ich-Form die epische Integration seiner Stoffe gelingt, daß er in der Er-Form dagegen versagt (H. Fricke).

So wie in *Winnetous Erben* (1910) versuchte Karl May in seiner Altersphase sein gesamtes Schaffen in mythischen Allegorien (*Im Reiche des silbernen Löwen*, 1897–1903) auf Grundaussagen hin auszuleuchten. Seine Reiseromane sollten den einen Weg aufweisen: „Ardistan gegen Dschinnistan. Die ererbten Gedanken des Sumpfes, in dem ich geboren wurde, gegen die beglückenden Ideen des Hochlandes, nach dem ich strebte. Die Miasmen einer vergifteten Kinder- und Jugendzeit gegen die reinen, beseligenden Wünsche und Hoffnungen, mit denen ich in die Zukunft schaute [. . .] Aus der Tiefe zur Höhe, aus Ardistan nach Dschinnistan, vom niederen Sinnenmenschen zum Edelmenschen empor. Wie das geschehen müsse, wollte ich an zwei Beispielen zeigen, an einem orientalischen und an einem amerikanischen“ (*Mein Leben und Streben*, 1910). Für sein gesamtes schriftstellerisches Werk ist die Verbindung kennzeichnend: „Geographie und Predigten! Kenntnis der Erde und ihrer Bewohner und Aufschau nach einer lichteren Welt!“

Diese Selbststilisierung des über die Maßen erfolgreichen Schriftstellers stimmt nicht nur zeitlich auffallend überein mit jener *Ludwig Ganghofers* (1855–1920). Im Spätwerk *Lebenslauf eines Optimisten* (1909–1911) schildert er seinen Weg aus Heinescher Zerrissenheit über das Erweckungserlebnis am Königssee (Sommer 1883) zum sendungsbewußten Heimatdichter als eine unausweichlich schicksalhafte Entwicklung. Aber er hatte sich bereits zuvor – nach einer kurzen erfolgreichen Phase als Autor von Volksstücken – mit *Bergluft* (1883) der Hochlandgeschichte zugewandt. Unter dem Eindruck von Peter Roseggers pessimistischem Krisenroman *Jakob der Letzte* (1888) und der Erschütterung über die Proletarisierung der landflüchtenden Bauern, einer als irreversibel betrachteten Katastrophe, suchte er seit seinem Dorfroman *Der Unfried* (1888) in einer Ideologisierung der Antithetik Tiefland-Hochland einen Ausweg zu finden. Ihm geht es nicht um die sozialgeschichtlichen Auswirkungen der Agrarkrise der Zeit, sondern – ähnlich wie K. May – um ein Gegenbild, um einen antizivilisatorischen Wunschraum idealisierter Natur zur Gesundung des Städters (junger Fürsten, Künstler, Wissenschaftler, usw.). Sein Optimismus, der sehr einträglich mit dem verordneten „wilhelminischen Reichsoptimismus" harmonierte (im 1. Weltkrieg wird er offizieller Kriegsberichterstatter), schuf sich einen märchenhaften Fluchtraum (wie Karl May, vgl. *Mein Leben und Streben*), wo aber nicht die abenteuerliche Reise wie bei May die Handlung beherrscht, sondern die Liebe. Da zudem in allen Romanen die tradierte Standesordnung unangetastet bleibt, ergibt sich in diesen Aspekten kein Unterschied zu seinen historischen Hochlandromanen (z. B. *Der Klosterjäger*, 1892; *Die Martinsklause*, 1894) und jenen, die in seiner Gegenwart spielen, wie beispielsweise *Das Schweigen im Walde* (1899). Hier wird der „Hochwald zum innerweltlichen Heilsraum für Kranke und Zivilisationsmüde, sofern sie nur innerlich kraftvoll und edel sind [. . .] Hochwertige *Natur* steht gegen minderwertige *Unnatur*" (Mettenleiter). Sein irrationaler Biologismus versteigt sich aber noch nicht, wie bei den meisten Heimatkünstlern, zum Antisemitismus. Die historische, volkskundliche ‚Exaktheit' und die Verwendung der Mundart erweisen sich, im Gegensatz zum Naturalismus, als kulissenhafter Scheinrealismus, die ethnographisch treue Information der vormärzlichen Dorfgeschichte weicht einer ins Urwüchsige erhöhten Touristenfolklore. Ganghofer ist neben Karl May einer der erfolgreichsten deutschen Erzähler geworden; offensichtlich trifft bis heute ihr „antizivilisatorisches Gesundungsprogramm", das über die immer glücklichen Romanschlüsse einen universalen Gültigkeitsanspruch erhebt, ein Grundbedürfnis breitester Leserkreise.

Bei Ganghofer gibt es die Flucht nicht nur vor den Problemen der industriellen Gesellschaft, sondern auch vor der Agrarkrise der bäuerlichen. Eine Reihe von konservativen Rückkehrromanen handelt dagegen von der reumütigen Heimkehr des verlorenen Bauernsohnes auf das väterliche Erbe. Als Beispiel sei H. Löns' *Dahinten in der Haide* (1910) genannt (vgl. Zimmermann, 94ff.).

Der unmittelbar einflußreichste Roman der Heimatkunst, Gustav Frenssens *Jörn Uhl* (1901; 150. Tsd. 1903; 463. Tsd. 1940), erschien wie auch

Ganghofers *Das Schweigen im Walde* in der schon genannten Reihe *Grote'sche Sammlung von Werken zeitgenössischer Schriftsteller.* Jörn Uhl wächst als nachgeborener Knabe auf dem Stammhof der Uhlen auf. Im Gegensatz zu seinen älteren, eher grobschlächtigen Brüdern gerät er seiner sensiblen, früh verstorbenen Mutter nach, die aus der kargen Heide in die fette Marsch geheiratet hatte. Nur von der ältesten Magd umsorgt, muß er zusehen, wie Vater und Brüder den wohlhabenden Hof so verkommen lassen, daß für ihn nicht einmal das Geld für die Gymnasialausbildung bleibt. Da sein Bemühen um den Hof ebenso erfolglos bleibt wie seine erste Liebe zu Lisbeth Junker, zieht er sich vorerst in sich zurück, erwacht aber durch Erfolgsgefühle im Deutsch-Französischen Krieg zum tatkräftigen Mann. Er übernimmt den verschuldeten Hof, vermag aber trotz seiner Tüchtigkeit erneute Schicksalsschläge nicht abzuwenden: Seine jüngere Schwester Elsbeth geht mit ihrem Liebhaber nach Amerika durch, ein Bruder nimmt sich das Leben, seine Frau stirbt an der Geburt des ersten Kindes, die Ernte wird von den Mäusen vernichtet, der Hof brennt ab. Damit ist der Schlußstein des Abstiegs gesetzt. Er findet zu seiner Jugendliebe zurück, studiert Landvermessung und Deich- bzw. Kanalbau und steigt auf zum Landvogt. Doch der Weg zurück ins bäuerliche – verschuldete – Erbe erweist sich – wie in Hermann Sudermanns *Frau Sorge* (1887) und im Roman *Die Heimat* (1903) des Schlesiers Paul Keller (1873–1932) – als Irrweg: Uhls Kampf gegen den Untergang des väterlichen Hofes ist vergeblich, am Ende steht der durch leichtsinnig aufgenommene Hypotheken und feindliche Natur verursachte Ruin. Aber im Gegensatz zu Peter Roseggers *Jakob der Letzte* und anderen bäuerlichen Krisenromanen führt der Weg hier nicht in die städtische Proletarisierung. Der Untergang wird als innere Befreiung erlebt, Jörn erfaßt seine individuelle Berufung und beginnt seinen sozialen Aufstieg durch Bildung, arbeitet als Ingenieur mit an der Industrialisierung und militärischen Stärkung des Vaterlandes.

Dennoch darf dieser Schritt aus dem Bauern- zum liberalen Bürgertum nicht isoliert von konservativen weltanschaulichen Prämissen gesehen werden. Der Erzähler begreift Geschichte als schicksalshaften Mythos:

„Das Dorf lag glänzend und neu, als wäre es zu diesem Weihnachtsfest als ein sauberes Spielzeug wie in eine neue Schachtel in dies weiche, weiße Thal gelegt. Als kämen bald Riesen aus dem Walde vom Meere her [. . .] und fingen an, mit den weißen Häusern [. . .] zu spielen, [. . .] und stellten die Menschen hin und her, und stellten zwei zusammen, und stellten dann Kinder daneben und ließen sie alt werden, [. . .] Und dieses Spiel der Riesen dauerte schon tausend Jahre, und die Menschen im Dorf merkten es nicht“ (28. Kap.).

Das Bild vom Bauern als *Riesen-Spielzeug* dient nicht mehr sozialer Anklage gegen den Adel wie in Chamissos Sagenballade, es ist Inbegriff menschlicher Geborgenheit in einer unveränderten Wirklichkeit, im naturhaften Kreislauf der Geschichte. Der Umbruch von der agraren zu der industriellen Gesellschaft wird von den Dorfbewohnern negiert, aus der tiefgreifenden Erfahrung prozeßhafter Geschichte flüchtet der Heimatkünstler in eine andere Welt, in die Statik naturhafter Wiederkehr des gleichen. Denn:

„Wer weiß etwas? . . . Das ist die gemeinsame Sünde der Jünger Darwins und der Jünger Luthers, daß sie zu viel wissen. Sie sind dabei gewesen, die einen, als die Urzelle Hochzeit machte, die anderen, als Gott in den Knieen lag und wehmütig lächelnd die Menschenseele schuf. [. . .] Wir [aber] staunen und verehren demütig neugierig. Wir erzählen, was wir gesehen haben und was uns erzählt ist, und machen nicht einmal den Versuch, das Gesehene und Gehörte zu deuten" (ebenda).

Mythos tritt hier an die Stelle der wissenschaftlich fundierten Weltsicht des Naturalismus. Gesellschaftliche Prozesse werden nicht als Verhältnis von Ursache und Wirkung erklärt, sondern als Mythos bzw. Naturvorgang erzählt.

Die dichterische Idealisierung historischer Persönlichkeiten hatte um die Jahrhundertwende einen deutlichen antinaturalistischen Affekt. Anknüpfend an die Balladentradition von Strachwitz, Dahn und Fontane sowie an die „volkstümliche" Ballade des Sturm und Drang löste der Kreis um *Börries Freiherr von Münchhausen* (1874–1945), *Agnes Miegel* (1879–1964) und *Lulu von Strauß und Torney (1873–1956)* eine Balladenflut aus, die als „Erneuerung" der Gattung aus dem Geist der Sage, des Märchens und naturmagischen Fühlens gefeiert wurde. Hier wird von Königen und Rittern, von sagenhaften und historischen großen Einzelfiguren erzählt, oder von Elementargeistern wie Nixen, Wassermännern, Berggeistern usw. Münchhausens *Balladen* (1901), *Ritterliches Liederbuch* (1903), Strauß und Torneys *Balladen und Lieder* (1902) und die Sammlung gleichen Titels von Agnes Miegel (1907) sind aber weniger eine innerliterarische Erneuerung einer Gattung, als eine bewußte national-konservative Reaktion – mit zum Teil militanten Zügen – auf das neue Erzählgedicht von Arno Holz und Frank Wedekind. Der Rückgriff auf ein vornaturwissenschaftliches Weltbild und dessen feudale Gesellschaftsstruktur (Ketelsen, 44), die Verunklärung geschichtlich-gesellschaftlicher Vorgänge zum Mythos trug maßgeblich dazu bei, daß diese Autoren – wie Literaturpreise es belegen können – zum eisernen Bestand nationalsozialistischen Denkens und damaliger Erziehung wurden.

So wie Lulu von Strauß und Torneys Erzählung *Der Hof am Brink* (1907) erzählt die „Bauernchronik" *Der Wehrwolf* (1910) von *Hermann*

Löns (1866–1914) aus dem Dreißigjährigen Krieg. Harm Wulf übernimmt mit dem reichsten, etwas abseits liegenden Wulfshof die einzige Freibauernstelle in Ödringen, einem Dorf in der Lüneburger Heide. Als die ersten Wirkungen des Kriegs zu spüren sind, heiratet er 1623 das einzige Kind des Uhlenvaters Rose Uhl, die ihm bald einen Sohn gebiert – natürlich „ein wahrer Bär von einem Jungen". Sein ewiges Lachen verdüstert sich, als ihm Soldaten ein Pferd wegnehmen, seine Frau schwerkrank durch umhertreibendes Kriegsgesindel daniederliegt und seine ungeborene Tochter stirbt: „Jeder ist sich selber der Nächste. Besser fremdes Blut am Messer, als ein fremdes Messer im eigenen Blut!" Als ihm zwei Gespanne gestohlen werden, erwacht der Rachegeist in ihm, die Bauern schließen sich zur zunächst verheimlichten Selbsthilfe zusammen. Als schließlich sein Hof samt Frau, Kindern und Gesinde ein Raub der Flammen wird, wird er Anführer der Wehrwölfe, die schonungslos Söldner und Marodeure, Mordbrennerhorden umbringen. Das vernichtete Dorf wird in sicherer Lage neu erbaut und hält allen Angriffen stand. Ende des Krieges ist Wulf ein äußerlich gezeichneter Mann, er sorgt aber noch für eine eigene Dorfkirche und stirbt einen sanften friedlichen Tod im Kreise seiner zahlreichen Familie.

Die Geschichte eines Helden, der „rot bis an den Hals vor Blut gewesen" war und „doch Gott wohlgefällig". Christentum ist hier nur Zierrat eines brutalen Heidentums, das im Gefolge der „germanischen Renaissance" seit Paul de Lagarde (1827–1891) immer mehr an Boden gewonnen hatte und ihn vorbereitete für den Nationalsozialismus. Die Orientierung dieses Romans (1923: 391. Tsd.) läßt sich deutlich daran ablesen, daß sich der rechtsextreme Flügel der paramilitärischen Selbsthilfeorganisationen in der Weimarer Republik nach diesem Werk *Werwolf* nannte. Das darwinistische Recht des Stärkeren legitimiert – so wie in seinen Tiergeschichten – jedes Mittel: „Das sage ich dir, und so sollte es ein jeder halten: ehe daß ich mir und meinen Leuten einen Finger ritzen lasse, lieber will ich bis über die Enkel [Fußknöchel] im Blute gehen." Die Frau dagegen ist Inbegriff des Heilenden, Sanften, Mütterlichen, das in der Demutsgeste aufgeht: „Seine Frau hatte einer von diesen Kerlen vor den Leib geschlagen, seine Frau, die keiner Fliege ein Leid antun konnte [. . .] Es hatte keinen Zweck, daran zu denken, wie schön es wäre, den Menschen so lange zu würgen und zu schlagen, bis kein Leben mehr in ihm war." Sadismus, Mord und Raub aus einer seltsamen Mischung von Lust und Notwehr. Löns innerer Gegensatz, einerseits von Sentimentalität in seiner Heide- und Liebeslyrik, *Mein goldenes Buch* (1901) und *Der kleine Rosengarten* (1911), sowie in seinen lebendigen Tiergeschichten *Mümmelmann* (1909), und andererseits einer kaum reflektierten Brutalität wie im *Wehrwolf*, wird in der Polarisierung von Frau und Mann sichtbar.

Die Entwicklung des Schriftstellers Löns begann noch im Naturalismus, aber bald wurde ihm der „ganze hochgepriesene naturalistische Quark [. . .] in der Seele zuwider", sein „Herz war bei Annette von Droste-Hülshoff und nachher bei Liliencron". Zu diesen lyrischen Vorbildern aus Norddeutschland gesellten sich die Schweizer Prosaisten Gotthelf und G. Keller. Was Löns aber von beiden trennt, ist sein konsequentes Vermeiden aktueller bäuerlicher Gegenwartsprobleme, ihm geht es um den Inbegriff des ewigen Bauerntums norddeutscher Stammesart, um die später von Oswald Spengler erneut proklamierte „Geschichtslosigkeit des Bauern". Diesem bürgerlichen Bauernbild konnte unter den Anforderungen einer realistischen Schreibweise am ehesten der historische Roman entsprechen. „Es gibt keine Höhenkunst ohne Berührung mit der Geschichte" (Bartels), denn: „Ein Volk wird für seine Zukunft nur erzogen durch seine Vergangenheit" (Langbehn). Die Vergangenheit des deutschen Dorfes konnte beispielhaft als soziales Kleinmodell einer funktionierenden Gesellschaft ohne soziale Gegensätze dienen; der ökonomischen Einbindung in umfassendere Zusammenhänge, die seit dem 19. Jahrhundert die Landwirtschaft verändert hatten, konnte mit dem Dorf ein Autarkiemodell entgegengestellt werden. Bartels' *Die Dithmarscher* (1898) und Heinrich Sohnreys *Der Bruderhof* (1898) gehören zu dieser Gruppe, Ganghofers sechsteilige Chronik Berchtesgadens (12.–18. Jhdt.), sowie eine Reihe historischer Bauernromane von Lulu von Strauß und Torney. In Löns' *Wehrwolf* wird – parallel zur neuen historischen Ballade – die geschichtliche Dimension durch starke Reduktion und Verkürzung dramatisch geballt: Jede Information, die Wulf nicht unmittelbar in seinem Handeln beeinflußt, wird vermieden, dem Bedürfnis nach entschlossenen Helden wird entsprochen, der modernen Kriegsführung und Ohnmacht des Einzelnen wird ein Modell der Selbstbehauptung entgegengestellt, das sich im längsten der deutschen Kriege bewährt hatte. Ein archaisierender, mundartlicher Landsknechtsjargon verkürzt jede innere Nachwirkung von Gewalt zur Pointe, die Sprachgestik des Verschweigens signalisiert Tiefe (Rossbacher), ohne sie gedanklich ausbreiten zu müssen (worin Antiintellektualismus erkennbar ist), oder der Held flüchtet in neue Aktion, ohne daß – ganz so wie später im Action-Comic – die Auswirkungen seines Handelns als Tod oder lang währendes Leiden gezeigt werden. Dieser „aktionistische Weltanschauungsroman" (Ketelsen) räsoniert nicht mehr wie Frenssens *Jörn Uhl*, er spottet der „Seelenzerfaserung" moderner Literatentums und stellt das menschliche Leben unter naturgesetzliche Schicksalshaftigkeit, nach der Außenseiter, durch Kriegseinwirkungen Entwurzelte, skrupellos totgeschlagen werden. Solche Radikalisierung der antisozialistischen Stoßrichtung der Heimatkunst wurde im späteren Nationalsozialismus in gesellschaftliche Praxis umgesetzt.

Mit Beginn des Ersten Weltkrieges erfuhr dieser konservative Aktionismus eine bekenntnishafte Verschärfung, fast alle Heimatkünstler stimmten in die Kriegsbegeisterung der Schriftsteller Deutschlands ein. Diese Entwicklung setzte sich nach dem Zusammenbruch von 1918 im Kampf gegen die Republik verstärkt und mit neuem Ziel fort bis an deren Ende.

Heimatkunst – proklamiert als neue „Kunstperiode" – war eine Literaturströmung, die im Gegensatz zu den meisten zeitgenössischen Tendenzen keine neuen künstlerischen Mittel und Strukturen schuf, sondern die Leser, die seit dem Naturalismus verunsichert waren, durch eine wohltuend vertraute Erzählweise anheimelnd ansprach. Kunst, das bedeutet ihr nicht nur Werk, wie dem l'art pour l'art; Kunst legitimiert sich erst dadurch, daß sie auf ihren Schöpfer verweist, auf einen „ganzen Menschen", der als Verkörperung jener stammestümlichen Eigenschaften gelten kann, die den Bewohnern seiner Heimat zugeschrieben werden. Da hierin der letzte Maßstab für Kunst gefunden wird, kann eine biologistisch verbrämte Stammesideologie als grundlegende Wertkategorie wirksam werden: Wenn Adolf Bartels zu Kriegsende verkündet: *Deutsch sein ist alles* (1918), so wird hier der Maßstab für die aufkommende „völkische" Literatur des Nationalsozialismus gesetzt.

Expressionismus als Dominante

Widersprüche, Bedingungen, Selbstverständnis

Mimesis und Expression

Die ersten Signale erfolgten lange vor 1910, dem Jahr, das gemeinhin als Stichjahr in der Geschichte der expressionistischen Kunst und Literatur gilt. *Rote Bäume:* unter diesem Titel besprach Hermann Bahr eine Ausstellung der Sezessionisten im Wiener Künstlerhaus Anfang 1895, wobei ein Gemälde Ludwig von Hofmanns gemeint war, ein Bild, das die ästhetische Besinnung damals buchstäblich herausforderte. Den Protesten des Publikums begegnete Bahr mit folgenden Fragen: „Warum sollten nun rote Bäume gegen das Wesen der Kunst sein? Welches Gesetz will sie verbieten? Warum sollten sie unkünstlerisch sein? Weil sie unwirklich sind, sagen die Leute; man darf nicht malen, was es nicht gibt. Sie meinen: was uns nicht die Sinne geben. Die wirklichen Bäume sind braun – also darf man Bäume anders als braun auch nicht malen. Das Künstlerische muß an das Wirkliche sich binden. Das heißt, man darf nicht malen, was nicht in der Empire ist [. . .]" Man darf, erwiderte der Wiener Kritiker, denn auch die ältere Malerei hielt es mit der „Naturwirklichkeit" nicht immer so genau, wenn auch die Herausforderung an das Auge nicht so drastisch war; die Goldtöne und die braunen Schatten der Renaissancemaler waren vom Standpunkt einer naiven Mimesis ebenfalls schon bedenklich. Daß Bäume normalerweise nicht rot sind, kann nicht bezweifelt werden. Doch die Kunstwirklichkeit darf auf den Schein verzichten, zumal wenn es darum geht, Wesentliches zu sagen. Rot ist bei Bäumen gewiß nicht „wesentlich", bemerkt Bahr, in dieser Farbe offenbart sich keine Idee; sinnvoll und ausdrucksvoll können rote Bäume dagegen sein, wenn Farben die Überwindung der Natur durch „Seelisches" sichtbar machen. Denn „wenn man rote Bäume malt, wird offenbar Seelisches in eine sinnliche Form gebracht, die sich schreiend gleich als unsinnlich [. . .] ankündigen, gegen die Sinne sträuben und zu Protesten gewaltsam sie reizen will, in eine geflissentlich den Erscheinungen anstößige Form. Es wird offenbar Seelisches gemalt", und hier pointiert Bahr überraschend, „dem es um nichts mehr zu tun ist, als vernehmlich den Dingen seine Arroganz zu äußern, daß es anders, besser und allein sein will."

Das Wort „Arroganz" ist hier sehr frei zu verstehen. Es meint die „Überheblichkeit" des künstlerischen Geistes, anderes hervorzubringen als die Natur, die Natur zu übertrumpfen oder wenigstens unabhängig von ihr zu sein. Bahr schrieb zwanzig Jahre später ein – enttäuschendes – Buch über expressionistische Tendenzen in der bildenden Kunst. Zum Zeitpunkt, als er die angeführten Betrachtungen anstellte, konnte er noch nicht wissen, daß er mit seinem Urteil über rote Bäume in der Malerei entscheidende Merkmale der Bestrebungen im „expressionistischen Jahrzehnt" bezeichnet hatte: die Neigung zur bewußten Provokation der Sinne, als Angriff auf ästhetische Stereotype, ferner die Entschlossenheit mancher Dichter, der gegenwärtigen bürgerlichen Welt, der verachteten oder verhaßten, den Entwurf einer anderen entgegenzustellen, schließlich die Tendenz, die Wirklichkeit schlechterdings zu übergehen, sie mit einem geistigen Akt für nichtig zu erklären.

Ästhetische Herausforderung im Rahmen einer „Literaturrevolution" (der zweiten nach dem Naturalismus), sozialer Utopismus, Bereitschaft zur radikalen Abstraktion: das sind die herausragenden Kennzeichen einer künstlerischen und ideologischen Bewegung, die im einzelnen jedoch höchst unterschiedliche, ja auch gegensätzliche Tendenzen aufweist. Die Forderung nach einer entschlossenen Politisierung der Literatur tritt – namentlich nach dem Vorbild des von den meisten jungen Autoren aufs höchste verehrten Heinrich Mann – im Umkreis des Expressionismus ebenso zutage wie die Sehnsucht nach einem „unmittelbaren", vorzivilisatorischen Dasein, der naive, ungebrochene Glaube an humane Werte ebenso wie eine verfremdende, groteske Züge hervorkehrende Sicht der modernen, von der Technik beherrschten Großstadtwelt. Den emphatischen Vitalismus sowie die antibürgerliche Gebärde teilen die Expressionisten, wenn auch anders akzentuiert, mit dem Futurismus, den Verzicht auf Mimesis mit manchen extremen Autoren aus dem Umkreis des Symbolismus. Gemeinsam ist allen die entschiedene Abwendung von den poetologischen Grundsätzen (wenn auch nicht immer von der Motivik) des Naturalismus: mit der expressionistischen Revolte tritt in Deutschland die Entwicklung der modernen bürgerlichen Kunst und Literatur in eine extreme Phase ein.

Es ist freilich wenig erhellend, diese Phase in der Geschichte einer pauschal gesehenen nachnaturalistischen europäischen Moderne untergehen zu lassen. Es geht dabei vor allem die komplizierte Vielfältigkeit gerade der in den deutschsprachigen Ländern ausgeprägten Bestrebungen verloren, eine Besonderheit, durch die sich die als Expressionismus bezeichneten Erscheinungen von vergleichbaren Phänomenen in anderen Ländern unterscheiden, sowohl vom italienischen und vom russischen Futurismus wie auch vom späteren französischen Surrealismus.

Anzeichen dafür, daß die einem letztlich unproblematischen Wirklichkeitsbegriff folgende Poetik schweren Erschütterungen entgegenging, machten sich schon früh bemerkbar. Ein literarisches Gegenstück zu Hofmanns roten Bäumen ist in einem zur selben Zeit entstandenen Prosagedicht zu erblicken, das sich in Max Dauthendeys Gedichtband *Ultra Violett* findet: *A Vespero.* Ein beonders bezeichnender Abschnitt lautet:

„Die Sonne fällt zur Erde. Gellend zerspringt ihr Licht. – Dicht vor dem blauen Tempel rollt sie nieder. Die berstenden Strahlen jagen durch den Tempelhain. Das Laub fliegt in braunroten Fetzen, geronnene Blutschlacken, triefende Purpurbrände. Alles rast durch die Bäume. Und die Bäume alle von unten in gequollenem Blut und stockend gründumpf".

In dem insgesamt noch ästhetizistisch-dekorativen, „jugendstilhaften" Gedichtband Dauthendeys sind solche Stellen eine deutliche Vorwegnahme expressionistischer Stilverfahren. Doch der vereinzelte Vorstoß (der nicht einmal für den Autor selbst weiter von größerer Bedeutung war) blieb vorerst isoliert; die Stiltendenz entfaltete sich als „Ausdruck der Zeit" erst unter entsprechenden Bedingungen, erst zu einem Zeitpunkt, als die Widersprüche der modernen Zivilisation eine gleichsam explosive künstlerische Antwort der jungen Generation hervorriefen. Eine analoge Erscheinung läßt sich an der Wirkung der Schriften Nietzsches erkennen: während die Wirkung zu Lebzeiten des Autors vergleichsweise gering ist, kommt eine breite Rezeptionswelle nach 1900 auf, im unmittelbaren Vorfeld des Expressionismus. Nietzsches Gedanken wurden unversehens zu einem der geistigen Kristallisationspunkte der Epoche.

Vorwiegend unter dem Einfluß Nietzsches und der sogenannten Lebensphilosophie der Jahrhundertwende erfolgte auch die Abwendung vom mechanistischen, naturwissenschaftlich orientierten Weltbild des späteren, positivistischen 19. Jahrhunderts. In deren Kategorien fand sich das Potential, das behilflich sein konnte, den Zweifel an der Brauchbarkeit und Gültigkeit der positivistischen Erklärungsmodelle auszudrücken angesichts einer zunehmend vielschichtig und antinomisch werdenden Wirklichkeit. Es versteht sich, daß sich die Kritik innerhalb des Expressionismus namentlich gegen die naturalistische Kunstauffassung richtet, gegen das Korrelat des wissenschaftlichen Positivismus. Angriffspunkte bietet vor allem die Auffassung der Naturalisten, die gesamte „Natur", d. h. die menschliche Lebensrealität wie auch die Dingwelt, sei durch die Sprache, wenn auch mit Abstrichen, grundsätzlich abbildbar. An die Stelle der Abbildungs- und Klassifizierungsfunktion der Sprache tritt deren expressive Rolle: sie wird Träger psychischer Regungen, die nicht mehr transsubjektiv überprüfbar, konventionell sind. Damit wird nicht nur der Mimesis-Grundsatz hinfällig, die Sprache insgesamt erscheint nicht mehr als Mittel, die Realität überschaubar zu halten. Im Gegenteil, der erkenntniskritische Zweifel wird als „Realitätsverlust" empfunden, als Zerfall der Objektwelt, d. h. ihres ehemalig angenommenen Zusammenhangs und Sinns. Folgerecht scheint allein die Hinwendung zum Subjekt zu sein: Sinn und Zusammenhang sind nicht mehr vorgegeben, sie sind allein durch das Subjekt herzustellen, zu stiften; an sich erscheint die Realität zusammenhanglos, sinnlos, chaotisch.

Realitäts- bzw. Sinnverlust bedeuten philosophisch Relativismus und somit auch Perspektivismus. Statt des Überblicks, des Erfassens der ganzen Wirklichkeit sind nur noch verschiedene Ansichten möglich, die sich gegenseitig in Frage stellen. Sie bedeuten in metaphysischer Hinsicht Nihilismus, wie er von Nietzsche diagnostiziert worden ist, zugleich sind aber in ihnen Möglichkeiten neuer Sinnsuche und Sinngebung enthalten, und zwar nicht mehr vermittelt durch die wissenschaftliche Ratio, sondern durch den Versuch, Irrationales freizusetzen. Gefordert wurde die Abkehr vom „alten", bürgerlich und wissenschaftsgläubig geprägten Menschen, seine Überwindung im expressionistischen „neuen Menschen". Manche Verfechter des geistigen „Aufbruchs" forderten eine neue Gesellschaft, beruhend auf einem neuen Gemeinschaftsgefühl, das in der Versicherung des Mensch-Seins aller gesucht wurde. Andere forderten sprachlich die Lösung von der als falscher Zwang angesehenen Syntax und damit die vermeintliche Freisetzung des absoluten Individuums, dessen spontaner Ausdruck durch keine sprachlich-gesellschaftliche Norm behindert werden darf.

Freilich ist bei dieser Bestandesaufnahme expressionistischer Merkmale nicht zu vergessen, daß der genannte Sinnverlust historisch bestimmt und historisch beschreibbar ist: als Ausdruck der zu Ende gehenden Wilhelminischen Epoche. Der auf den Gegensatz zum Naturalismus gemünzte Satz von Kurt Pinthus im Vorwort zur Anthologie *Menschheitsdämmerung*, daß sich im Expressionismus die „Um-Wirklichkeit zur Un-Wirklichkeit aufzulösen" begann und die Rettung des Menschen nicht von der Umwelt, sondern vom Menschen selbst allein zu erwarten sei, setzte bereits die Erfahrung einer Welt voraus, der alles nur noch aufgeputzte Fassade und Maske war, hinter denen sich nichts mehr verbarg. Ökonomisch hatte sich die rationelle Mechanisierung des Arbeitsvorgangs in der Industrie durchgesetzt, und der damit verbundenen Arbeitsteilung entsprach die Zuordnung der Arbeitenden funktional zu den Maschinen, als deren Funktionsteile sie nun erschienen. Der ideologisch noch immer hochgehaltene, propagierte Begriff des Individuums, des Un-Teilbaren verlor damit nicht nur seinen Sinn, indem im industriellen Arbeitsprozeß handgreiflich vorgeführt wurde, wie teilbar, zerstückelbar der ‚ganze' Mensch ist, sondern es entzog sich auch die Möglichkeit des Überblicks und damit der rationalen Beherrschung dessen, was man tat. Hinzu kamen die Erfahrung der Warenform der Arbeitsprodukte, ihr Vertrieb und ihre Anpreisung, dann aber auch die Erfahrung der Diskrepanz von politischem Anspruch der wilhelminischen Politik und ihrem tatsächlichen Vermögen (z. B. die Marokkokrisen), der Diskrepanz von nationalem Gemeinschafts-Pathos und realen Gegensätzen, von bürgerlichem Fassadenprunk und proletarischer Armut, Erfahrungen, die den Glauben an das „große Ganze" fragwürdig werden ließen. Den Realitätsverlust als etwas Absolutes und nicht als objektiven Ausdruck gesellschaftlicher Wirklichkeit verstanden zu haben, darin liegt der Grundwiderspruch dieser Bewegung, ihr Idealismus, der nur an den Formen rüttelte, zumeist aber nicht sah, daß die Realität geändert werden müßte, damit man zu neuen Formen gelange.

Gruppenbildung

Der literarische Expressionismus – vorbereitet durch Vereinigungen bildender Künstler wie „Die Brücke" oder die 1909 ins Leben gerufene Münchener „Neue Künstlervereinigung", aus der dann die Gruppe um den Almanach *Der blaue Reiter* (1912, herausgegeben von Kandinsky und Marc) hervorging – bildete sich in den Großstädten Deutschlands, aber auch in Prag, in Wien und in Zürich als eine Gruppenerscheinung heraus, die sich meist an Verlagen und ihren Inhabern orientierte und, die Tradition der Boheme weiterführend, in Cafés und Kabaretts an die Öffentlichkeit trat. Die Gruppenbildung hatte nicht nur gemeinsames Auftreten zur Folge, sondern bestimmte auch die Publikationsformen, vor allem die Zeitschriften und die Verlagsreihen, die sich als ein Forum der Gemeinsamkeit darboten und neuen Gemeinsinn propagierten.

In Berlin trat der Kreis um den jungen Publizisten Kurt Hiller im Literaturverein „Der neue Club" hervor, ein Kreis, der im Sommer 1910 die öffentlichen Dichterlesungen des „Neopathetischen Cabarets" organisierte (Georg Heym, Jakob van Hoddis, Ernst Blass u. a.). Zum expressionistischen Berlin gehörten ferner der Kreis um die Zeitschrift „Der Sturm", ferner der Freundschafts- und Mitarbeiterkreis von Alfred Richard Meyer, eines Einzelgängers unter den Kleinverlegern der Zeit, bei dem z. B. die frühen Gedichte Gottfrieds Benns erschienen. In München sind es Hugo Ball, Johannes R. Becher und Erich Mühsam, die den Kommilitonen und auch selbst dichtenden Heinrich Bachmair zur Verlagsgründung anhalten, der so zum ersten Verleger Bechers und anderer junger Autoren wird (auch Verleger zweier Zeitschriften) und so in München für die Verbreitung des Expressionismus sorgt. In Leipzig bildete sich eine Gruppe um die Verleger Ernst Rowohlt und Kurt Wolff (Kurt Pinthus, der erste Verlagslektor, der spätere Herausgeber der *Menschheitsdämmerung*, Franz Werfel, Walter Hasenclever). Kurt Wolff (1887–1963), von 1913 an alleiniger Inhaber des Verlags, blieb bis in die zwanziger Jahre der agilste und verdienstvollste Verleger expressionistischer Literatur. (Der nach seinem Tod veröffentlichte Briefwechsel mit den Verlagsautoren gehört zu den ergiebigsten literarhistorischen Quellen der Zeit.) Weitere Zentren sind Heidelberg, Straßburg und Dresden. In Prag gehören Max Brod und Paul Kornfeld zu den Protagonisten, Verbindungen gibt es zum Einzelgänger Franz Kafka. Großstädte oder auch kleinere Universitätsstädte waren es allenthalben. So typisch die Gruppenbildung und das gemeinsame Auftreten auch gewesen sein mochten, so wenig schützten sie vor der eigentlichen Vereinzelung und Vereinsamung, wie sie gerade für die Großstadt kennzeichnend wurden. Die Gruppe war bloß äußerer Zusammenhalt, momentane Aufhebung der Entfremdung, aber keine Grundlage zu gemeinsamen Unternehmungen von sozialem Modellcharakter. Es blieb bei der Boheme-Attitüde. Wenn der bürgerliche Kritiker des „Berliner Tageblatts" über den 2. Abend des „Neuen Clubs" vom 6. Juli 1910 spöttelt: „Die Haare sind kurz und die Fräcke tadellos geschnitten und ebenso wohlgekleidet sind die Verse. Es ist fürchterlich, wie hoch unser lyrisches Niveau geworden ist" – es trugen u. a. Heym und van Hoddis vor –, so verweist dies auf den Widerspruch zwischen bürgerlichem Auftreten und antibürgerlichem Bewußtsein. Erhielt zwar das Berliner ‚Café des Westens' von den Bürgern den Namen „Café Größenwahn", schienen also die Expressionisten die Kultur der Boheme und der Maudits fortzusetzen, so zeichneten sich die Neopathetiker nicht nur durch akademische Fertigkeit im Versbau aus: die expressionistische Kultur ging aus studentischen Verbindungen hervor, denn Studenten waren sie fast ausnahmslos. Die expressionistische Generation, die in der Dichtung den Aufstand gegen die Väter probte, vergammelte nicht, sondern erstrebte das, was vorbestimmt erschien: den bürgerlich-akademischen Beruf. Als Doktoren zeichneten Kurt Hiller (Jura), Gottfried Benn (Medizin), Alfred Lichtenstein (Jura), Georg Heym (Jura), August Stramm (Philologie), Albert Ehrenstein (Geschichtswissenschaft), Wilhelm Klemm (Medizin), Alfred Wolfenstein (Jura); Ernst Stadler (Philologie) brachte es bis zum Universitätsprofessor. Wenn es nicht zur Promotion reichte, verfügte man über eine sonstige Ausbildung zum bürgerlichen Beruf; Studienabbruch (z. B. Becher) war ebenso selten wie proletarische Herkunft (Gerrit Engelke, Kurt Heynicke). Der Generationskonflikt, auf den der Expressionismus zuweilen reduziert wird – als Beispiel dient Hasenclevers Drama *Der Sohn* (1914) –, prägte sich als realer Konflikt nur begrenzt aus. Es gehört zur Widersprüchlichkeit des Expressionismus, daß dieser Konflikt nur in der Dichtung radikal ausgetragen wurde. Dagegen schätzte Franz Pfemfert im Februar 1914 in der „Aktion" die Wirklichkeit so ein, als er über die Vätergeneration schrieb: „Eine Generation, die niemals jung gewesen ist, die schon greisenhaft zur Welt kam, die bösartig jedes Jungsein als Verbrechen beschimpft, eine sterbende Generation kann den Kommenden nicht mehr gefährlich werden. Sie kann nur lästig sein, mehr nicht." Wie gefährlich die Vätergeneration wirklich gewesen war, nicht nur für die junge Generation, zeigte dann der Krieg.

Ein Widerspruch bildet sich unmittelbar in der bewahrten Gedicht-Form im Expressionismus vor dem Krieg ab, wie sie für Heym, van Hoddis, Lichtenstein u. a. typisch geworden ist und die so gar nicht in die Vorstellung vom Expressionismus als der „formzersprengenden Bewegung" passen will. Widersprüchlich ist ferner die Propagierung des „Neuen Menschen", einerseits schon von Zeitgenossen als hohles Pathos abgetan (so etwa in einer Augsburger Theaterkritik Brechts vom Dezember 1920: „Der Mensch als Objekt, Proklamation statt: als Mensch. Der abstrahierte Mensch, der Singular von Menschheit"), andererseits gerade als das Humanum des Expressionismus gepriesen. Wissenschaftlich firmiert der Komplex als „messianischer Expressionismus" (Vietta/Kemper), in dem verschiedene Komponenten zusammenkommen: der von Nietzsche verkündete Nihilismus mit dem Untergang des alten Menschen und der Freisetzung des neuen; die von Ferdinand Tönnies in dem Buch *Gemeinschaft und Gesellschaft* (das 1912 in zweiter Auflage zur eigentlichen Wirkung gelangte) vertretene Auffassung, daß sich die Menschen wieder auf ihr Menschsein zu besinnen hätten und durch die Besinnung zu neuer Gemeinschaft reifen könnten; dann die auf den Sinnverlust notwendig folgende Neuorientierung, also die religiöse Komponente, die Rubiner in der „Aktion" vom Februar 1914 so beschreibt: „Der Nihilismus wird positiv und will Thesen haben. Die Gott hassen, werden Gläubige"; und schließlich die Auffassung, daß die neue Gemeinschaft nicht durch eine veränderte Gesellschaft, sondern allein über die Erneuerung des Ichs, im „Neuen Menschen", zu gewährleisten ist. So führt also der Ich-Verlust und der Realitäts-Verlust auf Umwegen zur Sakralisierung des Ego: die reale Vernichtung des Individuums, seine Zuteilung und Zerstückelung in der Produktion und in der Massenkultur, wird ideell aufgehoben und „überwunden".

Technische Welt und Poesie. Simultaneität. Der „Wortfilm"

Die den Entfremdungsprozeß einleitende arbeitsteilige Produktionsweise hat allerdings auch ihre als positiv eingeschätzte Seite, nämlich in der Entfaltung der Technik, in der faszinierenden Fülle neuer produktiver Möglichkeiten. Das aus der Technik und deren Mitteln resultierende Lebensgefühl wurde durch den Futurismus verkörpert und fand seinen ersten Niederschlag im Gründungsmanifest dieser Bewegung, das am 20. Februar 1909 in der Pariser Zeitung „Le Figaro" erschien, verfaßt von Filippo Tommaso Marinetti. Im Zuge der Futurismus-Ausstellung, die Herwarth Walden, der Herausgeber des „Sturm", im April 1912 in Berlin veranstaltete, wurden die Zielsetzungen der italienischen Kunstrevolutionäre auch in Deutschland publik. Bezeichnend ist vor allem die Forderung, die im 3. Grundsatz des Manifestes verkündet wird: „Bis heute hat die Literatur die gedankenschwere Unbeweglichkeit, die Ekstase und den Schlaf gepriesen. Wir wollen preisen die angriffslustige Bewegung, die fiebrige Schlaflosigkeit, den Laufschritt, den Salto mortale, die Ohrfeige und den Faustschlag." Die „neue Schönheit" des technischen Zeitalters proklamiert der häufig zitierte 4. Grundsatz: „die Schönheit der Geschwindigkeit". Ein Rennwagen, ein aufheulendes Auto, das sind die wahren Objekte der neuen Ästhetik. „Wir wollen den Mann besingen, der das Steuer hält, dessen Idealachse die Erde durchquert, die selbst auf ihrer Bahn dahinjagt" (5. Grundsatz). Gepriesen wird der technische Fortschritt, dessen psychische Wirkung sich hier geschichtlich dokumentiert, im Namen eines ungebrochenen Glaubens an die Rekordmentalität des Menschen, fernab jedoch von jeglicher Überlegung darüber, wie und unter welchen Bedingungen die neuen Mobile zustande kommen. Entscheidend ist lediglich die blinde Verherrlichung des technischen „Fortschritts", der eine zweite Natur schafft, die nun die Attribute der ersten erhält. Anstelle der absoluten Verherrlichung der Kunst im Rahmen des bürgerlichen Individualismus des 19. Jahrhunderts, d. h. des Prinzips l'art pour l'art, tritt nun eine kritiklose Bewunderung von Tempo und Maschine, gleichsam der Grundsatz la technique pour la technique.

„Wir werden die großen Menschenmengen besingen, die die Arbeit, das Vergnügen oder der Aufruhr erregt; besingen werden wir die vielfarbige, vielstimmige Flut der Revolutionen in den modernen Hauptstädten; besingen werden wir die nächtliche, vibrierende Glut der Arsenale und Werften, die von grellen elektrischen Monden erleuchtet werden; die gefräßigen Bahnhöfe, die rauchende Schlangen verzehren; die Fabriken, die mit ihren sich hochwindenden Rauchfäden an den Wolken hängen; die Brücken, die wie gigantische Athleten Flüsse überspannen, die in der Sonne wie Messer aufblitzen; die abenteuersuchenden Dampfer, die den Horizont wittern; die breitbrüstigen Lokomotiven, die auf den Schienen wie riesige, mit Rohren gezäumte Stahlrosse einherstampfen und den gleitenden Flug der Flugzeuge, deren Propeller wie eine Fahne im Winde knattert und Beifall zu klatschen scheint wie eine begeisterte Menge" (11. Grundsatz).

Bei allem peinlichen Pathos des Textes, der überdies den ökonomischen Grund, auf dem die Technik basiert, völlig übergeht, ist er doch bestimmt von einer Überzeugung des Aufbruchs und menschlicher Fähigkeit, nicht nur Neues zu entdecken, sondern vor allem auch Neues zu schaffen, die an die Zeit der Renaissance und ihrer Aufbruchsstimmung erinnert. Trotz der dem italienischen Futurismus innewohnenden imperialistischen Ideologie, verweist das Manifest auch auf den Zugewinn von Sensibilisierung, die die Technik und vor allem die durch sie bewirkte Mobilität mit sich bringt, eine Sensibilisierung, die auch in der Literatur nicht ohne Wirkung blieb, und zwar sowohl im Hinblick auf das Stoffliche, insofern die moderne Großstadt zum Schauplatz für die Dichtung wird, als auch im Hinblick auf Form und Stil, insofern die literarischen Techniken sich an den neuen Möglichkeiten orientieren und sie zu eigenen Zwecken nutzen. So konnte Brecht an Alfred Döblins Roman *Die drei Sprünge des Wang-lun* die Kunst des Zeitworts loben, die sich in der Dynamisierung der Verben und damit der Bewegtheit und Schnelligkeit der Abläufe zeigt.

Döblin hat später, Ende der zwanziger Jahre, aus Anlaß seiner Lektüre des *Ulysses* von James Joyce die zivilisatorische Revolution im Bereich der technischen Medien unmittelbar mit der Literatur in Verbindung gebracht, mit den neuen Perzeptionsformen, die das literarische Formrepertoire erweitern oder verändern.

„In den Rayon der Literatur ist das Kino eingedrungen, die Zeitungen sind groß geworden, sind das wichtigste, verbreitetste Schriftzeugnis, sind das tägliche Brot aller Menschen. Zum Erlebnisbild der heutigen Menschen gehören ferner die Straßen, die sekündlich wechselnden Szenen auf der Straße, die Firmenschilder, der Wagenverkehr. Das Heroische, überhaupt die Wichtigkeit des Isolierten und der Einzelpersonen, ist stark zurückgetreten, überschattet von den Faktoren des Staates, der Parteien, der ökonomischen Gebilde. Manches davon war schon früher, aber jetzt ist wirklich ein Mann nicht größer als die Welle, die ihn trägt. In das Bild von heute gehört die Zusammenhanglosigkeit seines Tuns, des Daseins überhaupt, das Flatternde, Rastlose."

Bedenkt man die Intensität des Erlebnisschocks, der in Döblins Diagnose eingegangen ist, wird der Inhalt eines kleinen Artikels begreifbar, der im August 1912 in der „Aktion" erschien. Marie Holzer, die Autorin, begrüßt das Automobil (so auch der Titel: *Das Automobil*) als den „Sieg der Kraft über die Pedanterie vorgeschriebener Grenzpfähle, ein Überschlagen, Überspringen langsamer Entwicklungsstadien, ein plötzliches Emporwachsen". Das neue technische Mittel ist für sie die Versinnbildlichung des Gedankens der Bewegungsfreiheit, die bisher gültige Gebundenheiten, Ordnungen, Fahrpläne usw. hinter sich läßt und ein neues Erleben von Zeit und Raum ermöglicht. „Das Automobil ist der Überwinder der Zeiteinteilung, unseres Lebens grausamster Uhr . . .", so schließt der Aufsatz. Die dichterischen Exempla zu der hier angedeuteten Wahrnehmungstheorie finden sich in den Nachbarheften derselben Zeitschrift: in Gedichten von Lichtenstein, van Hoddis, Blass, Boldt u. a. In diesen Gedichten ist übrigens auch schon die Wirkung einer anderen Erfindung bemerkbar: des Films.

„Der Wortfilm rollt", so beschrieb Joseph Adler 1913 im „Sturm" die neue Prosakunst Döblins; Bewegung und Tempo waren es, wofür die Zeit neue Sensorien entwickelte und literarische Mittel suchte. Das neue Medium des Films spielt dabei den Vermittler: 1913 erschien das von Kurt Pinthus herausgegebene *Kinobuch*, an dem sich mit Filmentwürfen u. a. Max Brod, Albert Ehrenstein, Ludwig Rubiner, Walter Hasenclever beteiligt hatten.

Der Film schien einmal mehr Beweis für die Vermutung, daß die Realität nicht von sich aus klassifizierbar und erkennbar ist, und er schien der weitere Beweis dafür zu sein, daß der Mensch über alle Möglichkeiten verfüge, die noch im 19. Jahrhundert als ewig erachteten Gesetze der Natur aufzuheben, zu überspringen, also Exempel dafür, daß die Gesetze des Menschen nicht vorgegeben sind, sondern von ihm geschaffen werden: das Flugzeug hob die Schwerkraft auf, das Automobil ermöglichte Bewegung und Tempo, wie sie die Natur nicht kannte, und der Film hob auf, was von der Tradition her unverbrüchlich erschien: die Zeit, die Gebundenheit des Menschen an die Zeit. Was im Theater schwerfällig und unzureichend mit der Drehbühne versucht worden war, gelang dem Film mühelos: Rückblende, Vorblende, Einblendungen, das Zusammenspielen von zeitlich oder räumlich weit voneinander liegenden Geschehnissen. Mit dem Trick war die Aufhebung aller scheinbar unverrückbaren Natur- und Wahrnehmungsgesetze möglich. In einem Bild wurde eingefangen und beschrieben, wo bei „realer Abbildung" viele Bilder nötig waren: nicht nur die Bilder lernten „laufen", auch der Betrachter bewegte sich und sah in immer neuen Perspektiven auf den Gegenstand, der sich selbst bewegte, so daß sich ständig neue Aus- und Einblicke ergaben; und es war möglich geworden, die zeitlichen Abläufe, die einsträngig, sukzessiv, scheinbar naturnotwendig so verlaufende Zeit aufzuheben, also aus Entwicklungszusammenhängen simultane Verweisungszusammenhänge werden zu lassen.

Diese Simultaneität hebt das Schema der Entwicklung auf, wie es sich im Entwicklungs- und Bildungsroman paradigmatisch niedergeschlagen hat. Formal schlägt sie sich in der Epik vor allem in der Relativierung der ‚erzählten Zeit' nieder, der Zeit, die im Gegensatz zur Erzählzeit die Zeit bezeichnet, die für die Dauer der epischen Handlung benötigt wird. Wenn in Döblins *Wang-lun* z. B. ein Ereignis mehrmals erzählt wird, so bedeutet dies nicht nur die perspektivische Verdoppelung, Multiplikation der einen Ansicht, sondern auch zugleich die Zeitaufhebung (nicht ihre Raffung), die Aufhebung des linearen Kontinuums, dessen Gesetz für die Literatur nicht mehr anerkannt wird.

Räumliche Simultaneität führt ein Gedicht von Ludwig Rubiner vor, *Mein Haus*, im März 1913 in der „Aktion" publiziert. Indem es die verschiedensten Wahrnehmungen aneinanderreiht, zugleich aber ihre zeitliche Differenz nicht beachtet, fängt es im Augenblick ein, was „real" sich erst im Zeitablauf realisiert:

Um mein Haus sind Straßen, Kreise von Brunnen. Plakatsäulen. Gemüseläden.
Uhrmacher mit Schmuck. Finstere Löcher.
Polizisten stehn vor Theatern. Die Untergrundbahn stürzt in ihren Köcher.
Weiße Kellner mit Tassen. Zeitungsjungen laufen. Kutscher reden zu Gäulen.
Unter der Brücke fahren Dampfer durch gemalte Lampen.
Kaufleute winken vor den Türen. Die Bäckereien dampfen.
Menschen stehn um einen Überfahrenen. In geheizte Kirchen gehn Gepäckträger.
Alte verteilen Zettel. In Gerichtssälen sprechen und schweigen die Kläger.
[. . .]
Paare sitzen an Tischen und streiten. In Hotels erschießen sich Menschen verdrossen.
Die Sonne ist auf- und untergegangen. Der Mond ist oft zu sehen.
[. . .]

Was bei Rubiner von einem Bezugspunkt aus wahrgenommen ist, wird in dem berühmten Gedicht von Ernst Stadler *Fahrt über die Kölner Rheinbrücke bei Nacht* ebenfalls noch in Bewegung gesetzt, so nicht nur die neuen Wahrnehmungsqualitäten demonstrierend, sondern zugleich das erkenntnistheoretische Dilemma der Zeit verdeutlichend, daß etwas „festgehalten" werden soll, was sich nicht nur selbst ständig bewegt, sondern was auch immer neue Ausblicke und Einblicke eröffnet, weil die Perspektive des Betrachters stets eine neue ist:

Der Schnellzug tastet sich und stößt die Dunkelheit entlang.
Kein Stern will vor. Die ganze Welt ist nur ein enger, nachtumschienter Minengang,
Darein zuweilen Förderstellen blauen Lichtes jähe Horizonte reißen: Feuerkreis
Von Kugellampen, Dächern, Schloten, dampfend, strömend . . . nur sekundenweis . . .
Und wieder alles schwarz. Als führen wir ins Eingeweid der Nacht zur Schicht.
Nun taumeln Lichter her . . . verirrt, trostlos vereinsamt . . . mehr . . . und sammeln sich . . . und werden dicht.
Gerippe grauer Häuserfronten liegen bloß, im Zwielicht bleichend, tot – etwas muß kommen . . . o, ich fühl es schwer
Im Hirn. Eine Beklemmung singt im Blut. Dann dröhnt der Boden plötzlich wie ein Meer:
Wir fliegen, aufgehoben, königlich durch nachtentrissne Luft, hoch übern Strom.
O Biegung der Millionen Lichter, stumme Wacht,
Vor deren blitzender Parade schwer die Wasser abwärts rollen. Endloses Spalier, zum Gruß gestellt bei Nacht!
Wie Fackeln stürmend! Freudiges! Salut von Schiffen über blauer See! Bestirntes Fest!
Wimmelnd, mit hellen Augen hingedrängt! Bis wo die Stadt mit letzten Häusern ihren Gast entläßt.

Und dann die langen Einsamkeiten. Nackte Ufer. Stille. Nacht. Besinnung. Einkehr.
Kommunion. Und Glut und Drang
Zum Letzten, Segnenden. Zum Zeugungsfest. Zur Wollust. Zum Gebet. Zum Meer.
Zum Untergang.

Scheinbar noch dem Impressionismus und seiner pointilistischen Technik verpflichtet, entwickelt sich der bewegte, frei rhythmisierte (aber auf den Reim durchaus nicht immer verzichtende) Reihungsstil des Expressionismus, indem er die neuen, bis dahin unbekannten, durch die Technik hervorgebrachten großstädtischen Abläufe suggeriert bzw. abbildet. Mit dem Terminus „Abbildung" ist zugleich ein weiterer Widerspruch bezeichnet, der die Dichtung und Kunst der Zeit beherrscht: obwohl das Mimesis-Prinzip ausgesetzt ist, gewinnt die Dichtung gerade einen großen Teil ihrer Potenz aus der Nachbildung der neuen technischen Möglichkeiten bzw. der von der Technik bewirkten Wahrnehmungen. Insofern gestalten Kunst und Dichtung des Expressionismus nach, was die herkömmliche (realistische bzw. naturalistische) Mimesis gerade ausschließt.

Die Zeitschriften

Die meisten bahnbrechenden Texte der Expressionisten erschienen erstmals in Zeitschriften. Das gilt namentlich von der Lyrik, den erzählenden Kurzformen und den programmatischen Schriften. Zum Erscheinungsbild der meisten Periodika gehörte einerseits die Symbiose der Künste (der starke Anteil der Graphik fällt auf), andererseits die Mischung von Literatur und aktueller Publizistik, in einigen Fällen die demonstrative Annäherung an das äußere Bild der Tageszeitung oder des Flugblatts, wodurch der Gegensatz zum „gediegenen" oder gar esoterischen Image der älteren Kunstzeitschriften hervorgekehrt wurde.

Die erste große expressionistische Zeitschrift, „Der Sturm", begann im März 1910 in Berlin zu erscheinen und war von vornherein als Organ für bildende Kunst, Dichtung und Musik angelegt (und blieb es im wesentlichen auch bis zum letzten Jahrgang, 1932). In dem programmatischen Leitartikel des ersten Heftes, verfaßt von Rudolf Kurtz, dem späteren Chronisten des expressionistischen Films, wird den künftigen Lesern folgendes entgegengehalten: „Wir wollen sie nicht unterhalten. Wir wollen ihnen ihr bequemes ernst-erhabenes Weltbild tückisch demolieren. Denn wir halten ihren Ernst für Lebensträgheit, Hinterwäldler-Dumpfheit, deren Psychologie Nietzsche längst geschrieben hat." Die Herausforderung, die in diesen Worten enthalten ist, bleibt – für den „Sturm" bezeichnend – im Bereich ästhetischer Kategorien. Das gehobene Bürgertum, die „deutsche

Intelligenz“, wie es heißt, erscheint nicht in politischer Sicht; sie wird lediglich wegen ihrer Unempfindlichkeit in künstlerischen Dingen geschmäht: weil sie nichts von der Leidenschaft des Schriftstellers ahnt, die Sprache in Musik und Ausdruck zu verwandeln. Daher zielt das Programm in erster Linie darauf hin, das ästhetische Vermögen neu zu wecken und zu schärfen, vor allem im stetigen Kampf gegen die Erhaltung der Konventionen.

Die Zeitschrift enthielt anfangs vorwiegend Aufsätze über künstlerische und literarische Themen, dann auch Beiträge über andere aktuelle Themen; sie publizierte viel moderne Graphik (damit das Nebeneinander von expressionistischer Literatur und Kunst dokumentierend) und widmete sich vor allem der Publikation von Lyrik. *Herwarth Walden* (1878–1941), Musiker und Literat, war ihr Begründer und Herausgeber; er setzte sich vor allem mit seinem Organ der Durchsetzung neuer Richtungen in der bildenden Kunst (Fauvismus, Futurismus, Kubismus und Expressionismus) ein. Dem „Materialismus“ der Zeit setzte die Zeitschrift eine neue Kunst entgegen, die nicht nur dem einzelnen wieder seine Identität, sondern zugleich auch der Gesellschaft einen neuen Impuls geben sollte. Die Zeitschrift schloß sich 1914 mit einem relativ engen Kreis gegen die übrigen Modernismen ab und entwickelte eine von Walden als genuin expressionistisch angesehene Wortkunst-Theorie, die durch den Dichter August Stramm repräsentiert wurde. (Auf die Wortkunst-Theorie wird näher im Zusammenhang mit Stramm eingegangen.) Die literarische Kunsttheorie wurde sekundiert von Kunstausstellungen, die den Sturm-Kreis zu einem wichtigen Zentrum in Berlin machten (Kokoschka, Klee, Kandinsky, Feininger, Chagall u. a.). Die Theoretiker des „Sturm“ waren Walden und Lothar Schreyer, die herausragenden Dichter Else Lasker-Schüler und Stramm. Als Exponenten des Wortkunst-Programms galten, neben Stramm, Franz Richard Behrens, Rudolf Blümner, Otto Nebel, Kurt Heynicke und Kurt Schwitters. Begleitet war die Zeitschrift von der Publikationsreihe der „Sturm-Bücher“ (1914–1919, mit den Schauspielen und Gedichtbänden von Stramm sowie zwei bezeichnenden theoretischen Veröffentlichungen: den Bänden *Die neue Kunst* von Lothar Schreyer und *Theater als Kunstwerk* von William Wauer).

Fast ein Jahr nach dem „Sturm“, im Februar 1911, begann in Berlin die zweite große Zeitschrift der künstlerischen (aber auch gesellschaftlichen) Erneuerung zu erscheinen, „Die Aktion“. Im Hinblick auf die Aktualität, aber auch die künstlerische Bedeutung zahlreicher Texte übertrifft diese „Wochenschrift für freiheitliche Politik und Literatur“ (später „Wochenschrift für Politik, Literatur und Kunst“) alle anderen vergleichbaren Periodika der Zeit. Die „Aktion“ erschien ebenfalls bis 1932, war aber nach 1920 nur noch ein politisches Organ. Der Herausgeber, *Franz Pfemfert*

(1897–1954), hatte sich bereits als kritischer, demokratisch eingestellter Publizist einen Namen gemacht, als er mit den Mitgliedern des „Neuen Clubs“ die neue Zeitschrift ins Leben rief. Über die Ziele unterrichtet die editorische *Note* im ersten Heft:

„‚Die Aktion‘ tritt, ohne sich auf den Boden einer bestimmten politischen Partei zu stellen, für die Idee der Großen Deutschen Linken ein. ‚Die Aktion‘ will den imposanten Gedanken einer ‚Organisierung der Intelligenz‘ fördern und dem lange verpönten Wort ‚Kulturkampf‘ (in einem freilich nicht bloß kirchenpolitischen Sinne) wieder zu seinem alten Glanze verhelfen. In den Dingen der Kunst und der Literatur sucht ‚Die Aktion‘ ein Gegengewicht zu bilden zu der traurigen Gewohnheit der pseudoliberalen Presse, neuere Regungen lediglich vom Geschäftsstandpunkt aus zu bewerten, also sie totzuschweigen. Bei vollkommener Unabhängigkeit von Rechts und von Links ist ‚Die Aktion‘ eine Tribüne, von der aus jede Persönlichkeit, die Sagenswertes zu sagen hat, ungehindert sprechen kann. ‚Die Aktion‘ hat den Ehrgeiz, ein Organ des ehrlichen Radikalismus zu sein.“

In der Vorkriegszeit, und in der Kriegszeit erst recht, blieben solche Erklärungen allerdings bloß große Worte. Eine Illusion war auch Pfemferts Hoffnung: „Die bürgerliche Demokratie ist auf dem Marsch. Das deutsche Bürgertum erwacht.“ Jedenfalls war die „Aktion“, anders als der „Sturm“, von Anfang an an politischen Fragen interessiert: neben den für dieses Organ so kennzeichnenden Großstadt-Gedichten (der sogenannten Aktions-Lyrik) stehen zahlreiche politische und sozialkritische Aufsätze, Essayistik (französische Autoren, Heinrich Mann), politisch-literarische Programmatik (z. B. von Ludwig Rubiner). Im Krieg versuchte die „Aktion“, so gut es ging, die kritische bzw. pazifistische Einstellung auch weiterhin erkennbar zu machen. Dazu gehörte auch der Versuch, die Zensur zu umgehen: z. B. in Pfemferts berühmter Rubrik „Ich schneide die Zeit aus“, in der er die Dinge verräterisch „für sich selbst sprechen läßt“.

Das dritte große Organ des Expressionismus sind die „Weißen Blätter“ (1913–1921), die der Elsässer *René Schickele* (1883–1940) leitete, von 1916 bis 1919 (bevor Paul Cassirer die Zeitschrift übernahm) von der Schweiz aus. Diese zuerst in Leipzig erscheinende Monatsschrift unterschied sich von den meisten anderen Zeitschriften, namentlich aber von „Sturm“ und „Aktion“ durch ihren Verzicht auf aktualistische, zeitungsartige Aufmachung, d. h. durch ihren im Äußeren eher konservativen Habitus. Als vorwiegend literarische Produktionszeitschrift brachten die „Weißen Blätter“ auch umfangreichere Texte, neben Gedichten also auch Erzählungen und Dramen, so in den ersten Jahrgängen paradigmatische Werke des Expressionismus (von Benn, Becher, Edschmid, C. Einstein, Kafka, Sternheim u. a.). Schickele selbst, der nur mit seinen frühen Veröffentlichungen zum Expressionismus gezählt werden kann, trat vor allem als Erzähler hervor, so mit *Benkal, der Frauentröster* (1914), einem mit politischen Akzenten versehenen Künstlerroman, der an die Werke Heinrich Manns anknüpft. Mehr politische als literarische Bedeutung hat sein Drama *Hans im Schnakenloch* (1916 bei Cassirer in Berlin erschienen), in dem er als Grenzbürger zwischen Deutschland und Frankreich versucht, pazifistisch zwischen den Nationen zu vermitteln.

Die meisten anderen Zeitschriften konnten schon wegen ihrer Kurzlebigkeit nicht in die Breite wirken. Einige erschienen in geringen Auflagen und waren für künstlerische Zirkel bestimmt. Für die Geschichte des Expressionismus, namentlich seiner frühen Phase, sind von Bedeutung namentlich die Münchener, bei Bachmair erschienenen Periodika „Die neue Kunst" (1913/14) und „Revolution" (1913), ferner „Das neue Pathos" (Berlin 1913–1920). Aus späterer Zeit sind vor allem zwei für das expressionistische Drama wichtige Zeitschriften zu nennen: „Das junge Deutschland" (Berlin, im Verlag von Benns Verleger Erich Reiss, 1918–1920) und „Die neue Schaubühne" (Dresden, 1919–1922).

So beschränkt auch die Resonanz dieser zumeist ohne großen Aufwand betriebenen, dabei anspruchsvollen Zeitschriften in der Regel war (eine gewisse Breitenwirkung, auch im Ausland, konnten lediglich „Der Sturm" und „Die Aktion" erzielen), die Absicht, provozierend, aufsehenerregend zu wirken, ist Bestandteil ihres Programms, dem Expressionismus gleichsam immanent. Jedenfalls ist der Gegensatz zu den esoterischen, vom unberufenen Publikum sich abschirmenden publizistischen Praktiken des Kreises um Stefan George überaus deutlich. Die neueste Forschung (vgl. Vietta/Kemper) hat mit Nachdruck darauf hingewiesen. Bewußt und demonstrativ meldeten die expressionistischen Organe ihren Anspruch darauf an, Akteure bei der Bildung einer neuen literarisch-ästhetischen und politischen Öffentlichkeit zu sein. Sie entfernten sich daher zumeist von der „gediegenen", luxuriösen Ausstattungsform der Jugendstil-Organe und paßten sich an die schmucklose, möglichst billige, aber zugleich effektheischende Gestalt der großstädtischen Massenblätter an. „Es ging ihnen [den expressionistischen Autoren] nicht nur um eine Darstellung der modernen Entfremdungs- und Erneuerungsformen *des* Menschen, sondern wesentlich darum, daß ihr Appell auch *die* Menschen erreichte. Dadurch tritt aber diese Literatur in ein Konkurrenzverhältnis zu den neuen, bewußtseinsprägenden Massenmedien. Zudem wird die literarische Bohèmeatmosphäre in den Großstädten selbst zu einem Markt, auf dem das Neueste und Sensationellste wie auf einer Börse gehandelt wird" (Vietta/Kemper, 121).

Diese Bestrebung der Expressionisten, ihre künstlerischen Neuerungen und gesellschaftskritischen Vorstellungen so eindringlich wie möglich der Öffentlichkeit mitzuteilen, erklärt auch den großen Anteil essayistisch-programmatischer Schriften an der Gesamtheit expressionistischer Texte.

Neben dem ekstatischen „Schrei" steht bei den meisten Autoren auch der Versuch, die Neuheit des „Schreis" zu erklären oder die Aufmerksamkeit auf die gesellschaftliche Bedeutung des künstlerischen Aufbruchs zu lenken. Es entspricht dem Charakter der Bewegung, daß diese manifestartigen Schriften keine geduldigen Erörterungen kritischer Begriffe sind, keine rationale Meta-Literatur, sondern emphatische Proklamationen oder wuchtige Polemiken.

Programme und Manifeste

Der Beginn eines Selbstverständnisses zahlreicher junger, von unterschiedlichen Auffassungen geleiteter Autoren zeichnet sich wohl erstmals in einem Aufsatz Kurt Hillers ab, veröffentlicht im Juli 1911 in der „Heidelberger Zeitung". Hiller (1885–1972), in seinen Anfängen Wortführer der jungen Poesie und streitbarer Kulturkritiker (Essaysammlung *Die Weisheit der Langenweile*, 1913), schrieb wenige Monate nach dem Erscheinen des ersten Gedichtbandes von Georg Heym:

„Wenigstens erscheinen uns jene Ästheten, die nur zu reagieren verstehen, die nur Wachsplatten für Eindrücke sind und exakt-nuancensam arbeitende Deskribiermaschinen [. . .] als ehrlich inferior. Wir sind Expressionisten. Es kommt uns wieder auf den Gehalt, das Wollen, das Ethos an."

Im Mai 1912 erschien in der „Aktion" ein Aufsatz Ludwig Rubiners, *Der Dichter greift in die Politik*, der zu erkennen gab, daß neben den ästhetischen Vorstellungen auch allgemein gesellschaftliche in den Vordergrund drängten. Der Begriff der Politik ist darin so weit und abstrakt wie er zugleich eng ist: „Politik ist die Veröffentlichung unserer sittlichen Absichten." Im Gegensatz zu faßbarer politischer Wirkung wird die absolut verstandene sprengende Kraft des Geistes gefeiert. Rubiners idealistischer Kraftakt kündigte den expressionistischen „Aktivismus" an.

Die bekannteste Programmschrift des Expressionismus veröffentlichte Kasimir Edschmid in der „Neuen Rundschau" 1918 unter dem Titel *Expressionismus in der Dichtung*. Der Autor betont das Anti-Naturalistische („Die Welt ist da. Es wäre sinnlos, sie zu wiederholen"), das Anti-Bürgerliche, die Geistigkeit, die Gestaltung der Welt aus dem Innern („es muß das Bild der Welt rein und unverfälscht gespiegelt werden. Das aber ist nur in uns selbst"). Besonders bedeutsam aber ist die Schrift durch das Postulat einer „expressionistischen" Ontologie und damit verbundenen Anthropologie; die Kunst wird bei Edschmid zum Garanten eines neuen Weltbilds, ja ein Weltbild scheint überhaupt nur noch durch die schöpferische Kraft des Künstlers möglich (darin zeigt sich die Wirkung Nietzsches).

„So wird der ganze Raum des expressionistischen Künstlers Vision. Er sieht nicht, er schaut. Er schildert nicht, er erlebt. Er gibt nicht wieder, er gestaltet. Er nimmt nicht, er sucht. Nun gibt es nicht mehr die Kette der Tatsachen: Fabriken, Häuser, Krankheit, Huren, Geschrei und Hunger. Nun gibt es die Vision davon. Die Tatsachen haben Bedeutung nur soweit, als durch sie hindurchgreifend die Hand des Künstlers nach dem faßt, was hinter ihnen steht."

Das „Dahinter-Stehende" aber, das „Wesen", gilt als die „eigentliche" Realität, die Tatsachen sind bloß äußerlich und ohne die Eingriffe des Dichters, Künstlers zusammenhanglos, chaotisch. Der erkenntniskritische Zweifel, daß die Welt nicht erkennbar sei, kehrt sich um: der sinngebende Mensch, das ist der Dichter, der Künstler überhaupt, schafft überhaupt erst die Welt. Entsprechend wird „der Mensch" aller Äußerlichkeiten entkleidet und auf das gebracht, was er „ist": Mensch.

„Eine Hure ist nicht mehr ein Gegenstand, behängt und bemalt mit den Dekorationen ihres Handwerks. Sie wird ohne Parfüme, ohne Farben, ohne Tasche, ohne wiegende Schenkel erscheinen. Aber ihr eigentliches Wesen muß aus ihr herauskommen, daß in der Einfachheit der Form doch alles gesprengt wird von den Lastern, der Liebe, der Gemeinheit und der Tragödie, die ihr Herz und ihr Handwerk ausmachen. Denn die Wirklichkeit ihres menschlichen Daseins ist ohne Belang. Ihr Hut, ihr Gang, ihre Lippe sind Surrogate. Ihr Wesen ist darin nicht erschöpft."

Die soziale und wirtschaftliche Realität liefert für die Menschen bloß äußerliche Attribute, Akzidentien, zufällig, zusammenhanglos, nicht aber das Wesen der Menschen, wie sie sind: das wird erst durch den Künstler gestaltet, ohne der Mensch seine wahre Natur und seine wahre Welt nicht erkennt.

Der einfältige, aber zugleich auftrumpfende poetologische Idealismus blieb nicht ohne Wirkung. Edschmids Schrift (1919 als Broschüre erschienen) prägte, namentlich im Ausland, als effektvolle Zusammenfassung expressionistischer Tendenzen nachhaltig die Vorstellung von der Kunst jener Zeit. Viel weniger bekannt, obwohl in manchem noch einprägsamer, ist das expressionistische Manifest *Rede für die Zukunft* von Kurt Pinthus, des Lektors der für die neue Literatur so wichtigen Verlage Ernst Rowohlt und Kurt Wolff (zuerst in Leipzig). Die *Rede*, geschrieben 1918, erschien in dem von Alfred Wolfenstein herausgegebenen Jahrbuch *Die Erhebung* 1919. Der Leitbegriff heißt „Antideterminismus": im Gegensatz zum Naturalismus, der Realitätsabbildung, dokumentarische Sachlichkeit sowie Milieukunst auf seine Fahne schrieb, steht die neue Kunst im Zeichen einer durch nichts determinierten Geistigkeit. Dem naturwissenschaftlich, positivistisch ausgerichteten Menschen folgt nun der idealistische, der die „Wirklichkeit“, die „Summation aller Determinanten“, durch geistige Akte beseitigt – nicht nur in der Kunst, sondern auch in der Politik, die ebenfalls eine Anstrengung des Geistes ist. Auch die Gestaltung der Gesellschaft muß sich kühn über die hemmenden Wirkungen des Milieus und der Tradition hinwegsetzen: „nicht die sogenannte Wirklichkeit formt den Geist und dessen Ideen, sondern der Geist formt die Wirklichkeit nach der Idee“.

„Das also müssen wir in uns festhämmern: Die Wirklichkeit ist nicht außer uns, sondern in uns. Der Geist des Menschen und seine Bewegung als Idee, die sich verwirklicht, ist die wirkliche Wirklichkeit. Nur die Idee gehört ganz und gar dem Menschen an; alles andere außer uns ist unwirklich und wird erst zur Wirklichkeit, wenn wir kraft der Kraft des Geistes es zur Wirklichkeit machen.“

Es versteht sich, daß dieser resolute Idealismus auch in der Kunst mit dem „Material der sogenannten Wirklichkeit“, das „hart und tückisch“ ist, kurzen Prozeß macht. Vor der Allmächtigkeit des künstlerischen Prinzips nimmt sich die materielle Realität nichtig aus, sie ist lediglich ein Spielball des Geistes. Allein Pinthus versteht die Kunst nicht als eine Flucht aus der Wirklichkeit und erst recht nicht als einen Freiraum vollkommener Harmonie. Mißbilligend erwähnt er Winckelmanns Klassizismus und Kants Ästhetik des „interesselosen Wohlgefallens“. Denn die Kunst sei niemals der Kunst wegen, sondern des Menschen wegen da. Nur daß in der Kunst das Innere des Menschen zur Gestalt werden soll, nicht die Außenwelt. „Die neue Kunst will weder realistisch sein, denn sie will ja das Zufällige und Determinierte der Wirklichkeit überwinden, noch um Stilisierung sich bemühen, die zum Ornament, nicht aber zum Wesen führt.“ Die Schlußfolgerung des Theoretikers gipfelt in der Forderung, die Kunst müsse „antinaturalistisch“ sein. Dieses Programm ex negativo enthält dann allerdings auch Andeutungen, worin die Bestrebungen der „expressiven“ Kunst zu erblicken seien. Pinthus prägt hier eine der Losungen des Expressionismus: „Der Mensch schreit, – nicht um zu schreien, sondern um sich selbst und seine Mitmenschen zur Hilfe aufzurufen. Er bäumt sich in schrecklicher, verzerrter Gebärde empor.“ Letztlich gibt diese Kunst, betont Pinthus, den überlieferten Begriff des Ästhetischen auf, sie zersprengt ihn zugunsten einer Zukunft, in der die Kunst ins Ethische einmünden wird, „zum Besseren der Menschheit“. Daher dürfe man auch nicht mehr nach der Qualität dieser Kunst fragen, sondern nur nach ihrer Intensität.

Auch dieses Programm läßt erkennen, daß die expressionistische Theorie stets absolute und damit auch völlig abstrakte Ansprüche erhebt. Der sich über die Kunst hinwegsetzende ethische Gedanke verflüchtigt sich zu einem ungeschichtlichen, apriorischen Moralismus. Die Abkehr vom Historischen trägt den eigenen Widerspruch in sich; die Freisetzung des schöpferischen Menschen erweist sich als Schein, und der Expressionismus insgesamt als ein Ausdruck dessen, was er bekämpft: der Bürgerlichkeit.

Im Hinblick auf die Diskussionen über das Nachleben des Expressionismus sowie über die kulturellen oder auch politischen Folgen der Bewegung gilt es – namentlich in einer Literaturgeschichte, die auf biographische Informationen weitgehend verzichtet – festzustellen, daß der Expressionismus eine viel zu komplexe und widerspruchsvolle Erscheinung war, als daß es gelingen könnte, ihn einer bestimmten ideologischen Orientierung oder gar politischen Praxis eindeutig zuzuordnen. Daß er unterschiedlich gedeutet und eingeschätzt worden ist (bis zu offenem Unverständnis), teilt er letztlich mit jedem geschichtlichen Phänomen. Ein zusammenfassender Blick auf die Schicksale der Autoren und ihrer Werke ergibt folgendes Bild: Viele Autoren (Dichter und Maler) fielen im Ersten Weltkrieg oder starben schon vor 1914 (Heym, Stadler, Trakl, Lichtenstein, Lotz, Stramm, Sorge, Sack, Macke, Marc, um nur die bekanntesten zu nennen). Die Überlebenden der Generation, darunter zahlreiche Juden, mußten 1933 ins Exil gehen, ihre Werke wurden in Hitlerdeutschland verbrannt und verboten. Die expressionistische Malerei wurde als „Entartete Kunst" an den Pranger gestellt. Nur ganz wenige Autoren blieben in Deutschland, und unter den bedeutenden ist Benn mit seiner vorübergehenden Sympathie für die neuen Machthaber wiederum eine Ausnahme. Nach 1936 konnte auch er nicht mehr veröffentlichen. Nur wenige der ehemaligen Expressionisten überlebten die Zeit der Verfolgungen: die meisten starben im Exil (manche durch eigene Hand) oder in Hitlers Vernichtungslagern. Einige, die den Expressionismus als künstlerische Konzeption aufgegeben hatten, wie etwa Becher, fanden Anschluß an die politische Linke.

Die Jahre vor dem Krieg: Großstadtpoesie. Anfänge des ‚ekstatischen' Dramas. Erzählprosa

Eines der frühesten und zugleich extremsten Werke des Expressionismus erschien im Juli 1910 im ersten Jahrgang von Waldens „Sturm", das Schauspiel *Mörder, Hoffnung der Frauen* des österreichischen Malers und Dichters *Oskar Kokoschka* (1886–1980). Es ist einem modernistischen Zeitgenossen gewidmet, dem Wiener Architekten Adolf Loos, der 1908 mit der berühmt gewordenen Streitschrift gegen den kunstgewerblichen Dekorationsstil, *ornament und verbrechen*, hervorgetreten war. Die Leser der Zeitschrift waren mit einer neuartigen Dramenform konfrontiert, mit dem

Beispiel einer literarischen Konzeption, für die es damals noch keinen Namen gab. Expressiv, ja ekstatisch ist Kokoschkas Einakter durch und durch: ein Bühnenspiel im vollsten Sinne des Wortes, eine Art Gesamtkunstwerk, das visuelle Zeichen (Licht, Farbe, Bewegung) und alogische Sprachgebärden freisetzt. Die Einheit von Pantomime, rhythmischer Rede und szenischer Phantasie dient hier der Darstellung einer gleichsam mythischen Begegnung. In einem zeitlosen „Altertum" (Turm mit Eisentür, Fackellicht, Nachthimmel) stehen sich archetypisch Mann und Frau gegenüber, wobei die sexuelle Symbolik die Reduktion des Geschehens auf den „Geschlechterkampf" anschaulich macht. (Es liegt nahe, Kokoschkas Werk mit Otto Weiningers damals vielgelesenem Buch *Geschlecht und Charakter*, 1903, in Verbindung zu bringen.) In dramaturgischer Hinsicht stellt das Spiel ein Beispiel äußerster Verknappung dar. Die Aufteilung in zwei Protagonisten und chorartige Gruppen (Krieger und Mädchen) erinnert an antike bzw. an klassizistische Dramen; doch die klassizistische Dialog- und Argumentationsdramaturgie wird hier aufgegeben zugunsten bloßer sprachlicher und gestischer Andeutungen. Dramenhistorisch sind Zusammenhänge mit Maurice Maeterlincks Bühnenwerken aus den frühen neunziger Jahren erkennbar. (Strindbergs Kammerspiele, die zumindest thematisch mit Kokoschkas Werk vergleichbar sind, erschienen erst 1907, im Entstehungsjahr von *Mörder, Hoffnung der Frauen.*) Wohin der von Kokoschka beschrittene Weg führte, zeigte wenig später die „Bühnenkomposition" *Der gelbe Klang* des russischen Malers Kandinsky, der damals in München lebte und gemeinsam mit Marc 1912 den Sammelband der Künstlergruppe „Der blaue Reiter" herausgab. In diesem Almanach erschien auch der genannte Text, die Vorlage für ein Bühnengeschehen, in dem das Zusammenspiel von Wort, Musik, Farbe und Gebärde, eine Synthese von starker sinnlicher Wirkung, zugleich abstrakt bleibt, d. h. gleichsam „gegenstandslos" im Verzicht auf eine landläufige Handlung: in der Bühnenkunst gewissermaßen ein Gegenstück zu Kandinskys abstrakter Malerei aus derselben Zeit. In Kandinskys Aufsatz *Über Bühnenkomposition*, der das Spiel einleitet und theoretisch erläutert, wird eine Sichtbarmachung innerer Vorgänge gefordert, im Gegensatz zur Dramentradition des 19. Jahrhunderts, die auf einer „Beschreibung des äußeren Lebens" beruhe und in der das „kosmische Element" vollkommen fehle.

„Aktions"-Lyrik. Grotesken, Menschheitspathos

Kokoschkas Vorstoß blieb zunächst vereinzelt; die Möglichkeiten des expressionistischen Dramas entfalteten sich erst später, hauptsächlich während des Krieges und kurz danach. Die frühe Phase des Expressionismus wurde fast ausschließlich von der Lyrik beherrscht: im Bereich des Gedichts bot der Expressionismus nicht nur seine künstlerisch bedeutendsten Leistungen, er zeigte sich dort auch am vielfältigsten. Für die Lyrik ist 1911 ein Stichjahr: in der „Aktion" zeichnen sich die stilistischen Gemeinsamkeiten einer Gruppe junger Mitarbeiter ab (Heym, van Hoddis, Blass, Hardekopf, Stadler u. a.), die großstädtische „Aktions"-Lyrik tritt in Erscheinung; im Frühjahr kommt bei Rowohlt, dem damals jungen Verleger, in Leipzig Heyms erster Gedichtband heraus, *Der ewige Tag*; und schließlich, in Berlin, die erste Veröffentlichung in Buchform des jungen Pragers Franz Werfel, die Gedichtsammlung *Der Weltfreund*. Mit der „fortschrittlichen" Lyrik, wie es damals hieß, tritt die auf Wortmagie, entfesselter Metaphorik und Stilmischung beruhende moderne Poesie, die sich aus dem französischen Symbolismus (Baudelaire, Rimbaud, Mallarmé) herleitet, nun in Deutschland in eine extreme Phase ein. Auf diese treffen Begriffe zu, die Hugo Friedrich (*Die Struktur der modernen Lyrik*, 1956) für die gesamte, seit der Romantik hervortretende Entwicklung im Zeichen wachsender Sprachautonomie gebraucht: Begriffe wie „sinnliche Irrealität", „Sagen des Ungesagten", „Zerlegen und Deformieren", „Intensität des Häßlichen", „Diktatorische Phantasie" u. a. Es wäre allerdings verfehlt, die gesamte moderne deutsche Lyrik des Jahrzehnts nach 1910 im Zeichen dieser Begriffe zu sehen. Auf Trakl, Heym, Benn, Becher, die meisten Vertreter der grotesken Poesie in der „Aktion" sowie auf einen Teil der Dichtung aus dem „Sturm"-Kreis trifft die Charakteristik weitgehend zu. Die Vielfältigkeit der Tendenzen im Sammelbegriff „Expressionismus" zeigt sich auch darin, daß die Werke einiger anderer – seinerzeit sehr exponierter – Dichter ganz andere Züge aufweisen. Am ausgeprägtesten ist das bei Werfel der Fall, dessen Gedichte in der deutschsprachigen Literatur eine Tradition aufgreifen, die durch Autoren wie Walt Whitman (*Leaves of Grass*, 1855, 1891) und Emile Verhaeren (*Les campagnes hallucinées*, 1893; *Les villages illusoires*, 1895; *Les villes tentaculaires*, 1895) gekennzeichnet ist: die Überlieferung hymnischer Humanitäts- und Zivilisationsdichtung. Whitman wurde schon vergleichsweise früh übersetzt und war bereits den Naturalisten bekannt. In der „Aktion" findet sich 1911 ein Gedicht von Arthur Drey, *Walt Whitman*, das den amerikanischen Dichter als „Fackelschwinger", „lodernden Titanen des keuschen Urwalds" und „Weltmenschen" feiert. Verhaeren gelangte zu Beginn des Jahrhunderts nach Deutschland, vor allem durch die Übertragung von Stefan Zweig (1904). Auch im Bereich der von Hugo Friedrich dargestellten Tradition hat eine Nachdichtung eine wichtige Rolle gespielt: die Rimbaud-Übertragung des Österreichers Karl Klammer, der unter dem Pseudonym K. L. Ammer 1907 zum ersten Mal umfassend den französischen Dichter in Deutsch vorstellte. Die Wirkung auf Trakl, Heym und andere Autoren war zweifellos so stark, daß – cum grano salis – die Behauptung einleuchtet, Ammers Rimbaud habe den lyrischen Expressionismus im deutschen Sprachraum „eröffnet" (R. Grimm, 144).

Es versteht sich freilich, daß Anstöße von außen niemals eine solche Wirkung gezeitigt hätten, wäre nicht eine entsprechende kulturelle Disposition und Aufnahmebereitschaft vorhanden gewesen. Daß gerade Dichter wie Rimbaud und Verhaeren gewirkt haben, nicht aber Mallarmé, jedenfalls nicht im Expressionismus, ist höchst bezeichnend für die Beschaffenheit dieser Disposition. Eine Literatur im Zeichen der Großstadt konnte mit den seelischen Interieurs Mallarmés nicht viel anfangen, ebensowenig wie mit den dominanten Zügen der einheimischen Jahrhundertwende, mit Rilke, George oder Hofmannsthal, zumindest in motivischer Hinsicht. Die Zeit der „geschniegelten Wiener Kulturlyrik" sei vorbei, versicherte Ernst Stadler in seiner Besprechung von Heyms Gedichtband *Der ewige Tag*. Die Zukunft sollte einer Großstadtdichtung gelten, wobei – wie Stadler betonte – Impulse der naturalistischen Dichtung der achtziger Jahre fruchtbar werden könnten. Mit noch mehr Nachdruck vertrat diese Forderung Kurt Hiller (in dem schon erwähnten Heidelberger Artikel, in dem zum ersten Mal von dichterischen „Expressionisten" die Rede ist): „So ist in der Dichtung unser bewußtes Ziel: die Formung der Erlebnisse des intellektuellen Städters. Wir behaupten (beispielsweise), daß der Potsdamer Platz uns schlechthin mit gleich starker Innigkeit zu erfüllen vermag, wie das Dörfli im Tal des Herrn Hesse."

Zum Selbstverständnis nicht weniger zeitgenössischer Dichter gehörte ein gedankliches Motiv, das nach Auffassung des Lyrikers Paul Zech gerade in der neuen Poesie besonders wirksam war. In der Zeitschrift „Das neue Pathos" veröffentlichte Zech 1914 den Essay *Die Grundbedingung der modernen Lyrik*, in dem er die Bedeutung der Lyrik für eine Zeit hervorhebt, die keine religiöse Transzendenz mehr kennt: in der lyrischen Poesie, der unmittelbarsten Gefühlskunst, dauere das metaphysische Bedürfnis des Menschen weiter. „So vereinigt sich in der modernen Lyrik tiefste Religiosität mit dem Wissen um den Verlust der Religion. Die metaphysische Glut der sehnsüchtigen, auf das Ewige gerichteten Einzelseele [. . .] lebt in dieser Religiosität, die nicht mehr in der Religion sich erlösen kann, und mündet in die Gestaltung." In der Lyrik gewinnt die expressionistische Versicherung des Künstlerischen als wahrer „Welthaltung" ihren religiösen Aspekt hinzu, und dies wiederum auf widerspruchsvolle Weise: dem Verlust der „metaphysischen Landschaft" wird die „irdische" Kreation des Irrationalen als Ausgleich und Lebenshaltung entgegengestellt. Das Irrationale ist nicht mehr vorgegeben, es wird geschaffen, und zwar, wie die Expressionisten meinen, notwendigerweise.

Im Hinblick auf die dichterische Praxis namentlich der Berliner Frühexpressionisten ist eine programmatische Äußerung von *Ernst Blass* (1890–1939) bedenkenswert. Im Vorwort zu seinem in Heidelberg erschienenen Gedichtband *Die Straßen komme ich entlang geweht*, datiert: Berlin 1912, versichert der Autor, der jungen Generation komme es nicht nur auf den Rausch und die „Melodie“ an, sondern auch darauf, dem „Chaos“ des Lebens mit Erkenntnis zu begegnen, mit einem Erkenntniswillen, der nichts ausschließt, vor allem nicht den gewöhnlichen Alltag. Während sich diese Forderung nicht wesentlich von einigen Programmpunkten der Naturalistengeneration unterscheidet, gelangt Blass an einer Stelle zu einer Wendung, die das eigentlich Neue erkennen läßt: „Der kommende Lyriker wird, wie gesagt, auch ein Darsteller des Alltags sein. Kein alltäglicher Darsteller! Er wird aber kein Schilderer der Weltstadt sein, sondern ein weltstädtischer Schilderer . . .“ Die Naturalisten versuchten durchaus Schilderer der Weltstadt zu sein (Berlin war in den achtziger und neunziger Jahren auf dem Wege, eine zu werden), doch sie waren keine „weltstädtischen Schilderer“, d. h. sie fanden für die neuen Erlebnisinhalte keine stilistische Entsprechung. Die Bestrebungen der neuen Lyrik um 1910 sind dagegen darauf gerichtet, das „Chaos“ der Großstadt nicht nur zu benennen, sondern auch adäquat auszudrücken. Über diese Tendenz darf auch nicht der Umstand hinwegtäuschen, daß zahlreiche Gedichte aus dem Umkreis der „Aktion“ an überlieferten Vers- und Gedichtschemata festhalten, etwa am Sonett oder am Vierzeiler in der Art der sogenannten Volksliedstrophe. Gerade aus der Spannung zwischen dem Schema, das der traditionsbedingten Erwartung entspricht, und stilistischer Innovation beziehen diese Gedichte oft ihre Wirkung.

Es ist kein Zufall, daß die „fortgeschrittene“, später expressionistisch genannte Poesie, sieht man von wenigen Ausnahmen ab, am ausgeprägtesten in Berlin hervortrat. Der sogenannte Frühexpressionismus, der qualitativ zugleich einen Höhepunkt darstellt, ist vor allem eine Leistung der in „Aktion“ und „Sturm“ publizierenden Dichter: Heym, van Hoddis, Lichtenstein, Else Lasker-Schüler, Benn, Blass, Boldt u. a.

Von den Zeitgenossen wurde (darüber gibt es zahlreiche Zeugnisse) namentlich das in der Zeitschrift „Der Demokrat“ im Januar 1911 erschienene Gedicht *Weltende* von *Jakob van Hoddis* (eigentlich Hans Davidsohn, 1887–1942) als ein wegweisender Text der jungen Großstadtliteratur empfunden. Die berühmteste Anthologie expressionistischer Lyrik, die *Menschheitsdämmerung* von Kurt Pinthus (1920), setzt dieses Gedicht an die Spitze. (In der Jahrzehnte später erschienenen Anthologie ‚Schwarzen Humors‘ des Surrealisten André Breton ist van Hoddis ebenfalls vertreten.) „Dem Bürger fliegt vom spitzen Kopf der Hut, / In allen Lüften hallt es wie Geschrei. / Dachdecker stürzen ab und gehn entzwei, / Und an den Küsten – liest man – steigt die Flut“, so setzt dieses knappe, zweistrophige Gedicht ein. Die schwärmerischen Urteile der Zeitgenossen sind begreifbar, wenn man die Bedeutung des Gestaltungsprinzips bedenkt. Wie in den Zeitungen die disparatesten Mitteilungen zusammengestellt werden, gleichsam simultan erscheinen, so verfährt dieses Gedicht mit seinen „Mitteilungen“: beginnend mit dem Reizwort des verlorengehenden bürgerlichen Statussymbols, des Huts, und das ganze ansiedelnd in einer scheinbar entrückten Trickfilmlandschaft. Die Zusammenstellung des Disparaten, die Aufhebung des Über- und Unterordnens stellt die wohlgeordnete, hierarchisch gegliederte, rationalisierte Welt des Bürgertums in Frage, sie verfremdet sie durch eine fast schon irreale Verkleinerung und Distanziertheit – bürgerliche Gewichtigkeit erscheint artifiziell, kulissenhaft.

Der von van Hoddis zum ersten Mal so einprägsam vorgestellte Gedichttypus beruht auf einem Gestaltungsprinzip, das gleichsam in der Luft gelegen haben muß. In „Aktion“ und „Sturm“ erschienen nur wenige Wochen später verwandte Gedichte, so daß man die groteske Poesie als einen sehr deutlich hervortretenden Typus in den Anfängen des Expressionismus bezeichnen muß.

Gleich im ersten Heft der „Aktion“ (20. Februar 1911) findet sich das Gedicht *Die Jungfrau* von Blass, dessen erste Strophe folgendermaßen lautet: „Jongleure setzen ihre Köpfe ab / Und schmeißen sie hell pfeifend in die Luft. / Die Knochen meckern, wenn mit lautem Klapp / Ein Kopf ins Universum sich verpufft.“ Daß die Grenze zwischen Groteske und Genrebild ebensowenig scharf zu ziehen ist wie in der Gebrauchslyrik der zwanziger Jahre (die hier in manchem vorweggenommen erscheint!), beweist eine Strophe aus einem weiteren, ebenfalls 1911 veröffentlichten Gedicht dieses Autors, *Sonntagnachmittag:* „Die Töchter liegen weiß auf dem Balkon. / In Oberhemden spielen Väter Kachten: / Ein Roundser steigt – nach einem Full von Achten. / – Und singen tut sich eins der Grammophon.“ Zum Vergleich bietet sich ferner das nach dem *Weltende* bekannteste Gedicht dieser Art an, Lichtensteins *Dämmerung*, im März 1911 im „Sturm“ erschienen: „Ein dicker Junge spielt mit einem Teich. / Der Wind hat sich in einem Baum gefangen. / Der Himmel sieht verbummelt aus und bleich, / Als wäre ihm die Schminke ausgegangen“ usw.

Die Dämmerung heißt auch die kleine Gedichtsammlung, in der *Alfred Lichtenstein* (1889–1914) den Groteskstil konsequent weiterführt. Es ist die einzige geblieben, die zu Lebzeiten des Autors erschien (1913). Die Sammlung enthält auch das Gedicht *Konzert*, das kaum bekannt ist, obwohl sich die eigentümliche Sicht des „weltstädtischen Schilderers“ nicht weniger prägnant darbietet:

Die nackten Stühle horchen sonderbar
Beängstigend und still, als gäbe es Gefahr.
Nur manche sind mit einem Mensch bedeckt.

Ein grünes Fräulein sieht oft in ein Buch.
Und einer findet bald ein Taschentuch.
Und Stiefel sind ganz gräßlich angedreckt.

Aus offnem Munde tönt ein alter Mann.
Ein Jüngling blickt ein junges Mädchen an.
Ein Knabe spielt an seinem Hosenknopf.

Auf einem Podium schaukelt sich behend
Ein Leib bei einem ernsten Instrument.
Auf einem Kragen liegt ein blanker Knopf.

Kreischt. Und zerreißt.

Der Autor selbst warnte in einem Aufsatz in der „Aktion", in einem Selbstkommentar, davor, Gedichte wie *Die Dämmerung* als ein „sinnloses Durcheinander komischer Vorstellungen" mißzuverstehen. Entscheidend am Groteskstil (für den, wie er hervorhebt, die Anregung von van Hoddis' *Weltende* ausgegangen sei) ist eine Sicht, die sich den gewohnten Denk- und Wahrnehmungsschemata widersetzt und die Dinge in ihrer nackten, zusammenhanglosen Gegenständlichkeit erscheinen läßt – eine Sicht, die, wie man hinzufügen muß, im Grunde nicht schockierender ist als das Nebeneinander disparater Informationen in der Zeitung oder auf manchen Photographien. In Lichtensteins Lyrik setzt sich sozusagen ein „böser Blick" durch, der – wie auch bei van Hoddis – die überlieferten Hierarchien außer Kraft setzt, so z. B., wenn im angeführten Gedicht nicht der Stuhl zum Menschen gehört, sondern umgekehrt: der Mensch als ein Attribut des Stuhls gesehen wird. Die von der Forschung (Vietta/Kemper) bei Gottfried Benn beobachtete Partialisierung und Verdinglichung des Menschen tritt auch hier zutage: die rhythmischen Bewegungen des Musikers werden gleichsam infantil als „Schaukeln" wahrgenommen, so daß der Sinnzusammenhang getilgt wird, ebenso wie die mentalen Kategorien „Künstler" und „Konzert" ihre Geltung verlieren, wenn bloß noch von einem „Leib" auf dem Podium die Rede ist. Als Beispiel für diese – bei Lichtenstein und anderen Autoren der „Aktion" häufige – Stiltendenz seien noch die erste und dritte Strophe aus dem Gedicht *Nach dem Ball* (1913) angeführt:

Die Nacht kriecht in den Keller, muffig matt.
Glanzkleider torkeln durch der Straßen Schutt.
Gesichter sind verschimmelt und kaputt.
Kühl brennt der blaue Morgen auf der Stadt.

Alltag und Arbeit staubt die Menschen ein.
Familien fressen stumm ihr Mittagsmahl.
Durch einen Schädel schwingt noch oft ein Saal,
Viel dumpfe Sehnsucht und ein Seidenbein.

Man wäre versucht, in der scheinbar zynischen Darstellung von Verdinglichung eine Vorwegnahme von Verfahrensweisen im französischen ‚nouveau roman' der fünfziger Jahre zu sehen, wenn die expressionistische Groteske nicht mit Elementen operierte, die alles andere als objektivistisch sind. Namentlich im Gebrauch des Adjektivattributs ist die Neigung offenkundig, die Welt zu interpretieren, d. h. mit Qualitäten zu versehen, die den Dingen nicht eigen sind. Im Gedicht *Die Nacht*, wenige Monate nach der *Dämmerung* entstanden, ist von „verträumten Polizisten" die Rede, von „zerbrochnen Bettlern", von „starken Straßenbahnen", „sanften Autodroschken", von Huren, die „melancholisch ihren reifen Hintern schwingen", von einem Himmel, der „zertrümmert auf den herben Dingen" liegt. In Lichtensteins grotesker Vision erscheint die Welt (im Gedicht *Sommerfrische*) als eine „große Mausefalle", als eine in Rauch gehüllte triste Landschaft, über welcher der „giftige Mond" lauert, die „fette Nebelspinne". Man beachte, wie in dieser Sicht, die Beklommenheit und Angst suggeriert, in neuen Kombinationen altbewährte Elemente des Grotesken wiederkehren: Irre, Leichen, giftige Tiere. Das Nebeneinander des Disparaten („Frau Sonne trocknet einen Leichenkutscher. / Ein Spieler setzt den anderen schachmatt. / Korrekte Leute wandern in die Kirchen. / In einem Zimmer hängt sich einer auf", heißt es im Gedicht *Sonntag*) wird bei Lichtenstein durch den Grundton der Abscheu und der Ausweglosigkeit doch noch zusammengehalten, sozusagen auf ein einheitliches Grau gebracht.

In dem bereits erwähnten Gedicht *Sommerfrische* klingt ein Motiv an, das bei Lichtenstein mehr als selten ist, für den Expressionismus insgesamt jedoch höchst bezeichnend ist. Emphatisch bricht der Wunsch hervor, der „großen Mausefalle" zu entkommen: „Wär doch ein Wind . . . zerriß mit Eisenklauen / Die sanfte Welt. Das würde mich ergetzen. / Wär doch ein Sturm . . . der müßt den schönen blauen / Ewigen Himmel tausendfach zerfetzen." Die „Mausefalle" und die „sanfte Welt" sind hier nur scheinbar ein Gegensatz, sie sind eigentlich ein und dasselbe, denn die „sanfte" Welt ist zugleich die geordnete, aber stickige und öde Bürgerwelt des Alltags, die so lähmend wirkt. Das Gedicht *Ein Generalleutnant singt*, wenige Monate vor Ausbruch des Krieges geschrieben, bringt das Motiv zwar in satirischer Brechung („Wäre doch endlich ein Krieg / Mit blutigen, brüllenden Winden. / Das gewöhnliche Leben / Hat für mich keine Reize"), d. h. es läßt den Wunsch in pervertierter Form erscheinen; den Wunsch selbst hat die

Generation der Expressionisten jedoch überaus ernst gemeint – so daß bei Heym sogar der Krieg, und zwar keineswegs satirisch, als Ausweg aus der als dumpf empfundenen Wirklichkeit bürgerlicher Konventionen beschworen wird.

Das notwendige, ergänzende Gegenmotiv zu dem Gefühl der Beklemmung, der Angst, des Grauens ist die expressionistische *Ekstase*, die ek-stasis, der Ausbruch, die rauschhafte Entgrenzung – eine zentrale, wenn nicht *die* zentrale Kategorie der Bewegung. Es gibt kaum einen jungen Autor des expressionistischen Jahrzehnts, der dieses Motiv nicht aufgreift. Zu den frühesten Zeugnissen gehört das bereits vor 1910 entstandene Gedicht *Morgens* von van Hoddis, das mit folgenden Zeilen beginnt: „Ein starker Wind sprang empor. / Öffnet des eisernen Himmels blutende Tore. / Schlägt an die Türme. / Hellklingend laut geschmeidig über die eherne Ebene der Stadt. / Die Morgensonne rußig. Auf Dämmen donnern Züge."

Aufbruch, Bewegung, Aktion, Sturm – das sind expressionistische Schlüsselworte (und Titel), die, wie bereits erwähnt, bei manchen Dichtern von einem blinden Vitalismus auf Biegen und Brechen erfüllt sind. Der Lebenskult der Jahrhundertwende tritt hier in ein hektisches und aggressives Stadium ein. Der Zusammenhang mit der Generation Dehmels und Dauthendeys zeigt sich wohl am deutlichsten bei *Ernst Stadler* (1883–1914), dessen Gedichtband *Der Aufbruch* (1914) die signal- und appellartigen Bestrebungen sehr kräftig, mit Pathos unterstreicht. Das im ersten Abschnitt zitierte Gedicht darf als repräsentativ gelten. Im Gegensatz zu den traditionellen, auch im bürgerlichen Salon durchaus geläufigen metrischen Mustern bei den meisten Beiträgen der „Aktion" bevorzugt Stadler, wie van Hoddis im Gedicht *Morgens*, freirhythmische Verse. Das strömende Lebensgefühl entlädt sich bei Stadler in überbordende Langzeilen, die die Grenze zur rhythmischen Prosa einebnen. Am Titelgedicht *Der Aufbruch* ist das leicht erkennbar, oder am *Vorfrühling*, an dessen Schluß die Zeile steht: „In meinem Herzen lag ein Stürmen wie von aufgerollten Fahnen." In der großen pathetischen Gebärde wie auch im Gebrauch militärischer Metaphorik ist Stadler der sieben Jahre jüngere *Ernst Wilhelm Lotz* (1890–1914) verwandt, der mehrere Jahre aktiver Offizier war. Das in der *Menschheitsdämmerung* abgedruckte Gedicht *Aufbruch der Jugend* (1913) gehört zu den überaus kennzeichnenden Hervorbringungen der Zeit. Das schmale lyrische Werk des Autors ist in dem postumen Band *Wolkenüberflaggt* (1916 in Kurt Wolffs Reihe „Der jüngste Tag") gesammelt.

Ein weiteres Zeugnis der bedrückenden Lebensverhältnisse, aus denen es auszubrechen galt, findet sich in den Tagebüchern von *Georg Heym* (1887–1912), der neben Trakl und Benn zu den größten Begabungen des Expressionismus gehörte. Im Juli 1910 notierte er:

„Ach, es ist furchtbar. Schlimmer kann es auch 1820 nicht gewesen sein. Es ist immer das gleiche, so langweilig, langweilig. Es geschieht nichts, nichts, nichts. Wenn doch einmal etwas geschehen wollte, was nicht diesen faden Geschmack von Alltäglichkeit hinterläßt. [. . .] Geschähe doch einmal etwas. Würden einmal wieder Barrikaden gebaut. Ich wäre der erste, der sich darauf stellte, ich wollte noch mit der Kugel im Herzen den Rausch der Begeisterung spüren. Oder sei es auch nur, daß man einen Krieg begänne, er kann ungerecht sein. Dieser Frieden ist so faul ölig und schmierig wie eine Leimpolitur auf alten Möbeln. Was haben wir auch für eine jammervolle Regierung, einen Kaiser, der sich in jedem Zirkus als Harlekin sehen lassen könnte. Staatsmänner, die besser als Spucknapfhalter ihren Zweck erfüllten, denn als Männer, die das Vertrauen des Volkes tragen sollten."

Diese Äußerung sollte man als Zeitsymptom lesen und jedenfalls mehr darin sehen als einen unkontrollierten pubertären Ausbruch. Es fällt übrigens auf, daß trotz aller Affekte die Grammatik des Textes überaus korrekt ist – vergleichbar mit der Spannung zwischen der herausfordernden Motivik und der Glätte der Verse in der Lyrik des Autors. Der junge Jurist, der sein Studium ohne Neigung abschloß, empfand die vorgezeichnete bürgerliche Laufbahn als eine lästige Pflicht, das studentische Leben albern, das Elternhaus niederdrückend. Die Begeisterung für Literatur (Hölderlin, Büchner, Grabbe, Rimbaud sind seine Götter) verleiht seinem Leben einen Sinn und führt zu einer Produktion, die auch quantitativ das Schaffen der meisten Generationsgenossen überragt. Wenn auch manche Erzählungen (gesammelt in dem Nachlaßband *Der Dieb*, 1913) in der Schilderung psychopathologischer oder dämonischer Vorgänge von beachtlicher Intensität sind, verdankt Heym seinen Rang vor allem seiner Lyrik. Nur der erste, 1911 bei Rowohlt erschienene Gedichtband, *Der ewige Tag*, ist voll autorisiert; der zweite, *Umbra vitae*, erschien bereits aus dem Nachlaß, 1912. Zahlreiche Gedichte blieben lange ungedruckt.

Heyms Lyrik hebt sich deutlich vom Schaffen der meisten „Aktions"-Dichter ab: sie ist weder der Groteske in der Art Lichtensteins noch dem vitalistischen Pathos zuzurechnen. Die Gedichte mit grotesken Zügen sind viel eher durch ihren satirischen Ansatz gekennzeichnet. Jedoch das Eigentümliche seiner Dichtung findet man im Versuch mythischer Überhöhung moderner Lebenserfahrungen: die Großstadt mit ihren Fabrikschloten, das graue Häusermeer, die anonyme Menge, vor allem aber die Angst vor kommendem Unheil – all das steigert sich zum Bild dämonischer Fratzen und Ungeheuer, zur Allegorie der Zerstörung und des Untergangs. Heym ist unter den Expressionisten der ersten Stunde der Dichter apokalyptischer Visionen in der modernen Zivilisation. Nicht selten werden bei ihm Einrichtungen und Geräte der Arbeitswelt zu mythischen Ungeheuern, zu einem Moloch etwa, der alles zu verschlingen droht. Eigentümlich ist somit auch die Spannung zwischen einer Bildersprache voll sinnlicher Irrealität, expressionistischer Züge also, und einer eher traditionsbedingten, fast klassizistisch anmutenden Neigung zur allegorischen Abstraktion. Die erste Strophe des Gedichts *Der Krieg* (I) lautet:

> Aufgestanden ist er, welcher lange schlief,
> Aufgestanden unten aus Gewölben tief.
> In der Dämmrung steht er, groß und unerkannt,
> Und den Mond zerdrückt er in der schwarzen Hand.

Immer wieder ist bei Heym die Neigung zu beobachten, die konkrete Wahrnehmung in einen allgemeinen, überhistorischen Zusammenhang einzuschmelzen, die „Topographie eines geschichtslosen Raums" (Ziegler, 55) zu entwerfen. Das Unbegreifliche der als chaotisch erlebten Realität wird über die abstrakte Vorstellung zum Begriff gezwungen und schließlich ins poetische Bild gebannt. Aus der Abwehr einer bedrohenden Welt erwachsen Impulse für die Suche poetischer Freiräume. Diese geraten bei Heym allerdings nie zur Idylle. Beklommenheit und Ungewißheit, dunkle, herbstliche Stimmungen – das ist die Tönung auch vieler nachgelassener Gedichte aus den beiden letzten Jahren (wobei die Zahl der Gedichte mit impressionistischen Merkmalen erstaunlich groß ist). „Man könnte vielleicht sagen", vermerkt eine Tagebuchnotiz, „daß meine Dichtung der beste Beweis eines metaphysischen Landes ist, daß seine schwarzen Halbinseln weit hinein in unsere flüchtigen Tage streckt."

Selten sind bei Heym Verse, in denen visionäre Bilder der Natur Glück verheißen, freilich ohne zum harmonisierenden Klischee abzusinken. Ein Beispiel bietet das Gedicht *Alle Landschaften haben ... (Träumerei in Hellblau)*, das zu den vollkommensten des Autors gehört. Darin zeigt sich auch die Bestrebung, die bevorzugten vier- oder fünfhebigen jambischen Zeilen durch abwechslungsreichere rhythmische Einheiten zu ersetzen. Die ersten beiden Strophen geben eine Anschauung davon:

> Alle Landschaften haben
> Sich mit Blau gefüllt.
> Alle Büsche und Bäume des Stromes,
> Der weit in den Norden schwillt.
>
> Blaue Länder der Wolken,
> Weiße Segel dicht,
> Die Gestade des Himmels in Fernen
> Zergehen in Wind und Licht.

Heyms bekanntes Ophelia-Gedicht wird gewöhnlich mit Rimbauds gleichnamigem Gedicht in Verbindung gebracht – mit einigem Recht, wenn man bedenkt, daß in beiden Dichtungen der tote Körper trotz aller drastischen Einzelheiten gewissermaßen noch in ästhetisierender Sicht dargestellt wird, namentlich bei Rimbaud. In Ophelia erscheint Vollendung verkörpert, die trotz des Verfalls unzerstörbar ist und die Zeiten überdauert. (Erst in Brechts Gedicht *Vom ertrunkenen Mädchen*, das das Ophelia-Motiv abwandelt, wird die Leiche von Gott „vergessen" und zu Aas „mit vielem Aas".) Selbst in seinen härtesten Gedicht verzichtet Heym, der unter den Expressionisten zu den Dichtern des Todes und der Verwesung gehört, nicht auf Poetisierung im überlieferten Sinn, so etwa im Gedicht über das Leichenschauhaus, *Morgue*, das postum erschien.

Im März 1912 brachte Alfred Richard Meyer eines seiner Wilmersdorfer Lyrischen Flugblätter heraus, neun Gedichte unter dem Titel *Morgue und andere Gedichte*, die erste selbständige Veröffentlichung *Gottfried Benns*. Der Autor (1886–1956), Arzt von Beruf (später Facharzt für Haut- und Geschlechtskrankheiten), wurde von der konservativen Kritik aufs heftigste angegriffen, ja beschimpft, und galt im Umkreis der „Aktion" und des „Sturms" bald als der radikalste Vertreter junger Lyrik. Die Sammlungen *Söhne* (1913) und *Fleisch* (1917) festigten diesen Ruf. Obwohl Benns Morgue-Gedichte von einer bisher unvorstellbaren Drastik waren, blieben die Reaktionen in der Öffentlichkeit bezeichnenderweise eine literarische Angelegenheit ohne weitere Folgen und entwickelten sich nicht zu einem Fall für den Staatsanwalt wie gut fünfzig Jahre zuvor das Erscheinen von Baudelaires *Fleurs du Mal* oder Flauberts *Madame Bovary*. In der Naturalistengeneration waren z. B. Wedekind und Panizza wegen Vergehen gegen Staat und Kirche verfolgt worden. Benns Verse wurden als ästhetisch höchst anstößig empfunden, sie waren jedoch kein Politikum. (Lediglich während des Krieges wurde *Morgue* vorübergehend verboten, nachdem die 500 Exemplare der Auflage bereits vergriffen waren.)

Die seit Baudelaire und Rimbaud in die Lyrik eindringende ‚Ästhetik des Häßlichen' erreicht mit Benns frühen Gedichten einen – auch im Expressionismus einzigartigen – Höhepunkt. Auch heute noch lassen sich die schockartigen Wirkungen begreifen, die von einigen Texten ausgingen, die selbst von den wohlgesinnten Kritikern als etwas bezeichnet wurden, was nicht mehr Lyrik sei. Dabei ist zu bedenken, daß Gedichte wie *Blinddarm*, *Der Arzt* (I–III), *Notturno* (I), *Ball* und andere in der rücksichtslosen Einbeziehung eines bis dahin tabuierten Vokabulars, namentlich aus dem Bereich der – nicht erotisch, sondern biologisch gesehenen – Sexualität, in ihrer extremen Offenheit einen Endpunkt markieren, der trotz entsprechender Tendenzen in der Dichtung unseres Jahrhunderts, etwa in den Vereinigten Staaten, nach wie vor seinen Stellenwert behauptet, weil er schlechterdings nicht überschreitbar ist.

„Benns Verse", schrieb 1912 im „Pan" der Kritiker Emil Faktor, „besingen Leichname, von Ratten ‚angeknabbert', sie fassen die Stimmung einer Krebsbaracke in unnachsichtige Worte, sie spenden die umschnürende Musik eines proletarischen Gebärhauses, sie reizen das Auge mit Bildern des Operationstisches, sie treiben mit Diagnosen geistvollen Frevel. Poesie darf man diese grausigen Dinge nicht nennen. Man darf höchstens glauben, daß die neuen Gedichte einen ergreifenderen Inhalt haben [. . .] als dicke Romanbände, welche den ‚Schrei nach dem Kinde' oder die Geschichte eines Selbstmordes mit hundertseitiger Großstadtaufmachung vornehmen." Auch ein anderer früher Rezensent der *Morgue*, Wolfgang Martens, brachte Benn mit dem Naturalismus in Verbindung, worin ein für die literarische Situation der Zeit bezeichnendes Mißverständnis zutage tritt. Die provozierende, mit traditionellen – übrigens nicht nur bürgerlichen, sondern auch in den Naturalismusdebatten der Sozialdemokratie vertretenen – Vorstellungen von ‚poetischem' Vokabular völlig unvereinbare Mischung aus medizinisch-biologischem Fachidiom (Curettage, Hoden, Filzläuse) und drastischem Alltagsjargon („Spritzt nicht das Blut von Chopin in den Saal, / damit das Pack darauf rumlatscht!") hat mit dem Naturalismus nichts zu tun, weder mit dessen mimetischem Ehrgeiz, die Erfahrungsrealität so genau wie möglich abzubilden, noch mit dessen Wissenschaftsgläubigkeit. Der freilich auch von den Naturalisten verfochtene Grundsatz, alle Lebensbereiche seien gleicherweise literaturfähig, ist rund hundert Jahre älter: er ist bereits eine Forderung des Antiklassizismus im Sturm und Drang. Man denke nur an die Drastik des jungen Goethe. Benns Lyrik ist, so gesehen, die letzte Zuspitzung einer oft verdrängten Tendenz.

Antinaturalistisch ist vor allem die alles andere als beschreibende Ausrichtung dieser Poesie: die Häufung literarisch geächteter Erscheinungen dient nicht einer neugierigen Inventarisierung des Häßlichen und Abstoßenden, sie ist vielmehr eine eigentümliche Ausdrucksform der expressionistischen Ekstase, der Herausforderung, des Ausbruchs aus bürgerlichen Denk- und Verhaltensnormen. Statt der sorgfältigen Beschreibung oder Stimmungsschilderung, wie bei den Naturalisten, dient der zeitgemäße Wortschatz bei Benn dem Angriff und der Destruktion. Benns Wortballungen, seine zerhackte Syntax und grotesken Zusammensetzungen (Hurenkreuzzug, Syphilisquadrille) sind eine mit aggressivem Impetus betriebene Wortartistik, ungehemmte ‚Ausdruckskunst'. Zusammengehalten wird sie von einem Weltbild, in dem der Mensch in krassen Widersprüchen gesehen wird: „Die Krone der Schöpfung, das Schwein, der Mensch", heißt es im Gedicht *Der Arzt* (II). Die nackte Nennung physiologischer Vorgänge, scheinbarer Zynismus, ist ein haßerfüllter Angriff auf bürgerliche Schönrednerei und Fassadenkultur, auf die lügenhafte Verdrängung des Trieblebens.

Der ideologischen Beschwörung des ‚ganzen' Menschen in der Politik und der epigonalen Kunst setzt Benn die ungeschminkte Wahrheit von der Verdinglichung entgegen; der Mensch wird auch sprachlich auf bestimmte Merkmale reduziert: statt Namen werden Körperteile genannt, Krankheiten, Dinge, Instrumente. Die Stilfigur der Synekdoche erscheint hier in neuer Ausdrucksfunktion (vgl. Vietta/Kemper, 64).

Die nihilistische Erschütterung der bürgerlichen Wertordnungen, die nur noch als bloße Täuschung empfunden werden, erhält jedoch schon beim frühen Benn eine Gegenstimme. Der expressionistische Irrationalismus findet einen Inhalt in der Sehnsucht nach dem Rausch und der Schönheit der Ferne, nach einem ungehemmten Leben. Das Gedicht *Über Gräber* von 1913 schließt mit der Strophe:

> Wir aber wehn. Ägäisch sind die Fluten.
> O was in Lauben unseres Fleischs geschah!
> Verwirrt im Haar, im Meer, die Brüste bluten
> vor Tanz, vor Sommer, Strand und Ithaka.

Ein Jahr danach erschien in den „Weißen Blättern" die erste von Benns „Szenen" (quasi dramatischen Prosadialogen), mit dem bezeichnenden Titel *Ithaka.* Der Name ist eines von Benns „Reizwörtern", die eine Flut von Konnotationen hervorrufen, hier: blaue Fernen, Süden, „griechisches Glück". In Benns „Szene" stehen sich ein Professor der Medizin und seine Schüler (Assistent, zwei Studenten) gegenüber, zugleich schroff gegensätzliche Auffassungen und Weltbilder: der Pathologieprofessor ist der eingefleischte Positivist, Verkörperung naturwissenschaftlicher Systematik im Sinne des späten 19. Jahrhunderts, die Vertreter der Jugend dagegen Ekstatiker des Irrationalismus, Fatalisten im Geist Nietzsches, Anhänger eines mythischen oder vielmehr ästhetischen Weltbildes. Der Schluß steht im Zeichen einer gewaltsamen, auf Glaubhaftigkeit verzichtenden Symbolik, wie sie sich auch in zahlreichen expressionistischen Bühnenwerken offenbart: der Professor wird niedergeschlagen, und die jungen Leute, in ekstatischem Zustand, schreien ihre Sehnsucht aus sich heraus, die im Satz gipfelt: „Wir wollen den Traum. Wir wollen den Rausch. Wir rufen Dionysos und Ithaka! –"

Der Ahnherr eines solchen „Aufbruchs" der Jugend ist Nietzsche, allein nicht nur der Kritiker bürgerlicher Werte, sondern auch der Verkünder einer ästhetischen, artistischen Weltanschauung. „Aber es gab ein Land: taubenumflattert, Marmorschauer von Meer zu Meer, Traum und Rausch –", heißt es ebenfalls in *Ithaka.* Die expressionistische Erneuerung des deutschen Griechenlandmythos (der noch in dem einige Jahre zuvor erschienenen Reisebuch Gerhart Hauptmanns, *Griechischer Frühling*, eigentümlich verändert erkennbar ist) zeichnet sich schon in den frühen Werken Benns ab, und zwar als Bekenntnis zu ästhetischer Transzendenz. In den späteren Schaffensphasen gelangt dieser Gedanke dann völlig in den Mittelpunkt: die Überzeugung, die Kunst sei die einzige überdauernde und sinnstiftende Tätigkeit des Menschen. Einige Gedichte aus den ersten Publikationsjahren, wie etwa *D-Zug*, lassen einen deutlichen Kontrapunkt zu den Gedichten erkennen, die man „medi-zynisch" genannt hat. Dabei sind das Ziel des Rausches nicht nur die hellen Gestade Ithakas, sondern auch die fernen, in magischer, urzeitlicher Geschichtslosigkeit verharrenden Landschaften der Südsee (wie im Gedicht *Palau*, mit dem kehrreimartigen Anfang: „Rot ist der Abend von Palau / und die Schatten sinken –"). Die Südseesehnsucht der Generation Paul Gauguins klingt hier nach, wie ja überhaupt entscheidende Wurzeln der Anschauungswelt Benns in den Tendenzen der Jahrhundertwende zu suchen sind, in deren vitalistischem Lebenskult, im Streben nach dem Naturmythos, dem Ursprünglichen und Geschichtslosen.

Auch andere Überzeugungen des Autors sind im Ästhetizismus der Jahrhundertwende verankert, wenn auch die Sarkasmen der Briefe und Essays scheinbar ganz anders sich ausnehmen als Stimmen aus dem Fin de siècle. Schon früh läßt sich einer der späteren zentralen Gedanken Benns nachweisen, der Gedanke, Kunst sei ohne Exklusivität nicht denkbar, nicht weil sie Luxus voraussetzt, sondern weil wirkliche Kunstbegabung etwas überaus Seltenes ist, dazu ein Fluch, denn sie beglückt nicht nur, sie fordert auch schwerste Opfer. In einem Brief an Paul Zech von 1913 heißt es: „Kunst ist eine Sache von 50 Leuten, davon noch 30 nicht normal sind. Was große Verlage verlegen, ist keine Kunst, sondern Arbeit von Leuten, die ihrer Mittelmäßigkeit schriftstellerisch gerecht werden. [. . .] Was Allgemeingut wird, ist damit gerichtet." In dem Aperçu, Kunst sei „Irrsinn", läßt sich unschwer eine drastische Variante des Zwiespalts erkennen, der Thomas Manns Tonio Kröger begleitete. Wie auch bei Thomas Mann ist Nietzsche der Geist im Hintergrund. Doch während bei Mann kritische Ironie überwog, verschrieb sich Benn ganz einer absoluten Kunstmetaphysik.

Stilistisch, namentlich in der Aufsprengung konventioneller Syntax, ist die Verwandschaft Benns mit *Johannes R. Becher* (1891–1958) erkennbar. Der in München aufgewachsene, früh gegen die bürgerliche Welt der Elterngeneration aufbegehrende Student veröffentlichte seine frühen Gedichte in München (bei Bachmair), so *Der Ringende. Kleist-Hymne* (1911) und *De Profundis Domine* (1913), zählte aber auch zu den Mitarbeitern der „Aktion". Von der Berliner Großstadtlyrik ging auch auf ihn eine starke Wirkung aus. Im Rückblick auf die Zeit vor 1914 hebt Becher besonders das *Weltende* von van Hoddis hervor:

„Diese zwei Strophen, o diese acht Zeilen schienen uns in andere Menschen verwandelt zu haben, uns emporgehoben zu haben aus einer Welt stumpfer Bürgerlichkeit, die wir verachteten und von der wir nicht wußten, wie wir sie verlassen sollten. [. . .] Erst viel später war von Wandlungen die Rede, dann vor allem, als wirkliche Wandlungen zur Seltenheit geworden waren. Aber wir waren durch diese acht Zeilen verwandelt, gewandelt, mehr noch, diese Welt der Abgestumpftheit und Widerwärtigkeit schien plötzlich von uns – zu erobern, *bezwingbar* zu sein. Alles, wovor wir sonst Angst oder gar Schrecken empfanden, hatte jede Wirkung auf uns verloren. Wir fühlten uns wie neue Menschen, wie Menschen am ersten geschichtlichen Schöpfungstag, eine neue Welt sollte mit uns beginnen, und eine Unruhe, schworen wir uns, zu stiften, daß den Bürgern Hören und Sehen vergehen sollte und sie es geradezu als eine Gnade betrachten würden, von uns in den Orkus geschickt zu werden" (*Das poetische Prinzip*, 1957).

Obwohl diese späte Aufzeichnung ein Stück ‚Dichtung und Wahrheit' ist, treten aus ihr wesentliche Züge aus der Zeit des erhofften Aufbruchs hervor. Allerdings ist Bechers frühes Schaffen selbst weniger vom Zeilenstil der grotesken Poesie geprägt worden, wenngleich sich auch bei ihm hin und wieder ein schwarzer Lakonismus findet. Die in den beiden Bänden unter dem Titel *Verfall und Triumph* (1914) gesammelten frühen Gedichte zeigen vielmehr, daß Becher der früheste und auch bedeutendste Verfechter eines Stils war, der dann in der Kriegs- und Nachkriegszeit durch Autoren wie Ehrenstein, Leonhard, Hasenclever, Goll die Vorstellung vom „typischen" Expressionismus aufkommen ließ. Ewig im Aufruhr (so der Titel eines Gedichtbandes von 1920), scheut Becher nicht vor hemmungslosen Wortkaskaden und krassester Metaphorik zurück, vor Superlativen und donnerndem Pathos: „Es hallelujen Explosionen", heißt es im Gedicht *Berlin*. Im Gedicht *Mein Schrei*, erschienen im November 1912 in der „Aktion", findet sich der später sprichwörtlich gewordene expressionistische „Schrei", die Verzweiflungs- und Aufruhrgebärde, bereits in aller Deutlichkeit. Es ist kennzeichnend für Becher, daß aus der Verzweiflung darüber, daß die Wirklichkeit so häßlich ist (beherrscht von „Verbrecherhöhlen" und „Dirnenspelunken"), aus dem Gedicht ein ekstatischer Ruf nach Veränderung hervorbricht: „Oh meine Jugend du! Blutende du! Empor, empor und / aufstehn, oh auferstehn!"

Sein Verständnis der Begriffe „Verfall" und „Triumph" entwickelte Becher in einer Rede auf Richard Dehmel (1912), der, wie Becher ausführt, „sich aus Aller Verfall seinen Triumph erbaut" habe. Verfall meint den Zustand der wilhelminischen Gesellschaft; Triumph dagegen, aus diesem Chaos Selbstbehauptung werden zu lassen, „Chaos zur Welt" zu gebären, wie es die Rede sprachlich faßt. Dies, wie auch vieles in seinen Dichtungen, bleibt abstrakt und deklarativ. Doch es macht den Rang des Dichters Becher aus, daß sich in seinen Versen die Erfahrungen der Zeit nicht selten zu eindringlichen Bildern verdichten, in denen Erschütterung zu Poesie wird.

In dieser frühen Phase des späteren sozialistischen Autors Becher spielt die moderne Arbeitswelt so gut wie keine Rolle. Sie erscheint – im Umkreis der expressionistischen Dichtung – am ausgeprägtesten bei *Paul Zech* (1881–1946), in idealisierender Sicht, unter dem Einfluß Whitmans, bei dem „Arbeiterdichter" *Gerrit Engelke* (1890–1918). Zech, Verfasser zahlreicher kleiner Gedichtbände, gewann in der Vorkriegszeit unmittelbare Erfahrungen als Bergmann im Ruhrgebiet und als Arbeiter in der Eisenindustrie. Obwohl er später als Schriftsteller lebte (und in Berlin das „Neue Pathos" herausgab), blieb er in seinen Dichtungen lange den Arbeitserfahrungen treu, so in den Sammlungen *Das schwarze Revier* (1913), *Schwarz sind die Wasser der Ruhr* (1913) und *Die eiserne Brücke. Neue Gedichte* (1914). Bezeichnend ist für Zechs Revier-Gedichte das Sonett *Einfahrt*, dessen zweite Strophe folgendermaßen lautet:

> Wie eine aufgescheuchte Herde drängt
> der Trupp sich in das Fröstellicht der Lampen
> und stolpert schläfrig über rundgewölbte Rampen,
> bis ihn der Dunst der Halle schwül empfängt.

Literatursoziologisch ist das Beharren auf der Sonettform interessant: ein Zeichen für den Versuch, neue Motive durch die überlieferte, gleichsam auratische Gedichtform zu legitimieren und zudem Expressivität aus der Spannung zwischen Vorwurf und Gestaltung zu gewinnen. Die anschaulichen unter den Gedichten Zechs bestechen durch eine Erfahrungsdichte, eine Konkretheit, die gerade den sozialkritischen Autoren des Expressionismus weitgehend fehlt.

Der Mangel an Anschaulichkeit ist sicherlich einer der entscheidenden Gründe für das rasche Altern der meisten Gedichte von *Franz Werfel* (1890–1945). Dabei galt der in Prag aufgewachsene junge Autor (der in den Jahren seines aufkommenden Ruhmes allerdings in Leipzig lebte, wo er Mitarbeiter im Verlag Kurt Wolffs war) den Zeitgenossen als die große Hoffnung der jungen Literatur. Sein erster Gedichtband, *Der Weltfreund* (1911), wohl auch sein bester, wurde als bahnbrechende und beispielhafte Leistung der neuen Lyrik begrüßt – obwohl der Autor weder dem „Sturm"- noch dem „Aktions"-Kreis angehörte. Ein Signal erblickte man namentlich im Gedicht *An den Leser* („Mein einziger Wunsch ist, dir, o Mensch verwandt zu sein!"), das Whitmans Menschheitspathos und Alltagspoesie nicht sehr fern steht. Wie mit Becher die Schrei-Poesie einsetzt, so beginnt mit Werfel die emphatische O-Mensch-Dichtung der Expressionisten. Die mit intimen Erfahrungen, etwa Kindheitserinnerungen, gesättigten Verse treten jedoch in Werfels folgenden Sammlungen (*Wir sind*, 1913; *Einander*, 1915; *Der Gerichtstag*, 1919) zurück zugunsten einer Lyrik, die sich in einem Dickicht von Abstraktionen verliert. Noch 1919, als Pinthus seine Anthologie *Menschheitsdämmerung* zusammenstellte, galt Werfel (der damals noch nicht als Erzähler hervorgetreten war) als repräsentativer Lyriker. Bei Pinthus ist er – wie kein anderer – mit 27 Gedichten vertreten. Das erste Gedicht der Anthologie ist van Hoddis' *Weltende*; das letzte Werfels *Lebens-Lied*.

Die religiöse Thematik, die bei Werfel deutlich ausgeprägt ist, verbindet den aus einer jüdischen Familie stammenden Prager mit der Enkelin eines rheinländischen Rabbiners, mit *Else Lasker-Schüler* (1869–1945), der einzigen bedeutenden Dichterin expressionistischer Orientierung. Das bewegte Leben der Autorin, vor allem die Ehe mit Herwarth Walden sowie die Freundschaft mit Benn und anderen literarischen Zeitgenossen, ist ein fesselndes Kapitel aus der Geschichte der Berliner Boheme. Unter den Beiträgen von Waldens und Pfemferts Zeitschriften hebt sich ihr Schaffen durch seine Geschlossenheit ab, eine fast monomanische Ausrichtung auf erotische und mystisch-religiöse Motive – wobei das eine vom anderen oft nicht zu trennen ist. Vom Gedichtband *Meine Wunder* (1911), der zu den wichtigsten Publikationen zählt, über die *Hebräischen Balladen* (1913), die fast ausschließlich biblische Themen besingen, bis zur letzten Sammlung, *Mein blaues Klavier*, erschienen 1943 im Exil, in Jerusalem, bilden die Gedichte eine Kette von – zuweilen dichterisch großartigen – Permutationen eines schmalen thematischen Materials. Unter den sehnsuchtsvollen Wortphantasien der Dichterin findet sich (in der Sammlung *Meine Wunder*) eines der vollendeten Liebesgedichte der Weltliteratur: *Ein alter Tibetteppich*. Obwohl der Titel die Vorstellung einer farbigen impressionistischen Skizze erwecken könnte, zeigt das Gedicht radikale Abkehr vom Mimesis-Grundsatz: der Gegenstand, den es ‚beschreibt', entsteht überhaupt erst durch das Gedicht selbst: und so nicht als bildhafte, visuelle Vorstellung, sondern als Beschwörung der magisch gewebten Einheit der Gefühle, wobei sich der Eros auch den Dingen, den „verliebten Farben" mitteilt.

Die Schauplätze der modernen Literatur im ‚expressionistischen Jahrzehnt' waren in erster Linie Berlin, München, Leipzig, die Städte, die schon seit dem Naturalismus die literarische Szene beherrschten, schon durch das Verlagswesen. In der Donaumonarchie kamen Wien und Prag hinzu, wenn auch nur bedingt, denn auch die österreichischen Autoren – im Kapitel über die Wiener Moderne war davon ausführlich die Rede – veröffentlichten vorwiegend in Deutschland. Es kann als eine Ausnahme gelten, daß einer der bedeutendsten Lyriker der Vorkriegszeit (und heute im Ausland einer der bekanntesten deutschsprachigen Dichter neuerer Zeit), der Österreicher *Georg Trakl* (1887–1914), sein Werk vorwiegend entfernt von den literarischen Zentren geschaffen hat. Entscheidende Jahre, seine letzten, verbrachte der gebürtige Salzburger, mit Unterbrechungen, in Innsbruck, wo 1912 Gedichte der Reifezeit in Ludwig von Fickers Zeitschrift „Der Brenner" (1910–1954) erschienen. Die erste Sammlung (*Gedichte*, 1913) nahm Kurt Wolff in seine Reihe „Der jüngste Tag" auf, eine zweite erschien postum (*Sebastian im Traum*, 1915). Für die dichterische Entwicklung Trakls ist allerdings die Studienzeit in Wien wichtig geworden; dort lernte er u. a. K. L. Ammers Rimbaud-Übertragung kennen.

Den Schritt von den impressionistischen Anfängen zu den gültigen Dichtungen vollzieht Trakl, indem er Landschaften und Stimmungsbilder herkömmlicher Art ersetzt durch eine nur in der Sprache vorstellbare magische Welt, in der Realitätselemente zumeist zersplittert erscheinen, dazu in einer düsteren, alptraumartigen Szenerie. „Dämmerung und Verfall" wollte der Autor seine erste Sammlung nennen. Nur selten hellt sich bei ihm der seltsam zwischen Erfahrung und irrealen Visionen angesiedelte poetische Raum flüchtig auf. In ganz wenigen Gedichten kündigt sich metaphysische Hoffnung an. Der unter schweren Depressionen leidende, drogenabhängige Autor verstand seine Verse gleichsam als Leidensprotokolle, doch ist seine Dichtung zugleich ein überaus charakteristisches literarisches Zeugnis der Epoche, das sich mit seinen Stilmerkmalen in Zusammenhänge fügt, die weit über private Erfahrungen hinausweisen. Mit der grotesken Poesie der „Aktion", deren Richtung ihm im übrigen fremd bleiben mußte, berührt er sich in der Reihung isolierter Wahrnehmungen, einer Kategorie, die sich syntaktisch in einem ‚Zeilenstil' offenbart. In der Forschung wurde auch die Bezeichnung ‚Umkehrbare Lyrik' gebraucht, im Hinblick auf den Eindruck, die Reihenfolge der Verszeilen (Sätze) sei in manchen Gedichten beliebig austauschbar. So in folgenden beiden Strophen des Gedichts *Im Winter*:

Ein Schweigen in schwarzen Wipfeln wohnt.
Ein Feuerschein huscht aus den Hütten.
Bisweilen schellt sehr fern ein Schlitten
Und langsam steigt der graue Mond.

Ein Wild verblutet sanft am Rain
Und Raben plätschern in blutigen Gossen.
Das Rohr bebt gelb und aufgeschossen.
Frost, Rauch, ein Schritt im leeren Hain.

Wie die, bis auf die Farben, noch impressionistisch anmutende Gedichtwelt bei Trakl Züge geisterhafter Irrealität erhält, läßt sich an der letzten, fünften Fassung des Gedichts *Untergang* erkennen:

Über den weißen Weiher
Sind die wilden Vögel fortgezogen.
Am Abend weht von unseren Sternen ein eisiger Wind.

Über unsere Gräber
Beugt sich die zerbrochene Stirne der Nacht.
Unter Eichen schaukeln wir auf einem silbernen Kahn.

Immer klingen die weißen Mauern der Stadt.
Unter Dornenbogen
O mein Bruder klimmen wir blinde Zeiger gen Mitternacht.

Im Gegensatz zu der gleichsam objektiven Chaotik bei den Berliner Dichtern, vermittelt beispielsweise durch die von Döblin beschriebenen Erscheinungen, ist der Zerfall bei Trakl subjektiv erlebt. „Es ist ein so namenloses Unglück, wenn einem die Welt entzweibricht", schrieb er im November 1913 an L. von Ficker. Zudem ist die Großstadt bei dem Salzburger und Innsbrucker Autor so gut wie nicht existent: als Erfahrungshintergrund seiner Poesie zeichnen sich Landschaften ab, in denen noch Merkmale feudaler Gesellschaftsordnung und Kultur gegenwärtig sind.

Von den Nachklängen der Fin-de-siècle-Melancholie, die nicht zu überhören ist, entfernt sich Trakl – wie auch der ihm darin verwandte Heym – mit dem Durchbruch zur ‚sinnlichen Irrealität'. Die frei gefügte, von mimetischen Bezügen sich weitgehend lösende Metaphorik tritt ausdrucksvoll namentlich in der Farbensprache zutage, in Prägungen wie „schwarzer Regen", „schwarzer Schnee", „blaue Finsternis", „roter Wind", „weißer Traum". Im Gebrauch von Zeichen, die nicht deskriptiv, sondern expressiv fungieren, sind Trakl, Heym und verwandte Autoren Stil- und Zeitgenossen der Maler aus dem Kreis der „Brücke" und des „Blauen Reiters".

Erzählprosa. Poetik neuer Wortkunst

Auch die expressionistische Prosa, die erzählende wie die kommentierende, fand Rückhalt in den Zeitschriften und Schriftenreihen. Publikationsform und Stiltendenz gelangen hier weitgehend zur Deckung: ein allgemeines Merkmal ist die Bevorzugung kürzerer Prosatexte, was bei Manifesten und Essays freilich nicht überrascht, bei Erzählwerken jedoch einen auffallenden Gegensatz zu den zahlreichen umfangreichen Romanen und Romanzyklen des ausgehenden Jahrhunderts, von Tolstoj und Zola bis Thomas und Heinrich Mann, darstellt. Sieht man von wenigen Ausnahmen ab, etwa bei Döblin, besteht das ohnehin vergleichsweise schmale Schaffen der Expressionisten im Bereich der Prosaepik vorwiegend aus novellistischen

Texten und Skizzen. Die Flut von Romanen und Erzählungen, mit denen heute zu Recht vergessene Autoren in den Nachkriegsjahren Anschluß an die Expressionismus-Mode suchten, fällt dagegen kaum ins Gewicht. Das Ergebnis dieser modischen Anstrengungen ist eine seltsame Zwittererscheinung: eine Art hochgestochener Trivialliteratur.

In einem waren sich fast alle namhaften Vertreter neuer Prosa einig: sie erblickten in Heinrich Mann ihr Vorbild und ihren Lehrer. Gottfried Benn war zeitlebens fasziniert vom Autor der *Göttinnen* und der *Kleinen Stadt* (was manches über die geistige Herkunft Benns aus dem Ästhetizismus der Jahrhundertwende, aus D' Annunzio und dem frühen H. Mann, besagt). Kurt Hiller nennt ihn in der „Aktion" 1912 den stärksten deutschen Erzähler, und im selben Jahr schreibt Johannes R. Becher an den Verleger H. Bachmair, die *Göttinnen* seien „frappant in der ungeheuren herrischen Gebärde. Ganz dramatisch. Genial". Urteile dieser Art findet man in Briefen und Aufsätzen der Expressionisten auf Schritt und Tritt. Im Hinblick auf den politisch-demokratischen Aktivismus des Autors (der dann die Polemik Thomas Manns gegen seinen Bruder, den „Zivilisationsliteraten", hervorrief) stellte Otto Flake 1915 in der „Neuen Rundschau" nachdrücklich fest: „Der Vater der deutschen intellektuellen Literatur ist Heinrich Mann." Und Rudolf Kayser, der Herausgeber der Lyrikanthologie *Verkündigung* von 1921, schrieb 1918 in der Zeitschrift „Das junge Deutschland", was Wedekind, „der erste Expressionist", für das junge Drama bedeute, leiste Heinrich Mann, „der hohe Meister der Epik", im Bereich des Erzählens.

Der wohl früheste Versuch, die erzählende (und zugleich reflektierende) Prosa von traditionellen Mustern zu lösen, erschien 1912 im Verlag der „Aktion": Carl Einsteins „Roman" *Bebuquin oder Die Dilettanten des Wunders.* Der Autor (1885–1940), Schriftsteller und Kunsthistoriker (*Negerplastik*, 1915, ist eine für den Expressionismus bezeichnende Veröffentlichung), schrieb seine 50-Seiten-Erzählung allerdings schon einige Jahre früher. Die Widmung lautet: „Für André Gide geschrieben 1906/1909". Benn nannte im Rückblick (im Brief vom 18. September 1948 an seinen Verleger) den *Bebuquin* und André Gides *Paludes* (1895) die einzigen ihm bekannten Beispiele „absoluter" Prosakunst, zugleich Vorläufer seiner eigenen Versuche in diesem Bereich, wie *Der Ptolemäer* u. a. Der Vergleich zwischen Gide und Einstein ist insofern berechtigt, als beide – sehr kurzen – Werke Erzählung und Betrachtung ineinander verschlingen, die Grenze zwischen Geschichte und Essay aufheben. Ebenso wäre der Vergleich mit romantischer Prosa möglich, etwa mit Friedrich Schlegels *Lucinde.* Doch während Gides Bericht über die Beobachtungen eines Schriftstellers, die dem sinnleeren Leben seiner Umwelt gelten, die Reflexion selbst als steril bloßstellt, Gide somit bewußt eine Satire schreibt, ist Einsteins „Roman" ein Buch auswegloser Trauer über die Ohnmacht des Gedankens, der aus den Fugen geratenen Welt einen Sinn zu verleihen. Bebuquin, gleichsam ein expressionistischer Hamlet, verbringt seine Tage in der Boheme- und Zirkuswelt der Großstadt, in Bewußtseinszuständen, die zwischen scharfsinniger Betrachtung und wirren Halluzinationen jäh wechseln. Die Aufschwünge des Gedankens beruhen – expressionistisch – auf dem Glauben an den kreativen Geist: „Ich aber wünsche, daß mein Geist, der sich etwas anderes als diesen Körper – o Gartenzäune, Stadtmauern und Safes, Pensionate und Jungfernhäute – denken will, auch ein Neues wirkt und schafft. – Ich kann absonderliche Wesen machen, Verrücktes zeichnen, auf Papier, in Worten, ich selbst bin verzerrt; aber mein Bauch bleibt ein Fresser. Welch geringe Versuche der Heiligen, nach Sprüchen der Evangelien den Körper zu verwandeln." An anderer Stelle ruft er aus: „Traurig, welch schlechter Romanstoff bin ich, da ich nie etwas tun werde, mich in mir drehe; ich möchte gern über Handeln etwas Geistreiches sagen, wenn ich nur wüßte, was es ist. Sicher ist mir, daß ich noch nie gehandelt oder erlebt habe." Dem Erfahrungs- und Sinnmangel einer problematischen Existenz (die literarhistorisch in der Tradition der Nihilisten und Skeptiker in der Literatur des 19. Jahrhunderts zu sehen ist) entspricht der Zweifel am Roman als ‚Handlung'. Die Erzählung erscheint – bezeichnend für einen Typus des modernen bürgerlichen Romans – verdrängt durch eine Prosa, in der die Darstellung selbst zum Gegenstand wird, der Roman über den Roman reflektiert. Der Rest, der die Gedankenmonologe zusammenhält, ist eine Prosa, die zwar Gegenständliches benennt, aber im Grunde nur eine waghalsige Metaphorik zur Schau stellt. Einsteins Werk erscheint heute symptomatisch im Hinblick auf die Überhitztheit und den Leerlauf vieler expressionistischer Texte, wobei der *Bebuquin* schon in den Anfängen der Bewegung zugleich schon eine immanente Kritik darstellt, eine Vorwegnahme des Scheiterns expressionistischer Ideologeme.

Die Zeitgenossen schlugen in der Prosa zum Teil andere Wege ein: Benns frühe Prosawerke, von denen später die Rede sein wird, erkunden die Möglichkeiten neuartiger Prosagedichte; sie sind größtenteils Versuche, eine Synthese von Lyrik und essayistischer Betrachtung zu erzwingen. Döblins Erzählungen und Romane streben dagegen von Reflexion und psychologischer Zergliederung weg und sind erfüllt von einem Pathos der gegenständlichen Weltfülle. Satirisch oder jedenfalls gesellschaftskritisch in einem betonteren Sinn ist das erzählende Werk Sternheims, wobei noch mehr als bei den anderen Autoren Heinrich Mann als Vorbild erkennbar ist. Aus anderer, österreichischer Tradition stammt eine Erzählung, die fast in keiner Anthologie oder Darstellung expressionistischer Prosa fehlt, obwohl sie stilistisch eher das Gegenteil von ekstatischem Ausdruck darstellt. Der Verfasser, *Albert Ehrenstein* (1886–1950), in Wien geboren, publizierte zunächst Gedichte in der „Fackel", ehe er mit seinen Sammlungen

Autor bei Kurt Wolff und Samuel Fischer wurde. Seine während des Krieges erschienenen Bücher stellen den ausgeprägtesten österreichischen Beitrag zum Expressionismus dar. Ein schwer kategorisierbarer Text ist die genannte Erzählung, *Tubutsch*, die 1911 bei Jahoda u. Siegel herauskam, der Verlagsdruckerei, die auch die Schriften von Karl Kraus betreute. Die Ich-Erzählung ist sozusagen eine Geschichte ohne Pointe, scheinbar ziellose Aufzeichnungen einer Gestalt, die dem literarischen Typus des ‚überflüssigen Menschen' zugezählt werden könnte. Das Wiener Kleinbürgermilieu, mit Neugier und Teilnahmslosigkeit zugleich betrachtet, wird mit Zügen grotesker Komik ausgestattet und erscheint in einer Sicht, in der die Dinge, weit über alles Lokale hinaus, einen Zustand der Welt ausdrücken. Ehrenstein schrieb eine herausfordernde Anti-Geschichte, die alle Erwartungen täuscht, weil sie die Erfahrungselemente weder gliedert noch hierarchisch ordnet: der Blick, der sich in Nichtigkeiten versenkt, hat hier sprengende Kraft, weil er traditionelle Ordnungen in Frage stellt. Allerdings läßt die müde Skepsis auch den Sinn eines Widerstands als zweifelhaft erscheinen. Es dürfte kein Zufall sein, daß Ehrensteins improvisierend wirkendes Erzählen, das bewußt pointenlose Episoden aneinanderreiht, in mancher Hinsicht in Hašeks *Schwejk* fortgesetzt wird, übrigens auch bei späteren tschechischen Autoren, etwa bei B. Hrabal (*Tanzstunden für Erwachsene und Fortgeschrittene*, 1964).

An die groteske Komik des *Tubutsch* erinnern zuweilen die Kurzgeschichten eines Außenseiters unter den Beiträgern der „Aktion". Samuel Friedländer (1871–1946) publizierte sie in zahlreichen Sammelbänden (z. B. *Rosa die schöne Schutzmannsfrau*, 1913, *Schwarz-Weiß-Rot*, 1916) unter dem Pseudonym *Mynona*. Des Autors groteske Skala ist breit (freilich auch unterschiedlich im Gelingen) und reicht vom intellektuellen Ulk bis zur Sprachsatire. Als Zeitgenosse der Expressionisten weist er sich durch seine Antibürgerlichkeit und sein – als Voraussetzung spürbares – idealistisches Geistespathos aus. Jahrzehntelang nahezu vergessen, ist er seit den sechziger Jahren wieder ins Blickfeld der Literaturkritik gelangt.

Zwei von den bisher genannten Autoren haben die Bestrebungen der jüngsten Literatur auch programmatisch erläutert: Einstein und Döblin. Einsteins 1912 in der „Aktion" veröffentlichte Anmerkungen *Über den Roman* enthalten locker aneinandergereihte aphoristische Formulierungen, deren Exzentrizität ebenfalls Teil des Programms ist. Dennoch lassen sich gewisse Thesen erkennen (und mit Döblins Ansichten vergleichen). Einstein plädiert für den Begriff Epos, um den Gegensatz zum psychologischen Roman zu verdeutlichen, dessen Kausalität als veraltet gilt. Als ungehörig wird auch das einfühlende, die Dinge ‚beseelende' Erzählen bezeichnet, und erst recht eine Tradition, welche die Literatur auf mehr oder minder ausschweifende Liebesgeschichten reduziert. „Man stelle das

Epos in Zukunft nicht mehr allein in den Dienst des geschlechtlichen Verkehrs.“ Als Empfehlung für die Zukunft gilt „Bewegung“. „Jedenfalls die Ruhe, das Deskriptive in die Gegenstände zu verlegen, ist sinnlos. Wertvoll im Roman ist – was Bewegung hervorbringt.“

Was unter „Bewegung“ zu verstehen ist, darüber geben etwas eingehender die programmatischen Aufsätze von Döblin Auskunft. *Alfred Döblin* (1878–1957), wie Gottfried Benn Arzt, Psychiater mit Kassenpraxis, bis 1933, als er ins Exil ging, in Berlin. Seine ersten Publikationen erschienen, sieht man von dem grotesken Einakter *Lydia und Mäxchen* (1906) ab, im „Sturm“. 1913 lag dann die Sammlung *Die Ermordung einer Butterblume und andere Erzählungen* vor, Geschichten, in denen teilweise die psychiatrische Erfahrung des Autors erkennbar ist. Als „expressionistisch“ konnte man die Erzählweise empfinden, die gestörtes oder befremdliches Verhalten nicht mit dem geduldigen Blick realistischer Prosa festhält, sondern die Symptome in das Erzählen selbst überträgt. Innensicht und Außensicht greifen ineinander. Jäher Perspektivenwechsel sowie die Bestrebung, die Dinge ohne psychologisierende Vermittlung hervortreten zu lassen, bleiben für Döblins Schaffen bezeichnend. Anregungen kamen vom Futurismus, dem der Autor aber bald seinen „Döblinismus“ entgegenstellte. Das „Berliner Programm“ von 1913 *An Romanautoren und ihre Kritiker* faßt Döblins ästhetische Absichten zusammen: Der Angriff richtet sich in erster Linie gegen die Psychologie in bürgerlicher Romantradition. Viele Romane „bestehen fast nur aus Analyse von Gedankengängen der Akteure; es entstehen Konflikte innerhalb dieser Gedankenreihen, es kommt zu dürftigen oder hingepatzten ‚Handlungen‘“. Da der Mensch mit seinen privaten Empfindungen die Dinge nicht mehr beherrscht, gilt es, die „entseelte Realität“ episch zu vergegenwärtigen. (Auch Döblin nimmt hier Tendenzen des französischen ‚nouveau roman‘ vorweg.) Ein weiterer Programmpunkt gilt den erzählerischen Mitteln, welche die Vision der Dingwelt zu erfassen vermögen. Manches trifft auf Döblins gesamtes Werk zu, vor allem aber auf den großen Roman von 1929, *Berlin Alexanderplatz*.

„Die Darstellung erfordert bei der ungeheuren Menge des Geformten einen Kinostil. In höchster Gedrängtheit und Präzision hat ‚die Fülle der Gesichte‘ vorbeizuziehen. [...] Von Perioden, die das Nebeneinander des Komplexen wie das Hintereinander rasch zusammenzufassen erlauben, ist umfänglicher Gebrauch zu machen. Rapide Abläufe, Durcheinander in bloßen Stichworten; wie überhaupt an allen Stellen die höchste Exaktheit in suggestiven Wendungen zu erreichen gesucht werden muß. Das Ganze darf nicht erscheinen wie gesprochen, sondern wie vorhanden.“

An den Naturalismus knüpft Döblins Forderung an, der Autor (gemeint ist der auktoriale Erzähler) müsse aus dem Roman verschwinden. Verzichtet wird freilich auch auf sorgfältiges Sammeln von Milieustudien, auf psychologische Motivierung und Kausalität. „Los vom Menschen! Mut zur kinetischen Phantasie und zum Erkennen der unglaublichen realen Konturen! Tatsachenphantasie! Der Roman muß seine Wiedergeburt erleben als Kunstwerk und modernes Epos." Kennzeichnend ist namentlich Döblins Forderung nach einem „Kinostil". Darin zeigt sich die Gemeinsamkeit mit den Lyrikern der „Aktion": Simultaneität, Reihung von Wahrnehmungen ohne psychologischen Kitt. Hinzu kommt, was nur der Roman zu leisten vermag: die „Tatsachenphantasie" arbeitet bei Döblin mit reportagehaften Elementen, mit dokumentarischen Einblendungen; naturalistische Grundsätze werden einem Wochenschau-Stil angepaßt.

Als Döblin sein „Berliner Programm" verfaßte, war sein bedeutendstes Werk der ersten Schaffensphase bereits vollendet: der „chinesische Roman" *Die drei Sprünge des Wang-lun*, der 1915 bei S. Fischer erschien. Obwohl er einen historischen Stoff aus dem Bereich der sogenannten Ketzeraufstände im China des 18. Jahrhunderts verwertete, ist das Werk kaum mit Geschichtsromanen traditioneller Art, etwa in der Nachfolge Walter Scotts, vergleichbar. Man findet darin weder ein übersichtliches Handlungsmuster noch psychologische Folgerichtigkeit. Wang-lun, eine historische Gestalt, ist keine Hauptgestalt von herkömmlichem Zuschnitt, er geht zeitweilig völlig in den Bewegungen der Menge unter, im Gewoge der Obdachlosen, Vagabunden und Sonderlinge, die ihm folgen und von ihm Lebenssinn erhoffen. Wang-lun, der sich mit seinen Anhängern gegen die Willkür der kaiserlichen Herrschaft auflehnt, ist jedoch kein Revolutionär im modernen politischen Sinn: er schwankt zwischen Rebellion und stillem Gewährenlassen, zwischen vita activa und vita contemplativa, anachronistisch: zwischen Lenin und Tolstoj. Die Frage, wie der Gewalt zu begegnen sei, mit Widerstand, der selbst Gewalt erzeugt, oder mit Geistigkeit und Askese, bleibt offen, der letzte Aufstand, in dem auch Wang-lun umkommt, wird niedergeschlagen. Der Roman schließt mit dem Satz: „Stille sein, nicht widerstreben, kann ich es denn?" Die historische und moralische Problematik wird getragen von einer Prosa, die in der erzählenden Literatur bisher nichts ihresgleichen hatte: einer bewußt kantigen, Glättungen ausweichenden Mischung ausufernder und auffälliger Metaphorik einerseits, drastischer Alltagssprache anderseits. Bestechend ist der Lakonismus, mit dem die Dingwelt ins Blickfeld tritt: kommentarlos, aber wortgewaltig werden Farben und Formen aneinandergereiht. Nicht immer wird der Eindruck vermieden, es handle sich um eine bunte Folge von Prosagedichten gleichsam, in denen Anmutiges und Grauenhaftes mit der gleichen Ruhe und Intensität zu ästhetischen Worttableaus geformt erscheint.

Noch während des Krieges entstand Döblins zweiter Roman mit einem geschichtlichen Stoff: *Wallenstein* (1920). Der potentielle Sinn historischer

Romane, Gegenwärtiges durch Vergangenes zu erhellen, ist deutlicher erkennbar als im früheren Werk. Die Einsichten, die der Autor im Krieg gewann, beeinflußten seine Vorstellung vom Dreißigjährigen Krieg. Die Handlung spielt zu dem Zeitpunkt, als Wallenstein einen Höhepunkt seiner Macht erreichte. In einem Bilderbogen, der die Erzählweise des *Wang-lun* noch auf die Spitze treibt, wird das Machtstreben der kriegführenden Parteien dargestellt, das politische Ränkespiel, vor allem aber die wirtschaftlichen Interessen, die im Krieg wirksam sind. Döblin lag es freilich fern, den Roman – in der Art des zwanzig Jahre später entstandenen Cäsar-Romans von Brecht – als historisch-materialistische Analyse anzulegen. Krieg, Politik, Gier, Leid, Verwirrung mischen sich in Döblins Panorama chaotischer Zeiten zu einem letztlich vitalistischen Geschichtsbild; auch der Krieg erscheint als ein elementares Ereignis, ein Ausbruch menschlicher Leidenschaft. Döblins Geschichtsauffassung ist hier, trotz mancher Einblicke in den Interessenhintergrund historischer Prozesse, gar nicht so weit entfernt von Benns Geschichtsbild, in dem die Historie als der Schauplatz eines kreisenden, sinnlosen Auf und Ab begriffen wird. Auch dem *Wallenstein*, wie auch den meisten späteren Werken, liegt die Bestrebung zugrunde, Realitäten darzustellen, etwa kollektive Erscheinungen, die in der ‚individualistischen' Gattung des Romans bisher nicht zur Geltung kamen.

Der Vitalismus geriet nahezu zur Karikatur oder vielmehr zu einer unfreiwilligen Selbstparodie des Expressionismus in den Erzählungen und Romanen *Kasimir Edschmids* (1890–1966). Nach Erscheinen seiner Novellensammlung *Die sechs Mündungen* (1915, geschrieben 1913/14) galt der Verfasser allenthalben als Protagonist einer neuen Prosa, als Expressionist par excellence, jedenfalls mit seinen Veröffentlichungen bis 1920 (den Novellenbänden *Das rasende Leben*, 1915, und *Timur*, 1917, bei Kurt Wolff, sowie dem Roman *Die Achatnen Kugeln*, 1920, bei Paul Cassirer). Bemerkenswert sind diese Werke vor allem unter rezeptionsgeschichtlichen Gesichtspunkten: sie prägten, auch im Ausland, für längere Zeit die Vorstellung von expressionistischer Schreibweise. Eine entsprechende Wirkung hatte Edschmids theoretisches Manifest, worauf im einleitenden Abschnitt schon hingewiesen worden ist. Stilistisch stellen die Texte eine maßlose Übersteigerung der Erzählweise dar, die Heinrich Mann seit den *Göttinnen* zur Entfaltung brachte. An der Manier stießen sich bereits die kritischen Zeitgenossen, so Carl Sternheim, der (in einem Brief vom 5. Januar 1920) dem Autor folgenden Rat erteilte: „Nur ist auch in der Sprache für mich – kaum ein anderer darf das aussetzen, in der wilden Rebellion alten Plunder aufzuräumen, das Tempo der Hast zu ständig. Stürmt ein Pferd hundert Kilometer ohne Ruh, habe ich das Bedürfnis, es streckenweise Schritt zu führen. Sonst erscheint hinter dem Reiter das Barbarische." Auch in thematischer Hinsicht ist Heinrich Mann als Vorbild erkennbar, allerdings so gut wie ohne dessen sozialkritischen Elemente. Edschmids Abenteurer und Kraftnaturen gehören dem literarischen Typus des „Renaissancemenschen" der Jahrhundertwende an oder auch dem Repertoire exotischer Gestalten aus dem Kuriositätenkabinett der Geschichte. Träger der expressionistischen Ekstasen und Exaltationen sind nicht selten Menschen, die der Zivilisation überdrüssig sind und die Ferne, die Exotik suchen, um sich dort des „wirklichen", ungezügelten Lebens zu vergewissern. In der Forschung (vgl. Vietta/Kemper) wird mit Recht darauf hingewiesen, daß Edschmids Kraftmenschen eine trivialexpressionistische Variante eines Menschenbildes darstellen, in dem sich die Sehnsucht nach dem ‚ganzen' Menschen und dem ‚unverfälschten', d. h. nicht entfremdeten Leben äußert. Die Sensations- und Abenteuererzählung erhielt bei Edschmid eine ihrer seltsamsten Ausprägungen.

Eine gewisse Breitenwirkung erzielte, allerdings später, der unter dem Pseudonym *Klabund* publizierende Alfred Henschke (1890–1928). Die zur Manier geratene Stilverknappung (telegrammartige Sätze, Parataxe, lyrisches Pathos) in Kurzromanen über historische Gestalten galt seinerzeit als Musterbeispiel expressionistischer Prosa. Die Beliebtheit beim bürgerlichen Lesepublikum der zwanziger Jahre beruhte auf der feuilletonistischen Monumentalisierung sogenannter epochaler Persönlichkeiten. Lesenswert ist am ehesten noch der „Eulenspiegel-Roman" *Bracke* (1918), der einen Bilderbogen aus der Vergangenheit mit gesellschaftskritischen Akzenten versieht. Klabund trat schon sehr früh als Lyriker hervor (*Morgenrot! Klabund! Die Tage dämmern*, 1913), anknüpfend an Wedekind und Dehmel. Mit seinen besten Gedichten gehört der Autor in den Zusammenhang der kabarettistischen Poesie der zwanziger Jahre.

Im Bereich der Prosa des Jahrzehnts, die vorwiegend historisierend ist oder ins Exotische ausschweift, nimmt der Erzähler und Dramatiker *Carl Sternheim* (1878–1942) eine Sonderstellung ein. Auch er kommt von Heinrich Mann her, auch er erblickt das Ideal zeitgemäßer, d. h. synthetischer, auf die psychologische Weitschweifigkeit bürgerlicher Tradition verzichtender Prosa in einer konstruierten Knappheit: das Erzählen eilt in jähen Schüben von Höhepunkt zu Höhepunkt, gleichsam ekstatischen Lebenssituationen, und begnügt sich anderseits damit, die Herkunft der Gestalten, das Milieu usw. in kurzen bildhaften Verdichtungen anzudeuten. Eine expressionistische Stiltendenz ist zugleich die Absicht, die Sprache nicht als ein Mittel purer Abbildung erscheinen zu lassen, sondern als ein Organon des Geistes, der Stilisierung. Wie in seinen Bühnenwerken ist Sternheim auch als Erzähler vor allem am zeitgenössischen Leben interessiert und darin dem Wilhelminismus-Kritiker Heinrich Mann besonders nahe. Seine Kunst beruht auf der – damals vergleichsweise seltenen – Verbindung konkreter, allgemein evidenter Erfahrung und einem eigenwilligen, antinaturalistischen Stilkonzept. Bezeichnend ist der Titel, unter dem der Autor 1918 seine Novellen zusammenfaßte: *Chronik von des zwanzigsten Jahrhunderts Beginn.*

Die erste, *Busekow*, erschienen 1913 in den „Weißen Blättern“, ist bereits paradigmatisch: geschildert wird ein entscheidendes Erlebnis im Lebenslauf eines Menschen, ein Ereignis, das mechanische, einer vorgezeichneten Bahn entsprechende Abläufe unterbricht und ihnen eine neue Wendung gibt. Der expressionistische Aufbruch ereignet sich hier im Leben des Schutzmanns Busekow, dessen tristes Dasein durch die Begegnung mit dem Straßenmädchen Gesine unverhofft einen – erotischen – Sinn erlangt. Ekstatisch wird das Verhältnis mit Gesine durchlebt. Im Rausch dieses Erlebnisses gerät Busekow eines Abends – ebenfalls unvermittelt, sinnlos jäh – unter die Räder eines Autos: „Man sah, wie er die Arme mit herrlicher Gebärde gen Osten reckte, hörte aus seinem Mund einen siegreichen Schrei – und hob ihn unter dem Automobil herauf, das anfahrend ihn schnell getötet hatte.“ Scheinbare Paradoxien sind auch für die späteren Erzählungen bezeichnend, ebenso wie die Konzentrationen auf Einzelschicksale, wobei Sternheim auf neue Weise den Gedanken der traditionellen novellistischen Paradigmatik verwirklicht, den repräsentativen Stellenwert des individuellen Erlebnisses. Unter diesen Texten, die sämtlich Eigennamen im Titel tragen (Schuhlin, Meta, Posinsky u. a.), ragt besonders *Ulrike* hervor, eine Erzählung, die auf knappstem Raum eine Fülle von Erfahrungswirklichkeit einfängt und interpretiert. Die Lebenswelt des Elternhauses etwa wird mit wenigen Strichen angedeutet, in einer Art, die beispielhaft ist für Sternheims suggestive Erzählweise:

„Ulrikes beflaggtes Elternhaus, Schloß Miltitz, stand unter Föhren in einem Blachfeld der Uckermark. Trat man von der Anfahrt und geharkten Wegen zur Seite, sank der Fuß durch Sand auf Grund. [. . .] Von Blei schien meist der Himmel. Blaue Fahnen klafften kaum hinein, häufig strich Regen schräg, mengte aus Erde klebriges Gelb, durch das ein Wagen sich vors Haustor wälzte. [. . .] Aller Mahlzeit Beginn und Schluß hieß Gebet. Brot, Schwein und Kartoffel lagen inmitten. Das und die Familie war protestantisch. Preuße der liebe Gott. Evangelisch war Magd Knecht Vieh und alles sehr in den Herrn gekehrt. Über der Gemüter fader Landschaft lag des Hausherren Zufriedenheit in Kindern und Gesinde als Licht, als Sturm und Gewitter sein Unwille. Auf seine Person war alles Begreifen gedrillt, der Hosen Sitz, des Bartes Schmiß früh allemal Symbol.“

Das entscheidende Erlebnis des adeligen Fräuleins ist der Krieg, den sie als Krankenschwester unter Schwerverwundeten kennenlernt. Die Schockwirkungen rufen Einsichten hervor, einen verwirrenden Erkenntnisprozeß, innerhalb dessen die Schrecken der Zeit als viel wirklicher erscheinen als der ehemalige Frieden, der sich nun ausnimmt, wie „von einem ironischen Konditor verzuckert". Die Vorspiegelungen der Gesellschaft, etwa die blinde Kriegsbegeisterung der Männer, empfindet Ulrike immer noch als einen Teil ihres Bewußtseins, doch zu gleicher Zeit läßt die Konfrontation mit der Wirklichkeit die anerzogenen scheinhaften Begriffe brüchig erscheinen. „Gelang es noch, mit Standesgenossen deren Sprache zu sprechen, fand sie sich in zwei Wesen zersprengt, von denen eins den alten Text geduldig sprach, das andere ihr jedes Wort von den Lippen fing und in ihm allemal einen fatalen Gegensinn feststellte." Aus dem Zwiespalt zwischen Realität und Sprache bzw. Ideologie findet Ulrike einen trügerischen Ausweg in einem Verhältnis mit dem Maler Posinsky, dem sie hörig wird. Für Ulrike ein Erlebnis, das der expressionistischen Entgrenzung nahekommt, ist diese Verbindung für den Maler nur ein Mittel, persönliche Eitelkeit zu befriedigen und materiellen Gewinn daraus zu ziehen. Ulrike stirbt in der Geburt, Posinsky gibt das Kind, an dem ihm nichts gelegen ist, an ein Findelhaus. Die Unbedingtheit des Gefühls erweist sich in Sternheims Erzählung als folgenlos, farcenhaft widerlegt von der Wirklichkeit der Nachwelt. Das expressionistische Pathos erscheint hier bereits krisenhaft relativiert.

Franz Kafka

Weltliterarische Bedeutung haben die bisher genannten Autoren, trotz mehrerer Übersetzungen, nicht erlangt. Lediglich Döblin erzielte später mit seinem Berlin-Roman einen internationalen Erfolg. Zu den weltliterarischen Leistungen des Jahrhunderts zählt dagegen das Werk des Pragers *Franz Kafka* (1883–1924), das nur bedingt in den Umkreis der expressionistischen Prosa gehört. Rezeptionsgeschichtlich ist Kafka, dessen literarischer Ruhm erst lange nach seinem Tod aufkam, ein Autor der zwanziger und dreißiger Jahre, und im Hinblick auf seine Breitenwirkung eigentlich erst ein Autor der Epoche nach 1945.

Wichtige, ja für sein Gesamtschaffen beispielhafte Texte entstanden allerdings schon in den Jahren vor 1914 und im ersten Kriegsjahr. Darunter befinden sich auch seine bekanntesten Texte. Die erste Buchveröffentlichung, die Prosaskizzen *Betrachtung*, erschien 1913 bei Rowohlt in Leipzig, die Erzählung *Das Urteil*, 1912 geschrieben, wurde 1913 in dem von Max Brod herausgegebenen Jahrbuch „Arkadia" gedruckt, die ebenfalls 1912 entstandene Erzählung *Die Verwandlung* erschien erstmals 1915 in den „Weißen Blättern". Ein völlig verkehrtes Bild von der Schaffenschronologie vermitteln die Erscheinungsdaten der fragmentarischen Romane *Der Verschollene* (*Amerika*, erst 1927 bei Kurt Wolff erschienen) und *Der Prozeß* (ebenfalls erst aus dem Nachlaß, 1925): beide Werke entstanden bereits in dieser ersten produktiven Phase, *Amerika* vor dem Krieg, *Der Pro-*

zeß, zusammen mit der Erzählung *In der Strafkolonie* (gedruckt 1919), zum großen Teil im Herbst 1914. Ein Spätwerk ist dagegen der dritte Roman, *Das Schloß*, 1926 publiziert. Die Romane und zahlreiche unveröffentlichte Erzählungen gab Max Brod, der Freund Kafkas, aus dem Nachlaß heraus, gegen den Willen des Autors. Als ‚autorisiert' gelten daher nur die zu Lebzeiten veröffentlichten Werke. Zu diesen zählen noch die Erzählsammlungen *Ein Landarzt* (1919) und *Der Hungerkünstler* (1924).

Biographische Daten vermögen einzelne Züge im Schaffen eines Autors zu erhellen – sie erklären jedoch nur sehr selten seine Wirkung, vor allem, wenn diese Wirkung, wie bei Kafka, eigentlich erst zu einem Zeitpunkt einsetzt, wo die Lebensbedingungen der Entstehungszeit bereits Geschichte sind. Geht man zunächst vom Lebenslauf aus, so ist namentlich Kafkas Judentum von Bedeutung, seine Zugehörigkeit zu einer Minderheit, die wiederum nur einen Teil der deutschsprachigen – kulturell und wirtschaftlich allerdings gewichtigen – Minorität darstellte. (Die Voraussetzungen der Prager deutschen Literatur wurden im Zusammenhang mit Rilke erläutert.) Eine problemlose Identifikation mit seiner Umwelt gelang Kafka niemals: weder mit seinem Elternhaus noch mit den einzelnen politischen oder kulturellen Strömungen seiner Zeit. Von einer Identifikation kann allenfalls im Hinblick auf die deutsche Sprache als literarisches Idiom die Rede sein. Doch der skrupulöse Jurist, Angestellter einer Arbeiter-Unfall-Versicherung, war zwar ein leidenschaftlicher Erzähler und Tagebuchschreiber, doch alles andere als ein Berufsliterat. Obwohl er bei Kurt Wolff publizierte, auch mit Schriftstellern verkehrte, war ihm der Gedanke, Verfechter einer Bewegung, etwa des Expressionismus, zu sein, völlig fremd. Die Werke der als Repräsentanten moderner Literatur geltenden Autoren befremdeten ihn vielmehr. Zu seinen Vorbildern zählte er Autoren der Vergangenheit: Kleist, Hebel, Flaubert. Herausfordernd konservativ mußte sich damals auch seine Erzähldiktion ausnehmen, ein Stil, der eher im Umkreis Stifters zu suchen wäre als in der Nähe Döblins, Sternheims oder gar Edschmids. Zeitgenosse der Expressionisten war Kafka weder durch ein Programm noch durch einzelne Stilmerkmale; sondern dadurch, daß er den Schreckensvisionen, die namentlich einen Teil der modernen Lyrik (in der „Aktion" etwa) beherrschten, einen beklemmend nüchternen und ungemein beziehungsreichen Ausdruck verlieh.

Es ist eine bemerkenswerte Paradoxie, daß dieser in seiner Wirkung wahrhaftig universale Erzähler, der universalste unter den Autoren des ‚expressionistischen Jahrzehnts', seinerzeit als ein ausgesprochen regionaler Erzähler galt. Des Landsmanns Franz Werfel oft zitierte Äußerung, man werde Kafkas Geschichten hinter Tetschen-Bodenbach, der böhmisch-deutschen Grenzstation, nicht mehr verstehen, ist heute sicherlich das absonderlichste Zeugnis. In Prager literarischen Kreisen jener Zeit war man geneigt, den scheuen, höchst selbstkritischen Kafka mit seinen in der Regel sehr kurzen Erzählungen irgendwo zwischen Robert Walser und Gustav Meyrink anzusiedeln, als einen Autor, in dessen skurriler und gespenstisch-hintergründiger Prosa das alte Prag mit seinen eigentümlichen Sagen und seiner Getto-Tradition weiterlebt. Nur wenige Zeitgenossen merkten, daß in der schockierenden Nüchternheit dieser Prosa mehr enthalten ist als grotesk verkehrte ‚Heimatkunst'. Blättert man in den frühen Rezensionen, so fällt das Urteil des Prager Schriftstellers Otto Pick auf, des späteren Redakteurs der „Prager Presse", der in seiner Besprechung der *Betrachtung* (in der Prager „Bohemia", Januar 1913) auf den allgemeinen, umfassenden Charakter von Kafkas Geschichten hinwies.

> „In diesem Buche wird die Welt als etwas unendlich Rätselhaftes, in seiner derben Wirklichkeit bereits Unwirkliches betrachtet, als eine Art Marktplatz, wo die Menschen einsam herumirren, vieler Gefahren gewärtig, so daß sie mißtrauisch einander meiden, jeder den vermeintlichen Gegner zu durchschauen glauben [. . .] Franz Kafka ist der stets aus seiner irdischen Form Schlüpfende, der unglückliche Durchstürmer seines Zimmers, der Entdecker von Tagesgespenstern, der Melancholische mit der Gebärde der Geschäftigkeit. Scheinbar fröhlich klingt es, was er als ‚Kaufmann', ‚Herrenreiter', ‚Junggeselle' usf. uns erzählt: aber da taucht mitten im Bericht die Kubinsche ‚andere Seite' dieser Existenzen auf: Das Undurchschnittliche an ihnen, die Gedanken, die nicht sie haben, sondern die ihnen, als Personifikationen des Dichters suggeriert werden."

Die Anspielung auf Kubins Roman *Die andere Seite* überrascht keineswegs; sie zeigt, daß sich die neue österreichische Gruselromantik als Verstehenszusammenhang für den jungen Autor anbot. Anderseits aber hatte Pick offenbar begriffen, daß es sich bei Kafka eben nicht um ein fernes, exotisches Schattenreich handelt, sondern um das Rätselhafte und Unwirkliche der alltäglichen Realität, um eine neue Sicht auf die erfahrbaren Dinge und Beziehungen.

Diese Sicht, deren Eigentümlichkeit später mit dem Attribut „kafkaesk" bezeichnet worden ist, erscheint nur in der spezifischen Aussage der Erzähltexte verwirklicht, nur in deren rätselhafter Immanenz. Der Leser ist – anders als bei den meisten modernen Autoren – ganz auf den Text angewiesen, denn Kafka verweigerte, sieht man von einigen gelegentlichen, reichlich unverbindlichen Äußerungen ab, Kommentare, Interpretationen, Essayistik. Vergleicht man den Prager Autor mit Zeitgenossen wie Thomas Mann, Musil, Broch, Gide, Pirandello, von manchen Expressionisten ganz zu schweigen, so fällt seine Zurückhaltung erst recht auf. Zusammenstellungen seiner Bemerkungen über eigene Arbeiten (aus Briefen und Tagebüchern) verraten vieles über die Nöte des Schreibens sowie über bestimmte Lebensumstände; ist dagegen von einer Erzählung die Rede, so erfährt man nicht viel mehr als Felice Bauer, der er über seine gerade publizierte Novelle folgendes schrieb: „Findest Du im ‚Urteil' irgendeinen Sinn, ich meine irgendeinen geraden, zusammenhängenden, verfolgbaren Sinn? Ich finde ihn nicht und kann auch nichts darin erklären. Aber es ist vieles Merkwürdige daran." In einem weiteren Brief an Felice Bauer heißt es acht Tage später: „Das ‚Urteil' ist nicht zu erklären. Vielleicht zeige ich Dir einmal paar Tagebuchstellen darüber. Die Geschichte steckt voll Abstraktionen, ohne daß sie zugestanden werden. [. . .] Die Geschichte ist vielleicht ein Rundgang um Vater und Sohn, und die wechselnde Gestalt des Freundes ist vielleicht der perspektivische Wechsel der Beziehungen zwischen Vater und Sohn. Sicher bin ich dessen aber auch nicht."

Die Denkfigur dieser Äußerungen ist durch „vielleicht" gekennzeichnet: Kafka begibt sich hier des Rechts, die Autorschaft als eine autoritative Instanz zu betrachten und begnügt sich mit den Mutmaßungen eines potentiellen Lesers. So werden von ihm eigentlich die letzten Konsequenzen symbolistischer Poetik (mit der er sonst nichts zu tun hat) gezogen: literarische Werke, auch wenn sie einer Lebenssituation entsprechen, sind Artefakte, die ein Recht auf ihr Eigenleben im Bewußtsein der Leser haben. Meine Werke haben jene Bedeutung, die ihnen der Leser verleiht, erklärte Paul Valéry. Kein Wunder, daß Kafkas Schaffen, das den Leser verstört, ohne ihn über den Charakter und die Regularität der erzählten Vorgänge aufzuklären, zahllose Interpreten auf den Plan gerufen hat: seit den vierziger Jahren ist die Kafka-Literatur ins Uferlose angewachsen, so daß auf die wenigen Bücher des Autors das Hundertfache an reflektierender Bemühung kommt. Die Wege der Literaturwissenschaft sowie der sonstigen Publizistik zum Thema Kafka sind selbst schon ein eigentümliches Kapitel neuester Literaturgeschichte: die verschiedenen Rezeptionsmuster besagen oft mehr über die Rezipienten und deren gesellschaftlichen Hintergrund als über den Gegenstand der Überlegungen. Als unangemessen darf ganz allgemein der Versuch gelten, in den Rätseln der Kafkaschen Welt Allegorien und verschlüsselte Botschaften zu erblicken, Chiffren, die mittels eines Deutungssystems erklärt und in eine sanktionierte Begriffssprache ‚übersetzt' werden könnten. Im Gegensatz zu den Versuchen, diesen seltsamen Erzählungen ein bestimmtes philosophisches oder religiöses System überzustülpen, dringt in der Forschung mehr und mehr die Erkenntnis durch, daß Kafkas Texte nicht ‚enträtselt' werden können, weil ihr Wesen ja gerade darin besteht, Veranschaulichung der Rätselhaftigkeit zu sein. Interpreten, die einen Kafka-Text zerlegen, um der darin angeblich verborgenen Botschaft habhaft zu werden, zerstören gerade das, was sie suchen.

Das Grundmuster von Kafkas Welt ist die Paradoxie. Da steht ein Mann vor einem Tor (*Vor dem Gesetz*), wird aber von dem Türhüter nicht hineingelassen; so wartet er jahrelang auf das Öffnen des Eingangs zum Gesetz, um schließlich zu erfahren, daß das Tor, das nun geschlossen wird, nur für ihn bestimmt war. In einer anderen Erzählung (*Blumfeld, ein älterer Junggeselle*) ist ein zurückgezogen lebender Büroangestellter eines Tages Zeuge eines völlig unerklärbaren Vorgangs in seiner Wohnung. „Auf diesen Anblick war er nicht vorbereitet. Das ist ja Zauberei, zwei kleine, weiße blaugestreifte Zelloluidbälle springen auf dem Parkett nebeneinander auf und ab; schlägt der eine auf den Boden, ist der andere in der Höhe, und unermüdlich führen sie ihr Spiel aus." Man erwartet, der Junggeselle würde versuchen, diesem physikalisch rätselhaften Vorgang auf den Grund zu gehen, die Nachbarn zu befragen, eine öffentliche Instanz heranzuziehen usw. Doch nichts davon geschieht. Er erwägt nur, die Bälle den Kindern aus der Nachbarschaft zu schenken. Es überrascht nicht, wenn ein Hungerkünstler, in der gleichnamigen Erzählung, behauptet, er habe wegen seiner Ausdauer im Hungern kein besonderes Lob verdient; hätte er jemals eine Speise gefunden, die ihm wirklich schmeckte, hätte er sich satt gegessen, wie alle anderen Menschen auch.

Im Roman *Der Prozeß* wird eines Tages ein unbescholtener, durch nichts auffallender Bankbeamter verhaftet, d. h. vor ein eigentümliches Gericht zitiert. Der Roman schildert nun den Versuch dieses Menschen, unter scheinbar normalen Bedingungen, ohne physische Behinderung, seinen „Fall" zu erkunden. Das Ergebnis ist ein ermüdendes Tappen durch ein Labyrinth von Vermutungen. Unvermittelt wie die „Verhaftung" am Anfang ist auch der Schluß, die Tötung des Beamten Josef K. durch zwei fremde Männer, Boten des Gerichts. Ein vergleichbarer Handlungsablauf liegt auch dem Roman *Das Schloß* zugrunde, in dem der Landvermesser K. sich vergeblich bemüht, Aufklärung zu erhalten über seine angeblich von der Schloßverwaltung gewünschte Tätigkeit. Sein Aufenthalt in dem unterhalb des Schlosses liegenden Dorf bleibt ohne Sinn: erkennbar ist nur das Netz einer nicht weiter durchschaubaren Bürokratie. Im Gegensatz zu den meisten Expressionisten stellt Kafka zumeist keine ekstatischen Situationen dar, sondern völlig alltägliche: die absonderlichen Züge seiner Welt setzen sich vorwiegend aus sorgfältig beobachteten Banalitäten zusammen, wobei die Schockwirkungen seiner schmucklosen, alles andere als expressionistisch metaphorisierten Prosa von entnervenden Nüchternheiten ausgehen, mit der die Erwartungen der Leser getäuscht werden. Die Elemente seines Erzählens gehören gerade in den bekanntesten Texten fast ausnahmslos der sogenannten normalen Erfahrung an. Aber diese Erfahrungspartikeln schließen sich zu seltsamen ‚Ordnungen' zusammen, die unserem Bedürfnis nach Motivierung und Sinngebung andauernd zuwiderlaufen. Zu Gustav Janouch, seinem ‚Eckermann', äußerte Kafka einmal, die Auffassung Kasimir Edschmids, er, Kafka, praktiziere Wunder in gewöhnliche Vorgänge hinein, sei ein Irrtum. „Das Gewöhnliche selbst ist ja schon ein

Wunder! Ich zeichne es nur auf. Möglich, daß ich die Dinge auch ein wenig beleuchte, wie der Beleuchter auf einer halbverdunkelten Bühne. Das ist aber nicht richtig! In Wirklichkeit ist die Bühne gar nicht verdunkelt. Sie ist voller Tageslicht. Darum schließen die Menschen die Augen und sehen so wenig."

In einem weiteren Sinne ist Kafkas Prosa eine besondere Erscheinungsform jenes ‚Neuen Sehens', das in der Poetik unseres Jahrhunderts immer wieder als ein grundlegendes Merkmal ästhetischer Akte bezeichnet worden ist, so etwa von den sogenannten russischen Formalisten, die übrigens Zeitgenossen von Kafka waren. Worauf es bei dem Prager Autor vorwiegend ankommt, ist die verfremdete Darstellung einzelner Lebenssituationen, d. h. die eingespielten Erwartungen entrückte Schilderung typischer Erfahrungsmuster: wie Erwartung, Hoffnung, Enttäuschung, Isolation, Widersprüchlichkeit. Zweifellos lassen Kafkas Geschichten sehr oft die Konturen seiner eigenen Erfahrungswelt erkennen, jedenfalls die beklemmende Welt moderner bürokratischer Systeme. Im November 1916 antwortete der Autor auf die Bemerkung seines Verlegers Kurt Wolff, die Erzählung *In der Strafkolonie* hinterlasse einen quälenden Eindruck: „Zur Erklärung dieser letzten Erzählung füge ich nur hinzu, daß nicht nur sie peinlich ist, daß vielmehr unsere allgemeine und meine besondere Zeit gleichfalls sehr peinlich war und ist [...]" Dennoch war Kafkas Absicht alles andere als Mimesis im landläufigen Sinn, etwa entsprechend der Realismuskonzeption des 19. Jahrhunderts. Er verzichtet vor allen Dingen auf die Kategorien der Entwicklung (im Sinn eines ideologischen Entwurfs) und der Explikation, Kategorien, die beide im Bezugsfeld des bürgerlichen Individualismus, aber auch der Milieulehre ihre Stütze haben. Kafkas Geschichten kennen weder sinnvolle Entwicklungslinien noch individuelle Gegnerschaft. Überhaupt ist der Mangel an (erwarteter) Motivierung, Explikation und Voraussehbarkeit der erzählten Vorgänge so stark, daß man geneigt ist, die Verdichtungen Kafkas eben als parabelhafte Geschichten zu lesen. Um so stärker wirkt dann der Umstand, daß auch die Erwartungen, die man an die Exemplum-Struktur der Parabel und verwandter Gattungen knüpft, von seinen Texten nicht erfüllt werden. Allenfalls dürfte man von vorwegnehmenden Parabeln sprechen, etwa so, wie Kafka in einer Äußerung gegenüber Janouch die Malerei Picassos eine Form genannt hat, „Verunstaltungen" zu notieren, „die noch nicht in unser Bewußtsein eingedrungen sind". „Kunst ist ein Spiegel, der ‚vorausgeht' wie eine Uhr – manchmal."

Jeder Versuch, bei der Lektüre Kafkas Zusammenhänge herzustellen, müßte von der Struktur der im Text enthaltenen Irritationen ausgehen. Am auffälligsten ist wahrscheinlich der Widerspruch zwischen der Genauigkeit in der Darstellung alltäglicher, der Erfahrung entsprechender Einzelheiten und den Unstimmigkeiten im Verhältnis einzelner Dinge und Vorgänge zueinander. Daß die Details ‚stimmen', das Ganze jedoch einen ratlos läßt, ist typisch für Kafka. Die gleichsam photographische Treue im Abbilden zahlreicher Einzelheiten eines bestimmten Milieus erhält wegen des Verlusts konventioneller Sinngefüge geradezu gespenstische Züge: das Stilparadoxon Kafkas liegt darin, daß seine Welt einer Photographie des Nichtbestehenden gleicht.

Zu den einprägsamsten Beispielen von Kafkas Kunst gehört die Erzählung *Die Verwandlung*, die nicht zufällig zu einem paradigmatischen Text geworden ist. Man hat diese Geschichte ein grausiges Märchen genannt: sie geht von der Verwandlung des Handlungsreisenden Gregor Samsa in ein Tier aus (als er „eines Morgens aus unruhigen Träumen erwachte, fand er sich in seinem Bett zu einem ungeheueren Ungeziefer verwandelt") und behandelt diese Metamorphose in der Tat wie etwas Selbstverständliches, das weiter keine Fragen erlaubt oder vielmehr für notwendig hält. Oskar Walzel, wohl der erste Hochschulgermanist, der über Kafka schrieb, wies in seiner Rezension der *Verwandlung* (*Logik im Wunderbaren*, 1916) darauf hin, daß Kafka im Gegensatz zu den romantischen Märchenerzählern „das Wunder überhaupt nur einmal in Anspruch" nimmt und „im übrigen nur noch mit einer Wahrung des Wirklichkeitseindrucks" arbeitet, „um die ihn ein Naturalist beneiden könnte". Das „Wunder", nämlich die Verwandlung, ist bei Kafka lediglich ein Anstoß, eigentümliche Reaktionen vorzuführen: zuerst bei der Hauptgestalt selbst, die den Verlust ihrer Identität mit erstaunlichem Gleichmut hinnimmt, dann bei den Familienangehörigen, die auf das schreckliche Geschehen so reagieren, als handle es sich höchstens um einen peinlichen Zwischenfall auf familiärer Ebene. Als Samsa, als Tier nun, zum Schluß verendet, wird er stillschweigend weggeschafft, die Familie atmet auf. Von einem moralischen Gleichgewicht, wie im Märchen, kann bei Kafka keine Rede sein. Der Schock wird in seinen Werken durch nichts aufgefangen oder neutralisiert, keine vorgegebene ideologische Sinnstruktur fungiert als Rahmen. In der *Verwandlung* geht der Schock namentlich von der widerspruchsvollen Tatsache aus, daß sich über das „Wunder" keiner richtig wundert, daß auch das Entsetzliche ohne nennenswerten Widerstand akzeptiert wird. Die gesellschaftlichen Instanzen (juristische oder medizinische etwa) bleiben aus dem Spiel: in Kafkas Welt sind sie – man mag darin ruhig ein Symbol erblicken – ohnehin bedeutungslos. Im *Prozeß* wird K. zum Schluß zur Hinrichtung geführt, wie gesagt, von zwei Männern, deren Legalität K. nicht einmal überprüft hat. Obwohl er annehmen kann, daß ihm Gefahr droht, macht er nicht die geringsten Anstalten, die Polizei heranzuziehen: den Polizisten, denen er auf dem Weg zur Hinrichtungsstätte begegnet, geht er aus dem Wege.

So unauffällig Kafka mit der Sprache auch umgeht, sie bleibt der eigentliche Ort seiner Kunst. Deren Rätselhaftigkeit ist unauflöslich mit der

Vieldeutigkeit der Sprache verbunden. Das ‚Bildverbot' Kafkas hat logische Gründe. Als er hörte, das Titelblatt für die Buchausgabe der *Verwandlung* könnte mit einer Zeichnung versehen werden, schrieb er an den Verlag, er rate dringend davon ab, das Ungeziefer darstellen zu wollen. „Das Insekt selbst kann nicht gezeichnet werden. Es kann aber nicht einmal von der Ferne aus gezeigt werden. [. . .] Wenn ich für eine Illustration selbst Vorschläge machen dürfte, würde ich Szenen wählen, wie: die Eltern und der Prokurist vor der geschlossenen Tür oder noch besser die Eltern und die Schwester im beleuchteten Zimmer, während die Tür zum ganz finsteren Nebenzimmer offensteht" (an K. Wolff, 25. Oktober 1915). Nicht auf das Bezeichnen bzw. das Wiedererkennen bestimmter Dinge kommt es bei Kafka an, sondern auf das schockhafte Darstellen von Widersprüchen. Glaubt man dem Autor, so gehörte zu seinen Absichten die Provokation des Bewußtseins mit Mitteln, die gerade der Sprache eigentümlich sind. „Ich glaube", so heißt es in einem Brief an Oskar Pollak vom 27. Januar 1904, „man sollte überhaupt nur solche Bücher lesen, die einen beißen und stechen. Wenn das Buch, das wir lesen, uns nicht mit einem Faustschlag auf den Schädel weckt, wozu lesen wir dann das Buch? [. . .] ein Buch muß die Axt sein für das gefrorene Meer in uns." In dieser frühen Äußerung darf man wohl den wichtigsten Grundsatz seiner gesamten Ästhetik und Wirkungsintention erblicken.

Theorie und Praxis des Dramas

Wie auch die Erzählprosa kam das expressionistische Drama vergleichsweise spät zur Geltung. Sieht man von den frühen Texten Kokoschkas ab, so zeichnet sich erst knapp vor Beginn des Krieges eine entsprechende Entwicklung in der Dramatik ab. Sternheims nach 1910 erschienene Werke sind nur zum Teil für den Expressionismus zu reklamieren. Geht man von den Buchveröffentlichungen aus (die bei den Expressionisten fast in der Regel den Inszenierungen vorausgingen), so kann Sorges *Bettler*, 1912 bei S. Fischer erschienen, als das erste paradigmatische Drama des Expressionismus bezeichnet werden. Anregungen gingen für die meisten Autoren von den grotesken Spielen Wedekinds aus, ferner von Strindbergs Bühnenwerken aus der Zeit nach 1900. Die mittleren und späten Dramen des schwedischen Dichters hatten für den Expressionismus nahezu dieselbe Bedeutung wie Ibsens Stücke für die Naturalisten. René Schickele bekannte schon 1912 in der „Aktion": „August Strindberg ist unser Erkennungswort." Ein entscheidender Impuls ging namentlich von Strindbergs *Traumspiel* (1902) aus. Des Autors Vorbemerkung zu diesem Werk enthält poetische Maximen, denen man so oder ähnlich fast in der gesamten expressionistischen Dramaturgie begegnet. Er habe im *Traumspiel* versucht, schreibt Strindberg, „die unzusammenhängende, aber scheinbar logische Form des Traumes nachzuahmen. Alles kann geschehen, alles ist möglich und wahrscheinlich. Zeit und Raum existieren nicht; auf einem unbedeutenden wirklichen Grunde spinnt die Einbildung weiter und webt neue Muster: eine Mischung von Erinnerungen, Erlebnissen, freien Einfällen, Ungereimtheiten und Improvisationen. Die Personen teilen sich, verdoppeln sich, doublieren sich, verdunsten, verdichten sich, zerfließen, sammeln sich. Aber ein Bewußtsein steht über allen, das ist das des Träumers; für das gibt es keine Geheimnisse, keine Inkonsequenz, keine Skrupel, kein Gesetz".

Im Zeichen Strindbergs, zum Teil auch Wedekinds, konnte auch der für den Expressionismus maßgebliche Schritt in der Dramatik erfolgen: die schroffe Abwendung vom Naturalismus zugunsten einer grundsätzlich nichtmimetischen Dramaturgie. Die Märchen- und Symbolspiele der Neuromantik bereiteten der neuen Dramaturgie, namentlich in bühnentechnischer Hinsicht, zwar den Boden, können jedoch nicht als Ausgangspunkt des expressionistischen Theaters gelten. Die von Strindbergs Form des ‚Stationendramas' angeregten Werke (das zeigt schon Sorges *Bettler*) beruhen in erster Linie auf Spannungen zwischen Phantastisch-Visionärem, Irrealem, und empirisch Glaubhaftem, wobei der Protagonist sich nicht mehr seinem klassischen Antagonisten gegenübergestellt sieht, sondern der ‚Welt', die als Chaos und als Bedrohung des einzelnen empfunden wird. Der ‚Spielraum' weitet sich nicht selten zu einem Resonanzraum großangelegter Monologe aus, zu einem abstrakten ‚Schallraum' tönender Ideen, gehoben ins Zeitlose und Eschatologische.

Im expressionistischen Bühnenwerk – das von zeitgenössischen Kritikern ausdrücklich als Form „ekstatischen Theaters" bezeichnet worden ist – wurde der Antideterminismus der neuen Kunstlehre zum visuellen Ereignis. Der Verzicht auf Psychologie bekundet sich in den so bezeichnenden abrupten, ‚unmotivierten' Handlungen, und diesen wiederum entsprechen Schauplätze, die zumeist in schroffem Gegensatz zur Milieugestaltung der Naturalisten steht (aber auch im Gegensatz zur Stimmungsdramaturgie der Symbolisten, etwa Maeterlincks). Die Neigung, ‚Ur-Menschliches', Zeitlos-Mythisches dramatisch darzustellen, findet ihre Entsprechung in einer abstrahierenden Raumgestaltung, in der zumindest virtuell ein Immer und Überall spürbar ist. Geradezu beispielhaft ist der Text, mit dem Georg Kaiser den Ort des Geschehens in seiner – kaum bekannten – Dramenskizze *Die Erneuerung* andeutet:

„Die Szene ist unverändert Landschaft. Steinige Ebene. Niedrige Grate erheben Grundrisse von Straßen, Plätzen, Stuben. Die Eingeschlossenheit in begrenzten Raum ist aufgehoben: alles Geschehen ist der Ganzheit des

Kosmos mitgeteilt. Jedes Schicksal, vom Einzelnen erlitten, findet seinen vollen Bezug – und erst in diesen verknüpfbar ist es Schicksal von Bedeutung: Vorbild – und gleich Abbild des gemalten Leids."

Die Reduktionsdramaturgie zahlreicher expressionistischer Dramen, erkennbar in den Formen sprachlicher Stilisierung ebenso wie in der Abstraktheit des Bewegungsfeldes, läßt eine gewisse Verwandtschaft mit dem Klassizismus zutage treten. Beide Konzeptionen berühren sich auch darin, daß sie auf idealistische Ideendramatik ausgerichtet sind. Doch während der Klassizismus von einem integralen Menschenbild ausgeht, sind die expressionistischen Dramen auf unterschiedliche Weise Zeugnisse des Versuchs, ein krisenhaftes Verständnis zu thematisieren. Der ekstatische, irrationale ‚Ausbruch' der exemplarischen Gestalten führt die pathetische Überwindung der Entfremdung durch den Geist vor – einen verzweifelten Überwindungsversuch in einer Welt, die von Identitätsverlust und Bedrohung individueller Entscheidungsfreiheit geprägt ist. Die Helden als Träger von Botschaften und Verkündigungen bleiben freilich isoliert: das Drama entfernt sich von der Dialektik des Protagonisten und Antagonisten und nähert sich nicht selten dem Typus bühnenhafter Proklamation. Bezeichnend ist die Neigung mancher Dramatiker, die überlieferten dramatischen Gattungsbegriffe aufzugeben zugunsten von Bezeichnungen wie „Dramatische Dichtung", „Dramatische Symphonie", „Ekstatisches Szenarium", „Passion", „Festspiel", „Legendenspiel" u. a.

Die psychologische Kausalität sei so unwichtig wie die materielle, verkündete der Prager Dramatiker *Paul Kornfeld* (1889–1942) in seinem programmatischen Aufsatz *Der beseelte und der psychologische Mensch* („Das junge Deutschland", 1918). Die Konsequenzen für die antimimetische Stilisierung in Textgestaltung und Spielweise zieht ein weiterer sehr aufschlußreicher Artikel des Autors. Im Nachwort zu seiner Tragödie *Die Verführung* (1916) schreibt er, der Darsteller „wage es, groß die Arme auszubreiten und an einer sich aufschwingenden Stelle so zu sprechen, wie er es niemals im Leben täte [. . .]. Er abstrahiere also von den Attributen der Realität und sei nichts als Vertreter des Gedankens, Gefühls oder Schicksals! Die Melodie einer großen Geste sagt mehr, als die höchste Vollendung dessen, was man Natürlichkeit nennt, es jemals könnte. Er denke an die Oper, in der der Sänger, sterbend, noch ein hohes C hinausschmettert und mit der Süßigkeit seiner Melodie mehr vom Tode aussagt, als wenn er sich winden und krümmen würde". In der Tat kann man auch sonst von einem opernnahen Typus des expressionistischen Dramas sprechen, vor allem im Hinblick auf die Sprachbehandlung. „Kein Sohn", schrieb Kurt Pinthus bei Erscheinen von Hasenclevers Drama *Der Sohn* im Jahr 1914, „wird in Wirklichkeit so sprechen wie dieser Sohn; aber in jedes Menschensohnes Seele wird in jeglicher Situation all das mehr oder weniger unbewußt vorgehen, was dieser Sohn jedesmal, bei jedem Evenement lyrisch-pathetisch oder dialektisch ausspricht [. . .]" Mit anderen Worten, der Expressionismus strebt weder eine individualisierende noch eine historisch-geographisch charakterisierende Sprache auf der Bühne an; sein Ideal ist eine abstrakt-poetische Sprache, die ihren Ehrgeiz darin sieht, die gefühlsmäßige Intensität der dramatischen Steigerungen hörbar zu machen. Der ‚Überwirklichkeit' des szenischen Geschehens entspricht im Sprachstil am einprägsamsten das Nebeneinander von Vers und Prosa (etwa in Hasenclevers *Sohn* oder in Sorges *Bettler*, um nur zwei frühe Beispiele zu nennen). Während sich im Reduktionsprinzip die klassizistische Überlieferung als historischer Hintergrund abzeichnet, erscheint im Wechsel der Sprachformen nicht nur der Vergleich mit Shakespeares Praxis statthaft, sondern auch der Vergleich mit der Oper, ja mit der Operette: den gleichsam pragmatischen Episoden der Handlung genügen Prosadialoge (bzw. Rezitative), während sich in den Augenblicken emotioneller Entladung die Sprache zum Vers steigert, die Dramenhelden gewissermaßen in ‚Arien' (Diebold) ausbrechen.

Das Opernhafte des expressionistischen Dramas läßt daran denken, daß schon einmal in der Geschichte der bürgerlichen Literatur die Oper als theoretisches Exempel eine Rolle gespielt hat, allerdings als negatives: in Gottscheds *Critischer Dichtkunst* von 1730. Damals galt die Oper als abschreckendes Beispiel gekünstelten Widersinns, als Paradigma alles dessen, was die Aufklärer verabscheuten: sowohl feudalen Luxus als auch pragmatisch nicht verwertbare Sprach- und Gesangsartistik. Nahezu zweihundert Jahre später konnte der sich als antibürgerlich begreifende Modernismus die ‚Unnatürlichkeit' einer opernartigen Dramaturgie zur Maxime machen, nicht zuletzt deswegen, weil sich die bürgerliche Rationalität, in deren Namen auch die poetischen Grundsätze der Gottsched-Generation formuliert worden waren, in den anderthalb Jahrhunderten als scheinhaft oder pervertiert erwiesen hatte. Nicht zu vergessen ist freilich, daß die antimimetischen Bestrebungen im Expressionismus so gut wie nie eine parodistische, ironisch relativierende Dramaturgie hervorgebracht haben, oder gar Werke mit humoristischem Inhalt. Das Pathos mit Absolutheitsanspruch läßt Humoristik geradezu als das Gegenteil von Expressionismus erscheinen. Auch im Hinblick auf die Zuschauer zielt die expressionistische Dramaturgie auf Identifikation ab, auf magische Wirkungen, nicht auf distanzierte Betrachtung. „Das expressionistische Theater", schrieb Hugo Ball bereits um 1914, „ist eine Festspielidee [. . .]" Das neue Theater wird als ein Ort ästhetischer Faszination und kollektiver „Erhebung" verstanden, als „Utopia der Gegenwart", wie es der Lyriker und Dramatiker Alfred Wolfenstein in seinem Essay *Das Theater inmitten der Kunstwandlung* („Die neue Schaubühne", 1921) ausdrückt. Vergangene Epochen, heißt es dort, brauchten eine Gemeinschaft nicht zu erzwingen; der griechische

Kultus oder die barocke Kultur besaßen ihren Zusammenhalt. „Heute aber fühlt es [das Drama] sich zum Kampf genötigt, es muß sich um die Verbindung der endlos Verschiedenen, in tausend Meinungen, Klassen und Fächer Geteilten erst mühen.“ Wolfenstein wußte, weshalb er von einer *Utopie* sprach.

Befragt man die Chronologie, so ist kein Zweifel daran, daß am Anfang dieser Entwicklung im deutschsprachigen Drama Oskar Kokoschka steht. Fragt man jedoch nach dem immer noch vitalen Ertrag der jungen Dramatik aus den Jahren vor 1914, nach Werken also, die auch heute noch oft inszeniert werden, so ist lediglich *Carl Sternheim* zu nennen, ein Autor, der zumindest mit seinen Bühnenwerken in mancherlei Hinsicht atypisch für den Expressionismus ist. Mit seinen besten Stücken, vor allem mit dem Komödienzyklus *Aus dem bürgerlichen Heldenleben* (1911–1915), hat er im Drama eine ähnliche Leistung vollbracht wie Heinrich Mann mit seinen antiwilhelminischen Romanen. Allerdings ist Sternheims Gesellschaftskritik (deren Konkretheit und Zeitbezogenheit ihn von den meisten modernistischen Zeitgenossen abhebt) vielschichtiger und ambivalenter als Heinrich Manns politisch eindeutige Satire. Im Rückblick beurteilte der Autor seine eigene Leistung folgendermaßen: „Das Verdienst beanspruche ich, in einer Komödienreihe, dann in Erzählungen ein bis 1914 wesentlich durch praktische Erfolge und große Bankguthaben hervorragendes Bürgertum als seiner eigenen, gehätschelten Ideologie inkommensurabel gezeigt zu haben.“ In der Tat suggeriert Sternheim, mit den Mitteln der Komik vor allem, ein Gesellschaftsbild, das trotz wechselnder Akzente im wesentlichen ideologiekritisch genannt werden kann. Den antinaturalistischen Mut zur Karikatur, zur Überzeichnung in motivischer und stilistischer Hinsicht, empfanden die Zeitgenossen, so etwa Ernst Stadler, als „revolutionäre Geistigkeit“. Daß Stadler den Sternheimschen Dramendialog mit Tendenzen in der modernen Malerei in Verbindung bringt, weist darauf hin, wie stark gerade die gleichsam kubistische Reduktion der Sprache als neu und zeitgemäß erfahren wurde, als bewußter Gegensatz zur naturalistischen „Geschwätzigkeit“, wie Stadler bemerkt. Eine versteckte Selbstcharakteristik im Hinblick auf die sozusagen verrenkte Lapidarität des Dialogs enthält das Drama *Das Fossil* von 1923, wo gleich im ersten Akt der General von Beeskow folgende Maxime vertritt: „Behauptest du, auszusagen, braucht's Satz? Gibt das Dingwort nicht klarste, allgemeinste Vorstellung? Sind wir Feuilletonisten, Papperlapapps? Wir verständigen uns stenographisch. Sag Wahrheit! Nachdem du trotz Schwur nicht verzichtet hast, mich wieder funktionell zu machen, kurble weiter.“

Sternheim ist der Aristokrat gleichsam, der ‚Dandy‘ unter den Autoren der Zeit, ein Schriftsteller, der bei aller Destruktion überlieferter Ideologeme ein eigentümlich gebrochenes Verhältnis zu traditionellen Lebensformen des Adels und Großbürgertums bewahrte. Er begann sein Schaffen – der Bildung gemäß – mit neuromatischen Dramen, die er dem „entfesselten Banausentum" der Naturalisten entgegenstellte. Seine weitere Entwicklung galt dann der Ausbildung der Fähigkeit, gesellschaftliche Erfahrungen desillusionierend in ein Bild des deutschen Spießertums umzusetzen, eines Spießertums, das begonnen hatte, durch Snobismus den vermeintlichen Anschluß an die ‚echte' Kultur zu gewinnen. Daß der sexuellen Thematik (die Sternheim dann auch bald Aufführungsverbote einbrachte) eine exponierte Rolle zukommt, ist bezeichnend für eine Zeit, die ihre „konventionellen Kulturlügen" (Max Nordau) pflegte. Gleich das erste erfolgreiche Lustspiel, *Die Hose* (1911), auch heute noch eines der bekanntesten Werke des Autors, setzt mit einem drastischen Vorfall ein: die junge, attraktive Ehefrau des Biedermanns Theobald Maske verliert auf der Straße ihre Unterhose, und dieser „Skandal", mit einigen Augenzeugen, löst dann eine Handlung aus, die wilhelminische Snobs und Kleinbürger in schäbig-pomphafter Aktion zeigt. Fürchtet Maske durch den Zwischenfall den Niedergang der Familie bereits eingeleitet, so hofft die Frau durch dasselbe Geschehen dem öden Alltag entgehen zu können. Aber die potentiellen Liebhaber, die als Untermieter ins Haus kommen, erweisen sich als unfähig, und so steht am Ende der, dem die Rolle des Hahnreis zugedacht war, als Sieger da: Besitz, Genuß und Lust bleiben bei Theobald Maske. 1914 folgte, ebenfalls im Insel-Verlag, ein weiteres Maske-Stück des Zyklus, die Komödie *Der Snob*: im Mittelpunkt steht nun Christian, Maskes Sohn; die Familie ist aufgestiegen, die konsequente Anpassung, mit aller Rücksichtslosigkeit betrieben, hat sich bewährt, Christian ist Generaldirektor einer Fabrik, und der Bürger möchte nun – nachdem das Geld zusammengerafft ist – auch die adelige Weihe hinzuerwerben. Außersehen ist die Tochter eines wirtschaftlich gefährdeten Grafen. Mit der kalten Berechnung dessen, der sein Geld einzusetzen weiß, wird die Heirat in die Wege geleitet. Am Ende wird vor der frisch Angetrauten in grotesker Umdeutung die Hosenaffäre des ersten Lustspiels als der obligate Fehltritt zugunsten eines Adeligen hingestellt; die Bürgerlichkeit beginnt, indem sie sich verleugnet, sich zum gekauften Adel auch noch die Tradition hinzuzufügen. Fassade und Geld siegen, die maskierte Feudalität wilhelminischer Prägung erscheint in vollem Glanz. *1913* (1915) heißt das abschließende Maske-Stück, das nun die dritte Generation auf die Bühne bringt. Christian ist inzwischen Großkapitalist, der in seiner Tochter Sophie den Gegenspieler findet; es geht um ein Rüstungsgeschäft, das ihm die Tochter streitig macht, die Tochter, die nicht nur vom Vater den ganzen Konzern übernehmen will, sondern auch die Skrupellosigkeit erworben hat, die auch den Krieg mit in das Geschäft als selbstverständlich einplant. Aus dem kleinbürgerlichen Habitus des Theobald Maske ist der politische Größenwahn geworden, der vor nichts mehr zurückschreckt. Der Zyklus führt – in seiner konsequenten Ausweitung – den Aufstieg des unter verschiedenen Masken auftretenden Kleinbürgertums vor, einen Aufstieg, der unmittelbar in die große Politik und mit ihr in den Krieg führt. Was Sternheim satirisch vorzeichnete und doch nur scharfsinnig der wilhelminischen Wirklichkeit entnahm, sollte die Wirklichkeit, freilich ohne Sternheims komödienhaften Einschlag, bald einholen. Die Aufführung von *1913* wurde im Krieg mit der Begrüundung untersagt, das Stück gefährde den ‚inneren Frieden'. Auf andere Weise nimmt das Stück *Bürger Schippel* (1913) die Thematik des bürgerlichen Aufstiegs auf, indem sie nun auf den Proletarier ausgedehnt wird. Ein Männergesangsquartett möchte an einem Wettbewerb teilnehmen, verliert aber seinen Tenor; weit und breit ist kein anderer Ersatz als der Prolet Schippel aufzutreiben, der überdies auch noch unehelicher Abstammung ist; nicht gesellschaftsfähig, nicht satisfaktionsfähig. Wohl oder übel wird Schippel ins Quartett aufgenommen, und es beginnt sein Aufstieg zum Bürger, und er kann am Ende zufrieden feststellen: „Du bist Bürger, Paul". Existenz und Selbstbewußtsein werden durch Anpassung erborgt, wie umgekehrt zugleich die bürgerlichen Grundsätze, das bürgerliche Selbstbewußtsein als äußerlich, anmaßend, überheblich und hohl demaskiert werden. Maske und Demaskierung, das waren Sternheims Themen, mit denen er das eindrucksvollste Bild der wilhelminischen Gesellschaft im Drama hinterlassen hat.

Nicht zur Demaskierung vorstoßend, thematisiert *Fritz von Unruh* (1885–1970) mit seinem Drama *Offiziere* (1911) die kommende weltgeschichtliche Krise – die ja allgemein gespürt und vorausgesehen worden ist. Unruh war auch selbst Sohn eines Offiziers und erhielt eine der Herkunft gemäße Ausbildung in einer preußischen Kadettenanstalt. Seine frühen Dramen greifen die militärischen Erfahrungen auf, indem sie das entsprechende Milieu und Personal wählen. Das Offiziersdrama führt den Kolonialkrieg in Afrika als eine Gelegenheit vor, dem stupiden Alltagsleben in der Kaserne zu entgehen. Wenn auch Unruh diesen „Aufbruch", diese Möglichkeit zur Aktion grundsätzlich positiv einschätzt und das imperialistische Unternehmen durch den Heldentod des Protagonisten verklärt, gelingt es ihm doch, die militärische Existenz als ein von hohlem Pathos, falscher Kameradschaft und geistlosen Vergnügungen bestimmtes Einerlei vorzuführen und so einer entscheidenden Erfahrung Ausdruck zu verleihen. Daß die expressiv überhöhte Realitätsdarstellung Unruhs in der wilhelminischen Führungsschicht Mißtrauen hervorrief, zeigt die Aufnahme der zweiten Tragödie, *Louis Prinz Ferdinand von Preußen* (1913), deren Aufführung verboten wurde. Dieses Ereignis bedeutete zugleich den Anfang einer allmählichen Orientierung an demokratischen Maßstäben, die den ehemals preußischen Untertanen allmählich zum Republikaner und den ehemaligen Militaristen zum Pazifisten werden ließen.

Die genuin expressionistische Dramenform wurde mit *Reinhard Johannes Sorges* Drama *Der Bettler* (1912) gefunden. Sorge (1892–1916) stammte zwar aus gutbürgerlichen Verhältnissen, erfuhr aber durch den frühen Tod des Vaters die Kehrseite der Bürgerlichkeit, eine Erfahrung, die er freilich nicht sozial und politisch, sondern religiös umsetzte, wie er überhaupt – neben Barlach – die metaphysisch orientierte, auf Erlösung hoffende Richtung des Expressionismus im Drama vertritt. Mystische Erlebnisse ebnen ihm den Weg in die Konversion zum Katholizismus. 1916 wird er eines der Opfer des Krieges. *Der Bettler* ist Sorges einzige bedeutende Leistung geblieben, ein lyrisierendes Drama, das erstmals die Stationentechnik, die literarisch bei Strindberg vorgebildet ist, benutzt. Die Form ist vorgeprägt im mittelalterlichen Stationendrama, das exemplarisch die Passion des Menschen – zwischen den Polen des Heils und der Verdammung – anhand verschiedener Stationen vorführte. Den Expressionisten kam nicht nur der ursprünglich damit verbundene religiöse Gehalt des Dramentypus entgegen – wie auch die Anspielungen auf die Passion Christi, z. B. in Kaisers *Von morgens bis mitternachts* oder in Barlachs Drama *Der arme Vetter*, nicht fehlen –, sondern diese Form eignete sich auch dazu, die Isolation des Menschen, der einsam von Station zu Station getrieben wird, zu zeigen und zugleich die Desolatheit der äußeren Welt, ihren Zerfall in einzelne, eindringliche Stücke abzubilden. Außerdem enthielt der Typus die Möglichkeit der Verwandlung in sich, die von den Expressionisten als Ziel verkündigt wurde, die Wandlung zum „neuen Menschen", wie sie bereits im religiösen Passionsspiel verheißen war: dort transzendent, hier immanent (wobei freilich angemerkt sei, daß die Stücke die Aussicht auf Wandlung zwar andeuten, selten aber als reale Möglichkeit ins Auge fassen).

Entscheidend für den Typus des expressionistischen Stationendramas ist, daß er das dramatische Spiel und Gegenspiel ganz auf den isolierten Protagonisten reduziert. Im *Bettler* ist es der Dichter, der seine Umwelt Station für Station abschreitet, aber nie Kontakt zu ihr gewinnt und so auf sich selbst verwiesen bleibt; so gesehen erscheint die Außenwelt bloß als Projektion der Erfahrungen des Ichs, das, statt der Welt zu begegnen, Welt entwirft, die nur vage von Realität gespeist ist. Ähnlich monologisch, aber mit mehr „volkstümlicher" Realität verfährt das Drama des Dichter-Bildhauers *Ernst Barlach* (1870–1938) *Der arme Vetter* (1911, erschienen 1918). Der Titel enthält bereits die zum Stationenstück gehörende religiöse Anspielung, insofern der Mensch, verhaftet in seiner leiblichen Existenz, nur der arme Vetter des hohen Herrn, des eigentlichen Geistes (Gottes) sei. Das Drama führt, in den Ostertagen spielend, den Versuch des Protagonisten vor, dieser leiblichen Existenz zu entgehen (durch Selbstmord), einen Versuch, der jedoch zunächst scheitert und Hans Iver, so sein Name, erst einmal in die Welt und ihre Maskerade hineinführt, um ihn am Ende doch noch davon zu erlösen. Im Nachvollzug der Passion Christi – die verarbeitete Realität bleibt vage und unbestimmt, wie in den meisten Dramen der Zeit – wird auf dem Umweg durch die Welt, welche die gesuchte geistige Existenz zu entfremden droht, die gesuchte Überwindung gefunden. Darstellung der realen Entfremdung der zeitgenössischen Gesellschaft ist das Werk dadurch, daß es die veräußerlichten Lebensformen, z. B. im Maskenzug wildgewordener Kleinbürger, aufgreift; es verzichtet aber zugleich auf Kritik, indem es die wilhelminische Gesellschaft unhistorisch als veräußerlichte Leiblichkeit, als die (sündige) Fleischlichkeit des Menschen überhaupt darstellt und Überwindung nur im Geist gewährleistet sieht.

Erfahrungsnäher erscheint das Stationendrama bei *Georg Kaiser* (1878–1945) in *Von morgens bis mitternachts* (1912 entstanden, erschienen 1916 im Verlag Gustav Kiepenheuer, Potsdam, der von dieser Zeit an, namentlich aber in der Weimarer Republik, von erheblicher Bedeutung für die neueste Literatur ist). Ein biederer Kassierer einer Bank bricht, durch einen Zufall angestoßen, aus der Spießbürgerlichkeit aus, unterschlägt eine große Summe und will ‚ekstatisch' das „echte Leben" einholen, den Sinn des Lebens finden. Sein Drang geht dahin, wo er Leben vermutet, in der Großstadt, in ihrem Treiben, im Luxuslokal ebenso wie beim Sechstagerennen; aber die Erfüllung bleibt aus, das Leben ist äußerlich bestimmt gerade von dem, was in seiner Spießbürgerlichkeit auch schon galt; auch der Versuch, während des Sechstagerennens durch Geldprämien die Stimmung zu einem Massenrausch zu steigern, scheitert, weil im besten Moment die „Hoheit" auftritt und das Publikum in Ehrfurcht erstarren läßt. Aber auch die Heilsarmee, letzte Station, Versuch einer Zuflucht, bleibt nur bittere Enttäuschung; eines ihrer Mädchen liefert den Kassierer wegen der auf ihn ausgesetzten Belohnung aus. Da erschießt er sich und sinkt mit „ausgebreiteten Armen gegen das aufgenähte Kreuz des Vorhangs". Seine letzten Worte klingen wie „Ecce homo". Der Mensch als Leidender, als Isolierter, unfähig, sich selbst, aber auch Gemeinschaft zu finden, dafür steht das Stationendrama, das hier wieder die Parallele zur Passion Christi sucht. Freilich die Verheißung, die diese noch enthält, vermittelt Kaisers Stück nur verhalten, vorherrschend ist die Resignation, die auf den Ausbruch aus der Spießbürgerlichkeit folgt.

Eine bezeichnende Reaktion auf wilhelminische Verhältnisse im Bereich der bürgerlichen Familie ist die Gestaltung des Generationenkonflikts durch *Walter Hasenclever* (1890–1940). Sein frühes Drama *Der Sohn* (1914) galt namentlich wegen des als typisch für die Zeit empfundenen Stoffes als paradigmatisch für die junge Dramatik. Dargestellt wird der Prozeß der Loslösung und Befreiung des Sohnes vom übermächtigen Druck der väterlichen Autorität oder vielmehr Hausgewalt, wobei sich der mit viel Aufwand an Pathos gestaltete Vater-Sohn-Konflikt zum Thema der Selbstfindung und Selbsterfüllung ausweitet. Formal verwirklicht auch dieses Stück das Stationenprinzip – Auseinandersetzung mit dem Vater, Kontakt mit anderen Kreisen, Wandlung und schließlich symbolische Befreiung –, hebt jedoch seine monologische Struktur insofern auf, als im Vater doch ein gewichtiger Gegenspieler gegenwärtig ist und die Welt – anders als in Kaisers *Von morgens bis mitternachts* – als ein Raum noch nicht erschöpfter Möglichkeiten verstanden wird.

Die Möglichkeit der Überwindung des Bestehenden durch den Geist und die individuelle Tat führt auch Kaiser in seinem Drama *Die Bürger von Calais* (1914) vor. Es beruht auf Motiven einer spätmittelalterlichen Chronik: die von den Engländern belagerte Stadt soll dann der Vernichtung entgehen, wenn sich sechs Bürger bereit finden, stellvertretend für die übrigen den Opfertod zu sterben. Die passionsartige Geschichte wird von Kaiser schon gleich zu Beginn in eine andere Richtung gelenkt, da er, statt der verlangten sechs, sieben Bürger sich melden läßt, die den Opfergang antreten wollen: einer also muß ausscheiden. Eine vorgeschlagene Losentscheidung bringt keine Lösung, so daß einer der sieben Todeskandidaten, Eustache de Saint-Pierre, durch seinen Freitod die Entscheidung herbeiführt und damit den anderen die Möglichkeit gibt, ihr angebotenes Opfer auch rein zu erhalten. Der Egoismus ist – wie die Opferbereitschaft überhaupt zeigt – zugunsten des Gemeinsinns überwindbar, aber es folgt noch die Steigerung darin, daß Eustaches Opfer den englischen König so beeindruckt, daß er ihm den Sieg über die Rachsucht einräumt, auf weitere Opfer nicht nur verzichtet, sondern auch an der Bahre des Toten das Knie beugt. Kaisers Werk ist eine der konsequentesten Gestaltungen der expressionistischen Hoffnung, durch die Überwindung des alten, des isolierten Menschen zur neuen Gemeinschaft zu gelangen; was sich hier vollzieht, ist nicht nur die geistige Widergeburt des Menschen, sondern auch der Sieg des Geistes über die Materie, im Sinn eines extremen Idealismus, wie er sich bereits im frühen expressionistischen Drama überaus deutlich zeigt.

Die Kriegszeit: Zeitgemäße Lyrik. Dada in Zürich. Abstraktion und Zeitgeschehen im Drama

„Man mißt den Stand der Kultur nach dem Verbrauch an Seife; richtiger werden die Schlüsse, wenn man die Auflageziffern wertloser Romanschmarren als Maßstab nimmt", schrieb Kurt Kersten, Mitglied des „Aktions"-Kreises und erster deutscher Leninbiograph (1920), in einer Rezension von Walter Bloems Roman *Das verlorene Vaterland* in der Rezensionsrubrik der „Aktion“ 1915, als der Roman ins 100. Tausend ging und sich über den helläugig blonden Recken mit der ehernen Faust erging, mit der dieser seine Gegner zerschmetterte, wie sein Kaiser ständig wortreich seine Gegner zu zerschmettern pflegte. Die Kulturindustrie war, wie auch in anderen kriegführenden Ländern, zu Kriegsbeginn angetreten, chauvinistische Literatur zu verbreiten, so zum ersten Mal den Massenkrieg propagandistisch mit Massenliteratur unterstützend. Verbale Opposition wurde zu Kriegsbeginn unterbunden, und dies hieß konkret: politische Äußerungen, die sich gegen den Krieg und die gegenwärtige Politik richteten, waren verboten; nur „Literatur“ war erlaubt, und es wäre auch der Tod der Literatur gewesen, sich nicht daran zu halten. Allerdings erschienen – und das ist heute immerhin bemerkenswert – auch weiterhin Texte von Autoren aus ‚feindlichen‘ Ländern. Pfemfert ersann übrigens andere Mittel, die Politik dennoch zu Wort kommen zu lassen; da es erlaubt war, für den Krieg Propaganda zu machen, wählte er Beispiele aus der chauvinistischen Presse aus, die so übersteigert waren, daß sie sich selbst entlarvten. Vom Doppelheft 16/17 des 5. Jahrgangs der „Aktion“ (1915) richtete er seine Rubrik „Ich schneide die Zeit aus“ ein, nachdem er schon Ende 1914 mit der Rubrik „Verse vom Schlachtfeld“ eine quasi politische und kritische Feldberichterstattung begonnen hatte. „Meine Antworten“, so leitet Pfemfert ein, „waren, ehe sie [die Zeit] mir die Fragen stellte. Heute muß mein Schweigen für mich reden – und sie selbst. Die Mappe, in der ich sie mir aufhebe, ist schon arg dickbäuchig geworden; ich will Raum schaffen und beginne, die Zeit auszuschneiden, um ihr Gesicht (und auch ihre Gesichte) über sie selbst hinaus der Welt zu erhalten.“

Mit dem Krieg erhält auch das Gesicht des Expressionismus allmählich neue Züge; was vor dem Krieg ohne Geschichte war, erhielt jetzt Geschichte und war gezwungen, Stellung zu nehmen. Freilich war die Qualitätsänderung nicht grundsätzlich: die expressionistische Literatur blieb allgemein-menschlich, religiös, irrational, unpolitisch – aber sie wurde, indem nur noch der Literatur erlaubt war, kritisch Stellung zu nehmen, in der Verweigerung mitzumachen, objektiv gesellschaftskritisch, desillusionierend, politisch, ob sie wollte oder nicht. So hat die „Aktion“ dem Chauvinismus ihre Internationalität entgegengesetzt und sich auch nicht gescheut, mitten in der Aufbruchsstimmung, immer wieder Franzosen abzudrucken und ihnen auch ein Sonderheft zu widmen. Die Graphik blieb stets international (Franzosen und Russen.)

Am entschiedensten äußerte sich die Literatur des Expressionismus nach wie vor im Gedicht, das jetzt (mehr noch als vor dem Krieg) durch die Verhältnisse – es gab keine Zeit für ausführliche Projekte – als adäquate Form aufgezwungen wurde. Das Gedicht wurde jetzt paradoxerweise in die Rolle gedrängt, den Verlust der Subjektivität zu dokumentieren, sowohl im konkreten Sinne (viele der Dichter, die Pfemferts „Verse vom Schlachtfeld" füllten, schrieben ihre letzten Verse) als auch im übertragenen:

> Umtost vom vaterländischen Geheul
> der westlichen Wilden auf ihrem Kriegspfad,
> aber wie einer, den die Norne umgarnt hat,
> erbleicht der Held, ihn bedrängt
> im unauslöffelbaren Kessel die Blutsuppe.

Die Verse stammen aus Albert Ehrensteins Gedichtsammlung *Der Mensch schreit* (1916), der 1917 der Band *Die rote Zeit* folgte. Sie zeigen den „erbleichenden Helden", der endgültig durch die technisierte Kriegsmaschinerie beseitigt wurde. Was für die Produktionsverhältnisse im Frieden galt, das wurde im Krieg auf unmittelbare, lebensbedrohende Weise offenbar: das sogenannte Heldentum, das Heym noch erträumt hatte (auf Barrikaden zu sterben) und das den Kämpfenden suggeriert wurde, war endgültig vorbei; die Menschen waren zu Bedienern der Todesmaschinen geworden und wurden ebenso unbarmherzig von diesen getötet. Die sinnlosen „Materialschlachten", wie sie unfreiwillig beziehungsreich genannt wurden, bereiteten der bürgerlichen Individualität endgültig den Garaus. „Verdun und Arras mußte die bisherige, die bürgerliche Literatur treffen wie ein Schock. Denn sie war ja gewohnt, auf das Individuum, auf sein beispielhaftes Leiden und Handeln zu schauen. Individualisierung war ihre Absicht. Was aber jetzt, durch den langen Hebel der Technik, dem Menschen zugefügt werden konnte, in welchem Ausmaß und mit wie wenig Aufwand an Gewissen, schien die moralischen Kategorien von Schuld und Sühne und damit die noch immer geglaubte Autonomie des Individuums zu zerstören. Während die Kirchen den Krieg an allen Fronten einsegneten, sank der Literatur das christliche Fundament unter den Füßen weg. ‚Paternoster', so notierte Karl Kraus 1915, ‚heißt ein Lift. Bethlehem ist ein Ort in Amerika, wo sich die größte Munitionsfabrik befindet'" (Baumgart, 12 f.).

Kafkas Erzählung *In der Strafkolonie* (1919) führt die Exekution des Individuums beispielhaft vor; in der Lyrik der Beteiligten wird sie literarisch kaum bewältigtes Ereignis. *Wilhelm Klemm* (1881–1968) wird der Dichter des Schlachtfeldes in der „Aktion" zwischen 1915 und 1918. *Gloria! Kriegsgedichte aus dem Feld* (1915) nennt die erste Sammlung sich sarkastisch, *Verse und Bilder* (1916) und *Aufforderung* (1917) folgen (im Verlag der „Aktion", die *Aufforderung* als 4. Band der von Pfemfert herausgegebenen Reihe „Die Aktions-Lyrik"). Auch Klemm erkennt die entscheidende Rolle der Technik. In *Schlacht an der Marne* verwandelt sich die Natur selbst zur bedrohlichen technischen Welt:

Langsam beginnen die Steine sich zu bewegen und zu reden.
Die Gräser erstarren zu grünem Metall. Die Wälder,
Niedrige, dichte Verstecke, fressen ferne Kolonnen.
Der Himmel, das kalkweiße Geheimnis, droht zu bersten.

Oskar Kanehl (1888–1929, Freund Pfemferts und Herausgeber der Greifswalder frühexpressionistischen Zeitschrift „Wiecker Bote“, 1913/14), dichtete *Die Schande. Gedichte eines dienstpflichtigen Soldaten aus der Mordsaison 1914–1918* (gesammelt publiziert 1922); Paul Zech verfaßte den Gedichtband *Vor Cressy an der Marne* (1916, 1918), balladenartige Verse in Moritatentradition, die zunächst nur im Typoskript verbreitet werden konnten – um nur zwei einprägsame Beispiele zu nennen.

„Wortkunst“ im „Sturm“

Die ersten Kriegsjahre des „Sturm“ beherrscht die Lyrik *August Stramms* (1874–1915) und die in ihrem Zusammenhang entwickelte „Wortkunst“-Theorie. Der Autor wurde 1913 von Herwarth Walden für die Zeitschrift entdeckt und konnte dort seine poetischen Experimente verwirklichen, die Walden programmatisch förderte und einen „Expressionismus des Schreis“ nannte. Damit setzt das ein, was im späteren Bewußtsein vielfach sich als „eigentlicher“ Expressionismus niedergeschlagen hat: Auflösung der Syntax, Aufgabe überlieferter Formen, Vorrang des „Ausdrucks“ ohne Rücksicht auf kommunikative Konventionen. Während der Expressionismus in den Anfängen noch die stilistische Spannung zwischen neuartigen Motiven und geläufigen Versgestalten aufrecht erhalten hatte, entdeckte man in der von Stramm eingeleiteten Phase die suggestiven Möglichkeiten einer z. T. agrammatischen, vorwiegend sich auf rhythmische Werte und neue Wortbildungen stützenden Poesie. Marinettis futuristische Poetik („Zerstörung der Syntax. Drahtlose Phantasie. Befreite Worte“) fand hier eine eigentümliche Ausprägung. Stramm suggeriert einen Sturmangriff (im gleichnamigen Gedicht) in folgender sprachlicher Gestalt:

Aus allen Winkeln gellen Fürchte Wollen
Kreisch
Peitsch
Das Leben
Vor
Sich
Her
Den keuchen Tod

Die Himmel fetzen
Blinde schlächtert wildum das Entsetzen

Im Gegensatz zu den asemantischen Texten der Dadaisten, z. B. den reinen Lautgedichten Hugo Balls, bleibt Stramm grundsätzlich auf dem Boden der Normalsprache. Die Gedichtinhalte sind oft gar nicht so abstrakt und vage, wie es die Sprachverkürzung und deformierende Sprachverdichtung auf den ersten Blick hin erscheinen läßt: die Natur, deren radikale Entfremdung und Verwertung durch den Krieg dem Menschen jeglichen (ungefährdeten) Aufenthalt in ihr verwehrt, ist prägnant gestaltet, in dem Sinne, daß die Sprache die reale Bedrohung nachvollzieht. Die Radikalität der Sprachgebung reflektiert die Radikalität eines Verlustes, den die Zeit als Verlust des Menschseins an sich empfand. Es sei nur an die *Letzten Tage der Menschheit* von Karl Kraus erinnert.

Stramms Dichtung beruhte auf Prinzipien, die im „Sturm" als spezifische Wortkunst weiter entwickelt wurden, von Walden, Lothar Schreyer, Rudolf Blümner u. a. Die Urheberschaft für den Begriff beanspruchte Arno Holz, dessen *Phantasus* als eine gewisse Vorstufe gewertet werden kann. Die inhaltliche bzw. ideologische Begründung der „Wortkunst" geht jedoch in eine andere Richtung. Schreyer verdeutlicht sie am Beispiel des Satzes „Die Bäume und die Blumen blühen" innerhalb seines Artikels *Expressionistische Dichtung*, der in der „Sturm-Bühne" 1918 veröffentlicht worden ist. Der Satz des Beispiels wird über die Zwischenstufen „Die Bäume, die Blumen blühen" (1. Verkürzung), „Bäume und Blumen blühen" (2. Verkürzung), „Baum und Blume blühen" (3. Verkürzung), „Blühender Baum, blühende Blume" (4. Verkürzung), „Baum blüht Blume" (5. Verkürzung) auf „Blüte" (6. Verkürzung) reduziert: „Die komplexe Vorstellung des Wortes Blüte umfaßt Baum und Blume im Blühen." Entsprechend wird das „Wortkunstwerk" als „Kunde der Offenbarung" bezeichnet, Laut und Rhythmus werden die Kunstmittel, und das Wort, das sich offenbart, zur eigenen Wirklichkeit jenseits der Wirklichkeit. Philosophisch gerät die Wortkunsttheorie in die Nähe der Phänomenologie, die unter der Vorgabe, sich auf die „Sache" selbst zu konzentrieren, diese aus allen (historischen, gesellschaftlichen) Bezügen löst, sie so „selbst sprechen" läßt. In Wirklichkeit ist die Wortkunst eine Form von Wortmystik (die überdies dem Leser zumutet, was der Dichter zu leisten hätte, nämlich in „Blüte" den ganzen Komplexes des Angesprochenen zu „realisieren"): sie legt in das „Wesen" des Wortes, was diesem erst durch Geschichte, Gesellschaft, Kommunikation zugewachsen ist, sie trennt von ihm also, was überhaupt erst das „Wesen" selbst ausmacht. Dabei wird vergessen, daß das Wort (an sich) ohne den Kontext abstrakt bleibt und daß der Laut, wie auch der Rhythmus, an sich keine Qualitäten hat, daß also, was geleugnet wird, als notwendiger Bezugspunkt bestehen bleibt. Die „Wortkunst“, die andererseits neue Ausdrucksmöglichkeiten erprobte und so auch zu würdigen ist, bewährt sich da, wo sie nicht „absolut“, losgelöst von aller Realität und jeglicher Konkretisierbarkeit, ist, wo also die „Worte“, wie in einigen von Stramms Gedichten, auf konkrete Erfahrungen verweisbar bleiben und in der Verkürzung komplexe, aber realisierbare Sachverhalte dargestellt sind.

In einem gewissen Zusammenhang mit dieser Theorie, wenn auch nicht in Abhängigkeit von ihr, steht die weitere Entwicklung Gottfried Benns, der nach seinen provozierenden Anfängen beginnt, seine „Ausdruckswelt“ zu entwerfen: nun auch in einer Prosa, die als „absolut“ gilt, d. h. dem Einzelwort wie auch der Faszination durch die Syntax vertraut. Bei Benn beruht die „Ausdruckswelt“ auf der Überzeugung, die Wirklichkeit sei, wie bei Nietzsche, nur als ästhetisches Phänomen sinnvoll, nicht als geschichtliches. Der Zweifel gegenüber historischer, aber auch naturwissenschaftlicher Erkenntnis bildet ein Hauptmotiv namentlich in den sogenannten Rönne-Novellen (1916 unter dem Titel *Gehirne* in der Reihe „Der jüngste Tag“ erschienen), deren verbindende Gestalt, der junge Arzt Rönne, bloßer Bewußtseinsträger der Realitäts- und Ich-Auflösung ist, die in Erlebter Rede bzw. in Assoziationsketten gestaltet und damit in eine Eigenwelt transponiert erscheint, welche spezifisch ästhetischen Gesetzen folgt. Eine Art Poetik dieser Prosa (in der die Grenze zwischen fiktionalem Text und essayistischer Aufzeichnung kaum noch gezogen werden kann) findet sich in einem Brief Benns an Edschmid, geschrieben im Sommer 1919:

„. . . in einer anderen Novelle schreibe ich weichliche Freudengrüße über ‚Anemonenwald‘. Allen Leichtsinn, alle Wehmut, alle Hoffnungslosigkeit des Geistes enthülle ich oder trachte ich zu enthüllen als Schichten dieses Querschnitts von Begriff. [. . .] Mich sensationiert eben das Wort ohne jede Rücksicht auf seinen beschreibenden Charakter rein als assoziatives Motiv und dann empfinde ich ganz gegenständlich seine Eigenschaft des logischen Begriffs als den Querschnitt durch kondensierte Katastrophen. – Und da ich nie Personen sehe sondern immer nur das Ich, und nie Geschehnisse, sondern immer nur das Dasein (Da-sein), da ich keine Kunst kenne und keinen Glauben, keine Wissenschaft und keine Mythe, sondern immer nur die *Bewußtheit*, ewig sinnlos, ewig qualbestürmt – so ist es im Grunde diese, gegen die ich mich wehre, mit der südlichen Zermalmung und sie, die ich abzuleiten trachte in ligurische Komplexe bis zur Überhöhung oder bis zum Verlöschen im Außersich des Rausches oder des Vergehens.“

Der absolute Ausdruck, heißt es an anderer Stelle, sei „eine Prosa außerhalb von Raum und Zeit ins Imaginäre gebaut, ins Momentane, Flächige gelegt, ihr Gegenspiel ist Psychologie und Evolution“.

Oppositionelle Poetik

Eine andere – ebenfalls extreme – Möglichkeit paradigmatischer und syntagmatischer Innovation entwickelte Johannes R. Becher in seinen bei Kurt Wolff erschienenen Gedichtsammlungen *An Europa* (1916), *Verbrüderung* (1916), *Päan gegen die Zeit* (1918). Der erstgenannte Band enthält die bezeichnenden Gedichte *Der Dichter meidet strahlende Akkorde* und *Klänge aus Utopia.*

Der Dichter meidet strahlende Akkorde.
Er stößt durch Tuben, peitscht die Trommel schrill.
Er reißt das Volk auf mit gehackten Sätzen.

Ich lerne. Ich bereite vor. Ich übe mich.
Wie arbeite ich – hah leidenschaftlich! –
Gegen mein noch unplastisches Gesicht –:
Falten spanne ich.
Die Neue Welt
(– eine solche: die alte, die mystische, die Welt der Qual austilgend –)
Zeichne ich, möglichst korrekt, darin ein.
Eine besonnte, eine äußerst gegliederte, eine *geschliffene* Landschaft schwebt mir vor,
Eine Insel glückseliger Menschheit.
Dazu bedarf es viel. (Das weiß er auch längst sehr wohl.)

O Trinität des Werks: Erlebnis, Formulierung, Tat.
[...]

Wird auch hier – im „Gesicht“ – eine neue Welt verkündet, so handelt es sich doch – bei aller Vagheit – im Gegensatz zur absoluten Dichtung um eine „geschichtliche“, immerhin in der Realität erstrebte Welt. Künstlerisch gereicht die sprachrevolutionäre Geste um jeden Preis dieser Lyrik nicht eben zum Vorteil: die Dialektik der Stilmittel, in denen sich Becher geradezu austobt (Häufung von Ausrufezeichen und anderen affektiven Signalen, Substantiv-Reihungen, metaphorische Komposita), äußert sich darin, daß der ekstatische Wortrausch, der expressionistische Aufschwung, in maßloser Übersteigerung sich selbst aufhebt und dem Leser schließlich nur als monotones Pathos erscheint. Die Absicht, von der er sich damals leiten ließ, hat Becher später, 1923, in einem Brief an die Feuilletonredaktion der „Frankfurter Zeitung“ erläutert. Ausgangspunkt ist die Überlegung, daß die Kunst heute mit einer immer rascher fortschreitenden Verdinglichung der Sprache zu rechnen habe; die Poetik der neuen Lyrik, insbesondere im Bereich der Syntax und der Gliederung der Verse, sei ein

Versuch, die mechanische Perzeption durch ästhetische Störungsmanöver zu bekämpfen. Die in den Anfängen nur intuitive antibürgerliche Haltung gewinnt hier Begriffe, die sich auf den Zusammenhang von künstlerischer Gestalt und gesellschaftlicher Intention beziehen: „Bei allen Dichtern, denen die Sprache Element ist, und die in einer handfesten Wirklichkeit und nicht gerade auf einem metaphysischen Monde leben, konnte man in den letzten Jahren dies bemerken: alogische Bomben unterminieren den traditionellen akademischen Satzbau, die bürgerliche Spracharchitektur: Rhythmik, Melodik, Metaphorik schwankt; die Sprache selbst produziert, unabhängig von ihrem Schöpfer, scheinbar unlösbare, eigengesetzlich gegeneinander sich bewegende, anarchische, gegenseitig explosivartig sich pressende Verknotungen. Das Gedicht wird über-dichtet.“ Die Begründung ist hier nicht weit entfernt von Rudolf Leonhards expressionistischer Maxime, das Dichten beginne erst mit dem Superlativ. Eine neue Einsicht ist dagegen in der Schlußfolgerung enthalten, daß der Angriff auf die „bürgerliche Spracharchitektur“, wird dieser Angriff zum Selbstzweck, lediglich ein Abenteuer ist. Die Künstler bleiben „Abenteurer in einem Vakuum“.

Die ideologische Programmatik der zum Aktivismus neigenden Expressionisten während der Kriegsjahre umreißt ein weiterer Text von Becher, die 1915 in der „Aktion“ veröffentlichte *Einleitung* zu dem Gedichtband *An Europa.* Trotz der Aktivität der Zensur enthält der Beitrag eine weitgehend unverhüllte Proklamation von Grundsätzen, die in einem kriegführenden Land alles andere als konform waren. Der „pathetische Fanfaren-Ruf“ (Becher) gilt hier kosmopolitischer Politik und internationaler Solidarität: „Völker! Freunde! Ihr Angehörigen aller, aller Staaten! Provinzen des Geistes stellt euch! Erwidert! Erwidert! Haltet Versammlungen ab! Diskutiert!“ Ganz zu schweigen von dem Hinweis, das angekündigte Buch sei von „neuer Marseillaise elektrisch bengalisch flankiert“. Im Zeichen der „neuen Marseillaise“ wird traditionelle Dichtung als obsolet und unwirksam abgewertet. Durchaus noch in futuristischer Manier wird eine radikale Verneinung traditionsbedingter kultureller Maßstäbe gefordert: „Ein schlecht gemachtes Propaganda-Stück des Vereins zur Bekämpfung der Geschlechtskrankheiten zum Beispiel erscheint uns heute immerhin [. . .] bei weitem gewichtiger als das ziseliierteste gleitendste Rilke-Gebild.“ Hier wie auch in ähnlichen Manifesten wird deutlich, wie sehr der rhetorische Aufwand von einem fast selbstzweckhaften Affekt beherrscht wurde: Der Protest schien um des Protestes willen da zu sein, jedenfalls ohne Rücksicht auf die Logik, die gebietet, doch auch die Frage zu stellen, ob schlechte Propaganda auch nur den geringsten Sinn habe und ob es nicht zweckmäßiger sei, Krankheiten mit den Mitteln medizinischer Aufklärung zu bekämpfen.

Die Lyrik, die ein eigentümliches Zeugnis des Krieges war, wurde von

Gedichten und erzählerischen Werken begleitet, die von der Hoffnung auf einen baldigen Frieden erfüllt waren und die dem Chauvinismus den Gedanken der Internationalität menschlicher Beziehungen entgegenhielt. Zu nennen sind Gedichte von *Rudolf Leonhard* (1889–1953), etwa der Band *Das Chaos* von 1919, der die Entwicklung des Autors vom kriegsbegeisterten Beginn über die Desillusionierung bis zum Pazifismus dokumentiert, die Sammlung *Tod und Auferstehung. Neue Gedichte* (1917) von Walter Hasenclever, die Dichtungen *Requiem. Für die Gefallenen von Europa* (1917 in Zürich erschienen) und *Der neue Orpheus. Eine Dithyrambe* (Verlag der „Aktion" 1918) des deutsch-französischen Autors *Iwan (Yvan) Goll* (1891–1950). Die 1924 in Berlin veröffentlichten „Gesammelten Dichtungen" *Der Eiffelturm* zeigen allerdings, daß die dichterisch prägnantesten Texte des „Heimatlosen", der in der *Menschheitsdämmerung* von sich schrieb, er sei „durch Schicksal Jude, durch Zufall in Frankreich geboren, durch ein Stempelpapier als Deutscher bezeichnet", in den Jahren nach dem Weltkrieg entstanden sind. Im *Neuen Orpheus* kündigt sich ein lyrischer Stil an, der die Errungenschaften Guillaume Apollinaires durchaus eigenständig nützt. Die im Original, in Deutsch, erstmals in Jugoslawien, in Zagreb, 1921 erschienene Dichtung *Paris brennt* ist besonders kennzeichnend für Golls eigentümliche freirhythmische Synthese verschiedener Modernismen: die „dynamischen" Reihungen von Großstadtbildern suggerieren Simultaneität und filmische Montage, ein Panorama, das auf dem jähen Wechsel gleichsam plakatierter Fakten und surrealer Metaphorik beruht. Vergleichbarer Verfahrensweisen bedient sich der Autor in seinem „satirischen Drama" *Methusalem oder Der ewige Bürger* (1922).

Von den bereits erwähnten Mitarbeitern der „Aktion" stellte *Ludwig Rubiner* (1881–1920) sein Schaffen in den letzten Lebensjahren ganz in den Dienst des pazifistischen Gedankens, so mit dem Drama *Die Gewaltlosen*, das 1919 in der für die Epoche repräsentativen Schriftenreihe „Der dramatische Wille" bei Gustav Kiepenheuer erschien. Die Gedichtsammlung *Das himmlische Licht* nahm Kurt Wolff 1916 in seine bekannte Reihe „Der jüngste Tag" auf. Daß zahlreiche Autoren aus dem Umkreis des Expressionismus, und zwar nicht nur in Deutschland, gegen Ende des Krieges ihre antiwilhelminische Haltung bereits mit der Hoffnung auf eine allgemeine sozialistische Revolution verbanden, zeigt Rubiners Anthologie *Kameraden der Menschheit. Dichtungen zur Weltrevolution* (1919).

Auch Rubiner vertritt im Nachwort zu seiner Anthologie die damals in Kreisen der literarischen Aktivisten keineswegs isolierte Auffassung, es komme lediglich auf die Gesinnung an, die Intensität der Überzeugung, nicht dagegen auf spezifische künstlerische Werte. Mit der These, ästhetischer Rang sei eine überlebte bürgerliche Konvention, nahm der Autor die fünfzig Jahre später vorübergehend aktuelle Losung vom „Tod der Literatur" vorweg – freilich ohne die Kategorie des Dichters sowie formaler Eigentümlichkeiten der Literatur in Frage zu stellen, was zumindest inkonsequent ist, weil es die Frage erlaubt, wozu z. B. die Prozedur des Schreibens von Versen noch notwendig sei, wenn die Qualität der Sprache im Text ohnehin nicht mehr interessiere. Da allerdings nicht alle Autoren der Zeit Rubiners Meinung teilten, ist es nicht unangemessen, Texte des aktivistischen Expressionismus auch unter ästhetischen Gesichtspunkten zu beurteilen. In einer Flut eintöniger Gesinnungsbeschwörungen finden sich auch Gedichte, die mehr sind als versifizierte Aufrufe und Proklamationen. Bezeichnenderweise sind das Gedichte, in denen nicht Pathetik vorherrscht, sondern Sarkasmus und satirische Kontrasttechnik. Ein einprägsames Beispiel ist Hasenclevers (dem Andenken an Karl Liebknecht gewidmetes) Gedicht *Die Mörder sitzen in der Oper*, mit dem Kehrreim „Die Mörder sitzen im Rosenkavalier" gleich in der ersten Strophe:

> Der Zug entgleist. Zwanzig Kinder krepieren.
> Die Fliegerbomben töten Mensch und Tier.
> Darüber ist kein Wort zu verlieren.
> Die Mörder sitzen im Rosenkavalier.

Hasenclever zeigt die beklemmende Dialektik der Gleichzeitigkeit von Barbarei und Kultur, redet aber nirgendwo der planen These das Wort, die Kunst sei für die Gewalt verantwortlich zu machen. In diesem Gedicht (das 1919 in Hasenclevers Bändchen *Der politische Dichter* erschien) erweist sich übrigens die Fruchtbarkeit der Verknüpfung unterschiedlicher Stiltraditionen: die der emphatischen politischen Rhetorik und die der volksliedartigen, mit grellen Verfremdungen arbeitenden kabarettistischen Verskunst. Während die ultrapathetischen Texte des Expressionismus folgenlos blieben und heute nur noch von beschränktem historischem Interesse sind, wirkten die literarischen Sarkasmen, gemeinsam mit der Heine- und Wedekind-Tradition in der sozialkritischen „neusachlichen" Lyrik der Weimarer Zeit und der Exilperiode nach. Albert Ehrenstein und Klabund sind hier mit Gedichten aus der Zeit um 1918 zu nennen.

Zürich 1916–1918. „En avant Dada"

In der Erzählprosa zeigt sich das Schwanken zwischen abstraktem Pathos und bestimmtem politischem Engagement in einem sehr kennzeichnenden Werk der Periode, im novellistischen Zyklus *Der Mensch ist gut* (entstanden 1916/17, erschienen 1918 in Zürich). Der Autor, *Leonhard Frank* (1882–1961), hatte schon für seinen ersten Roman, *Die Räuberbande*

(1914), der eines seiner besten Werke geblieben ist, den Fontane-Preis erhalten: einen Roman, der gleichsam ein Würzburger Heimatroman ist, ohne Mief und Sentimentalität allerdings, mit der – autobiographisch gefärbten – Schilderung einer Gruppe von Jugendlichen, in deren harmlosem Treiben sich die Spannungen zwischen angelesenen Abenteuerklischees und realer gesellschaftlicher Erfahrung spiegelt. Der Titel des Buches von 1918 ist höchst bezeichnend für die utopisch-idealistische Orientierung vieler Autoren der Zeit – und es ist kein Zufall, daß der Titel später noch weiterlebte, obwohl das Werk selbst, auch infolge künstlerischer Unzulänglichkeiten, in Vergessenheit geriet. Trotz der pathetischen Beschwörung des Menschen „an sich" führen die Erzählungen durchaus bestimmte, geschichtlich determinierte Menschen vor, Opfer oder Betroffene des Weltkriegs, allerdings in typologischer Verallgemeinerung (der Vater, die Kriegswitwe, die Mutter, das Brautpaar, die Kriegskrüppel). Diese Neigung zur sozialen oder biologischen Abstraktion ist gleicherweise auch im expressionistischen Drama ausgeprägt. Was Frank manchen Dramatikern voraushat, ist die Einsicht in den Zusammenhang von Krieg und Geschäft: wer auf dem „Felde der Ehre" fällt, läßt sein Leben für „Erzgruben und Eisenbahnkonzessionen", erkennt ein Leichenwärter, der (in der Erzählung *Das Brautpaar*) seine makabren, aber durchaus realitätsnahen Überlegungen über den Krieg anstellt. „Der Mensch ist gut. Wenn man ihn gut sein läßt", so folgert, Rousseauismus und geschichtliche Erfahrung verbindend, der Kellner, die Leitfigur des Zyklus. Das Werk ist deshalb so kennzeichnend, weil es die literarischen Schwächen des expressionistischen Aktivismus sehr deutlich erkennen läßt: den Einbruch des Leitartikels in die Erzählung („Wir sind verblendet und Mörder, weil wir den Gegner außer uns suchen und zu finden glauben. Nicht der Engländer, der Franzose, der Russe und für diese nicht der Deutsche, sondern in uns selbst ist der Feind. [. . .] Das Nichtvorhandensein der Liebe ist der Feind und die Ursache dieses Krieges", sagt ein Vater, nachdem er erfahren hat, sein Sohn sei gefallen). Die notwendige Konsequenz, den Verzicht auf psychologische Rücksichten, hat der Autor jedoch nicht gezogen. Die Stärke dieser Erzählungen liegt paradoxerweise dort, wo die Schilderung unterhalb der Ebene der Reflexion bleibt und gleichsam nur reportagehaft die Gegenständlichkeit des Milieus festhält (den Alltag der Daheimgebliebenen, die Schrecken des Militärspitals usw.).

Frank mußte als Kriegsgegner 1915 ins Schweizer Exil gehen. Die Schweiz, und vor allem Zürich, hatte als Zufluchtsort politischer Emigranten aus vielen Ländern bereits Tradition, im Hinblick auf Deutschland seit den Tagen Büchners, Herweghs und Richard Wagners. Frank fand Anschluß zu dem Pazifistenkreis um René Schickele, dem Erzähler und Essayisten, der auch die bekannte expressionistische Zeitschrift „Die Weißen

Blätter“ in den Jahren 1916 bis 1918 in der Schweiz redigierte. Auch Romain Rolland und Hermann Hesse versuchten in den Kriegsjahren, von der Schweiz aus für den Frieden zu wirken. Doch das Zürich der Kriegszeit ging auch dank einer ganz anderen Erscheinung in die moderne Literaturgeschichte (und Kunstgeschichte) ein. Ein Züricher Lokal war die Gründungsstätte der Dada-Bewegung. Erster Wirkungsort einer Gruppe von Künstlern aus mehreren Ländern war das Kabarett (eine Institution, die ganz allgemein im 20. Jahrhundert nicht nur unterhaltenden, sondern auch künstlerisch-revolutionären Charakter hat). Berufen wurde – auf widersprüchliche Weise – die aufklärerische Tradition, diesmal freilich im Namen Voltaires, der dem Kabarett in der Züricher Altstadt den Namen gab: „Cabaret Voltaire“. (Der französische Philosoph galt manchen modernen Autoren, namentlich den romanisch orientierten, als eine Art Schutzpatron. Iwan Goll publizierte 1921 eine Voltaire-Anthologie, in deren Einleitung er Voltaire einen Geist des gegenwärtigen Zeitalters nennt.) Hugo Ball hatte den Namen für die Veranstaltungen reklamiert, in denen sich die Vortragenden, im Bierdunst und eingehüllt in Rauchschwaden, Mühe gaben, möglichst den ganzen Körper zu Improvisationen zu nutzen, die ebenso sinnvoll waren wie der Name „Dada“. Wort und Satz waren – nachdem Tristan Tzara spielerisch darauf verfallen war, nach Art der Kubisten Wort und Satz in die lautlichen Bestandteile zu zerlegen und neu zusammenzusetzen – kaum noch das Mittel dadaistischer Kommunikation. „Dada heißt“, so erläuterte Ball später den Namen, den man zufällig im Wörterbuch gefunden haben will, „im Rumänischen Ja Ja, im Französischen Hotto- und Steckenpferd. Für Deutsche ist es ein Signum alberner Naivität und zeugungsfroher Verbundenheit mit dem Kinderwagen.“ International wie der „Sinn“ des Wortes war auch der Dadaismus selbst; die Internationalität stellte sich vor allem durch den Exil-Ort her, der die Verbindung zu den kriegführenden Ländern offenhielt, aber auch dadurch, daß die meisten Dadaisten zugleich bildende Künstler waren – und wohl nicht zuletzt auch Schauspieler. Anders als im frühexpressionistischen Kabarett hing vieles im Dadaismus an der – oft improvisierten – Darbietung; immer wieder wird davon berichtet, wie entschieden der momentane Eindruck während des kabarettistischen Auftritts gewesen ist. Aber auch bei den gedruckten Zeugnissen ist die oft enge Verbindung der Texte mit den Bildern, Graphiken, Zeichnungen zu beachten und zugleich die „Form“ des Gedichts zu berücksichtigen, eine Gestalt, die nicht selten selbst zum „Bild“ wird, das auf den Inhalt verweist: die Dadaisten hatten von der Reklame die Technik nicht nur der Selbstdarbietung im Kabarett gelernt, sondern auch die Kunst der Anspielung, der Ankündigung, des „Aufreißens“ und der Sensationen übernommen und in eigentümliche Provokation umgesetzt.

Diese Entfernung von der Literatur, von der bloßen Literarität, war freilich zugleich eine Entfernung von bewußter, kontrollierter Aktivität. Daß alles, was man tat, aufführte, womit man schreckte oder zu schrecken glaubte, ein Aufstand sei, ein „Aufstand gegen den Bankrott der Ideen", darüber war man sich im klaren; aber wesentlich mehr an Sinn des Dadaismus artikulierte sich nicht, ja die Bewegung trug die Weigerung, mehr Sinn als den, den Bürger zu schrecken, überhaupt zuzulassen, bereits in sich. Eine Erklärung zu fordern, was Dada denn sei, wurde als typisch undadaistisch zurückgewiesen.

Dennoch sind die künstlerischen Leistungen der Zürcher Dadaisten nicht unbedeutend. Der älteste Autor der Gruppe war *Hugo Ball* (1886–1927), der hauptsächlich als Essayist und, in seiner Dada-Phase, bis 1917, als Verfasser experimenteller Poesie hervortrat und zugleich der Chronist der Bewegung war (in seinem Erinnerungsbuch *Die Flucht aus der Zeit* von 1927, das als bedeutendes kulturgeschichtliches Zeugnis gelten kann, obwohl die Authentizität infolge der Vermutung, er habe wegen seiner Bindung an den Katholizismus die Dinge stark relativiert, umstritten ist). Vor der Emigration in die Schweiz Dramaturg in München, war Ball schon vor Ausbruch des Krieges einer der Wegbereiter der literarischen Avantgarde, etwa mit frühen Gedichten, die den Dadaismus und auch schon die Assoziationsflut des Surrealismus vorwegnehmen – viel radikaler als etwa die gleichzeitig entstandenen Gedichte von Apollinaire. Das am 30. Mai 1914 in der „Aktion" veröffentlichte Gedicht *Die Sonne* setzt mit einer Strophe ein, in der sich die Sprachautonomie halluzinatorisch entfaltet:

Zwischen meinen Augenlidern fährt ein Kinderwagen.
Zwischen meinen Augenlidern geht ein Mann mit einem Pudel.
Eine Baumgruppe wird zum Schlangenbündel und zischt in den Himmel.
Ein Stein hält eine Rede. Bäume in Grünbrand. Fliehende Inseln.
Schwanken und Muschelgeklingel und Fischkopf wie auf dem Meeresboden.

Unter den Dadaisten der ersten Stunde befand sich *Hans Arp* (1887–1966), ein Straßburger, der abwechselnd in Deutschland, Frankreich und der Schweiz lebte, Avantgardist in der bildenden Kunst und der Dichtung. Seine poetischen Texte schrieb er in Deutsch und Französisch. Sammlungen begannen erst 1920 zu erscheinen, so *Der Vogel Selbdritt* und *Die Wolkenpumpe* (die letztere in der bei Paul Steegemann, Hannover, verlegten modernistischen Schriftenreihe „Die Silbergäule", 1919–1922), vier Jahre später *Der Pyramidenrock*. Wenn auch Arp eine stärkere Wirkung im Bereich der bildenden Kunst erzielt hat, sollte die historische Bedeutung seiner dichterischen Produktion nicht unterschätzt werden. Einzelaspekte werden im folgenden noch behandelt werden. Als dritter unter den deutschsprachigen Protagonisten des Cabaret Voltaire ist der etwas später hinzugekommene *Richard Huelsenbeck* (1892–1974) zu nennen, Autor provozierender Gedichte (*Phantastische Gebete*, 1916; *Schalaben, Schalabai, Schalamezomai*, 1916, im Verlag der „Collection Dada") und expositorischer Texte (Manifeste und Schriften zur Geschichte der Bewegung). Zum engsten Kreis gehörten ferner die Rumänen Tristan Tzara und Marcel Janco. Tzara, der nach Kriegsende den Dadaismus nach Paris trug, schrieb vorwiegend französisch. Huelsenbeck kehrte 1917 nach Berlin zurück, um dort nach Kriegsende den Dadaismus noch einmal in Szene zu setzen, freilich politischer als das Spektakulum in Zürich gewesen war.

Die Züricher Spielart der DADA war – nach eklektischen Anfängen in den Programmen des Cabaret Voltaire – nicht durch die Begründung eines neuen Kunststils gekennzeichnet, sondern durch die extreme Zuspitzung von Bestrebungen, die bereits einige Jahre zuvor im Futurismus und Expressionismus sich abgezeichnet hatten. Vergleicht man die Bewegungen miteinander, so fällt die – zumindest verbale – Entschlossenheit der meisten Dadaisten auf, die ideologischen Konstruktionen der modernistischen Zeitgenossen, wie den Glauben an den alles verwandelnden Geist oder die Idolatrie der Technik, über Bord zu werfen und die Sinnlosigkeit, den „blutigen Hohn", des Krieges mit dem Wahrnehmbarmachen, der optischen oder akustischen Darstellung der Absurdität zu beantworten. „Was wir zelebrieren", notiert Ball im März 1916, „ist eine Buffonade und eine Totenmesse zugleich." Hinzu kommt die Neigung, Kunst und Künstlertum überhaupt als eine den Zeitläuften nicht mehr angemessene, sinnlos gewordene Angelegenheit anzusehen: daher ist der Dadaismus „Kunst und Antikunst" (H. Richter) zugleich, ein im Bereich oder zumindest im Grenzbereich der Kunst angesiedelter Protest gegen jegliche Institution – ein Aufbegehren, das man nihilistisch nennen müßte, wenn mit diesem Begriff der Erscheinung beizukommen wäre. In seinem Dada-Manifest von 1918 verkündete Tristan Tzara:

„Jedes Erzeugnis des Ekels, das zu einer Verneinung der Familie werden kann, ist *dada* – das mit geballten Fäusten aus seinem ganzen, auf Zerstörung bedachten Wesen aufbegehrt: DADA – Kenntnis aller Mittel, die bisher vom schamhaften Geschlecht des bequemen Kompromisses und der Höflichkeit verworfen worden sind: DADA – Abschaffung der Logik, Tanz aller Impotenten der Schöpfung: DADA – Abschaffung jeder gesellschaftlichen Rangordnung und Gleichung, die von unseren Dienern für unsere Werte aufgestellt worden ist: [. . .] DADA DADA DADA, Geheul der verkrampften Farben, Verschlingung der Gegenteile und aller Widersprüche, der Grotesken, der Inkonsequenzen: DAS LEBEN."

Wie bei den Futuristen setzt sich auch hier, trotz aller Verneinungskanonaden, als Grundton irrationaler Vitalismus durch, der mittelbar dennoch einen Wert gelten läßt: die Spontaneität. Der Begriff kommt ja im Manifest ausdrücklich vor. Trotz des heftigen Antitraditionalismus der Dada-Anhänger liegt eine unterschwellige Verbindung der beiden genannten „Ismen“ mit dem Lebenskult der Jahrhundertwende auf der Hand. Zu den Paradoxien gehört ferner der unfreiwillige Traditionalismus, zu dem die Dadaisten gleichsam gezwungen waren, und zwar durch die Notwendigkeit, ihre Entschlossenheit zur Verneinung der Tradition kommunikativ mitzuteilen. Nicht umsonst halten die zahlreichen Manifeste, die fast zur beliebtesten Textart der „Literaturrevolution“ nach 1910 gerieten, vorwiegend an der üblichen Syntax wie auch an der normierten Interpunktion fest. Was im besondern die Dadaisten betrifft, sollte man nicht den rationalen, gleichsam den voltaireianischen Kern unterschätzen. Im Gegensatz zu den italienischen Futuristen, die den Krieg verherrlichten, überrascht die Besonnenheit der politischen Äußerungen in den privaten Aufzeichnungen Balls und Huelsenbecks. In seiner Schrift *En avant Dada* (1920) betont Huelsenbeck, daß die Ablehnung des Krieges auf der Erkenntnis beruhe, es sei sinnlos, sich für die Interessen von „Lederschiebern“ totschießen zu lassen oder mit denen mitzumarschieren, die mit einem Goetheband im Tornister ausziehen, um Franzosen und Russen auf Bajonette zu spießen. Naiv oder borniert erscheinen dagegen die Ansichten eines bekannten französischen Zeitgenossen: im vierten Kriegsjahr fiel Apollinaire nichts anderes ein, als vom Genius der lateinischen Rasse zu schwärmen.

Bei der Betrachtung der dadaistischen Poetik oder Antipoetik fallen dem Historiker Parallelen zu der Vergangenheit ein. Der Auffassung, einer chaotischen Zeit könne nur eine chaotische Kunst (konventionell gesehen: Unkunst) entsprechen, begegnet man bei Fischart, in der zweiten Hälfte des 16. Jahrhunderts. In der Vorrede zur *Geschichtsklitterung* (1675) bekennt Fischart, seine Absicht sei, „ein verwirrtes ungestaltes Muster der heut verwirrten ungestalten Welt“ zu geben. Der Unterschied ist freilich leicht zu erkennen. Während der Nachfolger Rabelais' mit traditonellen rhetorischen Mustern umgeht, tritt Dada zu einem Zeitpunkt in Erscheinung, wo konventionelle Bindungen ohnehin schon aufs äußerste gelockert erscheinen. Dada brauchte bloß zu vollstrecken, was im Futurismus, Kubismus und anderen Konzeptionen bereits in Bewegung geraten war. Bei den Züricher Neutönern standen die Bemühungen im Zeichen einer These, die Hugo Ball so formulierte: „Das Direkte und Primitive erscheint ihm [dem Dadaisten] inmitten enormer Unnatur als das Unglaubliche selbst.“ Die moderne Welt erschien ihnen als ein Inbegriff der Unnatur, als eine gigantische Kaserne, in der alles – vom Militär bis zur Kunst – dem Reglement einer Vernunft unterworfen ist, die eigentlich eine Unvernunft ist. Das „Direkte“ und „Primitive“ war in der Abkehr von der künstlerischen

Konvention zu suchen, zum Teil auch in der Abkehr vom herkömmlichen Material. In der bildenden Kunst hieß das: Verzicht auf akademische Kunsttechniken, Aneignung ungewöhnlicher, „infantiler“ Verfahrensweisen und Produktionsstoffe (Collagen). In der Literatur: Verzicht, zumindest im Gedicht, auf genormte Sprache, ja im Extremfall auf Sprache überhaupt. Dagegen: Erprobung zeichenhafter Ausdrucksmöglichkeiten am Rande der Sprache, in Verbindung mit Wirkungen optischer, graphischer Natur.

Aufsehen erregten seinerzeit vor allem die Lautgedichte, die z. T. zum Vortrag im Cabaret Voltaire bestimmt waren, aber auch im Druck erschienen. Es handelt sich um rhythmische Gebilde, bestehend aus Lautgruppen ohne normalsprachliche Bedeutung, asemantische Verbindungen also, die jedoch eine globale „Bedeutung“ immerhin suggerieren. Eines der meistzitierten Lautgedichte, Hugo Balls Text, der mit der Zeile „jolifanto bambla ô falli bambla“ beginnt, heißt *Karawane*. Die Forschung (Kemper, 169) hat nachgewiesen, daß dieser Text, wie auch grundsätzlich Texte dieser Art, beim Leser Assoziationen auf Grund von Lautanalogien hervorruft, daher Sprachähnlichkeit entsteht, und daß die Verbindung zu Normalsprachen dadurch gewahrt bleibt, daß mit Wörtern vergleichbare Einheiten im Text stehen und in der Schreibung Merkmale der Ortographie bestimmter Sprachen gebraucht werden. Aufmerksamkeit verdient darüber hinaus ein semiotischer Gesichtspunkt: bei Lautgedichten ist der Unterschied zwischen den Arten der Aufnahme, zwischen Sehen und Hören (Leser und Zuhörer), wesentlicher als bei den gewohnten Texten: jede von den beiden Realisierungen des Textes enthält spezifische Werte. So sind im Druckbild graphische Signale enthalten (Gliederung durch wechselnde Schrift), die im mündlichen Vortrag nicht realisierbar sind. Schon Überlegungen dieser Art beweisen, daß die dadaistischen Hervorbringungen – auch wenn manche Programme anderes behaupten – ihre eigenen „artistischen“ Probleme haben. Jean Paul Sartre (*Situations* II) hat gewiß nicht Unrecht, wenn er meint, die Anti-Literatur sei im Grunde literarischer als die konventionelle.

Ein anderer Texttypus beruht auf der Poetik des Zufalls. Texte dieser Art verzichten nicht auf normale Vokabeln, sie heben jedoch die syntaktischen Strukturen auf oder verrenken sie. Wortreihen entstehen „nach dem Gesetz des Zufalls“ (wie in der gleichnamigen Collage von Hans Arp, 1920). Es ist bezeichnend für den Dadaismus, daß dem erkannten Widersinn der Erfahrungsrealität kein Gegensinn entgegengesetzt wird, sondern ein emanzipierter Abersinn. Im übrigen waren die Praktiken der Zufallstexter nicht sonderlich abwechslungsreich. Tristan Tzara pflegte Zeitungen oder Gebrauchstexte anderer Art in Wortschnippel zu zerschneiden, diese im Hut zu mischen und dann – wie in einer Privatlotterie – zu ziehen. Das Ergebnis wurde notiert. Ganz ähnlich verfuhr auch Hans Arp, der seine Texte ebenfalls als „Einzelautor“ verfertigte (im Gegensatz zu den Kaffeehausrunden der Dadaisten, bei denen gelegentlich Wortcollagen gemeinschaftlich gebastelt wurden). Arp hat sein Verfahren selbst geschildert:

„Wörter, Schlagworte, Sätze, die ich aus Tageszeitungen und besonders aus ihren Inseraten wählte, bildeten 1917 die Fundamente meiner Gedichte. Öfters bestimmte ich auch mit geschlossenen Augen Wörter und Sätze in den Zeitungen, indem ich sie mit Bleistift anstrich. Das Gedicht ‚Weltwunder‘ ist so entstanden. Ich nannte diese Gedichte ‚Arpaden‘.“

Einen anderen Texttypus, der nicht auf Montage beruht, sondern auf intuitiven Wortkoppelungen, auf frei flutender Metaphorik (Musterbeispiel sind Huelsenbecks *Phantastische Gebete*!), beschreibt Arp im Rückblick folgendermaßen:

„Viele Gedichte aus der ‚Wolkenpumpe‘ sind automatischen Gedichten verwandt. Sie sind wie die surrealistischen automatischen Gedichte unmittelbar niedergeschrieben, ohne Überlegung oder Überarbeitung. Dialektbildung, altertümelnde Klänge, Jahrmarktslatein, verwirrende Onomatopoesien und Wortspasmen sind in diesen Gedichten besonders auffallend. [. . .] Ich schrieb diese Gedichte in einer schwer leserlichen Handschrift, damit der Drucker gezwungen werde, seine Phantasie spielen zu lassen und beim Entziffern meines Textes dichterisch mitzuwirken. Diese kollektive Arbeit glückte gut. Verballhornungen, Zerformungen entstanden, die mich damals bewegten und ergriffen. Wie mancher mittelalterliche Kopist, sagte ich mir, hat durch Mißverstehen oder durch unachtsames Abschreiben in seine Arbeit tiefsinnigen Geist gelegt!“

Der erwähnte, von Arp als Gedicht bezeichnete Text *Weltwunder* mag hier die literarische Collage-Technik veranschaulichen. Keines der Textsegmente entstammt der freien Erfindung. Fast ausnahmslos sind die Sätze oder Satzfragmente „Fertigteile“, vorfabrizierte Aussagen, Reklamefetzen, Sprachmüll. Die „Weltwunder“ sind Werbesprüche, Inserate, Bildbeschreibungen – stellenweise gekoppelt mit gleichsam zufällig aufgeschnappten Bildungsresten: „die töchter aus elysium“.

„WELTWUNDER sendet sofort karte hier ist ein teil vom schwein alle 12 teile zusammengesetzt flach aufgeklebt sollen die deutliche seitliche form eines ausschneidebogens ergeben staunend billig alles kauft
nr 2 der räuber effektvoller sicherheitsapparat nützlich und lustig aus hartholz mit knallvorrichtung
nr 2 die zwerge werden von ihren pflöcken gebunden sie öffnen die taubenschläge und donnerschläge
die töchter aus elysium und radium binden die rheinstrudel zu sträußen [. . .]
ARP ist da keiner versäume es erstens ist es staunend billig und zweitens kostet es viel obwohl der okulierte bleivogel des regattentages mit tausend knoten schnelligkeit in die esse fuhr dies beunruhige die werften nicht

Es ist jedoch kaum zu glauben, daß der Text in allen seinen Abschnitten rein mechanisch zustande gekommen ist. Offenbar war an einigen Stellen bewußte Kombinatorik im Spiel: etwa in der Verknüpfung von „elysium" und „radium" (eine assoziative Verbindung von Fremdwörtern auf Grund von Lautübereinstimmung); ferner in der Nebeneinanderstellung von „staunend billig" und „zweitens kostes es viel", wobei die beiden Aussagen sich gegenseitig aufheben, relativieren und damit kritisch beleuchten. Zwischen die Fertigteile schieben sich Syntagmen, die einen ramponierten poetischen Text andeuten, im Zusammenhang jedoch nicht anders wirken als die übrigen Wortgruppen; es sei denn, die zu Sträußen gebundenen Rheinstrudel lassen die Reklamesegmente noch absurder erscheinen.

Der Maler und Filmkünstler Hans Richter, der zur Züricher Dada-Gruppe gehörte, schrieb im Rückblick (*Dada – Kunst und Antikunst*, 1964), ein Merkmal des Dadaismus sei die Verwischung der Grenzen zwischen den Künsten gewesen: die Dadaisten gelangten von der Malerei zur Skulptur, vom Bild zur Typographie, zur Collage, zur Photographie und Photomontage, von der abstrakten Form zum Rollenbild, vom Rollenbild zum Film, zum Objet trouvé, zum Ready-made. Mit diesen Tendenzen ist indes eigentlich nicht mehr die Dada der Kriegsjahre in Zürich gemeint, sondern bereits die Berliner Phase um 1920. Von dieser wird noch die Rede sein.

Die Epoche im Drama

In Deutschland waren die beiden letzten Kriegsjahre, sofern die literarische Produktion aus dem Umkreis des Expressionismus gemeint ist, namentlich eine Zeit des Dramas. Allerdings wurden einige damals geschriebenen Bühnenwerke erst nach dem Krieg uraufgeführt – wie ja überhaupt die Breitenwirkung des expressionistischen Theaters erst zu einem Zeitpunkt einsetzt, wo die Bewegung nahezu schon erlahmt war: in den ersten Jahren der Weimarer Republik. (Nur wenige Autoren schreiben ihre dramatischen Hauptwerke erst nach 1918, so Ernst Barlach und Hans Henny Jahnn.) Zu den bedeutenden Ereignissen im modernen Drama zählte man Unruhs Verstragödie *Ein Geschlecht* (1917), ein Werk, das allenfalls noch zeitgeschichtlich interessiert (als verkrampft symbolische Darstellung des Sieges der lebensbringenden „Mütterwelt" über den Krieg), dramaturgisch aber eher eine unfreiwillige Karikatur des Bühnenexpressionismus ist. Ernster zu nehmen ist eine Gruppe von Dramen, in denen die Erfahrungen der Epoche komplexer, vielschichtiger erfaßt wird, so daß die Spannung zwischen der idealistischen Sicht und der Gewalt materieller Kräfte erkennbar wird. *Reinhard Goering* (1887–1936) stellt in seinem Einakter *Seeschlacht* (1917) „namenlose" Matrosen in einem Panzerturm vor und während der Schlacht dar: in dem geschlossenen, gepanzerten Raum ist der Mensch ein Gefangener der Kriegsmaschinerie, ein Opfer, das noch in der Katastrophe um einen Sinn ringt. Einsichten in die Hintergründe des Kriegsgeschehens sind in ein Drama eingegangen, das zu den markantesten, wenn auch künstlerisch ebenfalls problematischen Bühnenwerken jener Jahre gehört: *Ernst Tollers* (1893–1939) Drama *Die Wandlung* (1919). Über die Entstehung unterrichtet eine Notiz des Autors: „Diese Arbeit entstand als erste Niederschrift 1917, im dritten Jahr des Erdgemetzels. Die endgültige Form wurde in der Haft des Militärgefängnisses im Februar und März 1918 vollendet." *Das Ringen eines Menschen*, so der Untertitel, gehört dem Typus des von Strindberg vorgeprägten Stationen-Dramas an, das man, zumindest in Hinblick auf die *Wandlung*, in gewissem Sinn mit dem Typus des Bildungsromans vergleichen kann. Im Gegensatz zu den expressionistischen Dramen, in denen nur noch anonyme Figuren agieren, zeigt Tollers Erstling den – allerdings mit allegorischen Elementen versetzten – Entwicklungsweg eines individuell dargestellten Menschen, dazu eines Künstlers. Friedrich, der Bildhauer, erkennt nach all den Schrecken des Krieges, die er in den ersten fünf Stationen erfahren hat, daß sein neuer Auftrag nicht die Verwandlung von Erlebnissen in Kunst sei, sondern die unmittelbare Erweckung der Menschen durch revolutionäre Rhetorik. Für die expressionistische Dramaturgie ist besonders das Nebeneinander von Milieu-Bildern und grotesk-phantastischen, visionären Szenen bezeichnend: etwa das Nebeneinander einer Lazarattszene und eines zeitgemäß stilisierten Totentanzes („Rechts und links Drahtverhaue, in denen kalkbespritzte Skelette hängen"), dessen Dialog auch die Verse enthält: „Nun sind wir nicht mehr Freund und Feind. /Nun sind wir nicht mehr weiß und schwarz. / Nun sind wir alle gleich." Zu den künstlerisch überzeugendsten Dramen der Zeit gehört Hasenclevers *Antigone* (1917), eine gedanklich aktualisierende Fassung der Tragödie von Sophokles. Die Handlung bewahrt den antiken Schauplatz, läßt jedoch die politische Thematik stärker hervortreten, etwa die Spannung zwischen Herrscher und Volk. Die Tragödie schließt mit der expressionistischen Botschaft, die Zukunft liege im allgemeinen Gewaltverzicht. Das Verkündigungspathos ist in diesem Werk weniger aufdringlich, weil es durch die literarische Tradition legitimiert erscheint.

Die Brutalität des modernen Krieges, in dem der Mensch zum Material verkommt, zeigt Georg Kaiser in der Arbeitswelt kapitalistischer und staatskapitalistischer Produktion, und zwar in seinen *Gas*-Dramen (1917–1920). Der Mensch in der Fabrik ist nicht mehr ganzer Mensch, sondern Anhängsel der Produktionsmittel, er ist „Auge am Sichtglas", er ist „Fuß am Triebwagen", er ist „Hand am Steuerhebel"; die sprachliche Figur, die Synekdoche, die bei Benn bereits zu beobachten war, da aber nicht unmittelbar auf die arbeitsteilige Produktion verweist, erscheint hier offen als Ausdruck der Gewaltsamkeit und Entfremdung. In *Gas II* erscheinen die Arbeiter- und Technikerheere vollends nur noch als beliebig austauschbare Figurengruppen, deren Identität auf Farbzeichen reduziert ist: Blaufiguren und Gelbfiguren. *Gas I* zeigt im Inhaber der Fabriken einen „neuen Menschen", der durch Sozialisierung des Betriebs für Ausgleich und Gerechtigkeit sorgen will, aber darin scheitert; nach einer Explosion will er die Hallen nicht mehr aufbauen, weil er erkennt, daß die totale Technik den Menschen versklavt und bedroht. Als Vision bietet er Verzicht auf Technik und ein neues Siedlerdasein an: „Was ihr fordert – erfülle ich: – – Menschen in Einheit und Fülle seid ihr morgen! – – Triften von Breite in Grüne sind neuer Bezirk! Über Schutt und Trümmer, die liegen, erstreckt sich die Siedlung. Ihr seid alle entlassen aus Fron und Gewinn! – Siedler mit kleinstem Anspruch – und letzter Entlohnung: – Menschen!!" Doch die Arbeiter folgen dem Fanatiker der Technik, dem Ingenieur, und bereiten damit jene Entwicklung vor, die *Gas II* beherrscht, die totale Mechanisierung, und die am Ende zur endgültigen Katastrophe führt. In dramaturgischer Hinsicht sind diese Stücke extreme Beispiele eines literarischen Konstruktivismus, eines Reduktionsstils, der alles ausspart, was nicht der Entfaltung der Ideenkonflikte dient. Den Eindruck abstrakter, gleichsam geometrischer Form verstärkt noch die Sprache der Figuren, in der das Pathos in telegrammartige Sätze gepreßt erscheint. Die von Sternheim bevorzugte Sprachverknappung wird von Kaiser noch weitergetrieben, mit dem Ergebnis allerdings, daß die Rede nur noch die Abstraktheit der Vorgänge unterstreicht, während bei Sternheim der dramatischen Totalität eine eigentümliche Spannung zwischen quasi naturalistischem Milieu und forcierter Stilisierung der Sprache innewohnt.

Die Zeit der Revolution und Restauration. Dada in Berlin

Auf die Desillusionierung durch den Krieg folgte ein Hoffnungsschimmer, nämlich daß der „Aufbruch", den manche Expressionisten mit dem Krieg gleichgesetzt hatten, durch das Kriegsende noch einmal erfolgen und in eine neue Gesellschaft führen würde. Die Oktoberrevolution galt vielfach als Signal. Beispielhaft im Hinblick auf Hoffnung und Enttäuschung ist das Wirken Ernst Tollers, der im Krieg zum Kriegsgegner wurde, in Berlin Kurt Eisner kennenlernte, mit ihm nach München ging und als Mitglied der USPD sich 1918 am Januarstreik der Munitionsarbeiter beteiligte. Toller verstand seine Dichtung als politisches Mittel und verteilte unter den Streikenden seine pazifistischen Gedichte und die Lazarettszenen seines Dramas *Die Wandlung*. Er kam ins Gefängnis, nahm nach seiner Befreiung aktiv an der Seite Eisners, Gustav Landauers und Erich Mühsams an der Novemberrevolution teil und wurde in den Zentralrat der bayerischen Arbeiter-, Bauern- und Soldatenräte gewählt. Nach dem Sturz der Räterepublik, in der der Pazifist und Enthusiast des Geistes vor politischer Härte zurückschreckte, wurde er zu Festungshaft verurteilt. Die Jahre danach galten fast ausschließlich der literarischen Tätigkeit. Sein erstes Buch im antifaschistischen Exil schildert im autobiographischen Rückblick bis 1924 *Eine Jugend in Deutschland* (1933).

Sein zweites Drama entsteht während der Haft, hat die Münchner Revolution zum Vorbild und versucht sie dichterisch zu bewältigen: *Masse Mensch* (1921). Die erhoffte Revolution findet nun statt. Sonja Irene L., „die Frau“ genannt, aus dem Bürgertum stammend, predigt die Liebe, die menschliche Gemeinschaft der gegenseitigen Achtung und Anerkennung. Ihr gegenüber steht der Namenlose, der Repräsentant der proletarischen Massen, die einen gewaltsamen Umsturz der unerträglich gewordenen Verhältnisse anstreben und durchführen. Zur Gewalt gezwungen, tritt sie jedoch gegen die Gewalt ein, wird aber durch den Sieg der Gegenrevolution selbst ein Opfer der Gewalt; obwohl sie die Möglichkeit zur Flucht erhält, liefert sie sich der Hinrichtung durch die Gegenrevolution aus, weil sie ihr wiederum nur durch Menschenopfer entgehen könnte. Auf den Fehlschlag, der abermals nur die Erfahrung sinnloser Gewalt schien, folgt die Resignation, die jede Gewalt verurteilt. Allerdings, die objektive Tendenz des Stücks entspricht der Realität: im Namenlosen erhält der einsame Protagonist des expressionistischen Stationendramas seinen Antagonisten; die Einpoligkeit der Weltsicht wird durch die Einbeziehung objektiver, die „Seite Welt“ vertretender Kräfte aufgelöst. In der Frau und im Namenlosen nimmt der Widerstreit zwischen dem ethischen (und christlichen) Prinzip der Gewaltlosigkeit, der Nächstenliebe und dem unverhüllten Machtprinzip Gestalt an. Die Exemplarität der Verkünderfigur wird von der Polarität von einzelnem und Welt, von Mensch und Masse abgelöst, und sie endet mit der Vernichtung des einzelnen, des Menschen. Das aber bedeutet: das alte Stationenstück löst sich selbst auf, die neuerlebte Wirklichkeit zwingt dazu, den Illusionismus der Einpoligkeit einzusehen. Die objektiven geschichtlichen Mächte erscheinen als Gegenpart, der am Ende den Sieg davonträgt. Freilich sind die Aussichten trübe: die Masse ist lediglich eine amorphe Erscheinung der Gewalt, der mit ethischen Grundsätzen nicht beizukommen ist.

Objektiv war der Expressionismus mit dem Scheitern der Revolution erledigt; seine beiden Hauptfundamente, Aufbruch und Erneuerung, erwiesen sich als hohl. Auch wenn die expressionistische Literatur nach dem Krieg – vor allem durch die Bühnen – überhaupt erst Verbreitung fand, so prägte sich darin eine Art Ersatzhandlung aus, jedenfalls ein Nachspiel. Nichts kann darüber hinwegtäuschen, daß der Expressionismus mit dem Beginn der Weimarer Republik vorbei war, daß seine späte Rezeption eine Besinnung auf verlorene Möglichkeiten, der Nachvollzug des Aufstands im Geist war.

Offensichtlich wird die Auflösung des Expressionismus z. B. in der berühmten Lyrik-Sammlung, die Kurt Pinthus im Jahre 1919 zusammenstellt und mit einem Vorwort versieht, das den Expressionismus als geschichtliche Erscheinung würdigt; *Menschheitsdämmerung* (datiert: 1920) ist ihr Titel, doppeldeutig gemeint, als Untergang und Aufgang, aber historisch doch zur Eindeutigkeit verurteilt: „Es kommt ein Morgenrot", nur verbal wurde es beschworen. „Alle Gedichte dieses Buches entquellen", schreibt Pinthus, „der Klage um die Menschheit, der Sehnsucht nach der Menschheit. Der Mensch schlechthin, nicht seine privaten Angelegenheiten und Gefühle, sondern die Menschheit, ist das eigentliche und unendliche Thema. Diese Dichter fühlten zeitig, wie der Mensch in der Dämmerung versank . . ., sank in die Nacht des Untergangs . . ., um wieder aufzutauchen in die sich klärende Dämmerung neuen Tags. In diesem Buch wendet sich bewußt der Mensch aus der Dämmerung der ihm aufgedrängten, ihn umschlingenden, verschlingenden Vergangenheit und Gegenwart in die erlösende Dämmerung einer Zukunft, die er selbst sich schafft." Einiges von dem Pathos, das den Expressionisten selbst angelastet worden ist, stammt von den späteren Programmatikern, ein Pathos, das zwischen 1910 und 1918 noch historisch einsichtig war, wurde nach dem Krieg zur Farce, zur Beschwörung von Möglichkeiten, deren Unmöglichkeit die Zeit gerade erwiesen hatte.

Expressionismus? „Gab's damals in Augsburg nicht", so beantwortete *Bertolt Brecht* (1898–1956) Anfang der fünfziger Jahre die Frage eines Studenten, der ihn nach seinen frühen Beziehungen zum Expressionismus gefragt hatte. Von literarischen Einflüssen wollte er – wie Hans Mayer weiter berichtet – nur Karl Valentin und Wedekind gelten lassen. Die Forschung hat aus dieser Antwort und aus der Tatsache, daß er mit seinem Drama *Baal* (entstanden 1918/19, Druck 1922, mehrere Fassungen) z. T. einen Gegenentwurf zu Hanns Johsts Grabbe-Drama *Der Einsame* schrieb, daß er sich der expressionistischen Abstraktion verweigerte und das O-Mensch-Pathos verabscheute (und in seinem Stück *Trommeln in der Nacht* sogar verhöhnte), geschlossen, daß auch Brechts Frühwerk in bewußtem Gegensatz zum Expressionismus zu sehen ist. In der Tendenz ist dies durchaus richtig, verpflichtet jedoch dazu, auch einige Widersprüche zu verdeutlichen. Augsburg, Brechts Geburtsstadt, lag – wie es die seither publizierten Tagebücher zeigen – durchaus im „Wirkungsbereich" moderner Literatur; Döblin und andere Zeitgenossen wurden von Brecht eifrig gelesen, wie ja überhaupt die „antiliterarische“ Haltung des jungen Autors zu einem beträchtlichen Teil nur provozierende Pose war. Jedenfalls war diese Zeit bestimmt vom Austoben der eigenen Individualität und Vitalität, gar nicht so fern von Benns rauschhafter und zynischer Neusetzung der Individualität, des „modernen Ich“, wenn auch bei Brecht die antibürgerlichen Gebärden schon früh relativiert erscheinen, von dialektischem Witz beeinflußt. Dem drohenden Individualitätsverlust setzt Brecht eine Zeitlang die kraftstrotzende Ausstellung des Subjekts entgegen, das sich gesellschaftlichen Bindungen entzieht. Seine Baal-Figur ist ein Asozialer, der bewußt seine Außenseiterstellung lebt und die bürgerlichen Konventionen verachtet: nicht entfremdetes Leben glaubt er nur noch in Form drastischer Körperlichkeit wahrnehmen zu können. Freilich fehlt den Dramenhelden des jungen Brecht – wie auch dem Autor selbst – sowohl das pathetische Sendungsbewußtsein, das der Held von Johsts Drama immerfort deklamiert, als auch, zunächst, jegliche Vorstellung von einer gesellschaftlichen Zukunft. Die bänkelsängerhafte Gegentradition, die Brecht demonstrativ der ästhetizistischen Moderne entgegenzusetzen pflegte, ist am deutlichsten an seinen frühen Gedichten erkennbar. Mit Expressionismus haben diese wenig zu tun. Sie sind gesammelt erst 1927 erschienen und gehören daher rezeptionsgeschichtlich einer späteren Periode an.

Das Stück *Trommeln in der Nacht* (entstanden 1919, erschienen 1922) steht im Zeichen der Resignation und Politikmüdigkeit. Auch hier gibt es Verbindungen zum Expressionismus, doch auch bezeichnende Unterschiede. Statt Pathos gibt es hier Persiflage, eine Persiflage, die mit raffinierten literarischen Mischungen den Eindruck einer unliterarischen Haltung erwecken will. Ursprünglich sollte das Stück „Spartakus“ heißen, doch auch folgende Titelreihung hatte Brecht erwogen: „Das sterbende Gespenst oder Der Liebhaber auf der Barrikade oder Der Massenmörder aus Liebe oder Von der Barrikade ins Ehebett oder Per aspera ad astra.“ Formal knüpft es an das Stationendrama an. Gezeigt wird der Versuch eines Kriegsheimkehrers, der seine Braut schwanger und vor der Heirat mit einem Schieber vorfindet, die Dinge doch noch zu seinen Gunsten zu wenden. Das geschieht in fünf Akten (Stationen), deren ironische Benennung freilich gleich wieder die Unterschiede zum expressionistischen Drama anzeigt: Afrika, Pfeffer, Walkürenritt, Es kommt ein Morgenrot, Das Bett. Kontrastreich ist auch die Sprache, die modernistische Metaphorik (mit Anklängen an Rimbaud oder Heym) mit milieuhafter Sachlichkeit verknüpft. Bezeichnend ist die „metaphorische Verklammerung“, d. h. ein Raster zunächst dunkler, dann durch ständige Neuaufnahme sich als Sinnträger ausweisender Metaphern. Kragler, die Hauptgestalt, erscheint zunächst gewillt, sich dem Aufstand anzuschließen; doch als es ihm gelingt, seine Braut zurückzuerhalten, wenn auch „etwas beschädigt", steigt er mit ihr in das große, weiße Bett. Der dramatische Reihungsstil wird in Brechts ironischem Kommentar auch auf das klassische fünfaktige Drama bezogen. „Der dritte Akt kann, wenn er nicht fliegend und musikalisch wirkt und das Tempo beschwingt, ausgelassen werden." Der dritte Akt, der Mittelpunkt des klassischen Dramas, unentbehrlich dort, entbehrlich hier; auch diese Form wird rezipiert und zugleich aufgehoben. Dies zeichnet den jungen Brecht gegenüber den Expressionisten grundsätzlich aus: die Bewußtheit der Produktion und die Vielfalt der Stilregister und Verfahrensweisen, darin besonders die Bewußtmachung des Theatralischen. Was bei den Expressionisten Ernst war, und sich als Entwertung der empirischen Wirklichkeit äußerte, erscheint bei Brecht relativiert, doppelt gebrochen: Der egoistische Bürger wendet sich von der Revolution ab, nachdem er sich seines Besitzes versichert hat; aber nachdem er sich für den Rückzug ins Bett entschlossen hat, wird zugleich auch die Bühne desillusioniert. „Sein Gelächter", so lautet die Bühnenanmerkung, „bleibt stecken im Hals, er kann nicht mehr, er torkelt herum, schmeißt die Trommel nach dem Mond, der ein Lampion war, und die Trommel und der Mond fallen in den Fluß, der kein Wasser hat."

Auch das Nachspiel zur Tragödie, die schon bei Brecht als „Komödie" endete, sollte nicht fehlen: der Berliner Dadaismus, ein zweiter Versuch, der Zeit mit dem Unsinn beizukommen. „Jedermann sein eigner Fußball" ist ein bezeichnender Zeitschriftentitel aus dem Jahre 1919. Die Berliner Dada war vorbereitet im sogenannten Malik-Kreis (Malik: nach dem Titel einer Erzählung von Else Lasker-Schüler) um den Verleger Wieland Herzfelde, der den Verlag neugegründet hatte, um das Verbot seiner Zeitschrift „Neue Jugend" durch andere Publikationsmöglichkeiten zu kompensieren. Raoul Hausmann berichtet: „DADA war in Zürich geboren, und einer seiner Abgesandten, Huelsenbeck, brachte die Botschaft nach Berlin, wo der Kreis der Freien Straße um Franz Jung schon vorbereitet war, alle Konsequenzen einer Empörungs-Aktion zu ziehen. – Jung und ich verstanden sofort die Wichtigkeit dieses Zerstörungsmittels der sogenannten ‚künstlerischen Kultur' und beschlossen, den *Club Dada* als Standarte des Internationalismus zu gründen, mit Huelsenbeck an der Spitze." Obwohl sich der Berliner Dadaismus als Gegner und Kontrapunkt zum Expressionismus verstand (dem er vorwarf, das „Hohe Lied des Preußentums" angestimmt zu haben und den Imperialismus, wenn nicht mitgetragen, so doch wenigstens nicht richtig bekämpft zu haben), teilte er trotz einer entschieden politischeren Tendenz, trotz allem radikalen Desillusionismus, die Ohnmacht der Expressionisten. Es blieb beim exzentrischen Protest. So tat sich z. B. Johannes Baader, der selbsternannte Berliner Oberdada, dadurch hervor, daß er im Berliner Dom während der Messe aufstand und rief: „Was ist euch Jesus Christus? Er ist euch Wurst!" Die darauf folgende Anklage wegen Gotteslästerung kommentierte der Mitstreiter Raoul Hausmann befriedigt: „Sehr gut, das wird Lärm machen. Aktion, Aktion, vorbei die Zeit der Dichtung auf geschwärztem Papier, diese individuelle Eitelkeit." Abgesehen vom Sinn oder Unsinn der Provokation (die jedenfalls ausgesprochen antibürgerlich ist), das Selbstverständnis ist neu, und neu auch das Wirken in der Öffentlichkeit: die Kunst findet nicht mehr im Saal statt, sondern sie bezieht die Wirklichkeit ein und versucht in ihr unmittelbar zu wirken (wie auch Baaders „Aktion" so zu werten ist, wobei man gut tut, das „Er ist euch Wurst" auch wörtlich zu verstehen – im Sinn von bloßem Konsum; Doppeldeutigkeit dieser Art herzustellen, gehörte zum Dadaismus). Der Einbezug der Wirklichkeit in die Kunst zeigt sich unmittelbar in der Collage-Technik, das heißt im Verfahren, Realitätselemente, Ausschnitte, Rohmaterialien neu zusammenzufügen, zu Artefakten.

Der für die Geschichte künstlerischer Produktion (im weitesten Sinne des Wortes) wesentliche Ertrag liegt im Berliner Dadaismus im Bereich der Malerei, Photographie und angewandten Graphik. Zu den Literaten der Gruppe zählten vor allem Huelsenbeck und *Walter Mehring* (1896 geboren). Der bereits über Züricher Dada-Erfahrungen verfügende Huelsenbeck gab 1920 bei Erich Reiss in Berlin den *Dada Almanach* heraus, eine erste, international ausgerichtete Sichtung der Dada-Tendenzen. Der mit einer Photomontage (Beethoven mit Schnurrbart!) ausgestattete Band enthält Beiträge von Arp, Ball, Hausmann, Huelsenbeck, Vincente Huidobro, Mehring, Francis Picabia, Philippe Soupault, Tristan Tzara u. a. Die Texte Mehrings zeigen eine eher traditonelle Orientierung: der Autor versuchte schon in den ersten Nachkriegsjahren mit lyrischen Gebrauchstexten für das politische Kabarett den dadaistischen Impuls in kommunikative Bahnen zu lenken. Die Grenze zwischen Malern und Literaten ist jedoch gerade in dieser Dada-Phase nicht scharf zu ziehen. Unter den bildenden Künstlern ist gleich der bedeutendste von ihnen, *George Grosz* (1893–1959), in dieser Phase ein ausgesprochen literarisch wahrnehmender Zeichner, gleichsam ein malender Satiriker, übrigens auch als Illustrator fremder Texte. Er ist mit Beiträgen in den Zeitschriften „Der Dada", „Jedermann sein eigner Fußball", „Der blutige Ernst" und „Die Pleite" vertreten. Die erstgenannte Zeitschrift (1919/20) wurde von *Raoul Hausmann* (1886–1971) redigiert, dem Autor dadaistischer Bildmontagen, der auch Manifeste und Dada-Pamphlete verfaßte, so etwa das *Pamphlet gegen die weimarische Lebensauffassung* (das in Ulk-Manier den deutschen Klassikerkult angreift). Neben Hausmann gilt Helmut Herzfelde (der wie Grosz aus Protest gegen die chauvinistische Propaganda seinen Namen anglisierte und sich John Heartfield nannte) als Erfinder der Photomontage. Zu den Anregern der Berliner Dada gehörte Heartfields Bruder, *Wieland Herz-*

felde, der bereits mit zwanzig Jahren seine erste Zeitschrift redigierte, die „Neue Jugend" (1916/17), und durch die Gründung des Malik-Verlags politischen und künstlerischen Revolutionären ein Forum bot. Der Dadaismus war allerdings für den Verlag und für Herzfelde nur eine Episode. Schon zur Gründungszeit Mitglied der KPD, wurde Herzfelde in der Weimarer Republik einer der wichtigsten Verleger linker Literatur.

Die Berliner Dada-Aktivitäten waren zwar von etwas längerer Dauer als die Züricher, doch nach 1922 erlahmten sie und hörten bald endgültig auf. Die zeitweilige Stabilisierung der Verhältnisse in Deutschland entzog der dadaistischen Revolte den Boden. Manche kunsttechnischen Innovationen, wie die Photomontage, wirkten jedoch – auch im Ausland – in veränderter Funktion weiter.

Bibliographische Hinweise

Die folgenden – chronologisch geordneten – Titel aus der Forschungsliteratur bieten lediglich eine Auswahl vorwiegend neuerer Arbeiten (vor allem in Buchform), die dem Leser zur weiteren Orientierung dienlich sein kann. Die Liste erfaßt auch die im Text zitierten Untersuchungen. Bei Autoren, zu denen es eine sehr umfangreiche Sekundärliteratur gibt, beschränken sich die Hinweise vorwiegend auf weiterführende bibliographische Handbücher. Die Nennung einer Publikation schließt freilich nicht immer schon ein zustimmendes Urteil über die darin vertretene Forschungsrichtung ein.

Vorindustrieller Realismus und Gründerzeitliteratur

E. Auerbach: Mimesis. Dargestellte Wirklichkeit in der abendländischen Literatur, Bern 1946 u. ö.

G. Lukács: Deutsche Realisten des 19. Jahrhunderts, Bern 1951 u. ö.

F. Sengle: Das deutsche Geschichtsdrama. Geschichte eines literarischen Mythos, Stuttgart 1952, 2. Aufl. 1969.

L. Beutin: Das Bürgertum als Gesellschaftsstand im 19. Jahrhundert (1953). In: L. B.: Gesammelte Schriften zur Wirtschafts- und Sozialgeschichte, Köln/Graz 1963.

W. Killy: Wandlungen des lyrischen Bildes, Göttingen 1956 u. ö.

Th. W. Adorno: Noten zur Literatur I, Frankfurt am Main 1958.

G. Mann: Deutsche Geschichte des 19. und 20. Jahrhunderts, Frankfurt am Main 1958.

H. Richter: Gottfried Kellers frühe Novellen, Berlin 1960.

P. Reimann: Ludwig Anzengruber. In: Weimarer Beiträge, 3/1960.

F. Martini: Deutsche Literatur im bürgerlichen Realismus 1848–1898, Stuttgart 1962, 3. Aufl. 1974.

W. Preisendanz: Voraussetzungen des poetischen Realismus in der deutschen Erzählkunst des 19. Jahrhunderts (1962). In: Begriffsbestimmung des literarischen Realismus, hrsg. von R. Brinkmann, Darmstadt 1969.

H. Himmel: Geschichte der deutschen Novelle, Bern/München 1963.

B. v. Wiese: Novelle, Stuttgart 1963 u. ö.

P. Demetz: Formen des Realismus. Theodor Fontane. Kritische Untersuchungen, München 1964.

H. Henel: Conrad Ferdinand Meyers „Stapfen". In: Die deutsche Lyrik. Form und Geschichte. Interpretationen. Von der Spätromantik bis zur Gegenwart, hrsg. von B. v. Wiese, Bd. 2, Düsseldorf 1964.

R. Hamann/J. Hermand: Gründerzeit (Deutsche Kunst und Kultur von der Gründerzeit bis zum Expressionismus, Bd. I), Berlin 1965, München 1973.

W. Preisedanz: Der grüne Heinrich. In: Der deutsche Roman. Vom Barock bis zur Gegenwart. Struktur und Geschichte, hrsg. von B. v. Wiese, Bd. II, Düsseldorf 1965.

B. v. Wiese: Die deutsche Novelle von Goethe bis Kafka. Interpretationen, Bd. I–II, Düsseldorf 1956, 1962.

W. Benjamin: Angelus Novus. Ausgewählte Schriften 2, Frankfurt am Main 1966.

W. Hinck: Epigonendichtung und Nationalidee. Zur Lyrik Emanuel Geibels (1966). In: W. H.: Von Heine zu Brecht. Lyrik im Geschichtsprozeß, Frankfurt am Main 1978.

C. Magris: Der habsburgische Mythos in der österreichischen Literatur, Salzburg 1966.

K. Richter: Resignation. Eine Studie zum Werk Theodor Fontanes, Stuttgart u. a. 1966.

R. Brinkmann: Theodor Fontane. Über die Verbindlichkeit des Unverbindlichen, München 1967.

P. Pütz: Friedrich Nietzsche, Stuttgart 1967, 2. Aufl. 1975 (Sammlung Metzler).

H. Böhme: Prolegomena zu einer Sozial- und Wirtschaftsgeschichte Deutschlands im 19. und 20. Jahrhundert, Frankfurt am Main 1968.

W. Hinck: Die deutsche Ballade von Bürger bis Brecht. Kritik und Versuch einer Neuorientierung, Göttingen 1968.

R. Hirschenauer/A. Weber (Hrsg.): Wege zur Ballade. Mit einem Vorwort v. G. Storz u. einer Einführung von W. Müller-Seidel, München/Zürich 1968.

H. Ohl: Bild und Wirklichkeit. Studien zur Romankunst Raabes und Fontanes, Heidelberg 1968.

A. Wandruszka: Österreich-Ungarn vom ungarischen Ausgleich bis zum Ende der Monarchie (1867–1918). In: Handbuch der europäischen Geschichte, hrsg. von Th. Schieder, Bd. VI, Stuttgart 1968.

P. Stadler: Die Schweiz von der Verfassungsrevision 1874 bis zum I. Weltkrieg (1874–1919). In: Handbuch der europäischen Geschichte, Bd. VI.

J. Hermand: Von Mainz nach Weimar (1793–1919). Studien zur deutschen Literatur, Stuttgart 1969.

G. Kaiser: Realismusforschung ohne Realismusbegriff. In: Deutsche Vierteljahrsschrift 43 (1969).

B. v. Wiese (Hrsg.): Deutsche Dichter des 19. Jahrhunderts. Ihr Leben und Werk, Berlin 1969.

R. Schenda: Volk ohne Buch. Studien zur Sozialgeschichte der populären Lesestoffe 1770–1910, Frankfurt am Main 1970.

H. Eggert: Studien zur Wirkungsgeschichte des deutschen historischen Romans 1850 bis 1875, Frankfurt am Main 1971.

B. Hillebrand: Mensch und Raum im Roman. Studien zu Keller, Stifter, Fontane, München 1971.

L. Löwenthal: Erzählkunst und Gesellschaft. Die Gesellschaftsproblematik in der deutschen Literatur des 19. Jahrhunderts, Neuwied/Berlin 1971.

B. Hillebrand: Theorie des Romans, Bd. I–II, München 1972.

H. Steinmetz:Der vergessene Leser. Provokatorische Bemerkungen zum Realismusproblem. In: Dichter und Leser. Studien zur Literatur, hrsg. von F. v. Ingen u. a., Groningen 1972.

H. Vinçon: Theodor Storm in Selbstzeugnissen und Bilddokumenten, Reinbek bei Hamburg 1972.

G. Mahal (Hrsg.): Lyrik der Gründerzeit, Tübingen 1973.

G. Sautermeister: Gottfried Keller – Kritik und Apologie des Privateigentums. Möglichkeiten und Schranken liberaler Intelligenz. In: Positionen der literarischen Intelligenz zwischen bürgerlicher Reaktion und Imperialismus, hrsg. von G. Mattenklott und K. R. Scherpe, Kronberg/Ts. 1973.

H. Schanze: Drama im bürgerlichen Realismus (1850–1890). Theorie und Praxis, Frankfurt am Main 1973.

Z. Škreb: Das Selbstverständliche im Realismus. In: Lenau-Forum 5 (1973).

S. Onderdelinden: Die Rahmenerzählungen Conrad Ferdinand Meyers, Leiden 1974.

J. Worthmann: Probleme des Zeitromans. Studien zur Geschichte des deutschen Romans im 19. Jahrhundert, Heidelberg 1974.

M. Bucher/W. Hahl/G. Jäger/R. Wittmann: Realismus und Gründerzeit. Manifeste und Dokumente zur deutschen Literatur 1848–1880, Bd. I–II, Stuttgart 1975f.

D. A. Jackson: Conrad Ferdinand Meyer in Selbstzeugnissen und Bilddokumenten, Reinbek bei Hamburg 1975.

M. Kienzle: Der Erfolgsroman. Zur Kritik seiner poetischen Ökonomie bei Gustav Freytag und Eugenie Marlitt, Stuttgart 1975.

H. Kreuzer: Zur Theorie des deutschen Realismus zwischen Märzrevolution und Naturalismus. In: Realismustheorien in Literatur, Malerei, Musik und Politik, hrsg. von R. Grimm und J. Hermand, Stuttgart u. a. 1975.

W. Müller-Seidel: Theodor Fontane. Soziale Romankunst in Deutschland, Stuttgart 1975.

R. Steinlein: Ferdinand Kürnbergers „Der Amerikamüde". Ein ‚amerikanisches Kulturbild' als Entwurf einer negativen Utopie. In: Amerika in der deutschen Literatur. Neue Welt – Nordamerika – USA, hrsg. v. S. Bauschinger u. a., Stuttgart 1975.

H. Steinecke: Romantheorie und Romankritik in Deutschland. Die Entwicklung des Gattungsverständnisses von der Scott-Rezeption bis zum programmatischen Realismus, Bd. I–II, Stuttgart 1975f.

J. Hein: Dorfgeschichte, Stuttgart 1976.

A. Rucktäschel/H. D. Zimmermann (Hrsg.): Trivialliteratur, München 1976.

A. Muschg: Gottfried Keller, München 1977.

U. Baur: Dorfgeschichte. Zur Entstehung und gesellschaftlichen Funktion einer literarischen Gattung im Vormärz, München 1978.

G. Hirschmann: Kulturkampf im historischen Roman der Gründerzeit 1859–1878, München 1978.

W. Kohlschmidt (Hrsg.): Bürgerlichkeit und Unbürgerlichkeit in der Literatur der Deutschen Schweiz, Bern/München 1978.

H. Mayer: Richard Wagner. Mitwelt und Nachwelt, Stuttgart/Zürich 1978.

B. Hillebrand (Hrsg.): Nietzsche und die deutsche Literatur, 2 Bde., Tübingen 1978.

Sozialistische Literatur von 1849 bis 1890

K. Marx/F. Engels: Werke, Berlin 1956ff. (= MEW).

W. Friedrich: Im Klassenkampf. Deutsche revolutionäre Lieder und Gedicht aus der zweiten Hälfte des 19. Jahrhunderts, Halle 1962.

E. Engelberg: Deutschland 1849–1871, Berlin ^{2}1962.

Textausgaben zur frühen sozialistischen Literatur in Deutschland. Hrsg. von der Deutschen Akademie der Wissenschaften zu Berlin durch U. Münchow, Berlin 1963ff.

Lexikon sozialistischer deutscher Literatur. Von den Anfängen bis 1945, Halle 1963 (Reprint s' Gravenhage 1973).

D. Fricke: Die deutsche Arbeiterbewegung 1869–1890. Ihre Organisation und Tätigkeit, Leipzig 1964.

E. Engelberg: Deutschland 1871–1879, Berlin 1965.

K. Marx/F. Engels: Über Kunst und Literatur, 2 Bde., Frankfurt am Main/Wien 1968.

F. Knilli/U. Münchow (Hrsg): Frühes deutsches Arbeitertheater 1847–1918. Eine Dokumentation, München 1970.

P. von Rüden: Sozialdemokratisches Arbeitertheater (1848–1914). Ein Beitrag zur Geschichte des politischen Theaters, Frankfurt am Main 1973.

F. Lassalle: Reden und Schriften. Mit einer Lassalle-Chronik, hrsg. von F. Jenaczek, München 1970.

G. Stieg/B. Witte: Abriß einer Geschichte der deutschen Arbeiterliteratur, Stuttgart 1973.

F. Trommler: Sozialistische Literatur in Deutschland, Stuttgart 1976.

W. Liebknecht: Kleine politische Schriften, Frankfurt 1976.

C. Stephan: „Genossen, wir dürfen uns nicht von der Geduld hinreißen lassen!". Aus der Urgeschichte der Sozialdemokratie 1862–1878, Frankfurt am Main 1977.

H. L. Arnold (Hrsg.): Handbuch zur deutschen Arbeiterliteratur. Bibliographie, München 1977.

H. Barth (Hrsg.): Zum Kulturprogramm des deutschen Proletariats im 19. Jahrhundert. Eine Sammlung kulturpolitischer und ästhetischer Dokumente, Dresden 1978.

P. von Rüden (Hrsg.): Beiträge zur Kulturgeschichte der deutschen Arbeiterbewegung 1848–1918, 2 Bde., Frankfurt am Main 1979.

D. Fricke (Hrsg): „. . . und ausgelacht obendrein!". Heiteres und Ernstes aus dem Kampf der deutschen Arbeiterklasse gegen das Sozialistengesetz 1878–1890, Berlin 1978.

Zur Sozialgeschichte des Kaiserreichs: Ablösung der Gründerzeit durch die Wilhelminische Epoche

W. Moufang: Die gegenwärtige Lage des deutschen Buchwesens, München/Berlin/Leipzig 1921.

R. Hamann/J. Hermand: Naturalismus (Deutsche Kunst und Kultur von der Gründerzeit bis zum Expressionismus, Bd. II), Berlin 1959.

R. Hamann/J. Hermand: Gründerzeit (Deutsche Kunst und Kultur von der Gründerzeit bis zum Expressionismus, Bd. I), Berlin 1965.

E. Johann (Hrsg): Reden des Kaisers. Ansprachen, Predigten, Trinksprüche Wilhelms II., München 1966.

F. Fischer: Der Griff nach der Weltmacht, Düsseldorf 1967.

A. Lange: Das wilhelminische Berlin, Berlin 1967.

R. Hilferding: Das Finanzkapital, Bd. I, II, Frankfurt am Main 1968.

H.-U. Wehler (Hrsg.): Moderne deutsche Sozialgeschichte, Köln/Berlin 1968.

K. Marx: Zur Kritik des Gothaer Programms (1875), in: K. Marx/F. Engels: Werke, Bd. 19, Berlin 1969.

H.-U. Wehler: Bismarck und der Imperialismus, Köln 1969.

F. Klein: Deutschland 1897/98–1917, Berlin 1969.

E. Kehr: Der Primat der Innenpolitik. Gesammelte Aufsätze zur preußisch-deutschen Sozialgeschichte im 19. und 20. Jahrhundert, hrsg. und eingeleitet von H.-U. Wehler, Berlin 1970.

H.-U. Wehler: Krisenherde des Kaiserreichs, Göttingen 1970.

H.-U. Wehler: Das deutsche Kaiserreich 1871–1918, Göttingen 1973.

R. Engelsing: Zur Sozialgeschichte deutscher Mittel- und Unterschichten, Göttingen 1973.

M. Brauneck: Literatur und Öffentlichkeit im ausgehenden 19. Jahrhundert. Studien zur Rezeption des naturalistischen Theaters in Deutschland, Stuttgart 1974.

W. Martens: Lyrik kommerziell, München 1975.

K. Vondung (Hrsg.): Das wilhelminische Bildungsbürgertum. Zur Sozialgeschichte seiner Ideen, Göttingen 1976.

Der Naturalismus und seine Ausläufer

E. Johann: Die deutschen Buchverlage des Naturalismus und der Neuromantik, Weimar 1935.

G. Lukács: Essays über den Realismus, Berlin 1948.

F. Martini: Das Wagnis der Sprache. Interpretationen deutscher Prosa von Nietzsche bis Benn, Stuttgart 1954 u. ö.

P. Szondi: Theorie des modernen Dramas, Frankfurt am Main 1956 u. ö.

W. Kayser: Die Vortragsreise. Studien zur Literatur, Bern 1958.

R. Hamann/J. Hermand: Naturalismus (Deutsche Kunst und Kultur von der Gründerzeit bis zum Expressionismus, Bd. II), Berlin 1959, München 1972.
K. S. Guthke: Gerhart Hauptmann. Weltbild im Werk, Göttingen 1961.
K. Völker: Frank Wedekind, Velber 1965.
W. Rasch: Zur deutschen Literatur seit der Jahrhundertwende. Gesammelte Aufsätze, Stuttgart 1967.
U. Münchow: Deutscher Naturalismus, Berlin 1968.
S. Hoefert: Das Drama des Naturalismus, Stuttgart 1968 (Sammlung Metzler).
F. Rothe: Frank Wedekinds Dramen. Jugendstil und Lebensphilosophie, Stuttgart 1968.
E. Hilscher: Gerhart Hauptmann, Berlin 1969.
H. Scheuer: Arno Holz im literarischen Leben des ausgehenden 19. Jahrhunderts (1883–1896). Eine biographische Studie, München 1971.
R. C. Cowen: Der Naturalismus. Kommentar zu einer Epoche, München 1973.
G. Schulz (Hrsg.): Prosa des Naturalismus, Stuttgart 1973.
Th. Meyer (Hrsg.): Theorie des Naturalismus, Stuttgart 1973.
H. Scheuer (Hrsg.): Naturalismus. Bürgerliche Dichtung und soziales Engagement, Stuttgart u. a. 1974.
S. Hoefert: Gerhart Hauptmann, Stuttgart 1974 (Sammlung Metzler).
G. Schulz: Arno Holz. Dilemma eines bürgerlichen Dichterlebens, München 1974.
M. Brauneck: Literatur und Öffentlichkeit im ausgehenden 19. Jahrhundert. Studien zur Rezeption des naturalistischen Theaters in Deutschland, Stuttgart 1974.
G. Seehaus: Frank Wedekind in Selbstzeugnissen und Bilddokumenten, Reinbek bei Hamburg 1974.
G. Mahal: Naturalismus, München 1975.
H. J. Schrimpf (Hrsg.): Gerhart Hauptmann, Darmstadt 1976.
G. Müller (Hrsg.): Max Kretzer: Meister Timpe, Stuttgart 1976.
Chr. Bürger/P. Bürger/J. Schulte-Sasse (Hrsg.): Naturalismus/Ästhetizismus, Frankfurt am Main 1979.

Sozialdemokratische Literatur von 1890 bis 1918

Lexikon sozialistischer deutscher Literatur. Von den Anfängen bis 1945, Halle 1963 (Reprint s'Gravenhage 1973).
Textausgaben zur frühen sozialistischen Literatur in Deutschland, hrsg. von der Deutschen Akademie der Wissenschaften zu Berlin durch U. Münchow, Berlin 1963ff.
F. Knilli/U. Münchow (Hrsg.): Frühes deutsches Arbeitertheater 1847–1918. Eine Dokumentation, München 1970.
G. Fülberth: Proletarische Partei und bürgerliche Literatur, Neuwied/Berlin 1972.
G. Stieg/B. Witte: Abriß einer Geschichte der deutschen Arbeiterliteratur, Stuttgart 1973.

P. von Rüden: Sozialdemokratisches Arbeitertheater (1848–1914), Frankfurt am Main 1973.

U. Münchow: Frühe deutsche Arbeiterbiographie, Berlin 1973.

H. Scherer: Bürgerlich-oppositonelle Literaten und sozialdemokratische Arbeiterbewegung nach 1890, Stuttgart 1974.

W. Emmerich (Hrsg.): Proletarische Lebensläufe. Autobiographische Dokumente zur Entstehung der Zweiten Kultur in Deutschland, 2 Bde., Reinbek bei Hamburg 1974, 1975.

F. Trommler: Sozialistische Literatur in Deutschland, Stuttgart 1976.

Die Wiener Moderne

E. Mach: Die Analyse der Empfindungen, 4., verm. Auflage, Jena 1903.

L. Thon: Die Sprache des deutschen Impressionismus, München 1928.

E. Priester: Kurze Geschichte Österreichs, Bd. II, Wien 1949.

R. Hamann/J. Hermand: Impressionismus (Deutsche Kunst und Kultur von der Gründerzeit bis zum Expressionismus, Bd. III), Berlin 1960, München 1973.

E. Zöllner: Geschichte Österreichs. Von den Anfängen bis zur Gegenwart, Wien 1961, 5. Aufl. 1974.

H. Mommsen: Die Sozialdemokratie und die Nationalitätenfrage im habsburgischen Vielvölkerstaat, Bd. I, Wien 1963.

M. Hamburger: Hugo von Hofmannsthal. Zwei Studien, Göttingen 1964.

E. L. Offermanns: Texte und Materialien zur Interpretation von Schnizlers „Anatol" (Komedia, 6), Berlin 1964.

P. Schick: Karl Kraus in Selbstzeugnissen und Bilddokumenten, Reinbek bei Hamburg 1965.

W. Volke: Hugo von Hofmannsthal in Selbstzeugnissen und Bilddokumenten, Reinbek bei Hamburg 1967.

G. Pickerodt: Hofmannsthals Dramen. Kritik ihres historischen Gehalts, Stuttgart 1968.

F. Aspetsberger: Wiener Dichtung der Jahrhundertwende. Beobachtungen zu Schnitzlers und Hofmannsthals Kunstformen. In: Studi germanici, 3/1970.

Hofmannsthal-Forschungen I (1971), II (1974).

G. Wunberg (Hrsg.): Hofmannsthal im Urteil seiner Kritiker. Dokumente zur Wirkungsgeschichte Hugo von Hofmannsthals in Deutschland, Frankfurt am Main 1972.

M. Diersch: Empiriokritizismus und Impressionismus. Über Beziehungen zwischen Philosophie, Ästhetik und Literatur um 1900 in Wien, Berlin 1973.

Jugend in Wien. Literatur um 1900. Eine Ausstellung des Deutschen Literaturarchivs Marbach am Neckar, 1974.

J. M. Fischer: Karl Kraus, Stuttgart 1974 (Sammlung Metzler).

H. L. Arnold (Hrsg.): Karl Kraus. Sonderband der edition text + kritik, München 1975.

A. Doppler: Wirklichkeit im Spiegel der Sprache. Aufsätze zur Literatur des 20. Jahrhunderts in Österreich, Wien 1975.
G. Wunberg (Hrsg.): Das Junge Wien. Österreichische Literatur- und Kunstkritik 1887–1906, 2 Bde., Tübingen 1976.
H. Althaus: Zwischen Monarchie und Republik. Schnitzler, Kafka, Hofmannsthal, Musil, München 1976.
H. Scheible: Arthur Schnitzler in Selbstzeugnissen und Bilddokumenten, Reinbek bei Hamburg 1976.
W. Mauser: Hugo von Hofmannsthal. Konfliktbewältigung und Werkstruktur. Eine psychosoziologische Interpretation, München 1977.
R.-P. Janz/K. Laermann: Arthur Schnitzler. Zur Diagnose des Wiener Bürgertums im Fin de siècle, Stuttgart 1977.
J. M. Fischer: Fin de siècle. Kommentar zu einer Epoche, München 1978.

Ästhetizistische Positionen: Zeitgenossen und Gegner des Naturalismus. Der Stilpluralismus der Jahrhundertwende

H. W. Rosenhaupt: Der deutsche Dichter um die Jahrhundertwende und seine Abgelöstheit von der Gesellschaft, Bern u. Leipzig 1939, Reprint 1970.
A. Hauser: Sozialgeschichte der Kunst und Literatur, Bd. II, München 1953.
Th. W. Adorno: Prismen. Kulturkritik und Gesellschaft, Frankfurt am Main 1955.
H. Friedrich: Die Struktur der modernen Lyrik. Von Baudelaire bis zur Gegenwart, Hamburg 1956 u. ö.
W. Kayser: Die Vortragsreise, Studien zur Literatur, Bern 1958.
F. Schlawe: Literarische Zeitschriften 1885–1910, Stuttgart 1961 (Sammlung Metzler).
H. Schwerte: Deutsche Literatur im Wilhelminischen Zeitalter (1964), in: Zeitgeist im Wandel: Das Wilhelminische Zeitalter, hrsg. von H. J. Schoeps, Stuttgart 1967.
K. Riha: Moritat, Song, Bänkelsang. Zur Geschichte der modernen Ballade, Göttingen 1965.
Die Insel. Eine Ausstellung zur Geschichte des Verlages unter Anton und Katharina Kippenberg, Deutsches Literaturarchiv Marbach am Neckar 1965.
J. Urzidil: Da geht Kafka, München 1966.
R. Grimm (Hrsg.): Zur Lyrik-Diskussion, Darmstadt 1966.
R. Hamann/J. Hermand: Stilkunst um 1900 (Deutsche Kunst und Kultur von der Gründerzeit bis zum Expressionismus, Bd. IV), Berlin 1967, München 1973.
W. Rasch: Zur deutschen Literatur seit der Jahrhundertwende. Gesammelte Aufsätze, Stuttgart 1967.
H. Greul: Bretter, die die Zeit bedeuten. Die Kulturgeschichte des Kabaretts, Bd. I, Köln 1967.
H. Kreuzer: Die Boheme. Beiträge zu ihrer Beschreibung, Stuttgart 1968.
Stefan George 1868–1968: Der Dichter und sein Kreis. Eine Ausstellung des Deutschen Literaturarchivs Marbach am Neckar, 1968.

M. Durzak: Der junge Stefan George. Kunsttheorie und Dichtung, München 1968.
D. Jost: Literarischer Jugendstil, Stuttgart 1969 (Sammlung Metzler).
H. Fritz: Literarischer Jugendstil und Expressionismus. Zur Kunsttheorie, Dichtung und Wirkung Richard Dehmels, Stuttgart 1969.
E. Ruprecht/D. Bänsch (Hrsg.): Literarische Manifeste der Jahrhundertwende 1890–1910, Stuttgart 1970.
G. Mattenklott: Bilderdienst. Ästhetische Opposition bei Beardsley und George, München 1970.
M. Winkler: Stefan George, Stuttgart 1970 (Sammlung Metzler).
M. Winkler: George-Kreis, Stuttgart 1972 (Sammlung Metzler).
J. Hermand: Der Schein des schönen Lebens. Studien zur Jahrhundertwende, Frankfurt am Main 1972.
Rainer Maria Rilke 1875–1975. Eine Ausstellung des Deutschen Literaturarchivs Marbach am Neckar, 1975.
I. H. Solbrig/J. W. Storck (Hrsg.): Rilke heute. Beziehungen und Wirkungen, Frankfurt am Main 1975, Zweiter Band 1976.
A. Delius: Intimes Theater. Untersuchungen zur Programmatik und Dramaturgie einer bevorzugten Theaterform der Jahrhundertwende, Kronberg/Ts. 1976.
H.-U. Simon: Sezessionismus. Kunstgewerbe in literarischer und bildender Kunst, Stuttgart 1976.
J. M. Fischer: Fin de siècle. Kommentar zu einer Epoche, München 1978.
R.-R. Wuthenow: Muse, Maske, Meduse. Europäischer Ästhetizismus, Frankfurt am Main 1978.
H.-P. Bayerdörfer, K. O. Conrady, H. Schanze (Hrsg.): Literatur und Theater im Wilhelminischen Zeitalter, Tübingen 1978.

Die Rolle des Romans

G. Lukács: Thomas Mann, Berlin 1949.
H. Mayer: Thomas Mann. Werk und Entwicklung, Berlin 1950.
W. Kayser: Das Groteske. Seine Gestaltung in Malerei und Dichtung, Oldenburg 1957.
B. von Wiese (Hrsg.): Der deutsche Roman. Vom Barock bis zur Gegenwart. Struktur und Geschichte, Bd. II, Düsseldorf 1963.
W. Langenbucher: Der aktuelle Unterhaltungsroman. Beiträge zur Geschichte und Theorie der massenhaft verbreiteten Literatur, Bonn 1964.
B. von Wiese (Hrsg.): Deutsche Dichter der Moderne. Ihr Leben und Werk, Berlin 1965, 3. Aufl. 1975.
H. Lehnert: Thomas Mann. Fiktion, Mythos, Religion; Stuttgart u. a. 1965.
G. Wenzel (Hrsg.): Betrachtungen und Überblicke. Zum Werk Thomas Manns, Berlin/Weimar 1966.
H. Kaufmann: Krisen und Wandlungen der deutschen Literatur von Wedekind bis Feuchtwanger, Berlin/Weimar 1966.

K. Schröter: Heinrich Mann in Selbstzeugnissen und Bilddokumenten, Reinbek bei Hamburg 1967.
P. de Mendelssohn: S. Fischer und sein Verlag, Frankfurt am Main 1970.
P. Pütz (Hrsg.): Thomas Mann und die Tradition, Frankfurt am Main 1971.
W. Müller-Seidel: Literatur und Ideologie. Zur Situation des Romans um 1900. In: Dichtung, Sprache, Gesellschaft. Akten des IV. Internationalen Germanistenkongresses 1970, hrsg. von V. Lange und H.-G. Roloff, Frankfurt am Main 1971.
M. Dierks: Studien zu Mythos und Psychologie bei Thomas Mann (Thomas-Mann-Studien II), Bern/München 1972.
R. Werner: Skeptizismus, Ästhetizismus, Aktivismus. Der frühe Heinrich Mann, Düsseldorf 1972.
R. Minder: Dichter in der Gesellschaft. Erfahrungen mit deutscher und französischer Literatur, Frankfurt am Main 1972.
E. Koppen: Dekadenter Wagnerismus. Studien zur europäischen Literatur des Fin de siècle, Berlin 1973.
K. Matthias (Hrsg.): Heinrich Mann 1871/1971, München 1973.
H. Dittberner: Heinrich Mann. Eine kritische Einführung in die Forschung, Frankfurt am Main 1974.
H. Koopmann (Hrsg.): Thomas Mann, Darmstadt 1975.
P. de Mendelssohn: Der Zauberer. Das Leben des deutschen Schriftstellers Thomas Mann, Teil I 1875–1918, Frankfurt am Main 1975.
R. Mächler: Das Leben Robert Walsers. Eine dokumentarische Biographie, Frankfurt am Main 1976.
M. Zeller: Bürger oder Bourgeois? Eine literatursoziologische Studie zu Thomas Manns „Buddenbrooks" und Heinrich Manns „Im Schlaraffenland", Stuttgart 1976.
H. Jendreiek: Thomas Mann. Der demokratische Roman, Düsseldorf 1977.
R. Bauer u. a.: Fin de siècle. Zur Literatur und Kunst der Jahrhundertwende, Frankfurt am Main 1977.
V. Michels (Hrsg.): Über Hermann Hesse, Bd. I–II, Frankfurt am Main 1977.
D. Scheunemann: Romankrise. Zur Entstehungsgeschichte der modernen Romanpoetik in Deutschland, Heidelberg 1978.
K. Kerr (Hrsg.): Über Robert Walser, I–III, Frankfurt am Main 1978f.
D. Borchmeyer: Dienst und Herrschaft. Ein Versuch über Robert Walser, Tübingen 1980.

Die Ideologie der Heimatkunst. Populäre Autoren in deren Umkreis

L. von Strauß und Torney (Hrsg.): Eugen Diederichs. Leben und Werk. Ausgewählte Briefe und Aufzeichnungen, Jena 1936.
F. Sengle: Wunschbild Land und Schreckbild Stadt. In: Studium generale 16 (1963).

H. Pross: Literatur und Politik. Geschichte und Programme der politisch-literarischen Zeitschriften im deutschen Sprachgebiet seit 1870, Olten/Freiburg im Breisgau 1963.
H. Kaufmann: Krisen und Wandlungen der deutschen Literatur von Wedekind bis Feuchtwanger, Berlin/Weimar 1966.
E. Diederichs. Selbstzeugnisse und Briefe von Zeitgenossen, Düsseldorf 1967.
G. Kratzsch: Kunstwart und Dürerbund. Ein Beitrag zur Geschichte der Gebildeten im Zeitalter des Imperialismus, Göttingen 1969.
E. Ruprecht/D. Bänsch (Hrsg.): Literarische Manifest der Jahrhundertwende 1890–1910, Stuttgart 1970.
I.-M. Greverus: Der territoriale Mensch. Ein literatur-anthropologischer Versuch zum Heimatphänomen, Frankfurt am Main 1972.
J. Hermand: Der Schein des schönen Lebens. Studien zur Jahrhundertwende, Frankfurt am Main 1972.
A. Hauff/E. Koester/J. Schutte: Zur Genese apologetischer und reaktionärer Literaturströmungen in Deutschland um 1900. In: Positionen der literarischen Intelligenz zwischen bürgerlicher Reaktion und Imperialismus, hrsg. von G. Mattenklott und K. R. Scherpe, Kronberg/Ts. 1973.
P. Mettenleiter: Destruktion der Heimatdichtung. Typologische Untersuchungen zu Gotthelf, Auerbach, Ganghofer; Tübingen 1974.
K. Rossbacher: Heimatkunstbewegung und Heimatroman. Zu einer Literatursoziologie der Jahrhundertwende, Stuttgart 1975.
P. Zimmermann: Der Bauernroman. Antifeudalismus – Konservatismus – Faschismus, Stuttgart 1975.
J. Hein: Dorfgeschichte, Stuttgart 1976 (Sammlung Metzler).
U.-K. Ketelsen: Völkisch-nationale und nationalsozialistische Literatur in Deutschland 1890–1945, Stuttgart 1976 (Sammlung Metzler).
H. Schmiedt: Karl May. Studien zu Leben, Werk und Wirkung eines Erfolgsschriftstellers, Königstein/Ts. 1979.
H. Fricke: Wie trivial sind Wiederholungen? Probleme der Gattungszuordnungen von Karl Mays Reiseerzählungen. In: Epische Gattungen der Trivialliteratur, hrsg. von Z. Škreb und U. Baur, Königstein/Ts. 1980.

Im Zeichen des Expressionismus

Expressionismus. Literatur und Kunst 1910–1923. Katalog der Ausstellung des Deutschen Literaturarchivs Marbach am Neckar, 1960.
W. H. Sokel: Der literarische Expressionismus. Der Expressionismus in der deutschen Literatur des zwanzigsten Jahrhunderts, München 1960.
W. Muschg: Von Trakl zu Brecht. Dichter des Expressionismus, München 1961.
H. Mayer: Bertolt Brecht und die Tradition, Pfullingen 1961.
R. Grimm: Strukturen. Essays zur deutschen Literatur, Göttingen 1963.
H. Richter: DADA – Kunst und Antikunst, Köln 1964.

P. Raabe: Die Zeitschriften und Sammlungen des literarischen Expressionismus. Repertorium der Zeitschriften, Jahrbücher Anthologien, Sammelwerke, Schriftenreihen und Almanache 1910–1921, Stuttgart 1964.

H. Steffen (Hrsg.): Der deutsche Expressionismus. Formen und Gestalten, Göttingen 1965.

P. Raabe (Hrsg.): Expressionismus. Aufzeichnungen und Erinnerungen der Zeitgenossen, Olten/Freiburg im Breisgau 1965.

R. Baumgart: Literatur für Zeitgenossen. Essays, Frankfurt am Main 1966.

A. Arnold: Die Literatur des Expressionismus. Sprachliche und thematische Quellen, Stuttgart u. a. 1966.

H. Kaufmann: Krisen und Wandlungen der deutschen Literatur von Wedekind bis Feuchtwanger, Berlin/Weimar 1966.

P. U. Hohendahl: Das Bild der bürgerlichen Welt im expressionistischen Drama, Heidelberg 1967.

R. Döhl: Das literarische Werk Hans Arps 1903–1930. Zur poetischen Vorstellungswelt des Dadaismus, Stuttgart 1967.

K. L. Schneider: Zerbrochene Formen. Wort und Bild im Expressionismus, Hamburg 1967.

H. Denkler: Drama des Expressionismus. Programm, Spieltext, Theater, München 1967, 2. Aufl. 1979.

W. Paulsen (Hrsg.): Aspekte des Expressionismus. Periodisierung, Stil, Gedankenwelt. Die Vorträge des ersten Kolloquiums in Amherst/Mass., Heidelberg 1968.

R. Grimm (Hrsg.): Deutsche Romantheorien. Beiträge zu einer historischen Poetik des Romans in Deutschland, Frankfurt am Main/Bonn 1968.

W. Rothe (Hrsg.): Expressionismus als Literatur. Gesammelte Studien, Bern u. München 1969.

E. Kolinsky: Engagierter Expressionismus. Politik und Literatur zwischen Weltkrieg und Weimarer Republik. Eine Analyse expressionistischer Zeitschriften, Stuttgart 1970.

A. Viviani: Dramaturgische Elemente des expressionistischen Dramas, Bonn 1970.

G. Martens: Vitalismus und Expressionismus. Ein Beitrag zur Genese und Deutung expressionistischer Stilstrukturen und Motive, Stuttgart u. a. 1971.

H. Denkler (Hrsg.): Gedichte der „Menschheitsdämmerung". Interpretationen expressionistischer Lyrik, München 1971.

V. Žmegač: Zur Poetik des expressionistischen Dramas, in: Deutsche Dramentheorien. Beiträge zu einer historischen Poetik des Dramas in Deutschland, hrsg. von R. Grimm, Bd. II, Frankfurt am Main 1971.

J. Ziegler: Form und Subjektivität. Zur Gedichtstruktur im frühen Expressionismus, Bonn 1972.

H. Thomke: Hymnische Dichtung im Expressionismus, Bern/München 1972.

U. Weisstein (Ed.): Expressionism as an International Literature Phenomenon. 21 Essays and a Bibliography, Paris/Budapest 1973.

H. J. Schmitt (Hrsg.): Die Expressionismusdebatte. Materialien zu einer marxistischen Realismuskonzeption, Frankfurt am Main 1973.

R. Meyer: Dada in Zürich und Berlin 1916–1920. Literatur zwischen Revolution und Reaktion. In Zusammenarbeit mit Katharina Boulanger u. a., Kronberg/Ts. 1973.

F. N. Mennemeier: Modernes deutsches Drama, Bd. I, München 1973.

H.-G. Kemper: Vom Expressionismus zum Dadaismus. Eine Einführung in die dadaistische Literatur, Kronberg/Ts. 1974.

Chr. Eykman: Denk- und Stilformen des Expressionismus, München 1974.

R. Steinlein: Theaterkritische Rezeption des expressionistischen Dramas. Ästhetische und politische Grundpositionen, Kronberg/Ts. 1974.

S. Vietta/H.-G. Kemper: Expressionismus, München 1975.

L. Dietz: Franz Kafka, Stuttgart 1975 (Sammlung Metzler).

R. Hamann/J. Hermand: Expressionismus (Deutsche Kunst und Kultur von der Gründerzeit bis zum Expressionismus, Bd. V), Berlin 1975, Frankfurt a. Main 1977.

G. P. Knapp: Die Literatur des deutschen Expressionismus. Einführung – Bestandsaufnahme – Kritik, München 1979.

Sachregister

Sach- und Personenregister erstellt von Christa Jordan

Abenteuerroman 12f., 68, 406
Agitation 122f., 131, 139, 240ff., 251
Agitrop-Theater 241
Aktions-Lyrik (s. auch Großstadtlyrik) 432f.
Aktivismus 428, 482ff.
Allegorie 38, 40, 117, 124, 125, 127, 132, 229, 241, 243, 294, 361, 406, 440, 462
Allgemeiner Deutscher Arbeiterverein (ADAV) (s. auch Arbeiterverein) 112ff., 114ff., 120, 129
Analytisches Drama 171, 204, 210
Anekdote 268, 391
Antisemitismus 146, 151, 160, 259, 261, 275, 282, 398, 407
Aphorismus 26, 39, 72, 292, 295
Arbeiterbewegung 109, 112, 114, 117ff., 121, 125f., 134ff., 138ff., 143f., 188f., 236, 266
Arbeiterdichtung (s. auch Sozialistische Literatur) 253f.
Arbeiterkorrespondenzen 131
Arbeiterlied 124, 242
Ästhetik 25f., 163, 166ff., 181, 196, 220, 238, 271, 305, 307, 309, 327, 330, 336, 340, 355, 358, 420, 430, 442, 466
Ästhetizismus X, 25, 42, 50, 90, 199, 261, 270, 283f., 286, 303ff., 306f., 309, 311f., 328, 342, 348, 360, 367, 455, 451
Aufklärung 169, 370
Autobiographie 26, 136, 193, 248–249, 262, 297, 327, 362, 368, 383, 403
Autonomie der Kunst IX, 18f., 237, 238, 306f., 402
Avantgarde 239, 487

Ballade 44, 48, 50, 54, 129, 183, 253, 322, 323, 409, 411
Bänkelsang 39, 48, 129, 227, 320, 497
Berufsschriftsteller 7, 91, 95, 101, 152, 251, 269, 460
Bild (literarisches) 53, 100, 125, 192, 252, 441, 447
Bildende Kunst/Malerei 159, 212, 263, 265, 271, 273, 297, 316, 321, 413f., 417, 424f., 431f., 450, 470, 476, 486, 490, 492, 499
Bildgeschichte 17, 58
Bildungsbürgertum (s. auch Bürgertum) 1, 24, 56, 64, 70, 77, 104, 146, 147, 384, 398
Bildungsroman (s. auch Entwicklungsroman) 81, 96, 378, 422, 493
Binnenerzählung 72, 74, 76, 78, 88, 92
Der blaue Reiter 417, 432, 450
Blut-und-Boden-Ideologie 160, 185
Boheme 183, 266, 267, 297, 319, 384–386, 417f., 427, 448, 452
Die Brücke 417, 450
Buchausstattung 252, 307f., 310f., 321f., 371, 395, 396, 427
Bund der Werkleute auf Haus Nyland 254
Bürgerlicher Realismus (s. auch Kritischer Realismus, Poetischer Realismus, Realismus) 8, 10, 14–23, 26ff., 49, 57, 61, 70, 93, 95, 164, 235
Bürgerliches Trauerspiel 32, 212, 219f., 224
Bürgertum 1ff., 16, 20, 41, 56f., 59, 61f., 65, 76, 83, 85, 91, 102, 109, 112ff., 127, 135, 140, 143f., 150, 238, 258, 260f., 270, 303, 312, 326, 328, 344, 350, 424, 436, 470

Café (Kaffeehaus) 265–270, 277, 292, 300, 384, 391, 417, 418, 491
Chanson 48, 129, 138, 317ff., 320f.
Chauvinismus 151, 476, 483

Chiffre 192, 206, 286, 331, 352, 355, 462
Christusthematik 174, 194, 218, 250, 473f.
Chroniknovelle 78f., 102
Collage 208, 293, 490, 491f., 499

Dada 324, 475, 479, 484–492, 498–500
Darwinismus 17, 68, 120, 151, 164f., 167, 177, 187, 203, 410
Decadénce/Dekadenz 193, 230, 274, 306, 322, 343ff., 352f., 355f., 358, 360, 362ff., 386, 389
Dekadenz-Dichtung 162, 170, 184, 352, 365, 370
Demokratie 6, 45, 60, 89, 367ff., 426
Dialekt 63, 125, 189, 203, 212, 214, 220, 223, 224
Dialog 104, 108, 201, 209, 281, 297, 343
Dilettant 269, 364
Dinggedicht 332f., 334
Dingsymbol 192
Dorfgeschichte 70–75, 130, 404, 406, 407
Drama/Dramatik 8, 26, 36, 117, 118f., 131–132, 136, 190, 192f., 202ff., 208–223, 227–232, 241, 250–251, 277–292, 293ff., 310, 337–341, 432, 466–475, 485, 492–494
Dramatisches Streitgespräch 117f., 241
Dramolett 284f., 356

Einakter 267, 272, 278f., 284, 319, 338, 493
Ekstase 439, 443, 457
Elan vital 229, 231
Elitedenken 17, 177, 310, 311, 432
Entwicklungsroman (s. auch Bildungsroman) 62, 80, 343, 372, 422
Epigonen/Epigonentum 29, 50f., 70, 87, 90, 118, 148, 159, 164, 181f., 211, 214, 278, 284, 313, 317, 339
Epigramm 43, 88, 136, 243, 292
Erinnerungserzählung 19, 69, 72
Erinnerungsstruktur 76
Erinnerungstechnik 94, 100
Erlebte Rede 197, 480
Erzählperspektive 98
Erzählsituation 80, 82, 197
Erzählstrategie 91, 191f.
Erzähltechnik 92, 97
Erzählung 123, 129, 131
Erzählzeit 199, 200, 422
Essay/Essayistik 24, 136, 267f., 292, 294f., 296, 299, 300, 367, 383, 398, 426, 427, 450f.
Exil 1, 76, 109, 122, 222, 235, 299, 448, 454, 495
Exilliteratur 302, 484, 485f.
Expressionismus IX, X, 181, 228, 276, 292f., 316f., 324, 338, 369, 381, 384, 390, 392, 413–459, 460, 466–484, 488, 492–498

Fauvismus 425
Festspiel 117, 132, 241, 278, 468, 469
Feuilleton 9, 116, 129, 131, 254f., 263, 266f., 299, 300
Film 199, 421–422, 424
Fin de siècle 153, 170, 174, 264, 278, 284, 322, 352f., 356, 366, 375, 386, 390, 392, 445, 450
Fragment 26
Frauenbewegung 53, 134, 403f.
Frauenemanzipation 88, 102, 228, 395
Frauenroman 13f., 102, 245, 404
Friedrichshagener Dichterkreis 161, 175, 177, 184
Futurismus 414, 419–421, 425, 454, 478, 482, 488, 489

Gebrauchskunst 288
Gebrauchslyrik 253, 317ff., 322, 436, 499
Generationenkonflikt 77, 188, 418f., 474f.
Gesamtkunstwerk 36f., 39, 311, 321f., 432
Geschichtsroman/Historischer Roman 24, 59, 65, 66–69, 93, 103, 130, 411, 455f.

Gesellschaftskritik/Sozialkritik 28, 39, 52, 58, 61, 75ff., 89, 95, 96, 98f., 104, 106f., 174, 179, 211, 232, 314, 365, 427, 470, 476
Gesellschaftsroman 12, 21, 59, 63, 101, 102
Großstadtliteratur 435
Großstadtlyrik 52, 180, 181, 426, 431, 434, 445
Groteske/Groteskes 87, 225, 232, 276, 281, 323, 324, 353, 372, 385, 387, 390ff., 432f., 436, 438, 440, 446, 4Ü9, 453
Groteskstil 436f.
Gründerzeit 1, 8, 17, 20, 23ff., 30, 34, 39, 42, 54, 57, 67, 69, 70, 78f., 85, 90, 97, 140, 145f., 175, 187, 309, 346, 401

Heimatkunst X, 76, 94, 160, 185, 223, 370, 397–412, 461, 485
Historischer Roman s. Geschichtsroman
Historisches Drama 22, 24, 30, 213
Historismus 23f., 51, 66, 85, 90, 94, 283–284, 286, 287, 291, 338
Honorare 8, 10, 45
Humanitätsideal 22, 51, 59, 65, 78, 93f.
Humor 85, 87, 98, 108, 164, 216f., 228, 392, 469

Ich-Erzähler 75f., 79, 96, 98ff., 372, 378, 393, 453
Imperialismus 140, 236, 242, 330, 498
Impressionismus IX, 46, 76, 155, 182, 252, 267, 269, 270–274, 275, 279, 286, 313, 315, 317, 332, 342f., 374f., 424
Induktion 168f., 211
Innenperspektive 72
Innensicht 301
Innerer Monolog 196, 272, 302
Internationale Arbeiter-Assoziation (IAA) 119f., 125f., 132
Intimes Theater 338

Ironie 93, 100, 103, 115, 137, 180, 189, 218, 220, 278, 289, 320, 324, 349, 364, 387, 445
Irrationalismus 150, 237, 312, 372, 407, 444

Jugendbewegung 228, 312, 378, 397
Jugendstil 162, 223, 264, 297, 309, 316, 321, 322, 328, 331, 342, 385, 427
Junges Deutschland 15, 18, 62, 160
Junges Wien 265, 267, 269, 273, 278

Kabarett 49, 138, 227, 314, 317–320, 322, 338f., 384, 395, 417, 486, 499
Kaffehaus s. Café
Kalendergeschichte 72
Kapitalismus 2, 7, 38, 60, 61, 65, 112, 128, 141ff., 151f., 177, 189, 366
Katharsis 218, 220
Kitsch 14, 213, 221, 309f., 365
Klasse IX, 63, 110, 112, 122, 157, 237, 238, 244, 247, 250, 258, 270
Klassenkampf 110, 113, 116, 121, 124f., 127, 174
Klassik 21f., 45, 181, 247, 252, 405
Klassizismus 28f., 42, 55, 70, 170, 289, 341, 430, 468
Kleinbürgertum 5, 14, 20, 32, 35, 39, 58, 62, 82, 97, 101, 103, 112, 133, 144, 146, 151, 172, 174, 189, 217, 218, 259, 381, 398, 401, 453, 472
Kolportage 235, 245, 366, 382
Komik 470
Komödie 132, 155, 217, 276, 281, 288, 289, 290f., 340, 471
Konsequenter Naturalismus 159, 197, 199, 200, 206, 209, 273, 303, 342
Kriegsgedichte 23, 49
Kritischer Realismus 83, 89
Kubismus 425, 486, 489
Kulturkampf 5, 23, 40, 67, 91, 147, 426
Künstlerdrama 213
Künstlerroman 80, 379, 382, 427

Laientheater 240f., 251, 278
Lautgedicht 324, 479, 490

Lebende Bilder 117, 241
Lebenskult (s. auch Lebensphilosophie, Vitalismus) 25, 150, 151, 322, 329f., 331, 342, 352, 378, 439, 445, 489
Lebensphilosophie 150, 316, 325, 329, 370, 415
Leihbibliothek 8, 11, 69, 396
Lehrgedicht 128
Lehrstück 285
Leitmotiv 46, 70, 74, 97, 108, 221, 349f., 360f., 378
Liberale/Liberalismus 3, 5, 6, 21, 62ff., 66, 70, 81, 83, 143, 178
Liebeslyrik 46, 252, 448
Lied (s. auch Volkslied) 43, 45, 116, 242
Literarische Marktwirtschaft 7
Literarischer Markt 22, 42, 181, 310
Literatenprozesse 157f.
Literaturbetrieb 86, 140, 149, 151, 226, 235, 262ff., 327
Lustspiel (Humoreske, Posse, Schwank, Unterhaltungstheater) 28, 30f., 117f., 132, 216f., 226, 241
Lyrik 8, 12, 42ff., 116, 124–129, 158, 178–183, 205–208, 241–244, 251–255, 285–286, 304, 311, 313–324, 384, 424, 425, 432–450, 475–484
lyrisches Ich 44, 46, 53

Manifest 156, 266, 304, 419f., 428ff., 450, 482, 489, 499
Märchen 13, 77, 214f., 358, 388, 400, 499, 465
Marxismus 120, 150, 243
Masse 2, 33, 113, 131, 212, 495
Massenkommunikationsmittel/Massenmedien 10, 122, 149, 427
Materialistische Literaturtheorie 123, 238
Metapher 192, 219, 286, 497
Milieu 32, 166, 167, 169, 172, 173, 202, 279, 340, 485, 493
Mimesis 18, 53, 154ff., 163, 190, 198, 209, 238, 272, 273, 278, 301, 303f., 413ff., 424, 448
Montage 65, 173, 292, 344, 350, 483
Musikerroman 380, 382

Nationalsozialismus 39, 185, 410ff., 431
Naturalismus IX, X, 18, 30, 34, 42, 62, 72, 77, 108, 118, 149, 153–223, 225, 227, 239, 250f., 271f., 275f., 289, 304, 308, 313, 315, 328, 335, 337, 339, 342, 344, 346, 350, 369ff., 398, 400ff., 405, 409f., 412, 414, 416, 429, 434, 435, 443, 448, 454, 467
Naturlyrik 42f., 44, 47, 138, 252
Naturwissenschaften X, 15, 21, 42, 156, 165–168, 191, 304
„Nervenkunst" 274, 275, 299, 339
Neue Klassik (Neuklassik) 34, 339–341
Neuromantik 170, 213, 237, 274, 303, 321, 328, 331, 338, 341, 369–374, 400, 467
Nihilismus 416, 419, 452
Nouveau roman 438, 454
Novelle 8, 69–70, 76–79, 83–88, 91, 92, 123, 129, 130, 131, 190, 191, 267, 285, 301, 302, 327, 340, 347ff., 357f.

Oper 37, 39, 278, 288, 468, 469

Pantheismus 26, 138
Parabel 291, 387, 464
Parodie 87, 126, 211, 223, 282, 316f., 323f., 387, 391, 456, 469
Parteikalender 123, 130f., 136
Periodisierung 161f.
Perspektivismus (s. auch Polyperspektivismus) 416
Perzeptionsformen 421
Poésie pure 304, 309
Poetik 29, 155, 168, 169, 195, 304, 310, 332, 340, 387, 414, 464, 478, 480, 481ff., 489, 490
Poetischer Realismus (s. auch Bürgerlicher Realismus, Kritischer Realis-

mus, Realismus) 18, 20, 35, 36, 37, 161, 190, 196, 400, 401, 405
Politisches Gedicht 42, 43f., 44, 51, 243
Polyperspektivismus 65, 77, 98, 100, 108
Positivismus 150, 165, 168, 415
Präraffaeliten 311, 371
Proletariat (Arbeiterklasse) 2ff., 20, 23, 52, 75f., 90, 101, 102, 107, 109, 112, 115, 127f., 137, 144, 146, 156f., 172, 174f., 237, 238, 240, 248, 257f., 261, 340
Proletarische Kultur/Kunst 119, 121, 237, 247ff.
Provinz 161, 403
Provinzliteratur (s. auch Heimatkunst) 223–225
Psychoanalyse 264f.
Psychogramm 268, 287, 297, 302, 374
Psychologie 276, 340, 454, 467, 480
Psychologischer Roman 347, 453
Publikum 8, 10, 13, 22, 30, 31, 32, 34, 41, 53, 62, 95, 98, 104, 117, 124, 129, 138, 149, 152, 156f., 172, 178, 210, 223, 262, 276, 280, 287, 296, 310, 317, 327, 337, 377, 399, 403, 427, 457

Rahmenerzählung 69, 72, 74ff., 78f., 88, 92
Realismus (s. auch Bürgerlicher R., Kritischer R., Poetischer R.) IX, 1, 3, 10, 15, 17f., 46, 48, 60f., 72, 79, 80, 86, 99, 102, 105, 135, 160, 162, 163ff., 166, 168, 184, 226, 343, 379
Reduktion 468, 469f., 494
Reportage 123, 129, 131, 136
Rezeption VIII, 8, 10f., 13f., 17, 22, 24f., 28, 34, 39ff., 47, 49ff., 53, 55ff., 62, 64, 66ff., 69f., 77, 88, 91, 95, 98f., 104, 116, 117, 118ff., 124, 129f., 132, 135, 156f., 170, 172, 178, 185, 194, 228, 240f., 249, 265, 269, 273, 284, 298, 328, 335, 337, 356, 371, 377, 378f., 386, 399, 407, 415, 427, 429, 456, 457, 459, 462, 492, 496
Rhythmus 206–207
Roman 8, 12, 37, 59f., 60f., 69, 72, 100, 103f., 108, 129f., 183ff., 189, 244f., 296, 310, 335, 336, 340, 368, 380, 452, 453ff.
Romantik IX, 15, 21, 44, 51, 76, 80, 181, 303, 305, 369f., 394, 433

Satire 13, 28, 58, 84, 86, 124, 126, 129, 137, 170, 177, 208, 216, 221, 224, 226, 229, 243, 267, 292, 294, 301, 317f., 320f., 354, 365, 367, 368, 373, 374, 384, 390f., 451ff., 453, 470, 472
Science-fiction 385
Sekundenstil 183, 198–199, 344
Sezession 265, 413
Sickingen-Debatte 112f.
Simultaneität 95, 419, 422, 455, 483
Skizze 196, 267, 272, 297, 298, 300, 327, 387, 403, 448, 451
Sonett 43, 50, 321, 332f., 435, 447
Sozialaristokratie 177f., 184
Sozialdemokratie 62, 107, 117, 119, 120ff., 127, 129f., 133–139, 140, 144, 146, 149, 157, 173, 174, 175f., 183, 189, 211, 235, 237, 242, 244ff., 258, 443
Sozialdemokratische Arbeiterpartei (SDAP) 119f., 122, 129
Sozialdemokratische Partei Deutschlands (SPD) 234, 237, 240, 247
Sozialdemokratische Literatur 234–255
Sozialdrama/Soziales Drama 29, 190, 204, 211, 212, 216f., 220, 222, 224
Sozialismus 118, 133, 173, 177, 183, 187, 189, 194, 223
Sozialistengesetze 78, 122, 126, 133, 136, 144, 175, 179, 180, 234, 242, 397, 403
Sozialistische Arbeiterpartei Deutschlands (SAPD) 119f.
Sozialistische Lyrik 116, 124–129, 139–139, 241–244
Sozialistischer Roman 129–131
Sozialroman/Sozialer Roman (s. auch

Gesellschaftsroman) 62, 101, 130, 184ff., 347
Sprachautonomie 433, 487
Sprachkritik 108, 287, 289f., 294, 324
Sprachskepsis 107
Ständisches Denken 259, 290, 403
Stationendrama 467, 473ff., 493, 495, 497
Stimmung 272, 281, 315, 317, 331, 339
Stimmungskunst 338, 376
Stimmungslyrik 181
Studie 190f., 196, 200f., 205, 276
Sturm und Drang 158ff., 164, 409, 443
Surrealismus 414, 435, 487, 491
Symbol 54, 70, 106, 186, 192, 206, 214, 218, 304, 352, 363, 448, 465
Symbolismus IX, 55, 237, 252, 274, 284ff., 303, 304f., 308, 332, 338, 355, 360, 362, 368, 369, 414, 433
Synästhetische Assoziationstechnik 46
Synekdoche 444, 494

Theatervereine (s. auch Volksbühne) 157, 161, 175
Theatrum mundi 282f.
Tragikomödie 221, 228, 266, 281f., 353, 354
Tragödie 12, 27, 29, 114, 155f., 213, 216, 218f., 221, 229, 250, 281, 288, 340, 493
Trivialliteratur VIII, X, 10ff., 14, 29, 86, 87, 95, 222, 296, 377, 385, 393, 451

Unterhaltungsliteratur 14, 30f., 123, 135, 235, 300f., 308, 394–396

Verismo 169, 368
Verlage 12, 22, 121, 123, 151, 234, 262f., 321, 326, 370f., 376, 392ff., 396, 400, 417f., 429, 445, 448, 474, 498, 500
Versepik 55ff., 324–325
Vertonung 46, 50, 116, 179, 288
Vitalismus (s. auch Lebenskult, Lebensphilosophie) 25, 252, 306, 414, 439, 456, 489
Volksbibliotheken 401
Volksbühne 149, 157, 161, 175, 235, 240, 247, 263, 277f.
Volkslied/Volksliedstrophe 46ff., 125f., 314, 317, 435
Volksstück 28, 40, 41, 72, 224, 277, 407
Vormärz 1, 21, 28, 39, 42, 44, 65, 115, 117, 125, 179, 236, 237, 244, 265, 397, 404f.

Warencharakter der Kunst 269, 275
Wortkunst 425, 478–480
Wortmagie 304

Zensur 28, 125f., 133, 149, 157, 184, 225, 227ff., 263f., 265, 277f., 282, 284f., 319, 322, 426, 471f., 476, 482, 498
Zeitroman 21, 59, 67, 88f., 91, 96, 97, 102, 104f.
Zeitschriften 8ff., 11, 69, 95, 99, 109, 114, 122, 134f., 136, 149, 158, 160f., 178, 227, 234–235, 245, 262, 263, 267, 310, 317, 321f., 397, 399f., 417, 424–428, 431, 450, 498ff.
Zeitung 9, 11, 109, 126, 149, 172, 234, 394

Personenregister

Im Hinblick auf den germanistischen Benutzerkreis erwiesen sich bei der Schreibung slawischer Namen im Text Kompromisse als erforderlich. Diese entsprechen zugleich der heutigen Lage, die in der Praxis durch ein Nebeneinander unterschiedlicher Prinzipien und Traditionen gekennzeichnet ist. (Der Hrsg.)

Adler, Joseph 422
Adler, Victor 258
Adorno, Theodor W. 26, 38, 39–41, 89, 275
Alberti, Conrad 156f., 159, 163, 164, 165, 166, 167, 168, 184, 211
Alexis, Willibald 7, 65–66
Altenberg, Peter 260, 263, 266, 267, 269, 272, 277, 297–299, 319, 371, 375, 377, 386, 387
Althof, Paul 319
Ammer, K. L. 433f., 449
Andrian, Leopold von 267, 269, 297
Anzengruber, Ludwig 9, 16, 23, 72, 74, 224, 405
Appia, Adolphe 338
Apollinaire, Guillaume 483, 487, 489
Arent, Wilhelm 158, 178
Aristophanes 40
Aristoteles 195, 196
Arp, Hans 487f., 490–491, 499
Audorf, Jakob 114, 116, 137, 242
Auerbach, Berthold 8, 70f., 84, 130
Auerbach, Erich 155, 405
Auernheimer, Raoul 301, 319
Avenarius, Ferdinand 397, 398, 399, 400

Baader, Johannes 498f.
Bachmair, Heinrich 417, 427, 445, 451
Bader, Paul 250
Bahr, Hermann 161, 199, 203, 261, 263, 265f., 268ff., 271f., 273, 274–277, 278, 296, 297, 315, 366, 370, 413–414
Bakunin, Michail A. 36, 38, 119
Ball, Hugo 417, 469, 479, 486, 487, 488, 489, 490, 499
Balzac, Honoré de 135, 159, 172, 191, 304, 380
Bang, Hermann 342, 375
Barlach, Ernst 473–474, 492
Barrès, Maurice 274
Bartels, Adolf 185, 398, 399, 400, 411f.
Barthel, Max 253
Bartsch, Rudolf Hans 401
Basedow, Hans von 167
Baudelaire, Charles 162, 303–304, 308, 330, 372, 433, 442
Bauer, Felice 462
Bauernfeld, Eduard von 28, 276
Baum, Oskar 326
Baumbach, Rudolf 8, 56
Baur, Uwe 71
Bebel, August 109, 120, 134, 144, 176, 239, 245, 248
Becher, Johannes R. 369, 417, 418, 426, 431, 433, 455–447, 451, 481–482
Becker, Johann Philipp 126
Beer-Hofmann, Richard 260, 263, 269, 270, 277, 291, 297
Beethoven, Ludwig van 499
Behrens, Franz Richard 425
Beißwanger, Konrad 243, 253
Benedix, Julius Roderich 28
Benjamin, Walter 26, 89, 243, 275
Benn, Gottfried 26, 100, 369, 417, 418, 426, 431, 433, 435, 437, 439,

442–445, 448, 451 f., 454, 456, 480, 494, 497
Benzmann, Hans 317
Béranger, Pierre Jean 138
Berg, Alban 264
Berg, Leo 151, 156, 161 f., 177, 181
Bergson, Henri 370
Bernard, Claude 169
Bethmann-Hollweg, Theobald von 254
Beyerlein, Franz Adam 394
Bierbaum, Otto Julius 178, 313, 319–321, 322, 332, 375, 384
Bilse, Fritz Oswald 350
Binding, Rudolf 328
Bismarck, Otto von 3, 23 f., 39, 47 f., 51, 58, 66, 68, 78 f., 93, 94, 106 f., 140, 142 f., 159, 402
Björnson, Björnstjerne 171
Blass, Ernst 417, 421, 433, 435, 436
Blei, Franz 319
Bleibtreu, Karl 167 f., 183, 184
Bloch, Ernst 26
Bloem, Walter 476
Blumenthal, Oskar 31
Blümner, Rudolf 425, 479
Böcklin, Hans 283, 286, 309
Bodenstedt, Friedrich 10, 50 f.
Böhlau, Helene 404
Böhme, Helmut 2
Böhme, Jakob 194
Boldt, Paul 421, 435
Bölsche, Wilhelm 161, 163, 167, 325
Borchardt, Rudolf 284, 297, 312 f., 384
Borgius, Walther 135
Bosse, Friedrich 137, 241, 250
Bourget, Paul 274, 364
Boy-Ed, Ida 394
Brahm, Otto 171
Brahms, Johannes 264
Brandes, Georg 278
Brecht, Bertolt 19, 125, 219 f., 227, 233, 322, 333, 419, 421, 442, 456, 496–498
Brentano, Clemens von 285
Breton, André 435
Broch, Hermann 461
Brod, Max 326, 390–391, 418, 422, 459, 460
Bröger, Karl 253, 254
Bromme, Moritz William Theodor 248 f.
Bucher, Max 21
Büchner, Georg 9, 36, 46, 193, 200, 211, 217, 228, 382, 387, 440, 485
Büchner, Ludwig 17, 23
Buddha, Gautama 379
Bülow, Hans von 116
Bulwer-Lytton, Edward George 68
Burckhardt, Jakob 65
Bürger, Hugo 31
Busch, Wilhelm 17, 58, 324
Busse, Carl 317
Byron, George Lord 362

Calderon de la Barca, Pedro 291
Campsaur, Félicien 227
Carus, Carl Gustav 7
Caspari, Walter 395
Cassirer, Paul 387, 426 f., 456
Chagall, Marc 425
Chamberlain, Houston Stewart 151
Chamisso, Adelbert von 409
Christ, Lena 223
Christaller, Erdmann Gottreich 163 ff.
Christensen, Ada 53
Čechov, Anton P. 170, 281, 376
Cézanne, Paul 328, 330
Comte, Auguste 166, 173
Conrad, Joseph 353
Conrad, Michael Georg 158 ff., 163, 177, 178, 184, 189, 223, 225, 401, 403
Conradi, Hermann 157, 158, 160, 163, 178 f., 184
Cooper, James Fenimore 13
Craig, Edward Gordon 338
Croissant-Rust, Anna 404

Dahlmann, Friedrich Christoph 1
Dahn, Felix 8, 10, 23, 42, 50, 58, 67, 68, 211, 409

D'Annunzio, Gabriele 306, 342, 362, 451
Darwin, Charles 17, 39, 52, 68, 77, 165ff., 177, 409
Däubler, Theodor 324f.
Dauthendey, Max 316f., 415, 439
Degas, Edgar 305
Degenhardt, Franz 322
Dehmel, Richard 26, 285f., 313, 314, 316f., 320, 332, 377f., 384, 439, 446, 457
Demetz, Peter 19, 101
Dickens, Charles 21, 28, 61, 96, 380
Diderot, Denis 153, 154, 155, 156, 220
Diederich, Franz 252
Diederichs, Eugen 370, 372, 400
Diersch, Manfred 259
Dietz, Johann Heinrich Wilhelm 133, 136
Dietzgen, Josef 121
Distel, Hilde 358
Döblin, Alfred 100, 208, 391f., 421f., 450, 452f., 454–456, 459f., 496f.
Döltz, Emma 245
Dostojevski, Fedor M. 169, 194, 380
Drey, Arthur 433
Dronke, Ernst 111
Droste-Hülshoff, Anette von 411
Droysen, Gustav 21
Dujardin, Edouard 302

Ebers, Georg 8, 23, 67f.
Ebner-Eschenbach, Marie von 10f., 74–75
Eccarius, Johann Georg 109
Eckstein, Ernst 23, 68
Edschmid, Kasimir 392, 426, 428–429, 456–457, 460, 463, 480
Ehrenstein, Albert 418, 422, 446, 452–453, 477, 484
Einstein, Carl 426, 451–452, 453f.
Eisner, Kurt 246, 247, 494, 495
Engelke, Gerrit 254, 418, 447
Engels, Friedrich 109–112, 120ff., 134f., 170, 173, 187, 188, 213, 243, 245, 339
Ernst, Paul 157, 170, 204, 339, 340–341
Eschstruth, Natalie von 14
Euripides 341, 360, 363
Ewers, Hans Heinz 393
Eysoldt, Gertrud 230

Faktor, Emil 442
Falke, Gustav 317
Federer, Heinrich
Fehsenfeld, Friedrich Ernst 406
Feininger, Lionel 425
Ferry, Gabriel 13
Feuerbach, Ludwig 15f., 38, 39, 43, 44, 77, 80, 87, 121
Ficker, Ludwig von 449, 450
Fischart, Johann 489
Fischer, Carl 248, 249
Fischer, Friedrich Georg 42
Fischer, Fritz 140
Fischer, Samuel 377, 453
Flaischlen, Cäsar 313f., 317, 332
Flake, Otto 451
Flaubert, Gustave 303, 349, 442, 460
Fleißer, Marieluise 223
Fontane, Theodor 7, 9ff., 14f., 18ff., 27, 41, 48–49, 60, 69, 75, 78, 93, 95, 100–108, 152, 161f., 190, 203f., 211, 225, 322, 343, 349, 375, 409
François, Louise von 11, 91
Franz Joseph I. 256, 260
Franz, Rudolf 248
Franzos, Karl Emil 9, 73–74
Freiligrath, Ferdinand 7, 23, 45, 111f., 125, 128, 179, 212, 252
Frenssen, Gustav 400, 407–409, 411
Freud, Sigmund 12, 260, 264f.
Freytag, Gustav 7ff., 12, 15, 20f., 27f., 58, 59, 60–61, 61ff., 65, 66f., 68, 71, 96
Fricke, H. 406
Friedell, Egon 260, 298f., 300
Friedrich, Hugo 433
Friedrich d. Gr. 402
Fritzsche, Friedrich Wilhelm 114, 116
Frohme, Karl Franz Egon 114, 116, 239, 240, 242

Fuchs, Eduard 242f.
Fürnberg, Louis 326

Gagern, Heinrich von 1, 401
Ganghofer, Ludwig 394, 400, 406–407, 408
Garšin, Vsevolod M. 302
Gauguin, Paul 445
Gautier, Théophile 162, 352
Geib, August 126, 129
Geibel, Emmanuel 1, 23, 29, 42, 50–51, 52, 58, 70, 87, 95, 164, 180, 313, 317
Gent, Paul 241
George, Stefan 162, 170, 207, 266f., 286, 288, 305, 308–312, 313f., 319, 321, 369, 427, 434
Gerstäcker, Friedrich 8, 11, 12f.
Gide, André 297, 390, 451, 461
Gildemeister, Otto 3
Goering, Reinhard 493
Goethe, Johann Wolfgang von 3, 21f., 50, 59, 69, 80, 96, 155, 158, 160, 163, 165, 167, 188, 192, 217, 244, 290f., 293, 344, 358, 362, 367, 388, 401f., 443
Göhre, Paul 248–249
Goll, Iwan (Yvan) 446, 483, 486
Goncourt, Edmond und Jules 156, 273, 349
Gorki, Maxim 170
Gotthelf, Jeremias 20, 130, 411
Gottschall, Rudolf 9, 21, 30f., 57
Gottsched, Johann Christoph 469
Grabbe, Christian Dietrich 440
Graf, Oskar Maria 223
Greif, Martin 30
Greinz, Rudolf 401
Greulich, Hermann 126, 129
Greverus, Ina Maria 403
Griepenkerl, Robert 29
Grillparzer, Franz 2, 5, 74
Grimm, Johann und Jakob 402
Grimm, Hermann 11
Grimm, Reinhold 434
Grosz, George 294, 499
Grün, Anastasius 5, 44
Grundmann, Franz 241
Gundolf, Friedrich 191, 312
Gutzkow, Karl 7ff., 11, 29, 59–60, 61f., 103f., 380

Hackländer, Friedrich Wilhelm 8, 10ff.
Haeckel, Ernst 17, 165, 167, 207, 325
Hahl, Werner 71
Halbe, Max 222f.
Hallberger, Eduard 9
Halm, Friedrich 29, 30
Hamerling, Robert 17, 23, 51f., 56
Hammer, Julius 7
Hamsun, Knut 342, 377
Handke, Peter 382
Hannich, Josef 241
Hanstein, Adalbert von 160, 183, 198, 337
Hardekopf, Ferdinand 433
Harden, Maximilian 313
Hardt, Ernst 338, 372
Harkness, Margaret 135
Hart, Heinrich 158f., 163, 178, 198, 384
Hart, Julius 158f., 163ff., 178, 198, 384
Hartleben, Otto Erich 223, 321
Hartmann, Eduard von 17, 33, 75
Hašek, Jaroslav 392, 453
Hasenclever, Walter 417f., 422, 446, 469, 474f., 483f., 493
Hasenclever, Wilhelm 114, 116, 242
Hauptmann, Gerhart 149, 154, 156, 160, 161, 162, 170, 185, 190–194, 200, 203f., 208–222, 224, 226, 228, 251, 263, 278, 291, 328, 337, 362, 365, 444
Hausmann, Raoul 498f.
Hausrath, Adolf 23, 68
Haym, Rudolf 9, 369
Heartfield, John 499
Hebbel, Friedrich 2, 29, 31–34, 36, 41, 42–44, 57, 210, 217, 224, 339, 341
Hebel, Johann Peter 460
Hegel, Georg Wilhelm Friedrich 3, 15,

18, 21, 25f., 29, 31f., 36, 42f., 59, 340
Hegeler, Wilhelm 239
Heine, Heinrich 26, 50, 64, 111, 115, 125ff., 180, 212, 243, 313, 320, 322f., 402, 484
Heimburg, Wilhelmine 14
Heißenbüttel, Helmut 208
Hellingrath, Norbert von 380
Henckell, Karl 158, 178, 179, 180, 244
Henel, Heinrich 54
Henrich-Wilhelmi, Hedwig 134
Herder, Johann Gottfried 166f., 402
Hermand, Jost 23f., 145
Hermann, Georg 383–384
Hertz, Wilhelm 100
Herwegh, Georg 44, 111, 114–116, 125f., 179, 243, 485
Herzfelde, Wieland 498, 499f.
Herzl, Theodor 261
Herzog, Rudolf 394, 395
Heß, Moses 110, 114
Hesse, Hermann 250, 331, 342, 377–379, 380, 383, 388, 400, 434, 486
Hettner, Hermann 15, 21, 27, 34, 80
Heyking, Elisabeth 394
Heym, Georg 417ff., 421, 428, 431, 433ff., 439–442, 450, 477, 497
Heynicke, Kurt 418, 425
Heyse, Paul 1, 10, 23, 29, 42, 50f., 69, 70, 95, 164
Hilferding, Rudolf 140, 144
Hille, Peter 384
Hillebrand, Julius 189
Hillebrand, Karl 11
Hiller, Kurt 417f., 428, 434, 451
Himmel, Hellmuth 75
Hinek, Walter 51
Hirschberg-Jura, Rudolf 319
Hitler, Adolf 180, 431
Hoernle, Edwin 254
Hoddis, Jakob van 324, 417ff., 421, 433, 435–436, 437, 439, 445, 448
Hofmann, Arthur 241
Hofmann, Ernst Theodor Amadeus 354, 391
Hofmann, Ludwig von 413ff.
Hofmannsthal, Hugo von 54, 162, 170, 261ff., 265ff., 269f., 276ff., 283–291, 296f., 304, 306, 308ff., 312, 322, 328, 338, 356ff., 358, 362, 371f., 384, 390, 434
Hölderlin, Friedrich 332, 380, 440
Holek, Wenzel 248
Hollaender, Felix 194
Holtei, Karl von 7, 11
Holz, Arno X, 18, 158ff., 162, 177f., 180–182, 183, 190, 195–208, 209, 210, 220, 273, 313, 315–316, 317, 320, 322, 337, 339, 342, 378, 409, 479
Holzamer, Wilhelm 400f.
Holzer, Marie 421
Homer 162
Horaz 283
Horkheimer, Max 26
Hrabal, Bohumil 453
Huch, Friedrich 342, 374–375, 379f.
Huch, Ricarda 342f., 369, 370, 371–374, 375, 384
Huelsenbeck, Richard 488f., 491, 498f.
Hugenberg, Alfred 180
Huidobro, Vincente 499
Huysmans, Joris-Karl 306, 342, 352, 372

Ibsen, Henrik 34, 160, 170–172, 195, 201, 204, 210f., 223f., 274, 276, 279, 281, 285, 335, 337, 371, 466
Iffland, August Wilhelm 153, 222
Isenberg, Karl 379

Jacobsen, Jens Peter 342
Jacoby, Leopold 126, 127–128, 137
Jäger, Georg 17, 30, 34, 56
Jahnn, Hans Henny 492
James, Henry 343
Janco, Marcel 488
Janke, Otto 11, 99
Janouch, Gustav 463f.

Jean Paul 22, 80
Jerschke, Oskar 205
Johann, E. 148
Johst, Hanns 496, 497
Jordan, Wilhelm 23, 56, 58
Joyce, James 421
Jung, Franz 498

Kadelburg, Gustav 31
Kafka, Franz 326, 388, 390, 392f., 418, 426, 459–466, 477
Kaiser, Georg 467f., 473ff., 493–494
Kaiser, Karl 242f., 260
Kalisch, David 28
Kämpchen, Heinrich 252
Kandinsky, Wassily 417, 432
Kanehl, Oskar 478
Kant, Immanuel 121, 238, 275, 430
Karg von Bebenburg, Edgar 261
Kassner, Rudolf 297
Kaufmann, Hans 398
Kautsky, Karl 133, 134f., 144, 175f., 246, 247
Kautsky, Minna 134ff., 245
Kayser, Rudolf 451
Kayser, Wolfgang 393
Kegel, Max 126–127, 129, 131f., 136ff., 242f.
Kehr, E. 147
Keil, Ernst 9
Keller, Gottfried 6ff., 10f., 16, 18, 20ff., 27, 34, 43, 44–45, 47, 53, 57, 63, 69, 71, 80–89, 90, 95, 107, 161, 190, 371, 373, 378, 380, 388, 405, 411
Keller, Paul 408
Kellermann, Bernhard 342, 377
Kemper, Hans-Georg 419, 421, 444, 457, 490
Kerr, Alfred 222, 339
Kersten, Kurt 475f.
Kessler, Harry Graf 284, 371
Ketelsen, Uwe-K. 398, 411
Key, Ellen 326, 330
Keyserling, Eduard von 342, 357–377
Kieland, Alexander 347
Kienzl, Wilhelm 210
Kienzle, Michael 13
Kiepenheuer, Gustav 474, 483
Kierkegaard, Sören 296
Kinkel, Johann Gottfried 10, 55, 110
Kippenberg, Anton 371
Kisch, Egon Erwin 326
Klaar, Ernst, 242f.
Klabund 457, 484
Klammer, Karl 433f.
Klee, Paul 425
Klein, Emil 319
Klein, Julius Leopold 29
Kleist, Heinrich von 22, 251, 460
Klemm, Wilhelm 418, 477f.
Klimt, Gustav 265, 273
Klopstock, Friedrich Gottlieb 332
Kneip, Jakob 254
Kokoschka, Oskar 425, 431–432, 466, 470
Kollwitz, Käthe 212
Kompert, Leopold 73
Korm, Ludwig 241
Kornfeld, Paul 326, 418, 468
Kotzebue, August von 153, 210, 222
Kralik, Richard von 278
Kraus, Karl 227, 230, 263f., 266f., 277, 282, 292–296, 299, 302, 333, 453, 477, 479
Kretzer, Max 62, 184–188, 190, 223
Kreuzer, Helmut 33f.
Kreyssing, Friedrich 66
Krille, Otto 249f., 250, 253
Kroetz, Franz Xaver 224
Kubin, Alfred 392–393, 461
Kuh, Emil 57
Kühne, Gustav 9
Kürnberger, Ferdinand 9, 11, 53, 57, 64–65
Kurtz, Rudolf 424
Kurz, Hermann 11, 66f., 70

Lagarde, Paul de 410
Lambrecht, Nanny 404f.
Land, Hans 194, 239
Landauer, Gustav 495
Lange, A. 146, 149

Lange, Friedrich Albert 120
Langen, Albert 365, 391, 392
Langbehn, Julius, 151, 397, 398f., 401f., 411
L'Arronge, Adolf 31
Lassalle, Ferdinand 29, 112–114, 115, 118, 120, 132, 137, 181, 187, 213, 242, 275
Lasker-Schüler, Else 384, 425, 435, 448, 498
Last, Albert 11
Laube, Heinrich 29, 31
Lautensack, Heinrich 223f., 230, 233
Lavant, Rudolf 138f., 242, 243–244
Lechter, Melchior 311
Lee, Jonas 349
Lenin, Vladimir I. 185, 455
Lenz, Hermann 387
Lenz, Jakob Michael Reinhold 158
Leonhard, Rudolf 446, 482f.
Lepp, Adolf 137f., 242
Lersch, Heinrich 253f.
Lessen, Ludwig 253
Lessing, Gotthold Ephraim 153f., 156, 219f., 224, 287, 361
Leuthold, Heinrich 23, 50
Levetzow, Karl von 319
Levetzow, Ulrike von 359
Lewandowsky, Hermann 241
Lichtenstein, Alfred 324, 418f., 431, 435, 436–439, 440
Lichtwark, Alfred 333
Liebknecht, Karl 484
Liebknecht, Wilhelm 120, 122f., 132, 134, 144, 234, 236, 239, 242
Lienhard, Friedrich 398ff., 401f.
Liliencron, Detlev von 182–183, 184, 252, 313ff., 316, 320, 327, 411
Lindau, Paul 9, 10, 31, 164
Linde, Otto zur 325
Lindner, Albert 29, 30
Lingg, Hermann 10, 42, 50f., 56
Logau, Friedrich 88
Löns, Hermann 400, 407, 410–411
Loos, Adolf 264, 431
Lorm, Hieronymus 17, 42, 51
Lotz, Ernst Wilhelm 431, 439
Löwenthal, Leo 90, 92
Lublinski, Samuel 178, 339ff., 372
Lucka, Emil 372
Ludwig, König von Bayern 2
Ludwig II. 309
Ludwig, Otto 7, 18f., 21, 27, 29, 35–36, 59, 71–72, 283
Lueger, Karl 259
Lukács, Georg 34, 64, 107, 114, 191, 237, 297, 341, 346
Luther, Martin 402, 409
Luxemburg, Rosa 144, 246, 247, 249

Mach, Ernst 271–272, 275, 315
Mackay, John Henry 176, 179, 180
Macke, August 431
Maeterlinck, Maurice 274, 279, 284, 337, 338, 342, 370, 432, 467
Magris, Claudio 74f.
Mahal, Günther 56
Mahler, Gustav 260, 264
Mallarmé, Stéphane 304f., 307f., 433f.
Mann, Golo 5
Mann, Heinrich 100f., 158, 162, 327, 333, 343, 351, 364–369, 375, 414, 426f., 450ff., 456f., 470
Mann, Thomas 26, 37, 46, 99, 100f., 108, 155, 158, 162, 170, 173, 196, 214, 216, 219, 221, 223, 225, 229, 233, 314, 327, 342–364, 367ff., 375ff., 379f., 382f., 390, 394, 445, 450f., 461
Marc, Franz 417, 431, 432
Marggraf, Hermann 7, 9, 11
Marinetti, Filippo Tommaso 419, 478
Marlitt, Eugenie 12, 13f., 405
Märten, Lu 245, 249f.
Martens, Wolfgang 443
Martini, Fritz 11, 48, 54, 93
Marx, Karl 4, 12, 25, 26, 84, 109–112, 118ff., 122, 136, 140, 173, 187, 213, 243, 261, 275
Maupassant, Guy de 394
Mauthner, Fritz 324
May, Karl 12, 405–406, 407

Mayer, Hans 38, 496
Mehnert, Paul 250
Mehring, Franz 138, 174, 234, 237–240, 241, 245ff., 253
Mehring, Walter 499
Meidinger, Carl 11
Meißner, Alfred 11
Menzel, Adolph 159
Meyer, Alfred Richard 417, 442
Meyer, Conrad Ferdinand 10f., 23, 27, 43, 45, 53–55, 57–58, 67, 69, 90–94, 95, 161, 309, 355, 371
Meyer, Georg Heinrich 401
Meyerhold, Vsevolod 338
Meyrink, Gustav 326, 390, 391–392, 393, 461
Michelet, Jules 283
Miegel, Agnes 409
Mill, John Stuart 166, 169, 175
Möller, Werner 254
Möllhausen, Balduin 13
Moltke, Max 42
Mombert, Alfred 325
Mommsen, Hans 258
Moosegard, Anne 241
Moréas, Jean 304f.
Morgenstern, Christian 323–324
Mörike, Eduard 7
Morris, William 311, 371
Mosen, Julius 29
Moser, Gustav 31
Moser, Koloman 265
Most, Johann 124, 126, 133, 136
Moufang, W. 151
Mühlbach, Louise 12
Mühsam, Erich 318, 384, 417, 495
Müller, Georg 392f.
Müller-Jahnke, Klara 245
Müller-Guttenbrunn, Adam 401
Müller-Seidel, Walter 102, 105ff.
Münchhausen, Börries Freiherr von 499
Mundt, Theodor 69
Musäus, Johann Karl August 385
Muschg, Adolf 81f., 85, 87
Musil, Robert 250, 259, 315, 327, 461
Muth, Carl 399, 405
Mynona (Samuel Friedländer) 453

Nebe, Ewald 241
Nebel, Otto 425
Nespital, Robert 250
Nestroy, Johann 28, 277
Nietzsche, Friedrich X, 24ff., 38, 90, 150f., 153, 176, 177, 182, 283, 312, 316, 329, 330, 342, 349, 351, 352–353, 354f., 357, 359ff., 363, 365f., 387, 388f., 397, 415, 419, 424, 444f., 480
Nordau, Max 471
Novalis 305, 358

Ohl, Hubert 98, 100
Olbrich, Josef 265
Ompteda, Georg Freiherr von 394f.
Ostini, Fritz von 322
Otto-Walster, August 123, 126, 129–130, 131f.

Panizza, Oskar 194, 224f., 442
Percy, Thomas 48
Perutz, Leo 326, 392
Petzold, Alfons 254
Pfemfert, Franz 418, 425–426, 448, 476ff.
Picabia, Francis 499
Picasso, Pablo 464
Pick, Otto 461
Pickerodt, Gerhart 291
Pinkus, Max 221
Pinthus, Kurt 416f., 422, 429f., 435, 448, 468f., 496
Pirandello, Luigi 461
Pius IX 5, 23
Platen, August von 50, 355, 362
Poe, Edgar Allan 283, 304, 391, 393f.
Polenz, Wilhelm von 170, 184f., 188–190, 394f., 400
Polgar, Alfred 260, 266ff., 299–300
Pollack, Oskar 466
Popp, Adelheid 245, 248
Preczang, Ernst 235, 250–251, 252f.

Preisendanz, Wolfgang 18
Priester, Eva 258
Proudhon, Pierre Joseph 38
Prutz, Robert 9, 12, 26, 62
Przybyszewski, Stanislaw 283, 384, 386
Puccini, Giacomo 368
Putlitz, Gustav zu 55

Raabe, Wilhelm 8ff., 14, 17, 19f., 59, 69, 76f., 94–100, 161f., 190
Rabelais, François 489
Raimund, Ferdinand 276, 277
Rank, Josef 72
Redwitz, Oskar von 7, 23, 55
Rehbein, Franz 248
Reich, Emil 163
Reichle, Ernst 251
Reinhardt, Max 228, 288, 300, 338
Reiss, Erich 427, 499
Renan, Ernest 283
Renker, Felix 241
Reuter, Fritz 8, 57, 63, 349
Reventlow, Franziska zu 319
Richter, Hans 488, 492
Richter, Karl 49
Riehl, Wilhelm Heinrich 20, 397f.
Rilke, Clara 333
Rilke, Rainer Maria X, 26, 299, 304, 313f., 325–336, 371f., 377f., 390, 434
Rimbaud, Arthur 433, 434, 440, 441f., 449, 497
Ringelnatz, Joachim 319, 324
Rochau, August Ludwig von 2
Roda Roda (Sandor Friedrich Rosenfeld) 391
Rodenbach, Georges 392
Rodenberg, Julius 10
Röhr, Julius 173
Rodin, Auguste 328
Rolland, Romain 380, 382, 486
Roller, Alfred 265
Roquette, Otto 55
Rosegger, Peter 9, 41, 73, 401, 405, 406, 408
Rosen, Julius 31
Rosenow, Emil 250–251
Rossbacher, Karlheinz 397ff., 411
Roth, Joseph 73
Rousseau, Henri 385
Rousseau, Jean-Jacques 303, 378
Rowohlt, Ernst 417, 429, 433
Rubiner, Ludwig 419, 422–423, 426, 428, 483–484
Rudorff, Ernst 397
Ruederer, Josef 223f.
Ruppius, Otto 13
Ruskin, John 370–371

Saar, Ferdinand von 17, 52, 69, 74, 75–76
Sacher-Masoch, Leopold von 74
Sack, Gustav 431
Salten, Felix 260, 269, 277, 283, 301
Sartre, Jean-Paul 490
Saussure, Ferdinand de 324
Sautermeister, Gert 21, 84
Schabelitz, J. 180
Schack, Adolf Friedrich von 23, 50f., 56
Schäfer, Wilhelm 400
Schäffle, Albert 5
Schanz, Frieda 317
Schanze, Helmut 28
Schapper, Karl 109, 110
Scheerbart, Paul 384–386, 391
Scheffel, Josef Victor von 10f., 42, 51, 56, 65, 67, 69
Schenda, Rudolf 12
Scherenberg, Christian Friedrich 56
Scherer, Wilhelm 57, 167
Scheu, Andreas 126, 242
Schickele, René 366, 426–427, 466, 485
Schiller, Friedrich 22, 36, 42, 67, 108, 153f., 163, 165, 168, 171, 202, 241, 245, 287, 306, 355, 358, 362, 383
Schiller, Josef 136, 138
Schlaf, Johannes 18, 160, 162, 183, 190, 194, 195–205, 209, 210, 272f., 315, 338f., 342, 375
Schlegel, Friedrich 26, 451

Schmidt, Arno 60
Schmidt, Conrad 135, 173, 176
Schmidt, Julian 9, 15, 21, 26, 59, 60
Schnitzler, Arthur 28, 259f., 262, 263f., 265, 266, 269, 276, 277, 278–283, 288, 291, 296, 300–302, 322, 339, 375, 377
Scholz, Wilhelm von 339ff.
Schönberg, Arnold 260, 264, 316
Schönherr, Karl 401
Schönthan, Franz und Paul von 31
Schopenhauer, Arthur 16, 24f., 27, 33, 38, 51f., 59, 75, 79, 217, 219, 345, 349, 354, 372
Schreyer, Lothar 479
Schröer, Gustav 400
Schubert, Gotthild Heinrich 43
Schücking, Levin 12
Schulz-Delitzsch, Hermann 112
Schweichel, Robert 130–131, 136, 235, 245
Schweitzer, Jean Baptist von 114, 118, 126, 131, 236
Schwerte, Hans X
Schwitters, Kurt 425
Scott, Walter 21, 48, 455
Sealsfield, Charles 12, 64
Seelig, Carl 386, 387, 388
Sengle, Friedrich 29, 404
Shakespeare, William 22, 27, 36, 48, 168, 192, 215, 355, 469
Shaw, George Bernhard 38
Shelley, Percy B. 115, 283
Škreb, Zdenko 19
Sohnrey, Heinrich 401, 411
Sophokles 171, 210, 283, 493
Sorge, Reinhard Johannes 431, 466f., 469, 473
Soupault, Philippe 499
Speidel, Ludwig 9
Spengler, Oswald 411
Sperber (Hermann Heijermanns) 247–248
Spielhagen, Friedrich 10f., 60, 62–63, 105, 380
Spinoza, Baruch 39
Spitteler, Carl 324, 370
Spitzer, Daniel 9
Staackmann, Ludwig 401
Stadler, Ernst 418, 423–424, 431, 433f., 439, 470
Stadler, P. 7
Stahr, Adolf Wilhelm 87
Stampfer, Friedrich 248
Starosson, Franz 250
Steegemann, Paul 487
Steiger, Edgar 176, 239
Steinecke, Hartmut 61
Steinmetz, Horst 19
Stern, Maurice von 180
Sternberg, Josef von 368
Sterne, Laurence 95
Sternheim, Carl 426, 452, 456, 457–459, 460, 466, 470–472, 494
Stifter, Adalbert 2, 8, 43, 69, 95, 191, 331, 460
Stirner, Max 176f., 179
Storm, Theodor 10f., 19, 23, 45, 46–48, 63, 69, 76–80, 95
Strachwitz, Moritz von 48, 409
Stramm, August 418, 425, 431, 478–479, 480
Stratz, Rudolf 394f.
Strauß, David Friedrich 15
Strauß, Emil 379f.
Strauss, Richard 179, 288
Strauß und Torney, Lulu von 400f., 405, 409, 411
Strindberg, August 34, 171f., 276, 279, 291, 336, 338, 384, 432, 466–467, 473, 493
Ströbel, Heinrich 248
Strobl, Karl Hans 207, 393f., 401
Strzelewicz, Boleslav 241
Stuck, Franz von 286
Stucken, Eduard 372
Sudermann, Hermann 160f., 222, 408
Sue, Eugène 118, 130
Swift, Jonathan 385
Swinburne, Algernon Charles 283
Sybel, Heinrich von 66

Taine, Hippolyte 166
Taut, Bruno und Max 386
Thackeray, William Makepeace 21, 61
Thoma, Ludwig 223 f., 319, 400
Thon, Luise 273
Tieck, Ludwig 22, 69, 206
Toller, Ernst 493, 494–495
Tolstoj, Lev N. 169 f., 185, 191, 349, 379, 450, 455
Tönnies, Ferdinand 150, 419
Torberg, Friedrich 379
Tovote, Heinz 394 f.
Träger, Albert 164, 178
Trakl, Georg 431, 433, 439, 448–450
Treitschke, Heinrich von 29, 34
Treller, Franz 13
Tucholsky, Kurt 322
Turgenjev, Ivan S. 18, 349
Tzara, Tristan 486, 488, 490, 499

Uhland, Ludwig 42
Ungar, Hermann 326
Unruh, Fritz von 472, 492
Urzidil, Johannes 326

Valentin, Karl 496
Valéry, Paul 304, 462
Verhaeren, Emile 252, 433, 434
Verlaine, Paul 274, 283
Vershofen, Wilhelm 254
Viebig, Clara 235, 394 f., 401, 404
Viereck, Louis 136
Vietta, Silvio 419, 421, 444, 457
Vieweg, Eduard 80 f.
Villiers de l'Isle-Adam, Jean-Marie 393
Vinçon, Hartmut 77
Vischer, Friedrich Theodor 3, 15, 18, 21, 27, 42, 59, 63 f., 65 f., 114
Vogeler, Heinrich 321, 331
Voigt-Diederichs, Helene 400, 405
Vollmoeller, Karl Gustav 338
Voltaire (François-Marie Arouet) 367, 486

Wachler, Ernst 398, 401, 405
Wagner, Heinrich Leopold 217, 224
Wagner, Richard 17, 24 f., 36–39, 159, 171, 177, 179, 206, 217, 229, 264, 305, 345 f., 348 f., 351, 355, 356, 358, 360, 362 f., 374, 485
Walden, Herwarth (Georg Levin) 386, 419 f., 425, 431, 448, 478 f.
Walloth, Wilhelm 23, 68, 157, 184
Walser, Robert 231, 386–390, 461
Walther von der Vogelweide 402
Walzel, Oskar 465
Wandruszka, Adam 5
Wauer, William 425
Weber, Friedrich Wilhelm 42, 56
Weber, Max 345
Webern, Anton von 264
Wedekind, Frank 34, 180, 221, 224, 225–233, 278, 291, 316, 318, 322–323, 354, 375, 380, 387, 390, 499, 442, 451, 457, 466, 467, 484, 496
Wedekind, Tilly 230
Weerth, Georg 111, 115, 125, 131, 179
Wehler, Hans-Ulrich 142, 147
Weinert, Erich 322
Weininger, Otto 432
Weiskopf, Franz Carl 326
Weiß, Ernst 326
Weitling, Wilhelm 187
Wengraf, Edmund 268
Werfel, Franz 326, 417, 433, 447–448, 460
Werner, E. 14
Werner, Heinrich 241
Wezel, Johann Carl 59
Whitman, Walt 252, 433, 447
Widmann, Adolf 87
Wilbrandt, Adolf 23, 30
Wilde, Oscar 25, 274, 276, 283, 297, 306 f., 342, 372, 392
Wildenbruch, Ernst von 23, 30, 179, 223, 339
Wildgans, Anton 277, 291 f.
Wilhelm II. 14, 142 f., 148, 158

Wille, Bruno 175, 177, 235, 240
Willich, August 109, 110
Willkomm, Ernst 11, 12, 62, 64
Winckelmann, Johann Joachim 430
Winckler, Josef 254
Winder, Ludwig 326
Wittmann, Reinhard 7f., 11f.
Wittich, Manfred 137
Wolfenstein, Alfred 418, 429, 469f.
Wolff, Julius 8, 56
Wolff, Kurt 392, 417f., 429, 447, 449, 453, 456, 459f., 464, 466, 481, 483
Wolff, Wilhelm 111
Wolfskehl, Karl 312
Wolzogen, Ernst von 318f., 394, 395f.
Wörishöffer, Sophie 13
Worthmann, Joachim 63, 99, 104

Yeats, William Butler 279, 338

Zahn, Ernst 401
Zech, Paul 434, 445, 447, 478
Zetkin, Clara 134, 245, 248, 253
Zimmermann, Peter 398
Zobeltitz, Fedor von 394ff.
Zola, Emile 157, 159, 167, 169ff., 172–173, 174, 184, 185f., 189f., 197, 199, 203, 204, 211, 274, 335, 342, 343, 371, 395, 402, 450
Zweig, Stefan 260, 263, 269, 277, 302, 433